# 城市外交
## 理论与实践
City Diplomacy: Theory and Practice

主　编／李小林
执行主编／李新玉

社会科学文献出版社
SOCIAL SCIENCES ACADEMIC PRESS (CHINA)

# 《城市外交——理论与实践》
# 编委会

**主　　编**　李小林

**执行主编**　李新玉

**成　　员**　（以姓氏笔画为序）

　　　　　　刁大明　王　帆　刘德斌　余长征　李新玉
　　　　　　苏长和　陈志敏　周启朋　郑启荣　金灿荣
　　　　　　查　雯　赵　磊　黄仁伟　熊九玲　熊　玮

# 序

中国人民对外友好协会（以下简称"全国友协"）成立于1954年，是从事民间外交事业的全国性人民团体，迄今已与世界上157个国家的近500个民间团体和组织机构建立了友好合作关系。受中国政府委托，全国友协负责协调管理中国同世界各国建立和发展友好城市工作。自1973年开展友好城市活动以来，中国已与世界133个国家建立了2258对友好城市（省州）关系，成为世界上拥有正式友好城市数量最多的国家之一。40余年来，友好城市已成为中外地方政府交流合作的主要载体，为促进地方改革开放与经济社会发展做出了重要贡献。与此同时，为适应工作发展需要，1992年，中国人民对外友好协会发起成立了中国国际友好城市联合会，统一协调管理中国国际友好城市工作。

2014年5月，习近平主席在中国国际友好大会暨中国人民对外友好协会成立60周年纪念活动中发表重要讲话，希望全国友协更好推进民间外交、城市外交、公共外交，不断为中国民间对外友好工作做出新的更大的贡献。他特别强调指出："要大力开展中国国际友好城市工作，促进中外地方政府交流，推动实现资源共享、优势互补、合作共赢。"为深入贯彻习近平主席讲话精神，完善城市外交理论体系并更好地指导实践，全国友协成立专门研究项目组，邀请国际关系学界知名专家学者，经过20个月的集中攻关和反复论证，撰写了《城市外交——理论与实践》一书，这也是中国首部城市外交研究专著。希望本书能够对我国地方开展对外交往工作发挥借鉴和参考作用，也希望更多人关注、支持和参与城市外交的研究与实践，共同推动外交更好地服务地方发展，为实现"两个一百年"的奋斗目标做出更大贡献。

李小林
中国人民对外友好协会会长
2015年12月22日

# 前　言

　　长期以来，主权国家一直是国际关系舞台上的主角，国与国之间的关系一直是国际关系的核心。随着经济全球化、城市国际化，科技革命与信息技术日新月异，国际相互依存度越来越强，这种巨变直接冲击并重塑世界政治新格局，各种各样的次国家行为体纷纷走上国际关系的舞台，各种外交新形式随之悄然出现，一个全球国际关系多层次、立体化、交叉互动的局面正在形成。作为主权国家下的一个行为体，城市在国家政治经济文化中的地位以及对国际关系的影响日益凸显。特别是进入21世纪，国际关系变幻莫测，金融危机、气候变化、环境问题、流行疾病、移民、反恐等全球性问题成为国际关系的热点和焦点，城市成为了全球化的"节点"、跨国合作的纽带、全球治理的前沿，如何扮演好其国际角色并在当代国际关系中发挥积极作用，成为国际关系研究的一个新课题。

　　中国改革开放30多年，城市国际化程度与速度日益加深加快，城市对外交往日益频繁，特别是国际友好城市积极推动城市经济发展和人文交流，在国家发展战略和对外交往中起到了不可忽视的重要作用。为系统梳理总结40多年国际友好城市工作，中国人民对外友好协会国际友好城市交流中心成立专门研究项目组，经过20月的刻苦攻关和反复研究，集国内国际关系学界专家学者的智慧，共同打造国际关系理论研究领域首部城市外交专著。

　　1973年，在周恩来总理的亲自关心和支持下，天津市与日本神户市建立中国第一对国际友好城市；1992年，由中国人民对外友好协会发起成立中国国际友好城市联合会，统一协调管理中国国际友好城市工作；2012年，中央机构编制委员会办公室批准成立"国际友好城市交流中心"，旨在加强理论研究，深化国际友好城市的务实合作。截至2015年7月1日，我国对外友好城市数量达2209对。40多年来，国际友好城市工作在配合国家总体外交战略的同时，有力地促进了地方改革开放与经济社会发展。

2014年5月15日，国家主席习近平在中国国际友好大会暨中国人民对外友好协会成立60周年纪念活动的讲话中指出："希望中国人民对外友好协会再接再厉，更好推进民间外交、城市外交、公共外交，不断为中国民间对外友好工作做出新的更大的贡献……要大力开展中国国际友好城市工作，促进中外地方政府交流，推动实现资源共享、优势互补、合作共赢。"习近平主席首次明确提出"城市外交"，既是对我国40多年国际友好城市工作的充分肯定，又是对未来友好城市工作提出了更高的要求，明确城市外交是国家总体外交的重要补充。

本书将从国际关系研究的角度出发，通过对我国40多年国际友好城市工作的系统梳理与总结，分析主要国家城市对外交往的特点与经验，试图构建一个具有中国特色完整的城市外交理论与实践研究体系。

笔者认为，主权国家仍然是当代国际关系的主角，城市的发展导向仍然主要为国家利益服务，城市的对外交往是在国家总体外交大局下的"授权"行为，这也是具有中国特色城市外交的核心。

本书由理论研究篇、比较研究篇、案例研究篇三部分构成。"理论研究"对"城市外交"概念、性质、历史发展、功能特点以及城市在国家总体外交中的作用、地位、意义进行系统分析研究；"比较研究"选取部分有代表性的国家或地区，主要有美国、日本、欧盟、金砖国家、"一带一路"上的中亚国家和东南亚国家等，系统分析在推动地方政府对外交往中，发挥城市国际角色和城市在国际关系中的作用的经验与做法，特别是对我国做好城市外交工作的启示。"案例研究"则在首次在全国广泛征集案例的基础上，通过多次座谈研讨，充分考虑国别分布、国内地域分布、结好特点、友好城市特色以及对未来友好城市工作的启示意义，从83个案例中精选出20个具有代表性的案例，并将研究发现我国国际友好城市结好的"五缘"因素（地缘、俗缘、语缘、情缘、机缘）贯穿其中。最后，本书还就城市国际组织以及中国参与城市国际组织的情况进行了系统梳理和分析。

本书是中国人民对外友好协会批准立项的第一部理论研究专著，会长李小林高度重视、亲自领导研究工作。研究项目组特别邀请外交学院熊炜、查雯，复旦大学苏长和、孙超、李明月、吴泽林，中国社会科学院美国研究所刁大明，北京大学李海涛等学者分别承担不同章节的研究编写工作，他们以智慧和辛勤付出为该专著问世做出了重要贡献。同时，研究项目组还特别邀请国内国际关系学界的专家对整个研究工作给予指导，他们是：外交学院周启朋、王帆、郑启荣，复旦大学陈志敏，上海社会科学院黄仁伟，吉林大学刘德斌，中国人民大学金灿荣，中央党校赵磊等，专家的指导意见对整个研究起到重要的作用。中国人民对外友好协会各业务部门领导和同事积极参与案例研究工作，他们是：王秀云、马小明、袁敏道、张和强、扈建怀、朱丹、季伟、徐凤华、刘迁、张华璐、巴翠翠、安昕、许广武以及全国各地方外办/友协，特别是天津、大连、广东、南京、成都、河北、浙江、满洲里、北京、海南、哈尔滨、重庆、云南、河口、钦州、陕西、山东、芷江、晋城、厦门等地的外办/友协，他们积极热情参加多次座谈研讨，对案例研究工作给予了无私的支持。中国友好和平发展基金会对该研究给予积极支持。国际友好城市交流中心的贾继磐、许晏清、罗欢、卢晶、姚瑶、李冰洋、刘通、王鹤霏、刘琅组成团队积极参与研究或给予研究工作全力支持。在此一并表示敬意和感谢。

同时，感谢社会科学文献出版社的领导邓泳红和责任编辑李闰，他们对本书书稿进行了认真的审读与校对，提出许多建设性意见，为本书增色。

执行主编：李新玉　博士
2015 年 12 月 22 日

# 目 录

## 理论研究篇

提　要 ………………………………………………………… 001

**第一章　主权国家视角中的城市国际角色** …………………… 003
　一　城市与国家主权、国家利益 …………………………… 003
　二　城市的国际角色与国家总体外交 ……………………… 009
　三　城市与国际体系互动理论 ……………………………… 021

**第二章　城市外交** ……………………………………………… 030
　一　城市外交的概念由来 …………………………………… 030
　二　城市外交的基本特征 …………………………………… 033
　三　城市外交的发展历程 …………………………………… 036
　四　城市外交的形式与功能 ………………………………… 048

**第三章　中国特色的城市外交** ………………………………… 054
　一　中国特色的城市国际角色 ……………………………… 055
　二　中国特色的城市外交宗旨 ……………………………… 058
　三　中国特色城市外交的发展历程 ………………………… 060
　四　中国城市对外交往特点 ………………………………… 068
　五　中国未来城市对外交往趋势 …………………………… 085

**第四章　城市外交与城市国际组织** …………………………… 089
　一　城市国际组织 …………………………………………… 089

二　关于城市国际组织的研究 ············································· 111
　三　中国与城市国际组织 ················································· 115

# 比较研究篇

**提　要** ································································· 123

**第五章　美国：州的国际化进程** ········································· 125
　一　美国城市对外交往的历史演进 ······································· 126
　二　美国城市对外交往的实践分析 ······································· 133
　三　美国城市对外交往与中美关系 ······································· 138
　四　经验启示 ··························································· 145

**第六章　欧盟：地方政府与欧洲一体化** ··································· 149
　一　欧盟各国地方政府对外交往概况 ····································· 149
　二　欧盟各国地方政府对外交往优势 ····································· 150
　三　欧盟各国地方政府对外交往动因 ····································· 156
　四　欧盟各国地方政府与欧洲一体化 ····································· 159
　五　经验启示 ··························································· 170

**第七章　日本：自治体的国际化与对外交往** ······························· 177
　一　日本城市对外交往概况 ·············································· 178
　二　日本城市对外交往特点 ·············································· 182
　三　案例：东京都、北海道和新潟县 ···································· 185
　四　经验启示 ··························································· 191

**第八章　金砖国家：中央政府与地方政府** ································· 194
　一　金砖国家城市对外交往概况 ········································· 194
　二　金砖国家城市对外交往形式 ········································· 203
　三　金砖国家城市对外交往功能 ········································· 212
　四　金砖国家城市对外交往特点 ········································· 216
　五　经验启示 ··························································· 220

## 第九章 东南亚：国际组织与国际合作 ········· 234
一 东南亚国家城市对外交往概况 ············· 235
二 节点城市对外交往特点 ················· 240
三 经验启示 ······················· 255

## 第十章 中亚：国家认同与体制安全 ··········· 257
一 中亚地区城市对外交往概况 ··············· 257
二 中亚城市对外交往特点 ················· 261
三 经验启示 ······················· 276

## 第十一章 中东、拉美与撒哈拉以南非洲：城市化与发展中的城市对外交往 ····················· 283
一 中东地区城市对外交往 ················· 283
二 拉美地区城市对外交往 ················· 292
三 撒哈拉以南非洲城市对外交往 ·············· 302

# 案例研究篇

提 要 ·························· 313

**案例1 首对友城 开启先河**
——天津市与神户市 ················· 315

**案例2 拥有同一片蓝天**
——大连市与北九州市 ················ 323

**案例3 改革开放36年的缩影**
——广东省与新南威尔士州 ············· 329

**案例4 鹅掌楸 千秋苍翠**
——南京市与圣路易斯市 ·············· 335

**案例5 文化缘 中法情**
——成都市与蒙彼利埃市 ·············· 343

案例 6　情缘留住永恒的记忆
　　——河北省与艾奥瓦州 ………………………………… 350

案例 7　培训为抓手　合作显真情
　　——浙江省与石荷州 ……………………………………… 356

案例 8　"红色通道"的延续
　　——满洲里市与红石市 …………………………………… 361

案例 9　同为首都　互鉴互助
　　——北京市与首尔市 ……………………………………… 367

案例 10　海内存知己
　　——岛屿观光政策论坛 …………………………………… 373

案例 11　忠诚的伙伴
　　——哈尔滨市与以色列的"一市对一国" ……………… 381

案例 12　"渝新欧"开启合作新征程
　　——重庆市与杜塞尔多夫市 ……………………………… 388

案例 13　一千年的微笑
　　——云南省与暹粒省 ……………………………………… 394

案例 14　山水相依　两国一城
　　——河口县与老街市 ……………………………………… 401

案例 15　侨情牵两地　海港连友谊
　　——钦州市和龙仔厝府 …………………………………… 407

案例 16　一世纪　三千里
　　——陕西省与江布尔州 …………………………………… 414

案例 17　守望同一片海
　　——山东省与京畿道"友好城市联合体" ……………… 421

案例 18　永远的丰碑
　　——芷江县与松鹤市 ……………………………………… 428

案例 19　没有终点的起航
　　——晋城市与卡卡杜市 …………………………………… 434

案例 20　山海之盟
　　——厦门市与杜尚别市 …………………………………… 440

后　记 ………………………………………………………………… 446

# 理论研究篇

**提 要**

理论研究部分主要从国际关系视角出发，对"城市外交"概念、性质、内涵、历史发展、功能特点以及具有中国特色的城市外交在国家总体外交战略中的作用、地位、意义进行系统探讨、分析和论述。

当今世界正在发生深刻复杂变化，虽然和平与发展仍然是时代主题，但是国际关系中不稳定、不确定的因素不断增多，金融危机、气候变化、环境问题、流行疾病、移民、反恐等全球性问题更加突出。城市，作为全球化的"节点"、国际合作和跨国协调的纽带、全球事务与全球治理的前沿，在应对全球性挑战中的作用日益凸显。

2013年，习近平主席提出"一带一路"战略构想，包括"丝绸之路经济带"和"21世纪海上丝绸之路"，强调要"开展城市交流合作，欢迎沿线国家重要城市之间互结友好城市，以人文交流为重点，突出务实合作，形成更多鲜活的合作范例"①。2014年5月15日，习近平主席在中国国际友好大会暨中国人民对外友好协会成立60周年纪念活动的讲话上，首次将城市外交与民间外交、公共外交一并提出，强调"要大力开展中国国际友好城市工作，促进中外地方政府交流，推动实现资源共享、优势互补、合作共赢"②。

在此背景下，以服务国家总体外交和地方经济社会发展为根本，城市在中国对外开放格局中正发挥着越来越重要的作用，城市外交正在成为一种新型的外交形式。

---

① 《推动共建丝绸之路经济带和21世纪海上丝绸之路的愿景与行动》，新华网，http：//news.xinhuanet.com/gangao/2015-06/08/c_127890670.htm，最后访问日期：2015年7月17日。

② 《习近平：在中国国际友好大会暨中国人民对外友好协会成立60周年纪念活动上的讲话》，新华网，http://news.xinhuanet.com/politics/2014-05/15/c_1110712488.htm，最后访问日期：2015年7月17日。

# 第一章 主权国家视角中的城市国际角色

## 一 城市与国家主权、国家利益

主权规范是当代国际关系的基本规范，构成国际体系运行的基础规则。从国际法角度看，主权是指国家对内最高的统治权和对外的独立和不受干涉的权利。近代国际法的奠基人胡果·格劳秀斯（Hugo Grotius）在《战争与和平法》中将主权国家作为国际法的主体，指出，主权即权力的行使不受另外一种权力的限制，当一国不受任何别国控制而处理内部事务时就表现为主权。[①] 英国学者阿兰·詹姆斯（Alan James）认为对外主权就是一国的基本权利不受他国干涉。[②] 主权规范被当代国际社会普遍接受。《联合国宪章》第二条明确规定，"本组织系基于各会员国主权平等之原则；各会员国在其国际关系上不得使用威胁或武力，或以与联合国宗旨不符之任何其他方法，侵害任何会员国或国家之领土完整或政治独立；本宪章不得授权联合国干涉在本质上属于任何国家国内管辖之事件，且并不要求会员国将该项事件依本宪章提请解决"[③]。1981年12月9日，联合国大会更是通过了《不容干涉和干预别国内政宣言》，最鲜明地表明了主权平等这一原则。

对于主权持有者的形式，学界的意见并不一致。围绕主权问题，争议最多的一个方面当属主权对内的绝对性问题。法国学者让·布丹（Jean

---

[①] 〔荷〕胡果·格劳秀斯：《战争与和平法》，何勤华等译，上海人民出版社，2005，参见第三章"论公战与私战及主权的性质"。

[②] Alan James, "The Practice of Sovereign Statehood in Contemporary International Society," *Political Studies*, Vol. 47, No. 3 (1999): 462–464.

[③] 《联合国宪章》，联合国官网，http://www.un.org/chinese/aboutun/charter/chapter1.htm，最后访问日期：2015年8月30日。

Boding）倾向于自然法基础上主权的至高性。布丹认为，主权是国家的主要标志，是对公民和臣民的不受法律限制的最高权力。"主权是永恒的，有别于在特定时间内所授予的任何有限的权力。它是非授予的权力，或者是无限制的或无条件的授权。主权是不能转让的，也不受法令的限制。它不受法律的约束，因为只有主权者是法律的来源。主权者不能使他自己或他的后继者受约束，也不在法律上对他的国民负责。"[①] 在国际关系学研究中，现实主义学说的倡导者汉斯·摩根索（Hans Morgenthau）同样认为，主权具有不可渗透性，"一国未经该国同意，不得在那块领土上行使管辖权"；"主权就其性质而言是不可分割的"[②]。最重要的是，现实主义认为，由于主权的存在，国家——而非社会或者个人——才是国际关系的行为主体。

根据国际关系学者罗伯特·吉尔平（Robert Gilpin）的论述，国际体系曾经以三种形式存在。第一种国际体系就是地方化的社会组织形式，也就是城市国家。"独特的环境使得一种相对地方化的组织形式在国际关系史上扮演了重要的角色，这种形式就是城市国家。""在古代文明的河谷，古希腊和文艺复兴时期的意大利，城市国家体系曾经盛极一时，并体现了更大的国际体系的所有特点。"[③] 这样一个小规模的政治实体就是一个国家。它对外独立，对内享有完全的自主权。在经济上，它以自给自足为目标；在政治上，顽强地坚持城市本位主义。[④] 第二种国际体系是帝国或者帝国体系，例如巴比伦帝国、罗马帝国、马其顿帝国，后来的奥斯曼帝国，以及一直雄踞东方的中华帝国。这些帝国之间的关系，同样属于主权国家间的关系。"尽管存在着城市国家、封建主义和其他地方化组织形式，这些组织形式也常常具有决定性的重要性，国际关系史在很大程度上是大帝国的延续。"[⑤] 第三种国际体系就是现代民族国家。民族国家通过民族主

---

[①] Jean Bodin, *Six Books of the Commonwealth* (London: Worshipful Company of Goldsmiths, 1903, out of French and Latin copies, done into English by Richard Knolles).

[②] 〔美〕汉斯·摩根索：《国家间政治：权力斗争与和平》，杨岐明等译，商务印书馆，1993，第395、412页。

[③] Robert Gilpin, *War and Change in World Politics* (Cambridge: Cambridge University Press, 1981), 109.

[④] 丛日云：《西方政治文化传统》，大连出版社，1996，参见第1章第3节"城邦的形成及特征"。

[⑤] Robert Gilpin, *War and Change in World Politics* (Cambridge: Cambridge University Press, 1981), 110.

义解决了忠诚问题,通过有效的经济税收政策解决了财政问题。"现代国家的本质就在于它拥有一整套的法律、信仰和制度,能够创造并运用国家实力。"[1] 因此,国际政治一直是主权国家之间的政治,不管这些国家是城市国家、帝国还是民族国家。民族主权国家由于它在财政、组织和动员等诸多方面的制度优势,最终成为国际政治最主要的行为体。

但是,随着世界政治的发展,对主权绝对性和不可分割性论点的挑战越来越多。这些挑战基于许多现实方面的实践,并且对传统的国际关系理论提出批评。这些批评总的来说可以分为两种:一种认为国际组织或者国际规范正在变得越来越强大,某种程度上限制和高于国家主权[2];另一种则认为全球化赋予许多国内的非政府行为体(Non-governmental Organization, NGO)以力量,使得国家越来越趋于破碎化和过时。[3] 现实主义者和一些中国学者对这种"主权分割""制度限制主权"论从各方面都提出批评。例如,约翰·米尔斯海默(John Mearsheimer)指出国际制度虽然可以帮助制止国家之间的欺骗,但它对由于国家主权造成的相对收益问题提不出解决的办法。[4] 肯尼思·沃尔兹(Kenneth Waltz)也认为,国际制度本身是无足轻重的,围绕大国的利益而转移。虽然北约所发挥的功能和它所拥有的庞大官僚机构都促进了制度本身的延续,但决定其命运的依然是国家。北约之所以在"冷战"后生存下来,恰恰是因为美国需要借助它来继续对欧洲国家的外交和军事实行控制。[5] 中国国际政治学者梁守德也在他的著作《国际政治学理论》中强调:"①主权涉及政治、安全、经济各个方面,是一个整体。为了全局利益,让出部分主权,并不损害主权的完整。我们强调主权利益是总体利益,并不把它绝对化。②主权的重要原则是平等,在平等的基础上,彼此协商,互谅互让,对等互利,正是相互尊重主权平等的表现。我们强调的主权利益是相互具有的平等利益,反

---

[1] Robert Gilpin, *War and Change in World Politics* (Cambridge: Cambridge University Press, 1981), 122.

[2] 〔美〕罗伯特·基欧汉:《霸权之后:世界政治经济中的合作与纷争》,苏长和等译,上海人民出版社,2006。

[3] 〔澳〕约瑟夫·凯米莱里、吉米·福尔克:《主权的终结?——日趋"缩小"和"碎片化"的世界政治》,李东燕译,浙江人民出版社,2001。

[4] John J. Mearsheimer, "The False Promise of International Institutions," *International Security*, Vol. 19, No. 3 (1994-1995): 19-21.

[5] Kenneth N. Waltz, "Structural Realism after the Cold War," *International Security*, Vol. 25, No. 1 (2000): 20.

对单方面限制。③主权的要害是独立自主,让出一部分主权,换取整体利益,只要是自愿的、由本国独立决策,就是合理的"①。笔者在前文已经提到,主权是一定领土之内的最高权威。因此,片面强调国际制度或者国际法对主权的制约,而忽视主权自身所拥有的最终决定权,显然是有问题的。

对于第二种批评,也就是国内非政府行为体和民族主权国家之间的竞争,似乎在外交和国际关系学界并没有引起持久的共鸣。学者们强调,"拥有固定边界的主权国家被证明是维持和平和培育经济福利的最好组织形式"②。如果想要证明跨国公司等行为体的权威已经可以和国家相提并论,那么要比较的不是和小国,而是和国际体系中的大国。显然,到目前为止,还没有一个非政府组织的政治、经济和军事力量达到了这个标准。

建构主义学说的代表亚历山大·温特(Alexander Wendt)也支持这种国家中心主义观点。他认为,国家并不是从一开始就垄断了暴力的使用,但是这项垄断暴力的工程进行得非常成功。因此,在探讨国际政治之时,国家才是分析的首要单位。③ 中国学者也从不同角度捍卫了国家主权相对于其他国内行为体的优先地位。例如,梁守德认为主权使得国家必然成为国际体系的首要行为体。"在国际政治中,国家成为重要行为体,关键在于拥有主权。具体地说:①主权赋予国家独立的内外职能,即对国内社会和国际社会进行独立的、有组织活动的职能。②主权要求国家建立庞大而又严密的由各种机关和人员组成的组织体系,即国家政权机构——主要包括各种国家机关及其官吏和常备军。③主权使国家产生了强大的凝聚力。主权能使地域稳定,居民固定,组织系统健全,吸引不同民族、不同阶级的居民,凝成一个坚强的整体。"④ 因此,无论是城市,还是跨国公司或者其他行为体,都无法与拥有主权的国家相抗衡。

在国际政治竞争中,小国寡民的城邦——而不是单纯的城市——最终被帝国和民族主权国家所取代。其中存在许多原因,诸如城市的规模太

---

① 梁守德、冯银娴:《国际政治学理论》,中央编译出版社,1994,第268页。
② Kenneth N. Waltz, "Globalization and Governance," *Political Science and Politics*, Vol. 32, No. 4 (1999): 697.
③ Alexander Wendt, *Social Theory of International Politics* (Cambridge: Cambridge University Press, 1999), 8 – 10.
④ 梁守德、冯银娴:《国际政治学理论》,中央编译出版社,1994,第71~73页。

小，掌握的资源有限，从地缘政治的角度来讲缺乏战略纵深的空间等。城市失去原有的主权之后，它就不再是城邦国家，而成为纯粹的城市，虽然它依然是国家的政治和经济中心所在地。但是，与广大的乡村一样，它也只是参与国家政治活动的一个下级单位，在行政、税收等各方面都受到中央政府的节制。从国家主权的视角出发，肯尼思·沃尔兹指出："尽管国家可能愿意减少对非国家行为者的事务作长期的介入，它们还是给交往定出条件，无论是被动地允许非正式规则的形式，还是通过主动插手来改变那些不再适合于国家的规则。在危急时刻，国家重新制定其他行为体运转所遵循的规则。"① 不仅如此，一些学者甚至认为，随着国际化或全球化的发展，城市的国际角色受到进一步的限制，而国家的优势增强了。"国际化要求国际管理，而国际管理需要各国中央政府相互合作来提供。随着国际管理的范围向原本属于国内事务的广泛领域扩展，涵盖到次国家行政体行使管理的各个社会经济领域，各国中央政府有可能通过在这些领域承担国际义务而推行中央集权，取消或者缩减次国家行政体在这些领域各自独立施政的能力。"②

即便是对于典型的西方联邦制国家，城市发挥国际角色也要服从整体的国家利益，而且以主权为核心的国际法和国内法体系牢牢地保证了城市国际交往活动的结构性条件。美国法学家理查德·比尔德（Richard Bilder）指出："（美国）《宪法》的一个主要目的是把外交关系牢牢控制在全国性政府的手中。尽管各州和其他地方政府卷入对外事务的范围、程度有所变化，国会、政府和法院对此似乎无动于衷。""在处理同外国关系时，联邦政府作为美国唯一代表的大原则已经牢固建立起来了。只有中央政府才享有外交事务上的全部、独一无二的责任，而地方政府的权威是非常有限的。"③ 即使各州和地方政府批评别的国家，这些国家也未必知道或者上心。如果这些活动真的威胁到了美国的对外关系，那么国会、总统甚至最高法院具有阻止它们的宪法授权。例如，《美国宪法》第一条第十款

---

① 〔美〕肯尼思·华尔兹：《国际政治理论》，信强译，上海人民出版社，2008，第112页。
② Harry N. Sheiber, "The State Role in U. S. Federalism," *States and Provinces in the International Economy*, ed. Douglas M. Brown & Earl H. Fry（Berkeley: Institute of Governmental Studies Press, 1993）, 83 – 85.
③ Richard Bilder, "The Role of States and Cities in Foreign Relations," *The American Journal of International Law*, Vol. 83, No. 4（1989）: 821 – 827.

规定:"任何一州都不得缔结任何条约,参加任何同盟或邦联""任何一州,未经国会同意,不得征收任何船舶吨位税,不得在和平时期保持军队或战舰,不得与他州或外国缔结协定或盟约,除非实际遭到入侵或遇刻不容缓的紧迫危险时才能进行战争。"第六条规定:"本宪法和依本宪法所制定的合众国法律,以及根据合众国的权力已缔结或将缔结的一切条约,都是全国的最高法律;每个州的法官都应受其约束,即使州的宪法和法律中有与之相抵触的内容。"① 关注地方政府国际角色的学者约翰·金凯德（John Kincaid）认为,事实上,美国各州在签订国际协定时相当自律,严格将协定内容限制在自身管辖范围之内。因此,"在订立协定的问题上几乎没有出现联邦和州的冲突"②。

在中国,《宪法》第三条规定:"中央和地方的国家机构职权的划分,遵循在中央的统一领导下,充分发挥地方的主动性、积极性的原则。"第五十七条规定:"中华人民共和国全国人民代表大会是最高国家权力机关。它的常设机关是全国人民代表大会常务委员会。"第八十九条规定:国务院决定中央和地方在行政工作上的分工,"统一领导全国地方各级国家行政机关的工作,规定中央和省、自治区、直辖市的国家行政机关的职权的具体划分",并有权"改变或者撤销地方各级国家行政机关的不适当的决定和命令"③。

维护国家主权与国家利益是我国城市开展城市外交的最基本的原则。中国人民对外友好协会关于友好城市管理的规定强调,与外国建立友好城市关系要严格履行报批手续。地方省市与外国建立友好城市关系,由有关省、自治区和直辖市人民政府审批,报送中国人民对外友好协会核准后转外交部批准。2003年12月,当时主管外交事务的国务委员唐家璇提出,"地方外事工作要自觉服从和服务于全面建设小康社会的奋斗目标,不断强化为国家总体外交服务、为地方经济社会发展服务的意识"④。2006年的

---

① "The Constitution of the United States," Constitution Society, http://www.constitution.org/usconsti.htm,最后访问日期:2015年11月2日。
② John Kincaid, "State and Local Governments Go International," *Intergovernmental Perspective* 16 (1990):8.
③ 《中华人民共和国宪法》,新华网,http://news.xinhuanet.com/newscenter/2004-03/15/content_1367387_3.htm,最后访问日期:2015年11月2日。
④ 房方:《唐家璇在贵州考察时强调努力开创新时期地方外事工作新局面》,《人民日报》2003年12月23日。

中央外事工作会议提出，"要坚持外事工作的正确方向，全党全国都要切实把思想认识统一到中央对国际形势的判断上来，统一到中央提出的对外大政方针和战略部署上来，坚决贯彻中央对外工作方针政策，齐心协力做好外事工作"①。因此，无论从法律上的权限划分还是实践中的政策导向来看，中国地方政府的外事工作最基本的底线就是为中央的总体外交服务，维护国家主权和利益。

## 二 城市的国际角色与国家总体外交

作为一种新型外交方式，城市外交使城市在国际体系中扮演着一定的国际角色，但如前文所述，无论是从法律上的权限划分，还是从实践来看，城市的国际角色始终限于国家主权框架之内。城市所发挥的国际角色多的是功能性的，主要体现于服务于国家的总体外交和国家利益。本研究提出一个主权视角的分析框架来分析城市的国际角色如何从属于国家的总体外交。这一框架包括三个方面：①城市的国际经济角色对于国家硬实力的促进作用；②城市的国际文化角色对国家软实力的促进作用；③城市的国际政治角色对国家外交力的促进作用。通过这三个方面，笔者就能对城市在国际关系中所发挥的作用与角色有一个较为清晰的认识。

### （一）城市的国际经济角色与国家硬实力

城市国际经济角色指的是一国的城市在国内国际经济关系中所具有的地位。毫无疑问，城市所具有的经济实力，最根本的是基于它在国内社会中凝聚资源和成为国家发展中心的角色。在此基础上，通过国际经济交流，城市可能成为世界经济的中心、世界资源的聚集地和世界的经济发展重心。国家硬实力是相对于强调制度和文化吸引力的"软实力"而言的。一般来说，硬实力主要包括国家的基本资源、经济和军事实力以及政治凝聚力等。其中，经济力量是综合国力的基础，是军事和其他领域国力的支撑。一方面，购买和保养现代化的武器，维持一支装备精良、训练有素的军队都需要庞大的国防开支；另一方面，当代的高科技武器装备本身越来

---

① 《中央外事工作会议在京举行》，新华网，http://news.xinhuanet.com/politics/2006-08/23/content_ 4999294.htm，最后访问日期：2015 年 9 月 2 日。

越依赖工业技术发明的进展。其他领域也莫不如此。缺乏一个强大的经济基础，国家在发展教育、卫生和凝聚社会支持方面就很难有所作为。"经济力"包括对内经济活动力和对外经济活动力。"对内经济活动力是指一个国家在一定时期经济建设和整体经济发展的能力，包括经济发达程度、发展水平、经济发展速度、经济结构、经济体制和生产力布局等，它是综合国力的基石和核心部分。对外经济活动力反映一国经济在国际社会中的地位和在国与国之间实现资源配置优化的能力。在国际政治实践中，经济实力强弱不仅制约着国家的工农业生产能力和对外贸易水平，而且直接制约着其军事力量的发展与规模，同时还影响着国民的教育程度与基本素质以及国家政治的稳定等构成综合国力的其他要素。"① 那么，实力对国际政治来说有着什么样的重大意义，城市的发展及其国际角色对国家的硬实力又具有什么样的关系？

依据实力来判断国家利益的目标是现实主义国际关系理论的一个基本出发点。现实主义认为，一方面，国家应该追求物质性的利益，而不是空洞的理想主义口号或者目标（如将民主自由普及世界）；另一方面，在国际体系中，国家所能追求的物质利益不是随心所欲的，而是受到它自身实力的制约。实力政治的另一面是对抽象道德的摈弃。"现实主义坚持认为，普遍的道义原则在抽象的普遍形式下是无法适用于国家行为的……因此，现实主义认为谨慎，即对不同的政治行动的后果进行权衡——是政治中至高无上的道德。"② 国家追求自己的利益要与自己的实力相适应，不要盲目追求超越自己力量范围的利益。③ 国家实力决定着国家所能获取的利益范围。新现实主义国际关系理论对国家实力的意义做了进一步的阐释，不过这一次是从国际体系稳定的角度出发的。在无政府的国际体系中，各国的相对实力构成决定重要国际事件结果的主要因素。根据肯尼思·沃尔兹对国际结构的定义，"无政府的排列原则"和"单元之间的能力分配"是判

---

① 《综合国力的构成要素分析》，中国国际战略研究网，http：//www.China.com.cn/zhuanti 2005/txt/2003 - 03/19/content - 5295898.htm，最后访问日期：2015 年 9 月 13 日。
② 〔美〕汉斯·摩根索：《国家间政治：权力斗争与和平》，杨岐明等译，商务印书馆，1993，第 15～16 页。
③ 王缉思：《摩根索理论的现实性与非现实性》，载〔美〕汉斯·摩根索《国家间政治：权力斗争与和平》，杨岐明等译，商务印书馆，1993，第 4～5 页。

断一定时期国际结构的两个主要标准。① 沃尔兹在这里所说的无政府状态，指的是世界政治中不存在一个中央政府，而单元就是指国际体系的主要行为体国家。他认为，在"冷战"时期，美苏两极和其他大国之间的实力对比几乎是悬殊的。这导致它们可以比较自由地决定自己的战略，在双方的交涉中不受到太多不确定性的影响。② 因此，国家实力的分配除了决定性地影响各国的利益分配之外，也决定性地影响国际体系的总体进程。

自近代以来，科技革命和城市化是影响各国经济实力变革的两个主要因素。科技革命带来的工业革命促进了城市的产生和发展，而城市化所具有的规模经济效应又使得科技革命和工业化具备良好的成长空间。城市化实现了生产要素的集聚，同时也带动了巨大的基础设施投资需求，对经济增长产生了强烈的刺激作用。城市化经济是指多个产业的多类企业在空间上的集聚（Agglomeration），而城市往往也被称作是经济发展的"增长极"。增长极理论是法国经济学家弗朗索瓦·佩鲁（Francois Perroux）在20世纪50年代提出来的。这一理论指出，一个国家要实现平衡发展只是一种理想，在现实中是不可能的，经济增长通常是从一个或数个"增长中心"逐渐向其他部门或地区传导。因此，应选择特定的地理空间作为增长极，以带动经济发展。③ 作为增长极的城市，尤其是大城市或者国际经济中心城市，都具有生产中心、贸易中心、金融中心、交通运输中心、信息中心、服务中心、决策中心等多种功能。

增长极理论有以下三个基本点作为支撑：第一，其地理空间表现为一定规模的城市；第二，必须存在推进性的主导工业部门和不断扩大的工业综合体；第三，具有扩散效应和回波效应。④ 结合增长极的理论，笔者可以对城市化的经济效应做几点总结。第一，区位经济效应。区位经济效应是由于从事某项经济活动的若干企业或联系紧密的某几项经济活动集中于同一区位而产生的。例如，某一专业化生产的多个生产部门集中在某一区域，可以共同培养与利用当地熟练劳动力，加强企业之间的技术交流，共同承担新产

---

① 〔美〕肯尼思·华尔兹：《国际政治理论》，信强译，上海人民出版社，2008，参见第五章"政治结构"。
② Kenneth N. Waltz, "Reflections on Theory of International Politics: A Response to My Critics," *Neorealism and Its Critics*, ed. Robert O. Keohane（N.Y.: Columbia University Press, 1986），330-333.
③ 侯家营：《增长极理论及其运用》，《审计与经济研究》2000年第6期。
④ 高煕照：《增长极理论与欠发达地区经济发展》，《改革与战略》2007年第6期。

品开发的投资,形成较大的原材料等外购物资的市场需求和所生产产品的市场供给,从而使经济活动活跃,形成良性循环。第二,规模经济效应。规模经济效应是由于经济活动范围的增大而获得内部的节约,如可以提高分工程度、降低管理成本、减少分摊广告费和非生产性支出的份额。第三,外部经济效应。外部经济效应是指,经济活动在某一区域内的集聚往往使一些厂商可以不花成本或少花成本获得某些产品和劳务,从而获得整体收益的增加。①

不管是区位经济效应,还是规模经济或者外部经济,城市作为一国经济要素的集聚中心,的确可以实现不同产业之间的优势互补,同一产业内部的细密分工合作,以及社会公共服务体系的成本降低。对于最后一点,城市这种人口居住方式比起农村的分散状态具有相当的优势。正如一位研究城市经济的学者所言:"在城市人口高度集中的情况下,城市基础设施和公共环境的微小改善,就会带来更多居民的生活质量提高,从而体现出显著的规模经济与正外部性。""在一定范围内,城市的发展成本与城市的规模呈反比,但效益却与城市的规模呈正比,也就是说,城市的效率是随着城市规模的扩大而不断提高的。当存在规模报酬递增时,只要这种规模报酬递增带来的好处没有穷尽,企业就会不断地扩张生产,以便从平均成本的不断下降中获益。通过以城市发展为中心,把相关的各类产业的优势集中起来,能够实现不同收益特点的产业间互补,达到生产的规模经济和效率提高,产业聚集就与城市扩张结合在一起,获得持续发展的动力。"②

事实上,早在20世纪90年代,就有学者认为城市化的发展将成为中国未来经济发展的轴心。③ 中国学者杨涛认为,"城市化对中国经济增长的拉动作用前景良好。城市化水平与人均GDP之间显然存在着某种正相关的关系,较高的城市化水平都是与较高的人均GDP相对应的。这也是我们应该促进城市化进程的实践基础之一"④。在递交给英国政府的一份报告中,

---

① 张松柏、李红艳:《论不发达地区增长极的培植》,《陕西行政学院、陕西经济管理干部学院学报》2003年第3期。
② 杨涛:《城市化:中国经济长期增长动力源》,载《上海证券报》,新华网,http://news.xinhuanet.com/fortune/2006-06/26/content_ 4749701.htm,最后访问日期:2015年10月21日。
③ 周振华:《经济增长轴心转移:中国进入城市化推动经济增长阶段》,《经济研究》1995年第1期。
④ 杨涛:《城市化:中国经济长期增长动力源》,载《上海证券报》,新华网,http://news.xinhuanet.com/fortune/2006-06/26/content_ 4749701.htm,最后访问日期:2015年10月21日。

伦敦市政府是这样强调该城市对于英国经济本身的重要性的:"整个国家的经济都从伦敦受益。在伦敦,人员和活动的集中——所谓的集聚——提高了生产力水平和专业化程度,从世界各地吸引了更多的商务,提升了英国的生产力水平、竞争力,并带来了更多的外国直接投资(FDI)。这些方面的成果不断渗透到英国的其它地区。"[1] 另一个例子则是法国巴黎的复兴规划。20 世纪 80 年代,法国里昂大都市区的人口约 126 万,存在大量的人口失业和社会空间隔离等问题。里昂市所采取的办法,就是促进各方在区域发展目标上形成共识。里昂市的主要公共和私有部门一起制定都市区的发展新战略,将整个区域确定为"欧洲城市"。这种多机构协调的框架,强调的一点就是,在城市地区政府之间乃至国家政府之间,达成一种共识,即"城市核心地区的经济活力对于整个区域经济的活力至关重要,而一个国家的经济实际上就是由若干区域经济板块组成的。这些区域经济板块,无论是对吸引市场投资还是欧盟的结构基金,都是竞争的基本单位"[2]。

在全球化的时代,城市,尤其是大城市,在国际经济活动中所扮演的角色对整个国家的经济实力具有重大意义。如前所述,一方面,城市在国内形成相当大的经济规模效应,可以优化各种生产资料和要素的合理配置;另一方面,城市通过在国际经济交流中承担资本集聚地、行政指挥中心等职能,可以进一步促进国家的经济发展,甚至在国际经济关系中形成不平等的相互依赖,以至于影响对方的政治和经济地位。跨国公司和银行总部集中的城市,必然是对全球经济有着举足轻重作用的地域。这些总部做出的决策——例如投资的产业和流向,在很大程度上会影响国家之间的相对实力变化。"经济活动的日益分散导致公司管理活动的复杂化,使得这些跨国公司的总部必须位于交通通信等基础设施条件优越、市场经济环境良好的城市进行它们的管理,以协调分散于全球的原料、生产、市场和资本之间的复杂关系。随之,那些专业化服务部门,也必然集中在这些城市,为跨国公司和世界上的其他用户提供服务。随着经济全球化进程的推

---

[1] "The Case for London,"伦敦市政府网站,https://www.london.gov.uk/priorities/business-economy/publications/gla-economics/the-case-for-london,最后访问日期:2015 年 11 月 10 日。

[2] 朱力、孙莉:《英国城市复兴:概念、原则和可持续的战略导向方法》,《国际城市规划》2007 年第 4 期,第 1~5 页。

进,世界城市在世界经济、政治体系中所起的控制和指挥中心的作用将进一步得到加强。"① 关键性的问题是,这些国际交流的中心节点位于什么样的国家内部,受到什么样的政策支持,持有什么样的价值观,以及其中的精英人物主要来自哪些国家?在现实生活中,我们可以看到,像纽约、伦敦和东京这样的世界城市,它们聚集了大多数跨国企业巨人的神经中枢,也是世界金融和政治活动的主要枢纽。它们是各国社会经济最发达、经济效益最高的地区,是产生新技术、新思想的"孵化器",具有发展国际联系的最佳区位优势。比如美国大西洋沿岸城市群是美国最重要的工商业区,其中华盛顿是美国的首都,纽约是联合国总部所在地,表明这一核心区域不仅是美国的政治中心,也是世界政治活动的中心地。②

不过,这种国际经济交流重心的分布,其最终意义并不体现在城市本身掌控了全球政治经济,而在于某个城市的地理空间和经济空间极为显著地带给整个国家实力的意义。"城市群代表国家参与国际分工和国际竞争。城市群不仅是国家经济力量的集中体现,也是世界经济活动能量的集中体现。城市群集聚的产业、金融、贸易、科技、信息等力量在全球经济活动中也具有较大的影响,是国际分工和国际竞争的主要力量。"③ 中央政府干预国际城市经济竞争的例子屡见不鲜。例如,英国在 1987 年 10 月对伦敦证券交易所进行了称为"大震"的改革,以促进伦敦金融城适应国际金融市场迅速扩展的环境;美国和日本先后在纽约和东京建立了自己的离岸金融市场;伦敦鉴于美国自 20 世纪 70 年代出现的金融衍生产品市场的兴旺情况,于 80 年代在伦敦建立国际金融期货期权交易市场。④ 这些现象说明,城市本身并不是控制这些经济活动的实体,也不是自主的政治行为体。在全球化时代,城市的意义则在于通过国际经济活动的集聚,为整个国家带来财富、威望和在国际相互依赖中的有利地位。也就是说,实际

---

① 沈金箴、周一星:《世界城市涵义与中国城市发展》,《城市问题》,中国国务院发展与研究中心网站,http://www.drcnet.com.cn/drcnet.common.web/docviewforsearch.aspx?docid=181833,最后访问日期:2015 年 10 月 27 日。
② 吴传清:《概览世界城市群》,《中国城市化》,中国国务院发展与研究中心网站,http://www.drcnet.com.cn/drcnet.common.web/docviewforsearch.aspx?docid=172377,最后访问日期:2015 年 10 月 27 日。
③ 蔡来兴主编《国际经济中心城市的崛起》,上海人民出版社,1995,第 137 页。
④ 干杏娣:《试论当代国际金融中心发展的基本动因与政府介入》,《世界经济研究》1997 年第 1 期。

上，我们应该关注的不是城市本身，而是城市化经济的这种分布对国家间实力分布带来的影响。

因此，笔者在考虑纽约或者伦敦在当代世界政治经济舞台上的重要意义时，所感受到的是具有强大综合国力的整个美国或者英国，而不是一个孤零零的城市。中国学者陈志敏在总结中国地方政府的国际经济角色时指出，"在中国，吸引外国直接投资是国家发展战略的一部分。通过给予各级地方政府一定的审批权限，地方政府被调动起来去各显其能，招商引资，虽然出现了一些相互恶性竞争的事例，但总体来说，地方政府的外资引进工作成效甚大，对促进中国经济自1993年以来保持超高速增长起到了强大的推动作用。"[1] 中国学者黄仁伟在论述上海建成世界城市对中国的意义时说："创建世界城市与服务全国是相互促进、互为因果的。上海对全国的服务功能是由城市的能级所决定。城市能级越高，服务功能的广度和深度才越具有空间。同样，全国市场的要素流动总量越大，流动频率越高，它对核心城市的功能也要求越高。上海对长江三角洲地区的集聚和辐射功能已经证明了能级与服务功能之间的互动关系。因此，定位世界城市就是对上海服务全国功能的最高定位，也是上海服务全国战略的最高体现。随着上海向世界城市的目标不断推进，中国在世界市场的空间半径也将不断得到拓展，中国的文化凝聚力也更具有世界的意义。"[2] 这段话用来描述北京或者纽约、伦敦的国际经济角色也是恰如其分的。

### （二）城市的国际文化角色与国家软实力

城市的发展除了对国家硬实力构成相当的影响外，它的国际形象在很大程度上代表着一个国家的软实力。所谓软实力，是一种能够影响他人喜好的能力。一个国家有可能在国际政治中获得其所期望的结果，是因为其他国家仰慕其价值观，模仿其榜样，渴望达到其繁荣和开放的水平，从而愿跟随其后。就此而言，除了靠军事或者经济制裁胁迫他人改变外，在国际政治中设立议程并吸引他国十分重要。这种让别的国家也想效仿你的软

---

[1] 陈志敏：《次国家行政体与对外事务》，长征出版社，2001，第52页。
[2] 黄仁伟：《中国和平崛起的新道路与上海建设"世界城市"的定位》，《世界经济研究》2004年第10期。

力量，靠的是拉拢人而非胁迫人。① 软实力主要来源于三种资源：文化（在能对他国产生吸引力的地方起作用）、政治价值观（当它在海内外都能实践这些价值时）及外交政策（当政策被视为具有合法性及道德威信时）。② 在信息时代有较大吸引力从而赢得软力量的国家，当属那些拥有多种沟通渠道来帮助其分析问题的国家；那些本国主导文化和思想与流行的全球规则相接近的国家；以及那些信誉随其国内和国际的价值观以及政策而增强的国家。③ 因此，软实力的作用可谓"不战而屈人之兵"。

城市，尤其是大城市，乃是国际交流的中心。它所扮演的国际文化角色，是一国对外展示其制度、管理和文化的窗口，因此与国家软实力有着直接而密切的联系。什么是城市的国际文化角色呢？一般来说，城市作为高等教育的中心和知识、人口的密集区，它所呈现出来的整个精神风貌，就构成城市的国际文化角色。国家形象的宏观载体是这个国家的城市与建筑。这不仅仅在于恢宏的尺度及其民族文化的象征，也流露于城市环境的细节。城市能否有效地继承优秀的传统文化，能否保留那些遗留下来的古代文明，能否积极利用现代科学和文明进步的成果，甚至城市老百姓的道德水平和官员的执政能力，都直接关系该城市的国际文化角色和本国的国家形象。"城市是一种心理状态，是各种礼俗和传统构成的整体。换言之，城市绝非简单的物质现象，绝非简单的人工构筑物。城市已同其居民们的各种重要活动密切地联系在一起，它是自然的产物，尤其是人类属性的产物。"④ 城市不仅仅是高楼大厦、汽车电话的密布集合体，也不只是一个从事商品交换的简单人群集合。城市包含了许许多多不同的管理和服务部门，也涵盖了人类社会的各种错综复杂的关系。城市所展现出来的风貌，在很大程度上代表了一个国家社会内部的凝聚力、亲和力和运转状况。

一方面，"城市是制度文化的主要载体。制度产生于人的聚集地，人口的聚集程度推动着制度的发展。城市人口相对稠密，公共场所相对集

---

① 〔美〕约瑟夫·奈：《软力量：世界政坛成功之道》，吴晓辉等译，东方出版社，2005，第5页。
② 〔美〕约瑟夫·奈：《软力量：世界政坛成功之道》，吴晓辉等译，东方出版社，2005，第11页。
③ 〔美〕约瑟夫·奈：《软力量：世界政坛成功之道》，吴晓辉等译，东方出版社，2005，第30页。
④ 〔美〕帕克、伯吉斯、麦肯齐：《城市社会学——芝加哥学派城市研究文集》，宋俊岭等译，华夏出版社，1987，第1~2页。

中，人们之间的交往更为频繁，经济活动更为集中。高度密集的人群、频繁的人员交流以及活跃的经济活动必然不断提高人们的物质与精神需求，推动着制度的发展，并转化为制度文化的创造力"①。另一方面，正如中国学者鲍宗豪所指出的，城市作为一种文化形态，可以使人感受到不同的城市文化韵味。不仅那些有形的物质实体鲜明地显示了城市的精神风貌，而且一个城市的布局、城市的空间结构也形象地反映了其文化特征。当今世界的国际大都市都是人文城市，都关注自己的人文品位和人文魅力。可以说伦敦是文学城市，是戏剧城市，又是大学城市；巴黎是服饰城市，又是文学城市；维也纳是音乐城市，又是历史文化城市。它们也都是国际人文城市。② 武汉大学城市设计学院院长张在元教授回忆道："华盛顿白宫边上有一片'原始森林'，我工作间隙在那里吃面包，突然一群小松鼠围过来要与我'共进午餐'。这不是童话世界，也不是在深山老林，而是在一个大国首都的心脏城区。我们经常说人与自然和谐的程度可以代表一个现代国家的文明程度，而华盛顿中心森林和小松鼠的故事意味着什么呢？"③ 因此，城市是一个国家展现软实力的焦点，管理良好并有着独特魅力的城市是国家实施公共外交战略、提升国家软实力的重要载体。

许多发达国家不仅拥有作为国际经济交流中心节点的世界城市，也拥有作为国际信息和文化交流中心节点的信息城市。纽约，通过全美三大广播网（ABC、NBC 和 CBS）控制着 2139 家电台和电视台，通过《纽约时报》《华尔街日报》《时代周刊》《新闻周刊》等出版媒体影响着全美的舆论，控制着全国的新闻和娱乐。纽约拥有 800 万来自世界各地 100 多个民族的移民，其中犹太人约 200 万，非洲裔黑人约 200 万，华人 60 万，是世界第一移民城市，素有民族大熔炉之称。④ 在这样一个城市环境中，国外的游客和其他国家的精英百姓感受到的是自由、开放的美国；而纽约所具有的信息中心的地位，可以说是美国软实力的一个主要来源。通过这些媒体渠道，美国不仅向国内社会传递着新闻和信息，更重要的是，借此主导

---

① 贺善侃：《文化建设与城市"软实力"提升》，载《深圳特区报》，南方网，http://www.southcn.com/nflr/jcck/1/200706190263.htm，最后访问日期：2015 年 10 月 28 日。
② 鲍宗豪：《世界城市与人文精神》，《中国城市经济》2003 年第 4 期，第 77~79 页。
③ 《五位知名专家谈中国形象》，《环球时报》2006 年 12 月 29 日。
④ 周汉民：《世博会是上海建设国际化大都市的重要契机》，《城市规划汇刊》2004 年第 2 期。

了整个世界的信息交流。1996 年,约瑟夫·奈(Joseph S. Nye)和威廉·欧文斯(William A. Owens)在美国《外交》杂志上发表了《美国的信息优势》一文,认为在信息时代"知识就是权力,这一点比过去任何时候都更加明显"。[1] 随着信息技术的发展,"信息权力逐步渗透到政治、经济、文化、社会各个领域"[2]。随着这种对外的知识和价值观输出,美国对国际事务的观点总是被最充分地表达出来,也得到世界上最多的关注。

除了城市客观的文化、信息和制度管理的优势之外,通过主动开展国际社会、文化交流等活动,城市也可以有效地走出去,在国际舞台上展现自己的文化魅力,增强其他国家对本国的认识,提升本城市及本国的国际形象。例如,2007 年 6 月,中国扬州市借温家宝总理访问日本"融冰之旅"之机,利用扬州是鉴真东渡日本的出发港口这一历史联系,开展了一次成功的城市外交。"扬州在日本奈良市向唐招提寺奉赠了鉴真立像,延续两国以及城市之间的千年情缘,在日本朝野引起强烈反响,很多日本民众争相目睹鉴真立像的风采。扬州是正在改革开放的中国一座城市,通过扬州这座城市、这个窗口,让更多人了解了扬州,了解整个中国的变化。"时任中国驻日本大使王毅评价,"这是一次成功的城市外交、民间外交、文化外交"[3]。这是通过城市外交方式增强国家软实力的一个典型例子。

## (三) 城市的国际政治角色与国家外交力

除了通过发挥经济作用增强国家的硬实力、发挥文化作用增强国家的软实力外,城市外交也可以有效地成为中央政府总体外交的补充。国家的硬实力、软实力和国家的外交能力并不是一回事。一个国家可能没有强大的军事和经济实力,也没有能吸引别人的国家制度、文化思想和意识形态,但是如果这个国家的外交机构办事高效,外交人员训练有素,并有正确的对外战略,那么其外交能力可能很强。所以,国家外交力,实际上指的是国家的各类行为体参与外交、外事活动的直接能力。

一般来说,城市,尤其是大城市所进行的城市外交活动,具有以下三

---

[1] Joseph S. Nye and William A. Owens, "America's Information Edge," *Foreign Affairs*, Vol. 75, No. 2 (1996): 20.
[2] Ibid., 22.
[3] 《一次成功的城市外交 民间外交 文化外交》, http://www.yznews.com.cn/news/2007-07/09/content_806605.htm, 最后访问日期: 2015 年 10 月 17 日。

个方面的特点。①城市的对外政治活动往往是国家外交活动的组成部分或者后期延续。当中央政府接待一国国家元首或者其他领导人时，为了进一步加深该国对本国国情的了解，增进对本国的好感，中央政府就会安排该国其他领导人深入基层。城市的外事接待工作因此就构成国家外交的一个重要组成部分。②城市的对外政治活动往往着眼于地方性的国际事务，处理一些涉及国际关系的细节性问题，例如对外国人的管理、跨国界的经济交流协议等。中央政府不可能事无巨细地介入这些地方的外事活动。因此，地方政府的外事活动是中央政府总体外交的重要补充和延续。③城市的对外政治活动为中央政府实施一些宏观对外战略提供有效的渠道和手段。例如，某城市通过和一国的城市建立友好城市关系，发展紧密的地方合作，可直接起到为本国中央政府外交服务的作用，提高达成有利于本国国际协定的可能性。城市扮演国际政治角色可以为中央政府提供的另一个手段是：中央政府在对外谈判中强调获得当地城市和地方支持的困难，进而促使谈判对方国做出让步。① 因此，在国家主权框架之下，城市的国际政治角色可以增强国家的外交能力。

上述第一种情况，也就是地方承担中央政府分派下来的接待外国领导人、实施国际协议的任务，在中国或者其他国家都是屡见不鲜的。一国元首在对另一国进行国事访问时，可能是先访问该国的某个地方城市，然后再进入首都与对方领导人举行正式会晤。这种对地方的访问更能增进双方交流及亲切感。例如，2014年7月6日，德国总理安哥拉·多罗特娅·默克尔任内第七次访问中国，官方代表团和经济代表团90余人随行，首站成都。在成都，默克尔参观老牌川菜馆"成都印象"，熟练地使用筷子、品尝宫保鸡丁。又如，2015年5月14日，印度总理纳伦德拉·莫迪到访中国，首站西安。这是因为，在2014年9月习近平主席访问印度时，莫迪邀请习近平到他的家乡古吉拉特邦访问。当时习近平就向莫迪发出邀请到他的家乡西安看看。作为丝绸之路的起点，习近平主席的家乡，当年玄奘藏经译经的地方，西安是中印两国的历史渊源和友好交往的最好见证。

对于第二种情况，地方政府的外事活动成为中央总体外交的补充。特别是在一些特定的敏感领域，由地方政府现身说法，可能反而会在国外收

---

① Brian Hocking, *Localizing Foreign Policy: Non-central Governments and Multilayered Diplomacy* (New York: St. Martin's Press, 1993), 34-35.

到更好的效果。跨国城市关系的建立与交流有着诸多优点。"首先,地方之间通常从可以看得见、摸得着的具体方面做起,其效果公众可以感受到,因而容易赢得公众的支持。其次,跨国地方合作与交流可使各个地方在政治经济和社会生活长期治理中积累的各种经验成就超越国界而被广泛分享利用。这种互通有无的活动,领域宽广,种类繁多,具有很大的合作交流空间。再次,跨国地方合作交流按照经济规律与各国地方居民的切身利益办事,较少甚至可以不受非经济因素的影响,长期做下去,不易间断,通常具有较强的生命力。"[1] 因此,中央政府将一些不涉及国家主权的事务下放给城市或地方政府,可减轻国家的外交成本,并获得良好效果。

许多城市的政府积极参与国际经济交往,在遵守整个国家法律、政策的前提下,城市政府制定出许多具体的服务于这些交往的细则和办法。例如,纽约市政府处理国际关系的委员会专门成立了针对国际商务的部门,其任务就是"帮助外国投资者协调在纽约做生意的所有服务,包括和所有城市、州以及联邦机构的互动",提供的服务包括"协助进入合适的银行机构、房地产商、建筑公司、保险公司",以及向对方及其雇员为其所需要的"移民、关税、签证"等服务推荐合适的人选。[2]

改革开放以来,中国许多地方政府在中央政府的政策指导下,配合中央"以经济建设为中心"的大政方针,积极开展对外经济交流、招商引资、推动合作发展。比如首届中法地方政府合作高层论坛于 2005 年 10 月 27 日至 28 日在武汉市举行,法国 30 多个大区、省以及城市约 200 人与会。这一活动有力地推动了中法地方政府间,特别是武汉市与这些地方政府之间的良好互动合作,扩大了武汉市的国际影响力,提升了武汉市的对外开放度。[3] 截至 2014 年底,中法地方政府合作高层论坛先后在中法两对友好城市——武汉和波尔多、南京和斯特拉斯堡举行。2014 年 11 月,由中国人民对外友好协会、法国外交部地方政府对外合作委员会和阿尔萨斯大区共同主办的第 4 届中法地方政府合作高层论坛在法国阿尔萨斯大区首

---

[1] 李珍刚:《论跨国地方政府关系的构建》,《广西民族学院学报》2006 年第 1 期,第 167 ~ 174 页。

[2] Introduction of the Division for International Business, New York City Commission for United Nations Consular Corps & Protocol, http://www.nyc.gov/html/unccp/html/international_ biz/main.shtml,最后访问日期:2015 年 9 月 27 日。

[3] 《中法友好合作的有力见证》,新浪网,http://news.sina.com.cn/c/2006 - 10 - 28/131310349032s.shtml,最后访问日期:2015 年 10 月 8 日。

府斯特拉斯堡市举行。这一届中法地方政府合作高层论坛作为中法建交50周年的一个重要活动,列入习近平主席2014年3月访问法国期间双方签署的《中法关系中长期规划》。

对于第三点,城市的国际政治角色甚至能够直接成为国家总体外交战略的渠道和有效手段。通过城市本身的对外交往,不仅可以影响对方的地方政府,甚至也可能直接影响他们驻本国大使和其他政治经济精英。例如,黛安娜·范斯坦(Dianne Feinstein)在担任美国加利福尼亚州旧金山市市长期间,积极促成旧金山市和中国上海市之间的友好城市关系。通过各种交流,范斯坦加深了对中国的了解,与当时的中国领导人结下了友谊,"不但建立和发展了两地的关系,而且也提高了他们个人的认识,这一直影响到他们各自进入参议院和中央政府后的很长一段时间"[1]。范斯坦后来担任美国国会参议员,一直是中美友好的积极倡导者。[2]

## 三 城市与国际体系互动理论

### (一)全球/世界城市理论

最早注意到城市与国际体系互动理论的是城市学中的"全球/世界城市理论"。传统的城市学研究大多局限于一个国家内部范围的城市问题的分析,也包括研究国家内部的城市间关系。但随着全球化和城市国际化的发展趋势,传统城市学的理论范畴已经不能满足城市现实发展的需要,也无法全面分析处于广泛国际联系之中的城市所经历的政治、经济和社会变化,需要以外交和国际关系学的视角重新审视全球/世界城市理论。

1915年,苏格兰城市学和区域规划学家帕特里克·盖迪斯(Patrick Geddes)首次提出"世界城市"的概念,他把商贸活动概括为世界城市的主要特征,认为世界城市是那些能够容纳绝大部分世界最重要商务活动的

---

[1] David M. Lampton, *Same Bed, Different Dreams* (Berkeley: University of California Press, 2001), 296.

[2] Earl Fry, "The New International Cities Era: The Global Linkages of North American Cities with Emphasis on Los Angels and San Francisco," *The New International Cities Era: The Global Activities of North American Municipal Government*, ed. Earl Fry, Lee Radebaugh, and Panayotis Soldatos (Utah: Brigham Young University Press, 1989), 24-25.

城市。20世纪60年代，英国著名城市学者彼得·霍尔（Peter Hall）对7个世界著名城市从政治、贸易、通信设施、金融、文化、技术和教育等方面进行综合研究，指出世界城市是那些已经对全世界或大多数国家产生全球性经济、政治、文化影响的国际一流大城市，世界城市是欧洲资本主义经济体系发展的产物。[1]而真正将城市与国际经济体系变迁相互联系在一起的研究是在20世纪80年代以后开始的。例如，美国学者罗伯特·科恩（Robert Cohen）把跨国公司的经济活动和世界城市体系联系起来，指出新国际劳动分工是沟通国际经济和城市的重要桥梁，世界城市是新的国际劳动分工的协调和控制中心。

此后，美国学者约翰·弗里德曼（John Friedmann）提出著名的"世界城市假说"，指出：①一个城市与世界经济的融合形式和程度以及它在新国际劳动地域分工中所担当的职能，将决定该城市的任何结构转型；②世界范围内的主要城市均是全球资本用来组织和协调其生产和市场的基点，由此导致的各种联系使世界城市成为一个复杂的空间等级体系；③世界城市的全球控制功能直接反映在其生产和就业结构及活力上；④世界城市是国际资本汇集的主要地点；⑤世界城市是大量国内和国际移民的目的地；⑥世界城市集中体现产业资本主义的主要矛盾，即空间与阶级的两极分化；⑦世界城市的增长所产生的社会成本可能超越政府财政负担能力。弗里德曼还研究了世界城市的等级层次结构，并对世界城市进行了分类。他认为，在全球化时代，评价一个城市的地位和作用主要看其参与国际经济活动的程度和对国际经济的影响。据此，他将世界城市分为核心国（或地区）第一序列、第二序列和边缘国（或地区）第一序列、第二序列的等级结构。[2]

美国学者萨斯基娅·萨森（Saskia Sassen）在1991年又提出"全球城市"假说。不同于弗里德曼从国际经济体系的宏观角度来研究城市与国际体系的互动关系，萨森注重从微观即企业的区位因素来探讨全球城市与国际体系之间的关系。萨森分析了城市中主要生产者服务业的国际化程度、集中度和强度，通过对全球领先的生产服务公司的分析来研究全球城市。

---

[1] 陆军：《世界城市研究：兼与北京比较》，中国社会科学出版社，2011，第2页。
[2] John Friedmann, "The World City Hypothesis Development and Change," 转引自金元浦主编《北京：走向世界城市——北京建设世界城市发展战略研究》，北京科学技术出版社，2010，第30页。

萨森把全球城市定义为发达的金融和商务服务中心，其本质是为全球资本提供服务的地方而不是它的具体管理。[1]

弗里德曼和萨森的理论是公认的最为重要的研究全球化与城市化之间关系的理论成果，两者虽有很多不同，但也具有很大的互补性，他们的研究将城市置于全球化时代的国际体系中加以审视和具体分析，对经济学、政治学、国际关系学、社会学多个学科的相关研究产生了重要影响。

### （二）流动空间和信息城市理论

社会信息化不仅重塑了城市发展和城市人民的生活，而且也改变了城市与国际体系之间的关系特质。在信息化时代，城市成为国际交往网络中的节点。美国学者曼纽尔·卡斯特（Manuel Castells）提出信息城市的理论，他认为，"要理解当今时代的城市，我们就必须把它置于信息化时代的社会进程中来看。在信息化网络社会中，没有中心，只有节点，通过吸收更重要的信息并进行有效处理，节点增加了其在网络中的重要性。网络社会才是真正的全球社会"[2]。他还认为，"在信息化进程中，我们的社会是环绕着流动而建构起来的，流动不仅是社会组织里的一个要素而已，流动是支配了我们经济、政治与象征生活之过程的表现。果真如此，那么我们社会里的支配性过程的物质支持应该是支撑这种流动，并且使这些流动在同时性的时间中结合，在物质上成为可能的各种要素的整体。流动空间乃是通过流动而运作的共享时间之社会实践的物质组织"[3]。

由此，城市的空间逻辑发生了转化，即从地方空间转化为流动空间，这个流动空间是一个全球流动的空间；而且，城市之间的联系超越了物理性的距离限制，因为节点间的接近性并非网络结构组成的必要条件。[4] 卡斯特认为，作为世界信息交流节点的城市，必须保护好自己的文化，认清

---

[1] 周振华：《崛起中的全球城市：理论框架及中国模式研究》，上海人民出版社，2008，第19~20页。
[2] Manuel Castells, "Cities, the Informational Society and the Global Economy," *The Global Cities Reader*, ed. Neil Brenner and Roger Keil (New York: Routledge, 2006).
[3] 周振华：《崛起中的全球城市：理论框架及中国模式研究》，上海人民出版社，2008，第50页。
[4] 周振华：《崛起中的全球城市：理论框架及中国模式研究》，上海人民出版社，2008，第50页。

它在新的信息经济中的角色,并且地方政府在组织城市社会对信息空间进行控制的过程中必须担任主角。"通过把权力下放给地方政府和非政府组织,使公民社会参与决策,可以加强国家的合法性、联结人们的认同。"在参与全球事务方面,卡斯特提出:"次级政府也应该参与到高层的国际合作和谈判中。"①

### (三) 世界城市网络学说

基于社会网络的研究路径,英国学者彼得·泰勒(Peter Taylor)提出了世界城市网络学说。泰勒认为,全球性的企业创新经济活动通过城市建立起全球网络。在世界经济转型期,世界城市的网络不仅对于全球经济发展具有重要意义,而且是全球治理网络不可或缺的组成部分。泰勒与合作者收集了海量数据,包括100家全球性服务企业在全球315个城市的网络分布数据,用社会网络分析方法对这些数据进行研究,分析世界城市网络的结构特征以及城市在网络中的地位和作用。② 泰勒的研究及其建立的世界城市网络评价指标对于考察全球范围内的城市互动具有重要参考意义。

### (四) 平行外交、多层外交理论

在西方国际关系学界,探讨包括城市在内的次国家行为体与国际体系互动的理论主要有多层外交和平行外交理论。这两派学说的理论渊源均发端于著名国际关系学者詹姆斯·罗西瑙(James Rosenau)提出的"两枝世界理论"。

罗西瑙认为,在全球化浪潮的冲击下,世界政治同时出现了由次国家行为体推动的碎片化(Fragmentation)趋势和由主权国家推动的一体化(Integration)的趋势。碎片化趋势将世界划分为以国家为中心的世界和多中心的世界,地方政府已经成为多中心世界中的一个重要行为体。这种碎片化趋势不断演化,逐渐形成了三种不同的世界:私人事务世界(Private

---

① Manuel Castells, "Global Governance and Global Politics," *Political Science & Politics* (2005): 11–15.
② Peter Taylor, "World City Networks: Measurement, Social Organization, Global Governance, and Structural Change," *Cities and Global Governance, New Sites for International Relations*, ed. Mark Amen, Noah Toly, Patricial McCarney and Klaus Segbers (Burlington: Ashgate Publishing Company, 2011).

Worlds)、地区事务世界（Local Worlds）和全球事务世界（Global Worlds）。这种图景构成了世界政治的两枝结构（Bifurcated Structure of World Politics），即所谓的两枝世界理论。①

在此基础上，平行外交理论（Paradiplomacy）指出，地方政府的国际行为与中央政府的外交是平行展开的。随着全球化进程的不断深化，国际相互依赖程度不断加深，地方政府在国际舞台上日益成为不可或缺的角色。这种现象打破了传统国家行为体的单一形象，使得民族国家成为"多声音的行为者"②。

而以英国学者白里安·霍京（Brain Hocking）为代表的多层外交理论（Multi-layered Diplomacy）则平衡了中央与地方外交的作用。该理论指出国内政治的国际化和国际政治的国内化造就了多层的政治环境，不同层次行为体之间的博弈造就了多层外交，中央政府与地方政府之间的博弈也是一种重要的外交形式。因此，对于制定外交政策来说，一方面决策者要尽可能控制自己的内部社会和政治体系，另一方面也要注意到他国内部的结构特征。③

### （五）相互建构：城市——国际体系互动的理论

上述几种理论从不同的学科背景和研究领域分析了城市在国际体系中的作用，但是如要进一步深入分析城市与国际体系的互动关系，并探讨此种互动所带来的各种变化和城市外交的本质属性，则需要结合宏观（国际体系）和微观（城市）的不同层次，建立理解和分析城市外交的理论框架。由此，我们不得不面对社会科学研究方法上的一个认识论难题，即所谓的"施动者－结构"（Agency－Structure）二元对立问题。

在"施动者－结构"的二元对立中，持结构观点的学者认为，结构是独立于施动者的外部客观存在，对施动者具有制约作用；而持施动者观点的学者则认为，行动是结构形成的基础，所有的社会现象可以由施动者的

---

① James N. Rosenau, *Distant Proximities: Dynamics Beyond Globalization*, (Princeton: Princeton University Press, 2003), 1－78.
② Ivo D. Duchacek, *The Territorial Dimension of Politics: Within, Among and Across Nations* (Boulder and London: Westview Press, 1986), 20.
③ Brain Hocking, *Localizing Foreign Policy: Non-central Governments and Multilayered Diplomacy*, (New York: ST. Martin's Press, 1993), 1.

动机和行动来解释。"施动者-结构"二元对立问题在社会科学诸研究领域有多种表现形式，如"个体与社会"、"施动与结构"、"行为体与体系"、"部分与整体"、"主观主义与客观主义"、"微观与宏观"和"自愿主义与决定主义"等等。①

在国际关系研究中，"施动者-结构"问题也长期困惑着研究者，也一直是国际关系理论在认识论和本体论层面上争辩的焦点。持结构观点的学者称，全球化作为强大的结构性力量彻底改变和塑造了国际体系，以国家为代表的行动者相互依赖，其行为表现呈现趋同的倾向；而持施动者观点的学者则辩驳称，国家内部的政治经济动因和行动改变国际体系的状态。② 另外，在讨论城市与国际体系问题上，同样存在类似困惑，到底是全球化进程中国际体系的转变导致城市行为的改变，还是城市或由城市推动的包括城市外交在内的各种行为改变了国际体系？因为理论和实证研究都表明，城市既被全球化进程改变，又在相当程度上影响着全球化的进程。

为了建立分析城市与国际体系互动的理论框架，从认识论的角度探讨城市外交，本研究借鉴菲利普·塞尔尼（Philip G. Cerny）分析全球化的理论框架，以"相互建构"的结构路径来分析城市在国际关系中的"施动者-结构"问题。③ 塞尔尼指出，结构和施动者是在持续进程中相互建构的，而这个进程本身吊诡的是：施动者的行动在加强结构的同时也在使结构分裂，结构既限制施动者又为其提供机会，它们是互惠、互动的持续进程。④

结构分析具有结构和施动者两个最重要的解释变量。与结构有关变量的解释力在于它不受时间限制和人类意识限制的事实，结构是社会与物质性嵌入，本身并不因自身而变化；与施动者有关变量的解释力在于，虽然结构限制或为施动者提供条件，但只有施动者在一定的结构条件下行动。因此，塞

---

① Walter Carlsnaes, "The Agency-Structure Problem in Foreign Policy Analysis," *International Studies Quarterly*, Vol. 36 (1992): 245-270.
② Stepphen Chaudoin, Helen Milner and Xun Pang, "International Systems and Domestic Politics: Linking Complex Interactions with Empirical Models in International Relations," *International Organization* (2015).
③ Philip G. Cerny, "Political Agency in a Globalizing World: Toward a Structurational Approach," *European Journal of International Relations*, Vol. 6, No. 4 (2000): 435-463.
④ Philip G. Cerny, "Political Agency in a Globalizing World: Toward a Structurational Approach," *European Journal of International Relations*, Vol. 6, No. 4 (2000): 436.

尔尼提出，运用结构分析的关键是要确定一系列分析模式，包括结构和施动者相互联系的要素并展示其互动模式。结构－施动者互动进程有两个维度：一是行动的结构背景，如根据物质条件和社会条件，结构的限制是紧密还是松散；二是施动者的特点，其结构是限制型还是变化型。[1]

在国际关系学研究中，施动者指的是民族国家政府，包括城市在内的次国家行为体、非政府组织、跨国公司和个人等，结构化的国际体系因为施动者的行动而存在和发展。

以城市作为施动者来考察，其面临的结构化条件主要是指：①全球化对国际体系结构的影响，悖论的是这种影响是双向并行的，一方面是一体化的深入，另一方面又出现碎片化趋势；②国际格局的特点，如两极格局、多极化格局和无极世界格局给予城市参与国际事务的限制与机会是不同的；③地区一体化的跨国机制，如北美自由贸易区、跨大西洋投资与贸易协定等多边机制对城市的国际活动空间具有重要影响；[2]④民族国家的国内条件，如联邦制国家和单一制国家或者城市具有影响国家决策的资源和条件等。所谓结构限制型的城市行动者主要是指这类城市受到结构化条件限制比较多，其物质条件和社会条件都受到制约；而变化型城市行动者则是指这些城市本身具有很多资源，能够发起和推动国内国际体系的变革。

表 1-1 结构化进程*

| 施动者特点/结构背景 | 紧密 | 松散 |
| --- | --- | --- |
| 结构限制型 | 类型 1：常规调整 | 类型 2：增量适应 |
| 变化型 | 类型 3：间断平衡 | 类型 4：明确重构 |

\* Philip G. Cerny, "Political Agency in a Globalizing World: Toward a Structurational Approach", *European Journal of International Relations*, Vol. 6, No. 4 (2000): 437.

---

[1] Philip G. Cerny, "Political Agency in a Globalizing World: Toward a Structurational Approach," *European Journal of International Relations*, Vol. 6, No. 4 (2000): 437.

[2] Michael Keating, "Regions and International Affairs: Motives, Opportunities and Strategies," *Paradiplomacy in Action*, ed. Francisco Aldeco and Michael Keating (London: Frank Cass, 1999) 6-10.

类型1：如果结构限制型施动者处于十分紧密的结构环境中，结构与施动者之间的互动进程相当缓慢甚至停止，如果出现变化，那也是一种被动和常规性的适应过程。在这类情况下，城市参与国际事务大多是被动适应性，不会主动寻求改变国际环境。

类型2：如果结构限制型施动者处于松散的结构环境中，则是一种增量适应的变化，施动者的机会较少，像传统达尔文主义所展示的，施动者只能是随机的自然选择。在这类情况下，一些城市可能由于某些先天优势而在国际体系转化中发挥作用，比如，改革开放初期的某些沿海城市，在推动国际体系转化中发挥了作用。

类型3：如果变化型的施动者处于紧密的结构环境中，则会出现间断平衡现象，即长期的平静发展进程有可能被短暂和突发的变化所打破，从而导致结构出现革命性的改变。在这类情况下，一些具有很多资源和优势的城市可能主动去推动国际体系变化。

类型4：变化型的施动者处于松散的结构环境中，则有可能出现非常明确的结构重组。在这类情况下，国际体系可能会由于城市间的互动而重组，但是在实际的历史发展进程中，这种类型的城市与国际体系的互动从未发生过。

在各种形式的互动中，施动者是在结构当中嵌入的（embedded），其活动虽然追求最大限度地实现自身效用，却不得不受到现有结构的限制。如果结构出现松动现象时，施动者会寻求改变自身环境去突破限制。[1]

当代国际体系正处于结构转型时期，国际体系的施动者必须在一系列变化的限制和机遇条件下活动。一个新的体系变化特点是，国际关系发展出一种"跨国机遇结构"（Transnational Opportunity Structure），为次国家行为体和跨国行为体提供了更多的改变空间，而这些行为体的活动又反过来增强了体系的脆弱性。[2] 因此，未来能够对塑造国际体系发挥重大影响的行为体一定是那些能够最有效操纵以及使机遇和限制条件效用化的行为体。例如，从前那些在经济上紧密地与领土、民族国家相互联系在一起的

---

[1] Mark Granovetter, "Economic Action and Social Structure: The Problem of Embessedness," *American Journal of Sociology*, Vol. 91, No. 4 (1985): 50–82.

[2] Joel Krieger and Craig Murphy, "Transnational Opportunity Structures and the Evolving Roles of Movements for Women, Human Rights, Labor, Development, and the Environment: A Proposal for Research," Department of Political Science, Wellesley College, (1998).

行为体开始尝试用新的方式来设计和组织其活动。[1] 在此背景下，作为次国家行为体的城市越来越多地与私人领域的行为体相结合采取跨国行动，这也被看作是当代城市外交的一个重要特点。一旦国际体系有重大变化出现，那些有资源和实力的城市就会寻求改变其外部结构性条件。

总的来看，作为施动者的城市能够在多大程度上发挥国际体系结构转型的影响力取决于三方面的能力：一是作为经济行动者，即通过参与改变全球生产过程、跨国公司贸易和国际金融交易而影响全球化进程；二是作为政治行动者，即采取政治决策和行动的能力与意愿；三是作为社会行动者，即联合其他社会行为体实施共同行动的动员能力或协调能力。以此为出发点，我们理解和分析当代城市的城市外交行动则需关注城市是如何整合运用其作为经济、政治和社会行动者的资源及能力。

---

[1] Philip G. Cerny, "Political Agency in a Globalizing World: Toward a Structurational Approach," *European Journal of International Relations*, Vol. 6, No. 4 (2000): 441. Mark Granovetter, "Economic Action and Social Structure: The Problem of Embessedness," *American Journal of Sociology*, Vol. 91, No. 4 (1985): 50 – 82. Joel Krieger and Craig Murphy, "Transnational Opportunity Stuctures and the Evolving Roles of Movements for Women, Human Rights, Labor, Development, and the Environment: A Proposal for Reserch," Department of Plolitical Science, Wellesley College, (1998).

# 第二章 城市外交

## 一 城市外交的概念由来

城市外交是指城市政府在国家主权和总体外交战略的框架内，为实现国家总体发展战略，推进城市建设发展，在中央政府的授权或政策指导下所从事的国际交往活动。虽然城市外交是近年兴起的一个学术概念，但世界各国的城市外交实践却早已有之。

美国学者查德威克·阿尔及尔（Chadwick Alger）早在20世纪70年代就开始研究城市对国际体系演进的影响以及城市在国家对外政策中的作用。他以美国俄亥俄州的哥伦布市为例，十分详细地探讨了城市及其居民的国际联系，认为国际关系研究需要重视以城市作为分析层次以及将城市看作是重要的国际关系行为体。[1] 在此后的研究中，阿尔及尔还分析了联合国体系与城市在全球治理中的作用。[2] 1994年，美国学者海蒂·霍布斯（Heidi Hobbs）出版了《市政厅走向海外：地方政治的外交政策》一书，提出了"城市政府外交政策"（Municipal Foreign Policy）概念，从城市政治的角度出发，分析城市与外交的互动关系。[3]

世界城市与地方政府组织（United Cities and Local Governments, UCLG）对城市外交的定义是，城市外交是地方政府及其附属机构用于促进社会团

---

[1] Chadwick F. Alger, "Cities as Arenas for Participatory Learning in Global Citizenship," *The Korean Journal of International Studies*, Vol. 7, No. 3 (1977): 7 – 42. Chadwick F. Alger, "The Impact of Cities on International Systems," Bonds Without Bondage: Explorations in Transcultural Cooperation, ed. Krishna Kumar (Honolulu: University of Hawaii Press, 1979).

[2] Chadwick F. Alger, *The UN System and Cities in Global Governance* (New York: Springer, 2014).

[3] Heidi H. Hobbs, *City Hall Goes Abroad. The Foreign Policy of Local Politics* (London: Saga, 1994).

结、冲突预防和社会重建的工具，旨在构建一种稳定的安全环境，各方能够在和平、发展与繁荣的气氛中生活和工作。[1] 也有西方学者提出，城市外交是指城市参与维和行动这一现象。[2] 显然，这是从传统外交概念出发理解城市外交的。

荷兰国际关系研究学者范·普洛姆（Rogier Van der Pluijm）和简·梅利森（Jan Melissen）则提出，城市外交是城市或地方政府为了代表城市或地区和代表该地区的利益，在国际政治舞台上发展与其他行为体的关系的制度和过程。[3] 这个定义将城市置于国际体系之中，强调城市作为行动者的施动性。

在中文语境下，理解城市外交最重要的先决条件是指任何城市所从事的对外交往活动必然是国家总体外交的一个组成部分，国家总体外交和主权规范既为城市外交的发展创造机遇，同时也给城市外交设定了不可逾越的限制。在中国的城市外交实践中，友好城市交流长期以来是城市外交的主要表现形式。中国人民对外友好协会会长李小林指出，"城市外交是官方的、半官方的和民间的三者结合起来的外交。城市外交的参与者既包括市长（书记）、人大代表（政协委员）、各种市政委员会成员、公务员、顾问等官方色彩明显的人士，也包括人民友好团体、教育、体育、文化等民间机构的人员"[4]。陈昊苏也曾提出："城市外交在总体外交的各个组成部分中占有独特的位置。它是一种半官方外交，相对于纯民间外交而言，它带有官方色彩；而相对于由中央政府推行的官方外交而言，它又带有接近民间的非官方色彩。"[5]

作为中国总体外交的重要组成部分，城市外交与公共外交都是外交形式的继承、拓展与创新。国务委员杨洁篪曾在《求是》杂志专门撰文论述

---

[1] Arne Musch el., City Diplomacy: The Role of Local Governments in Conflict Prevention, Peace-building, Post-conflict Reconstruction (The Hague: VNG International, 2008).

[2] A. Musch and O. Van Veldhuizen, "City Diplomacy Explanatory Memorandum," Congress of Local and Regional Authorities of the Council of Europe CPL (14) 12 REP, France: Strassbourg, 2008).

[3] R. Van der Pluijm and Jan Melissen, City Diplomacy: The Expanding Role of Cities in International Politics, Cligendael Diplomacy Papers, N. 10, 6.

[4] 李小林：《论城市外交的重要特征和抓手》，载《广州外事》增刊《城市外交——中国城市外交的理论与实践》，该书为非正式出版会议材料。

[5] 陈昊苏：《民间外交论》，中国人民对外友好协会网站，http://www.cpaffc.org.cn/content/details25-22392.html，最后访问日期：2015年7月1日。

公共外交，指出："公共外交作为对传统外交的继承和发展，通常由一国政府主导，借助各种传播和交流手段，向国外公众介绍本国国情和政策理念，向国内公众介绍本国外交方针政策及相关举措，旨在获取国内外公众的理解、认同和支持，争取民心民意，树立国家和政府的良好形象，营造有利的舆论环境，维护和促进国家根本利益。"[①] 在向外国公众介绍国情和理念、促进总体外交战略实施的过程中，城市是一个重要的参与者。因此，城市公共外交是以城市为主体，围绕"软实力"而展开的外交活动。从国家的战略层面而言，推行公共外交的一个核心目的在于提升国家形象和增强国家软实力，而一国核心城市的形象是国家形象和国家软实力的重要组成部分。赵启正曾指出，"一个外国人认识中国，绝对不会走遍所有的城市。多数人只去过几个城市，而这几个城市就代表着中国的形象。在这一点上，中外之间没有什么区别。如果你认识的外国城市和那里的人挺优秀，那么你对这个国家的印象就很好，反之亦然"[②]。

仔细比较所述城市外交的概念，笔者发现，城市公共外交作为一种城市为主体实施的公共外交活动，其实是包含于城市外交活动之中的。换言之，城市外交包括城市公共外交，但城市外交却不仅限于沟通、交流和塑造国家与城市的形象，城市外交还直接服务于国家与地方的经济社会发展战略。

在更加广阔的背景中，以世界、国家和地方的互动关系为视角，城市外交是连接三种重要关系的桥梁，这三种关系分别是：城市外交与世界的关系；城市外交与国家的关系；城市外交与人民的关系。

第一，城市外交与世界的关系。21世纪是城市的世纪，推动21世纪人类文明、经济和社会发展的动力毫无疑问来自城市。国家间交往的政治活动、商业、资本、货物和人文交流很多都汇聚于城市，即便不是直接发生在城市，城市也为这些活动提供交通、通信等支持。从这种意义上说，城市外交本身就是世界政治经济结构与进程的核心组成部分。

第二，城市外交与国家的关系。城市是绝大多数国家的外交决策中心所在地。首先，城市作为外交行为体参与外交活动；其次，城市，特别是首都城市，是外交精英、高端舆论和思想的聚集地，由各种知识生产能力

---

① 杨洁篪：《努力开拓中国特色公共外交新局面》，《求是》2011年第4期，第43~46页。
② 赵启正：《城市外交：我的实践与体验》，载韩方明、熊炜、柯银斌主编《城市外交：中国实践与外国经验》，新华出版社，2014，第159页。

和智力支撑，成为国家外交决策的重要基础。放眼全球，世界各国的中心城市无不是其国家文化与文明的符号和象征，因此，城市外交本身不仅是跨国界、跨时空和跨文明的交流互鉴活动，同时也彰显民族文化自觉。从国家软实力竞争的角度来看，城市越来越成为国家文化战略的重要支撑点甚至是基本载体。

第三，城市外交与人民的关系。从世界外交史的发展趋势来看，18、19世纪是王朝外交时代，20世纪是国家外交时代，而21世纪则是人民外交时代。据联合国预测，至2050年，世界人口的2/3，即60亿左右的人口将居住在城市。与传统外交形式相比，城市外交亦官亦民，在全球化时代能够更好地实现"外交为民"。

## 二 城市外交的基本特征

在此背景下，城市外交、公共外交与民间外交等概念的流行，反映出在全球化条件下非传统外交形式的兴起。与公共外交和民间外交相比，城市外交又具有其独特性，即城市作为行为体，在服从于国家总体外交的前提下参与外交活动，是一种新型外交形式。探讨城市外交的特性，首先需要理解当代外交方式转型中的城市行为体，其次要明确城市参与的外交活动的性质，更重要的还需要明确城市政府参与国家总体外交活动的特性。

首先，城市是网络化外交的参与者。人们一般认为外交具有两种含义：一是指政治家和外交家运用和平手段处理国际关系的技巧；二是指主权国家通过其官方代表，使用交涉、谈判和其他和平方式处理国际关系，确保国家外交政策目标的实现。无论以何种方式来理解外交，传统上，人们都认同外交是一种国家行为，它的本质是主权国家所从事的一种政治活动。但是，需要特别指出的是，外交却并不仅仅是职业外交机构的行为，在法律允许范围内，受官方委托的其他官员和私人也可以从事外交活动。这也是我们理解城市外交特性的起点。

21世纪以来，当代外交正在经历着深刻转型。经济全球化、科学与通信技术的进步、交通的发达、人口的变化、移民、能源、资源和环境等各个领域的变化都对传统外交产生着影响。世界各国都认识到当代外交新的发展趋势，并努力调整本国的外交体制和实施新的战略以适应变化中的国际体系。与此相应，当代中国外交也在提出和酝酿一系列新的理念，建立和运作新机制以及积极创新外交方式。

针对世界各国的外交转型，著名外交学者、曾担任智利驻南非大使的乔治·恩尼（Jorge Heine）在一份研究报告中提出，当代外交正由传统的俱乐部式外交（Club Model Diplomacy）向网络化外交模式（Network Diplomacy）转变。在他看来，俱乐部式外交是指传统的外交形式，主要是外交官和政府官员代表主权国家所从事的外交，官员也与商人和其他组织的领导打交道，但总体而言，外交的参与者都是社会精英，仿佛同属一个俱乐部的会员一样，相互知道对方的表达方式，容易相互理解。但网络化外交模式指外交的外延大大扩展，外交的结构也非严格的等级制，外交行为体和参与者愈加多元。更重要的是，如同美国学者安妮·斯劳特（Anne Slaughter）认为的，21世纪的世界是相互联系的，所有的外交行为体和领域像一张网一样相互联系。在这个相互联系的网络化外交模式中，城市发挥着重要的节点作用。

其次，城市外交兼具官方外交与民间外交的双重特性。中国外交界和学术界习惯上认为城市外交属于民间外交的范畴，但由于城市外交的推动者往往是城市的官方政府代表，所以它在很多情况下又具有"半官方外交"的特点。就官方外交与民间外交的关系而言，虽然官方外交是外交的主要方式，但"国之交"在于"民相亲"，官方外交的实施和开展又离不开各国人民之间的交往。对此，周恩来同志曾指出："外交是国家和国家间的关系，还是人民和人民间的关系？外交工作是以国家为对象，还是以人民为对象？就外交工作来说，则是以国家和国家的关系为对象的。外交是通过国家和国家的关系这个形式来进行的，但落脚点还是在影响和争取人民，这是辩证的。这一点要搞清楚。"① 周恩来还曾将新中国的外交归纳为：中国的外交是官方、半官方和民间三者结合起来的外交。1966年2月，他在论述党、国家、人民三者在国际活动中的关系时再次明确指出："我们的国际活动和对外工作有党、国家和人民三个方面，政府外交工作是代表国家的，外贸、外文、外经等等都是如此。这三个方面，党的对外国际活动，用政府名义的对外活动，用人民的民间的名义对外活动，它既有区别又有结合。在我看来，结合是主要的。"②

---

① 周恩来：《我们的外交方针和任务》，载中共中央文献编辑委员会《周恩来选集》（下卷），人民出版社，1984，第88页。
② 《周恩来选集》下卷，人民出版社，1984，第91~92页。

由此可见，新中国的官方外交和民间外交之间的关系是辩证统一的，两者之间相互促进。正如中国人民对外友好协会会长李小林曾经指出的："我们所开展的民间外交，并不是中国民众与国外民众普通的往来，而是在各级政府的组织和支持下，由特定的机构和人士以民间形式出现，有针对性地与国外组织和个人开展合作。通过这些交流合作，使国外的组织和个人了解中国、热爱中国，进而借重这些组织和个人在本国的影响力，逐步在该国形成对华友好的积极气氛和舆论环境，推动该国对华关系的发展深化。民间外交可以以更直接、更具亲和力的形式做好外国公众和主流社会人士的友好工作，可以更有效地展示本国的文化吸引力和政治影响力，改善国际舆论环境，维护国家利益。"[1]

显然，相对于由中央政府所实施的传统官方外交而言，城市外交本质上属于民间外交的范畴。但作为一种民间外交方式，城市外交往往又是由城市管理者和领导者所推动的，因此具有一定的官方特性，联结了官方外交和民间外交。中国友好城市联合会原副会长刘庚寅认为，友好城市关系是以地方政府之间的交往为主，同时带动两地政治、经济、社会和文化的交往。实际上，它具有官方和民间的双重特性，较官方外交更有灵活性，较民间外交更有专业性。[2] 应该说，这些针对城市外交的论述准确地反映出城市外交的特性，即城市外交处于官方外交和民间外交的结合部，具有双重特性。

最后，城市外交是国家总体外交的有机组成部分。在中央政府的授权或政策指导下，城市外交的目标是既要维护地方利益，又要实现国家利益；其实质是国家利益与地方利益二者之间利益的均衡，是中央和地方关系在外交外事领域的体现。2015年5月15日，李克强总理在出席首届中印地方合作论坛的致辞中强调指出，中国改革开放30多年，经济社会发展取得巨大成就，一个重要原因是充分调动了中央和地方两方面的积极性，激发了市场活力和社会创造力。

综上所述，全面理解城市外交的特性必须把握四个核心要素：第一，城市外交和总体外交之间是局部与整体之间的关系，局部必须服从整体；第

---

[1] 李小林会长在清华大学举办的中美关系研讨会上提出，转引自韩光明《公共外交与民间外交异同的初辩》，中国人民对外友好协会官方网站，http://www.cpaffc.org.cn/content/details25-22644.html，最后访问日期：2015年11月9日。

[2] 刘庚寅：《为了友谊和和平——民间外交亲历记》，世界知识出版社，2006，第21页。

二，城市外交具有双重目的，在推动地方经济、社会和文化发展的同时，维护并实现国家利益；第三，城市外交所处理的事务强调非主权性，主要集中于促进经贸、人文交流、城市管理、环保合作等领域；第四，城市外交在程序上必须严格依照国家的法律规定，在主权规范的框架内实施。

## 三　城市外交的发展历程

作为人类共同居住的高级形态，城市的产生先于国家。城市的角色由内聚性地汇集周边事物到外向型地连接其他城市和地域，沟通交流是其本质，并被不断赋予新的内涵。从古到今，城市都是人类居住生活的重要集中地。美国城市学家刘易斯·芒福德（Lewis Mumford）认为：城市从其起源开始便是一种特殊的构造，它专门用来贮存并传播人类文明的成果；这种构造致密而紧凑，足以用最小的空间容纳最多的设施；同时又能扩大自身的结构，以适应不断累积起来的社会遗产。[1] 然而城市在建设过程中，除了其角色与功能不断加入新的内容以满足城市居民的基本交换与交流外，逐渐成为一个不断向外延伸的行为体。

东方与西方各自发展的城市，汇集并代表了一定的地域文化，同时也形成不同文化的连接点。马可·波罗（Marco Polo）曾这样记录他一路探险的见闻：从意大利威尼斯出发沿途经过中亚诸国，土库曼省和它管辖的科格尼、恺萨里亚、塞瓦斯塔等城市，大亚美尼亚王国及其阿津甘、阿吉朗、达尔吉兹等城镇，伊拉克境内的壮丽城市陶里斯、亚斯迪城及其手工业，卡曼杜城、花辣子模城等往返途中的几十个城镇。[2] 东西方交流路线上许多城市不仅因为商品交换而繁荣，而且成为文明交汇的中心，例如拜占庭帝国的首都君士坦丁堡，阿拉伯世界的耶路撒冷、巴格达，明代中国的泉州、扬州等。[3]

工业革命后，城市化作为与工业化相辅相成的社会变化形式首先在发达国家兴起并逐步扩散到世界各地。世界范围的交流愈发频繁，城市的作

---

[1] 〔美〕刘易斯·芒福德：《城市发展史：起源、演变和前景》，宋俊岭等译，中国建筑工业出版社，2004，第33页。
[2] 〔意〕马可·波罗：《马可·波罗游记》，陈开俊等译，福建科学技术出版社，1981，第9页。
[3] 沈福伟：《中西文化交流史》，上海人民出版社，1985，第288页。

用则愈为显著，成为国与国之间连接的基本点。与此同时，与其他城市、地区和国家的交往也成为每个城市发展的必由之路。19世纪后，英国伦敦成为世界金融之都，和美国纽约构成大西洋经济的两个贸易中心；法国的巴黎和德国的柏林作为世界性制造业和工业生产基地的中心地位也因此奠立。第二次世界大战后，交通信息技术革命以及世界经济格局的重组，带来了第二次国际城市时代的崛起，即以法兰克福、苏黎世、旧金山、洛杉矶、东京、香港、新加坡等为代表的当代国际化城市群出现。

自古以来，人类所围绕的战争与和平以及政治外交关系均与城市密不可分。古希腊城邦留下了希波战争、伯罗奔尼撒战争以及奥林匹克运动会等战争与和平的历史，其城邦政治至今仍然在现代西方政治生活以及国际关系实践中留有深深的烙印。现代外交体制源自北意大利的城市国家，威尼斯依靠其得天独厚的地理优势，迅速取得海上贸易的控制权，在14世纪末成为欧亚两个大陆最重要的物资集散地和世界上赫赫有名的富有城市。[①]以威尼斯、佛罗伦萨和热那亚等为代表的文艺复兴时期的意大利城市的对外交往活动，不仅促进了欧洲近代商业的发展，同时也催生了现代外交的规则和体制。

## （一）欧洲历史上的城市外交

城市外交虽然是一个新的概念，但并非新的现象，最早的起源甚至可以追溯到古希腊时期。在古希腊，城市就是国家，国家就是城市，城市与国家是合而为一的。古希腊的城市国家被称为城邦（Polis），通常是以一个城市为中心，加上周围村社组成。古希腊城市从功能上来说，主要是作为政治实体而存在，创建城邦的目的不仅仅是获得商业和物质上的繁荣。城邦之间是相互竞争的关系，每个城邦都需要建立起一种制度，让自己能够在竞争的环境中生存和获得政治权力。[②] 希腊城邦之间竞争激烈，不仅体现在常规的战争上，也体现在商业、艺术和体育各个领域。柏拉图曾经说过："无需使者正式来宣战，每一个城市都同另外的城市处在一种自然的战争状态，而且永无休止。"[③] 作为政治实体，古希腊城邦的城市外交活

---

[①] 陈协川、胡善美：《外国名城》，科学出版社，1984，第265页。
[②] 〔瑞士〕雅各布·布克哈特：《希腊人和希腊文明》，王大庆译，上海人民出版社，2008，第84页。
[③] 〔美〕乔尔·科特金：《全球城市史》，王旭等译，社会科学文献出版社，2010，第29页。

动制度化，不仅使希腊城市之间交往频繁，而且形式多样，城市之间形成相互联系和影响的城市间体系。古希腊城邦之间的外交活动表现在频繁的外交谈判、代表团互访、召开会议、签订条约等方面，逐渐产生了机制化的城市外交组织、方法和手段。古希腊的城市外交制度和方式对后来古罗马外交、拜占庭外交都产生了重要的影响，可以说欧洲外交最早的传统是从古希腊城市外交开始的。

近代欧洲的城市外交则兴盛于中世纪晚期。在 14 世纪，欧洲形成广泛跨越国界的城市间网络。巴黎、科尔多瓦、威尼斯、佛罗伦萨和热那亚等城市是这张网络的核心，它们可以说是欧洲中世纪的大都市，都有 10 万以上的人口。另外，还有着一大批人口在 5 万左右的城市。[1] 与此同时，欧洲的日耳曼城市还形成几个著名的城市同盟。一是莱茵城市同盟：为了使麦滋同盟的帝国境内和平法得以贯彻实施，此同盟于 1254 年成立，后来发展成为城市之间的政治外交同盟；二是莱茵-史瓦本城市同盟：最初为对抗金印宪章禁止城市结盟的规定，保持城市的帝国属性、否决对于领邦主权的附属的主张，各城市于 1376 年结成此同盟，1388 年与诸侯作战失败而解散，但属于此同盟的瑞士城市却击败了奥地利军队，获得瑞士盟约的独立地位；三是汉萨城市同盟：成立于 1350 年，直至 15 世纪开始衰落，[2] 在汉萨同盟的保护下，波罗的海沿岸形成一个多国城市网络，网络中的城市以贸易为生，但也对当时的欧洲政治经济生活产生了重要影响。然而，在 1648 年威斯特伐利亚和约体系确立之后，以城市为行为体的外交活动在欧洲逐渐变得微不足道。

## （二）"二战"后的城市外交

第二次世界大战结束后，城市外交再度兴起。当代城市外交的主要表现形式是国际友好城市。国际"友好城市"（International Friendship City）是世界各国地方政府（省、州、市、县）之间通过协议形式建立起来的一种国际联谊与合作关系，是"友好省州与友好城市"的简称，在西方又称"姐妹城市"（Sister Cities）或"双胞城市"（Twin Cities）。"友好城市"

---

[1] 〔西班牙〕圣地亚哥·加奥纳·弗拉加：《欧洲一体化进程——过去与现在》，朱伦等译，社会科学文献出版社，2009，第 80~81 页。
[2] 〔德〕马克斯·韦伯：《法律社会学——非正当性的支配》，康乐等译，广西师范大学出版社，2011，第 548 页。

最早起源于第一次世界大战之后的欧洲。战争给欧洲各国带来巨大的创伤,在战争结束之后,英国的约克郡凯里市官员访问法国的普瓦市,看到市内到处断壁残垣,深深为之触动。为了医治战争创伤,英国官员便向法国人提出两市结好并希望能协助普瓦市进行重建。随即两市结好,成为世界上的第一对友好城市。

第二次世界大战后,国际友好城市首先在西欧蓬勃发展。法国和德国为了消除战争带给两国人民之间的相互仇视,倡议以友好城市的方式增进了解和促进交流,从而推动建立两国城市之间的广泛友好合作关系。迄今为止,法德两国依然是世界上建立友好城市最多的国家。

在美国,早在1931年就有美国城市托莱多与其同名的西班牙城市结成友好城市,其动机主要是出于文化和历史感情上的联系。1956年,美国总统德怀特·戴维·艾森豪威尔在一次白宫会议上提出,要推动美国城市在世界上发展姐妹城市的合作关系。艾森豪威尔认为,国际关系的发展应该结合地方层面上的个人参与,要将姐妹城市和国家关系联合起来,以提供解决世界冲突的更多机会。[1] 与此前的西欧友好城市相比,艾森豪威尔所提倡的姐妹城市关系超越了仅由市长个人倡议或城市层面上的人员交流,他将姐妹城市活动与美国在国家层面上的外交活动和解决冲突联系在一起,更具外交意味。1967年,美国的国际姐妹城市协会(Sister Cities International,SCI)脱离国家城市联盟(National League of Cities,NLC),成为一个独立的城市间组织。

在欧洲,随着20世纪60年代至70年代欧洲一体化进程的推进,友好城市活动也得以加速发展。欧盟推动友好城市发展,旨在为居住在欧洲国家的人民提供日常交流机会,提供相互对话平台共同发展项目,讨论共同关心的议题。为了推动友好城市的发展,欧盟还提供奖励和参与合作项目建设,为欧洲一体化的发展在地方层面上奠定基础。欧洲议会自1989年起就编制预算来推进友好城市项目。至21世纪初,已有8万欧洲民众参与友好城市活动,欧盟已有超过1400个友好城市计划。

在亚太地区,日本城市长崎于1955年和美国城市圣保罗最早建立了友好城市关系。当时日本国内开展反战和平运动,而美国的姐妹城市倡议则

---

[1] Sister Cities International: Mission and History. http://www.sister-cities.org/mission-and-history,最后访问日期:2015年9月27日。

给日本城市提供了发展国际联系、推进和平运动的契机。此后，日本政府大力发展日本城市与美国城市之间的友好城市关系，其目的是更好地维护日本和美国之间的同盟关系，保障日本的国家安全，促进"二战"后日本经济的发展。在 20 世纪 50 年代和 60 年代，许多日本城市效仿长崎，与美国城市建立友好城市关系，发展城市之间的人文交流。在 20 世纪 60 年代，超过 70% 的日本国际友好城市是美国城市。[1]

20 世纪 50 年代至 70 年代，国际友好城市主要是西方国家之间的一种城市外交现象。但在 20 世纪 80 年代，国际友好城市的范围大大扩展，出现了两个新的现象。一方面，许多西方国家的城市与东欧社会主义国家之间的城市建立友好城市关系；另一方面，国际友好城市突破了此前主要在发达国家之间的城市建立友好关系，开始在发达国家城市与发展中国家城市之间建立友好城市。在 20 世纪 70 年代，世界政治和国际关系领域中一个重要的话题是发展问题，发达国家的一些有识之士开始关心如何促进发展中国家的经济社会发展问题，特别关注低收入国家的发展情况。在此背景下，与国际关系的"南北合作"趋势相同的是，自 20 世纪 80 年代起，友好城市也出现了"南北合作"现象。在这些合作中，发达国家的城市显示出对发展中国家城市的支持，这在一定程度上反映了发达国家主流社会发展理念的变化。1983 年 10 月，地方政府国际联盟（International Union of Local Authorities，IULA）、联合城镇组织（United Town Organization，UTO）和联合国教育、科学及文化组织（United Nations Educational, Scientific and Cultural Organization，UNESCO）在意大利佛罗伦萨召开了一个城市间大会，会议的主题是关于发展欧洲与第三世界国家城市的友好城市活动，以推动南北合作。大会报告指出，"地方上的居民对这些问题的兴趣在增多，希望让他们的城市能够为解决这些问题做出贡献，这导致城市领导必须面对，发展合作越来越成为城市政府的工作议程"[2]。北欧、比利时和荷兰的许多城市都通过友好城市的方式为南北合作做出了贡献。

---

[1] Menju Toshihiro, "International Policies of Local Governments," *Japan's Road to Pluralism: Transforming Local Communities in the Global Era*, ed. Shun'ichi Furkawa and Menju Toshihiro (Tokyo: Japan Center for International Exchange, 2003), 89–109.

[2] International Foundation for Development Alternatives (IFDA), Dossier 40 (1984): 27, http://www.burmalibrary.org/docs19/ifda_dossier-40.pdf, 最后访问日期：2015 年 9 月 10 日。

20世纪80年代，城市外交发展的另外一个特点是，随着城市居民越来越多关注外交议题，城市政府也日益参与到外交事务中，并对国家层面的外交政策产生影响。例如，在西方社会声势浩大的反越战浪潮的影响下，很多城市层面的地方政治家以反战作为其选举诉求。20世纪80年代，许多欧美城市推动无核区运动的发展，城市政府组成联盟、举办活动共同呼吁美苏两个超级大国冻结核武器。1983年，核武器冻结倡议计划，美国有240个城市、466个镇、63个郡参与其中，其签名书在美国50多个城市传递。1987年，禁止核试验运动，美国就有154个城市参与。在英国，192个城市发起和参加核裁军运动，覆盖了英国60%以上的人口。在全世界范围，有4222个城市和地方宣布为无核区。[1]

## （三）城市化与城市外交

城市化作为与工业化相辅相成的社会变化形式，逐步由发达国家蔓延到世界各地。尽管城市化带来了人口、资源、环境、交通等一系列城市问题，在欧美一些"后工业化"国家出现了城市空心化、去城市化的现象，但是伴随着交通与通信的便利、工业化的转移、经济的聚集效应以及社会的福利化，城市仍然以惊人的速度在地球表面扩展。2007年，联合国宣布世界进入城市时代，65亿地球村村民中，一半人居住在城镇。[2]

2014年7月，联合国发布《世界城市化前景报告》，全面展示了当今世界城市化的现状。2014年，世界54%的人口生活在城市，而1950年这个比例只有30%，预计到2050年前后将有66%的人成为"城里人"；超过1000万人的超大城市已从1990年的10个增长到现在的28个（亚洲16个，拉美4个，非洲3个，欧洲3个，北美2个）；城市化水平较高的地区仍是北美（82%）、拉美（80%）以及欧洲（73%），亚洲（48%）和非洲（40%）垫底。[3] 该报告还指出，亚非的城市化速度和总体人口增长将

---

[1] Chadwick F. Alger, The UN System and Cities in Global Governance (New York: Springer, 2014), 104-105.

[2] 李龙：《世博会开启城市生活新未来》，人民网，http://opinion.people.com.cn/GB/11502414.html，最后访问日期：2015年10月13日。

[3] 2014 Revision of World Urbanization Prospects, World Urbanization Prospects, United Nations Department of Economic and Social Affairs, Population Division, http://esa.un.org/unpd/wup/，最后访问日期：2015年10月13日。

会非常快，印度、中国和尼日利亚城市人口增长量未来30年预计占世界城市人口增长总量的37%。到2050年，印度将增加4.04亿城市居民，中国将增加2.92亿城市居民，尼日利亚将增加2.12亿城市居民。①

尽管世界各地城市化水平不相同，发展状况和面临的问题千差万别，但总体来看，快速发展的全球城市化趋势必然对城市国际角色带来直接影响。

首先，城市的经济聚集效应推动城市的国际化。工业化与经济发展是推动城市化的主要动力，而城市经济实力的提升必将影响城市化进程。美国的三大都市圈，大纽约经济环圈、五大湖经济圈和洛杉矶－旧金山经济圈的GDP占到全美的68%；日本的环东京经济带GDP则达到全国的70%。② 作为发展中国家的印度，"前53个大城市的人口总和仅占全国人口13.3%，土地仅占国土总面积0.2%，却创造了近三分之一的国民产出。印度前100个大城市的产值占国民产出的43%"③。同时，在全球化时代，一些全球性城市的动荡必将对全球经济金融和产业链造成巨大影响。例如2001年的"9·11"恐怖袭击事件，纽约世界贸易中心（World Trade Center）两座大楼的倒塌导致全球股市暴跌；2011年"3·11"日本大地震造成全球精密光学仪器价格大幅波动。经济的聚集效应也给城市本身带来就业与发展的压力，迫使城市政府主动走出去招商引资。在城市对外交往的实践中，经贸合作占到最大份额，将继续成为城市国际化的"助推器"。

其次，城市的人口聚集效应增强了城市发展的外向性。城市化的直接指标是人口的流动，而人口在都市的聚集，必然带来一系列政治后果。从国内政治角度看，城市人口直接影响政治权力的分布。在美国，由于城市的空心化与贫困化，大量低收入人群聚集城市中心，使得主张福利制的民主党在大都市拥有天然的选举优势。而在中东、非洲、拉美等发展中国家，由于城市化发展脱离经济发展水平，大量平民聚集城市，造成政治民

---

① World Urbanization Prospects (2014 Verision)，联合国网站，http://esa.un.org/unpd/wup/Highlights/WUP2014-Highlights.pdf，最后访问日期：2015年10月13日。
② 魏建国：《中国城市经济圈比较弱，占全国GDP比重低》，凤凰网，http://finance.ifeng.com/special/chenshifazhan/20120811/6906244.shtml，最后访问日期：2015年10月13日。
③ 戴维·皮林：《印度城市化真相》，金融时报中文网，http://www.ftchinese.com/story/001056971?full=y，最后访问日期：2015年10月13日。

主化、经济多元化和社会利益分化等问题集中爆发，进而引发社会动荡。从国际政治角度看，城市政治一方面会通过国内政治博弈影响对外政策，另一方面则可能因为动荡直接形成外溢效应。在欧美发达国家，大量的外来移民在城市的聚集带来许多城市外交问题。

再次，城市管理与环境问题促使城市加强国际合作。伴随城市化快速发展，城市面积与人口急剧扩大和膨胀、就业严重不足、贫民窟盛行、城市基础设施滞后、基本服务短缺、治安恶化、交通堵塞、环境污染等"城市病"在世界各地大城市都不同程度地存在。建筑历史学家约瑟夫·里克沃特（Joseph Rykwert）认为，人类"被他自己所创造出来的地方引诱堕落"[1]。"城市病"就是城市化硬币的另一面，它们隐藏在市中心光鲜亮丽的高楼大厦的阴影下，无时无刻不在困扰和折磨着在城市生活的人群。如何高效管理城市，创造美好的城市环境，为市民提供优质的市政服务，是摆在全世界所有城市市长面前的首要任务。城市管理与环境治理一直是城市外交的主要关注议题，特别随着全球气候变化与环境问题日益升温，这些问题在城市外交中的分量日益凸显。

最后，城市的知识、文化与人才聚集效应为城市外交提供了智力支持。城市的魅力不仅表现在钢筋水泥堆砌而成的高楼大厦上，也不仅限于物质财富的累积和人口的密集，而是体现为建立在这些物质基础之上的知识、文化以及艺术的汇集。古往今来的中心城市都是知识与文化的创造地、储存库和传播交流节点。信息技术推动的"知识经济"时代，更使城市成为汇聚知识与人才资源的宝地，加上多数外交与国际关系研究的大学和智库汇聚大城市，无疑成为城市外交巨大的智力支持网络。

### （四）全球化与城市外交

全球化分为狭义和广义两个方面。狭义的全球化主要是指经济全球化，即各国经济均被卷入世界市场，各国经济相互依赖，呈现出某种整体化、一体化趋势[2]。而广义的全球化不仅包含经济方面，还包括信息全球化、文化全球化、科技全球化、竞争全球化、观念全球化等多方面[3]。英

---

[1] Joseph Rykwert, The Seduction of Place: The City in the Twenty-First Century (London: Weidenfeld & Nicolson, 2000), 3.
[2] 蔡拓：《全球化与当代世界》，《南开大学学报》（哲学社会科学版）1999年第6期。
[3] 俞可平：《中国学者论全球化》，重庆出版社，2008，第61页。

国社会学家安东尼·吉登斯（Anthony Giddens）和戴维·赫尔德（David Held）认为，"全球化是推动社会政治以及经济快速变革的中心力量，这些变革正在重新塑造着现代世界和世界秩序"，经济当然是其中的主要推动力。除此之外，全球的军事、技术、环境、移民、政治以及文化的流动模式也在塑造这个历史上前所未有的"变革过程"。这个"大规模变革更新"的方向是不确定的，全球化是"一个充满矛盾的、本质上偶然的历史进程"，一些国家、社会和社群日益卷入全球秩序，而其他国家、社会和社群则逐渐边缘化。[1]

吉登斯和赫尔德将全球化定义为"一个（或者一组）体现了社会关系和交易空间的组织变革过程，产生跨大陆或者区域间的流动以及活动、交往和权力实施的网络"[2]。其核心包括两个方面：一是流动，展现了全球化时代世界政治、经济与社会交往过程急剧加速的特征；二是网络，体现了全球化冲击下的世界政治、经济与社会交往的制度结构。

全球化首先表现为物质产品、人口、标志、符号以及信息的跨空间和时间的流动。早在张骞出使西域、丝绸之路沟通亚欧大陆以及地理大发现的时代，这些跨空间和时间的运动就已经出现。但是在张骞、阿拉伯商人、哥伦布和麦哲伦的时代，这些要素的流动强度和速度十分有限，一头骆驼背负丝绸到欧洲需要几年的时间，要素流动的广度和影响十分有限。因此，区别于历史上跨空间和时间要素的流动，今天全球化各种要素的流动强度、速度、广度和影响力均达到空前水平。例如，加勒比海湾的一场飓风直接影响上海商品交易所的成品油期货价格；身居美国中西部某个小镇的普通居民，曾经认为中国只是一个遥远神秘的国度，与其生活没有任何直接关系，于是对中美关系无须有任何见解。然而在全球化加速的今天，当他们每周去沃尔玛超市购物都躲不开"Made in China"标签的时候，中国就进入美国中西部小镇居民的日常生活，因此他们对中美关系的理解和看法就变得十分重要了。

全球化推动的物质、信息、人员的加速流动使得被地理空间与民族国家隔绝的世界政治日益融合在一起，著名地理学家戴维·哈维（David

---

[1] 〔英〕戴维·赫尔德：《全球大变革：全球化时代的政治、经济与文化》，杨雪冬等译，社会科学文献出版社，2001，第10页。

[2] 〔英〕戴维·赫尔德：《全球大变革：全球化时代的政治、经济与文化》，杨雪冬等译，社会科学文献出版社，2001，第22页。

Harvey)将这一现象概括为"时空压缩"。① 在时空压缩的世界政治舞台上,国家以及作为其代表的政府官员失去了外交的绝对垄断权。信息流通过各种传播手段加速扩散,普通公众能够在几乎同步的状态下获取来自遥远地域的信息,与此同时,公众对国际事务的反应也可以通过相同手段向全球传播。18世纪欧洲古典国际关系时期的宫廷政治、秘密外交在全球化的今天已经变得难以想象,各国外交官在处理一项国际事务的同时往往处在国内舆论的强大压力之下。

全球化使行为者已不仅仅是国家,地方政府、城市、跨国公司、非政府组织、宗教、跨国毒品交易、跨国恐怖主义等一系列跨国行为体,通过密切的、有规则的、模式化的互动行为,形成了一系列的跨越国界的共同体,各种利益关系纵横交错,相互依赖,编织成一张巨大的复杂网络。国家间的多渠道联系和问题领域的分化打破了权力和国家利益的整体性,并且使国际政治中的总体权力结构解体。在这种状况下,权力的主体更趋多元化,权力的结构更为分散化,权力的运行更加复杂化。

首先,跨国行为体分解并重新塑造了权力结构和国家利益。相互依赖不是国与国之间互动的结果,而是大量的次国家、非国家行为体跨国交往的产物。国家间贸易、金融、投资、人员流动和信息交流的主体不是国家,在很大程度上也不代表国家政府,而是企业、社会团体和个人。这些次国家、非国家行为体的活动不仅加深了国家间相互的依赖关系,而且也成为权力结构和国家利益的重新塑造者。

其次,相互依赖的国家间政治更多地表现为政策互动基础上的讨价还价过程。由于次国家行为体和非国家行为体的介入,国家间政治越来越明显地表现为美国学者罗伯特·帕特南(Robert Putnam)所言的"双层博弈"模式,即"很多国际谈判中的政治"是在"两张桌子"上进行的。在一张桌子周围挤满了国内团体,它们为了自己的利益向本国政府施加压力。另一张桌子则是政治家和外交官代表国家竭尽全力与其他国家讨价还价,以最大限度满足国内团体的要求。② 全球化看似一个全新的概念,很多理念和思维都在重构,但是它依旧是一个描述人类交流形式

---

① David Harvey, *The Condition of Postmodernity* (Oxford: Blackwell, 1989).
② Robert D. Putnam, "Diplomacy and Domestic Politics: the Logic of Two-Level Games," *Theory and Structure in International Political Economy*, ed. Charles Lipson & Benjamin J. Cohen (Cambridge: the MIT Press, 1999), 354.

与方式的词汇。全球化没有弱化城市的节点作用，反而更加强调了城市的使命作用。从城市本身的特点看：①城市是大部分人的生活聚居地；②城市是通信、交通的枢纽地，而这种枢纽不仅表现在硬件设施的建设上，更多表现在信息咨询的汇集处理方面，正是这种全球化成为世界得以高速运行的基础；③城市是辐射并影响世界其他地区的中心所在地。

从全球化发展的客观态势看，尽管全球化反映的是一个全球趋势，但这个趋势并非均匀平铺式地展开，而是呈现出网络状波浪式扩展且不均衡的发展态势。从社会角度看，全球化把全世界区隔成两类人的生活方式：一类为"全球人"（Globalman），这类人每时每刻都与全球关联，全球任何时刻、任何地点发生的任何事件都与他们生活密切相关；另一类为"地方人"（Localman），这类人生活的空间与认知范围不超过方圆100公里。从地理空间看，全球化信息与资源流动更多地集中在一个个节点组成的网络上。因此，无论从社会还是地理角度看，城市都站在全球化的风口浪尖上。从某种意义上说，所谓的全球化其实就是城市的全球化。通过城市，全球化才能把世界有力地联系起来。

城市借助先进的交通工具和信息交流手段，使其沟通联络不断加强，范围不断广阔，客观上促成了不同地区及国家之间更加紧密的联系。光纤技术和互联网科技使信息可以在短时间内传递到世界任何一个角落，城市的触角伸向了更远的地方并且相互之间紧密交织在一起。全球化既是世界物质资源交汇分配的全球化，更是信息交流的全球化。全球化刺激了全球城市的发展，同时又在全球范围内支撑世界城市脱颖而出，推动全球化赋予城市以进化使命。

在当今全球化时代，城市外交发展的一个新特点是城市积极参与全球治理，而且城市倡议在国际舞台上频频显现。全球化进程的加速一方面加剧了世界各国城市之间的竞争；另一方面，全球化带来的全球性问题越来越多地引起人们的关注。解决全球性问题，必须依靠世界各国人民的合作，"全球思考，行动当地"的口号逐渐为人们所接受。

世界银行、联合国人居署等机构设立了一系列有关城市的研究项目，如"城市可持续发展项目"（Sustainable Cities Programme），"地方政府环境行动理事会"（International Council for Local Environmental Initiatives），"世界卫生组织健康城市项目"（WHO Healthy Cities Programme），联合国

教科文组织的"人类和生物界项目"（UNESCO's Man and Biosphere Programme）。① 1992 年，地方主导的可持续会议在柏林召开，首次肯定了基于地方的可持续发展理念，呼吁市民、非政府组织和城市政府多方协作，为解决全球性问题和消除国际不平等而进行国际活动。

与此同时，城市之间的合作与联盟组织大量涌现，城市参与全球治理的形式也日益多样化。城市之间通过城市外交网络分享治理经验，提升和促进城市发展与解决全球性问题的能力。迄今为止，城市参与全球治理主要通过如下四种途径。

1. 通过加入某项中央政府没有批准的国家条约，参与重要国际议程

作为世界上最大的碳排放国之一的美国，其参议院拒不批准旨在削减温室气体排放的《京都议定书》。② 美国 136 个城市市长代表 3000 万市民呼吁美国政府尽快批准《京都议定书》，减少温室气体排放，遏制全球变暖趋势，改善地球环境。华盛顿州西雅图市市长尼克尔斯宣布，尽管美国政府尚未加入《京都议定书》，但他和其他 135 位市长愿意按照这一文献要求，承担相应义务，减少可产生温室效应导致全球气温升高的二氧化碳气体的排放，同全球变暖现象做斗争。③ 到 2004 年 11 月 15 日为止，美国东北部 9 个州加入"区域温室气体行动"组织（Regional Greenhouse Gas Initiative，RGGI），实行一个州一级的温室气体交易机制。人们相信，即使联邦政府没有通过《京都议定书》，通过州一级的项目，也同样实现减排，这将会对联邦政府构成压力。

2. 通过参与解决某项重要国际问题，帮助实现全球治理目标

在巴以冲突问题上，一些西方城市积极参与巴以和平进程，以自身独

---

① 参见 Axumite Gebre - Egziabher, "Sustainable Cities Programme: A Joint UN - HABITATE - UNEP Facility on the Urban Environment with Participation of the Dutch Government," *Annals of the New York Academy of Sciences*, 1023 (2004): 71. Christine Alfsen - Norodom, Urban Biosphere and Society: Partnership of Cities, *Annals of the New York Academy of Sciences*, 1023 (2004): 1 - 9.

② 《美国为何对〈京都议定书〉顽固说"不"》，人民网，http://www.people.com.cn/GB/huanbao/35525/3182274.html，最后访问日期：2013 年 4 月 3 日。

③ 《美国 136 位市长呼吁美政府批准京都议定书》，中国可持续发展工商理事会，http://www.cbcsd.org.cn/news/566.shtml，最后访问日期：2013 年 4 月 24 日。

特的优势帮助该地区缔造和平。当欧洲国家不能和哈马斯政权达成合作的时候，欧洲和加拿大的城市参与到与巴勒斯坦地区的对话，帮助该地区发展。海牙还举办"巴以城市和平会议"。这一系列的举动使这些城市参与中东地区的和平进程。[①]

3. 针对某个国际问题，建立起国际城市组织或者办事机构，进行全球治理

C40 城市集团是一个致力于应对气候变化的国际城市联合组织，由前任伦敦市市长肯·利文斯顿提议，于 2005 年成立，围绕《克林顿气候倡议》（The Clinton Climate Initiative，CCI）实行减排计划，并以 CCI 推动 C40 城市的减排行动和可持续发展。

4. 通过召开国际城市会议，开展与其他城市或组织的对话，加强对全球治理的认识，分享全球治理的经验

2012 年 4 月 12 日至 13 日，由日内瓦市政府和世界与发展研究所共同举办的日内瓦市市长论坛，邀请城市政府官员、专家学者、企业代表，共同探讨城市在全球治理中应该发挥的作用。议题包括气候变化、贫富差距、健康、移民、安全等。与会者提出，世界人口、经济活动和政治权力都集中在城市，但城市在国际决策中的发言权却十分有限。日内瓦市市长皮耶·毛德特先生特别强调，与其他国际行为体相比，城市在适应性和灵活性上更加具有优势。[②]

## 四 城市外交的形式与功能

城市外交可分为双边和多边两种主要形式。双边城市外交主要指城市之间以友好城市缔结正式协议，建立双方正式友好城市关系，开展经济文化等领域的合作，包括"一对一"和"一对多"形式。而城市外交的多边形式则指城市参与包括区域性和全球性城市国际组织，开展城市对外交往交流活

---

[①] Rogier van der Pluijm and Jan Melissen, "City Diplomacy: the Expanding Role of Cities in International Politics," Netherlands Institute of International Relations, Clingendael (2007).

[②] "Mayors Assemble in Geneva to Discuss Cities and Global Governance," *Global Journal*, http://theglobaljournal.net/article/view/671/，最后访问日期，2014 年 4 月 26 日。

动,也称为"多对多"形式。关于城市外交与城市国际组织的内容将在第四章专门加以系统论述,本节主要对城市外交的双边形式进行分析。

国际友好城市（International Friendship City，IFC）是城市外交在当代最基本的形式,它是不同国家间的城市基于相互理解彼此的社会和文化和促进经贸联系的需要,为发展友好关系而建立的一种结对伙伴关系,一般签署有正式的城市之间结好协议。世界各国对其称谓各有不同,英国习惯上使用"双胞城市"（Twin Cities）；美国和亚太地区的一些国家则用"姐妹城市"（Sister Cities）；欧洲国家有时使用"双胞城市"（Twin Cities），德国、波兰和捷克等国有时也用"伙伴城市"（Partnerstadt）；俄罗斯也使用"兄弟城市"（Brother Cities）；法国使用 Ville Jumelée,其意思是结好城市；意大利则称友好城市为 Gemellaggio（Twinning）和 Comune Gemellato（Twinned Municipality）；荷兰习惯称为纽带城市 Stedenband（City Bond）；冰岛称友好城市为 Vinabæir（Friend Towns）and Vinaborgir（Friend Cities）。欧盟委员会以双胞城镇（Twin Towns）来指城市之间结好的整个过程。[1] 20 世纪 70 年代,中国在与日本建立首对友好城市关系时,根据周恩来总理指示,将日本习惯称谓的"姐妹城市"改称"友好城市",以体现城市不分大小平等相待的精神。此后,中国在友好城市交往中统一使用"友好城市"的称谓。

国际友好城市关系的承担主体是城市政府,而且友好城市关系具有法律的协议基础。在友好城市交流中,政府是承担契约责任的主体,在友好城市关系中起主导作用,友好城市的互动交流是通过政府层面的规划和机制化运作实施。正因为如此,友好城市关系可以说是一种基本的城市外交形式。罗尔夫·克莱默、安妮·布鲁恩和安·迪普伊（Rolf Cremer, Anne Bruin and Ann Dupuis）等学者对国际姐妹城市（友好城市）的特性进行了研究,他们认为,国际姐妹城市（友好城市）关系具有如下主要特征：①首先,这种关系是由正式的协议确定下来的,并且该协议基本是由市长（或者相应的市政官员）签署的；②这些协议的目的是使这种关系无限期延续下去；③由于这种关系一直存在,它不会局限于某个单一的计划,而是包含了一系列的共同活动；④城市官员在设立和支持这些姐妹城市（友

---

[1] Nick Clarke, "Globalizing Care? Town Twinning in Britain since 1945," *Geoforum*, Vol. 42 (2011): 115 – 125.

好城市）活动方面发挥着关键性的作用，参与姐妹城市（友好城市）活动的大多数人则是不计酬劳的志愿者；⑤这些关系很大程度上是由基层和地方层次建立和维护的，并不依赖于中央政府的支持；⑥对姐妹城市（友好城市）关系国际上有一种共识，那就是，它是共同努力、互相受益而非以牺牲另一方为代价的关系。①

目前，世界各国的中央政府在友好城市关系中所发挥的影响和作用不一样，大体上可以分为三类：一是中国与东南亚一些国家的法律规定，建立友好城市须经中央政府管理部门审批（如泰国、马来西亚、朝鲜、韩国、越南、老挝等）；二是多数西方国家实行地方自治，地方政府行使权限，经地方议会通过即可决定对外结好，没有全国层面的协调管理机构（如法国、比利时、澳大利亚等）；三是美国、韩国等国以半官方机构"国际姐妹城市协会"和"韩国地方政府国际化协会"等来管理和协调本国城市与其他国家城市建立友好城市关系。②

作为一种基本的城市外交形式，国际友好城市在实践中具有四个特点。一是稳定性。国际友好城市关系是建立在协议和契约基础上，不同于一般的城市对外交往活动，它每年都要实施交流计划，是城市政府间长期、稳定和机制化的对外交往渠道。二是全面性。国际友好城市的交往涵盖政府、议会、企业和民间等各个层面，内容包括经贸、文化、艺术、教育、司法和城市管理等各个领域。三是地方性。建立友好城市关系首先是为地方和城市的国际交流开辟渠道，并通过友好城市关系，实现城市跨越国界的利益追求。四是补充性。在中国，友好城市作为一种城市外交形式，是地方政府具体贯彻执行中央对外方针和部署，配合中央整体外交战略的具体体现，是实现以民间外交促进官方外交的重要途径。事实上，在世界各国的实践中，友好城市有时候能够发挥独特作用，是对国家总体外交战略的重要补充。

从世界各国的友好城市实践来看，实现城市外交功能，友好城市主要具有纽带功能、桥梁功能和经贸促进功能。

---

① Rolf D. Cremer, Anne De Bruin, and Ann Dupuis, "International Sister-Cities: Bridging the Global-Local Divide," American Journal of Economics & Sociology 60 (2001): 381.
② 吴沙:《国际友好城市交流的问题与对策研究——以长沙市为例》，国防科技大学硕士学位论文，2005，第9页。中国优秀硕士学位论文全文数据库，http://epub.cnki.net/kns/brief/default_result.aspx。

（1）纽带功能。建立友好城市关系的动机和作用是加强城市之间的共同性或相似性，如城市之间的历史文化、意识形态或宗教信仰联系。早在公元836年，基于文化联系，德国城市帕德博恩就与法国城市勒曼建立友好关系。20世纪初，英国城市凯利与法国城市苏勒内和普托尔结好。第一次世界大战结束后，英国城市凯利又与法国城市北普瓦建立了友好城市关系。

第二次世界大战后，欧洲国家通过推动友好城市的方式来帮助消除各国人民之间普遍存在的敌对情绪，其中最有影响力的是欧洲城市理事会（Council of European Municipalities，CEM）于1951年发起的欧洲友好城市倡议。欧洲城市理事会是由法国的一个民间联合会演变而来，主要宗旨是通过加强欧洲城市之间的联系促进欧洲联合。欧洲城市理事会所推动的友好城市交往活动，主要基于城市间共同的基督教信仰和文化传统，包含举办共同的宗教仪式、宣誓，有些城市同时还是和平与基督文明大会的成员，教皇和天主教会对其产生很大影响。此外，即便没有共同的宗教信仰联系，一些欧洲城市之间的相似性和文化背景也促成它们之间友好城市的联系。比如，英国威尔士地区的城市与法国布列塔尼的城市结好，英国牛津与德国波恩、荷兰莱顿、法国的格雷诺布尔等大学城之间建立友好城市关系。

北美最早的友好城市活动也是为了加强城市之间的纽带联系。1931年，美国城市托莱多和与其同名的西班牙古城托莱多建立姐妹城市关系。1944年，加拿大城市温哥华与苏联城市敖德赛成为姐妹城市，主要因为"二战"期间，温哥华是加拿大作为盟国援助苏联的港口城市。

此后，美国的姐妹城市也借助城市之间相近的地理和人口规模、商业联系、类似的工业或历史等因素建立和发展关系。比如，美国城市波特兰与意大利城市博洛尼亚，由于两城均注重生物科技教育，同时具有相似的饮食文化。美国城市芝加哥和波兰城市华沙结好，结好则是因为在芝加哥的波兰移民的渊源关系。

（2）桥梁功能。"冷战"时期，欧洲友好城市也成为联结不同意识形态和不同经济发展阶段国家之间合作的桥梁，比如西欧与东欧国家之间的友好城市活动，欧洲发达国家和第三世界国家之间的友好城市活动。友好城市的桥梁功能最早是以联合城镇组织（United Town Organization，UTO）为代表。联合城镇组织成立于1951年，由法国Le Monde Bilingu（世界报）

发起，旨在在全世界推广法语，希望通过法语加强世界各国人民之间的理解，不论各国政治制度和意识形态存在多大分歧。

与纽带功能不同的是，桥梁功能的友好城市活动主要希望突破"冷战"时期形成的国家集团界限，通过在西欧和东欧国家之间建立友好城市联系，消除意识形态的隔阂。英国城市考文垂与苏联城市伏尔加格勒、东德城市德累斯顿建立友好城市关系，一方面是因为这三个城市都在"二战"中遭受惨烈的轰炸，另一方面是因为友好城市关系有助于突破彼此意识形态的差异，加强人民之间的联系。在东西德国统一前，联邦德国和民主德国的许多城市均建立了友好城市联系，这些城市外交活动对促进德国统一起到积极的推动作用。

在美国，艾森豪威尔总统于1956年呼吁通过姐妹城市来促进民间外交。在其推动下，美国的姐妹城市成为美国民间外交的一种重要形式，对增强美国在东欧及第三世界国家的影响力发挥了独特的作用。1967年，国家城市联盟（National League of Cities，NLC）中的姐妹城市项目独立组成国际姐妹城市协会（Sister City International，SCI），成为积极推动美国城市与其他国家城市建立友好城市网络的专门机构，具有半官方性质，负责组织和资助姐妹城市间的人文交流活动。在其组织下，超过2000个美国城市与其他国家的城市发展成为友好城市。

（3）促进经贸功能：随着世界各国经济发展的相互依赖度不断加深，友好城市关系中的经济和商业因素也越来越重要，友好城市越来越多地以建立经济贸易联系为目的，于是出现了第三种友好城市关系模式——促进经贸功能，例如，20世纪90年代，英国城市诺丁汉与德国城市卡尔斯鲁厄在市政交通技术和管理方面的交流合作；英国城市布里斯托尔和法国城市奥尔良在文化创意产业领域的合作，以及智慧城市建设方面的合作。

特别值得注意的是，随着世界经济发展中区域一体化合作的不断深入，友好城市越来越成为各城市开展区域经济合作的平台和载体。许多国家的城市在多边合作机制的框架下，积极推动和促进友好城市之间的经贸往来，欧盟也将友好城市作为促进欧洲一体化的重要途径。1989年，欧盟委员会发起了帮助友好城市的倡议。在北美，美国与加拿大、墨西哥于1993年签署了北美自由贸易协定，三国城市之间的跨境合作在重构地区经济空间方面发挥了重要的作用。进入21世纪以来，中国与周边地区的区域经济合作广泛展开，相邻地区间的友好城市在软环境建设、环境保护、可持续发展等领域的合作不断加强。伴随"一带一路"倡议的实施,友好城市交流将在中国与周边国家"互联互通"方面发挥重要作用。

综上所述,纽带功能、桥梁功能和经贸促进功能使国际友好城市在国际关系中发挥越来越重要的作用,"城市重新发现了它们作为不同人民和文化交流场所的角色,从而创造了一个经济和商务活动的(市场)处所。"[①]

---

[①] Rolf D. Cremer, Anne De Bruin, and Ann Dupuis, "International Sister – Cities: Bridging the Global – Local Divide," American Journal of Economics & Sociology, 60 (2001): 383.

# 第三章 中国特色的城市外交

20世纪70年代，在全球化趋势的推动下，国与国之间的相互依赖不断增强，区域一体化作用日益凸显，世界各国城市直接交往的广度、深度、热度、频度越来越受到政策决策者和学术界的关注。中国自1973年建立第一对国际友好城市以来，城市对外交往日趋活跃，截至2015年7月1日，中国30个省、自治区、直辖市（不包括台湾地区及港、澳特别行政区）和447个城市与五大洲133个国家的480个省（州、县、大区、道等）和1476个城市建立了2209对国际友好城市（省州）关系[1]，是世界上拥有正式友好城市数量最多的国家之一。中国城市积极参与双边、多边对外交往活动，即便城市成为国家外交政策的实施者、参与者、推动者，又使城市作为国家外交政策的"主场"，发挥积极作用。城市外交既推动了地方经济、社会和文化的发展，又对国家总体外交起到了重要补充作用。随着中国城镇化和城市国际化进程的日益加快，城市在国家发展战略和文化交往中的地位和作用日益彰显。如何通过城市对外交往达到城市发展战略目标，已成为中国城市发展的重要课题。

2014年5月15日，习近平主席在中国国际友好大会暨中国人民对外友好协会成立60周年纪念活动讲话中强调，"要大力开展中国国际友好城市工作，促进中外地方政府交流，推动实现资源共享、优势互补、合作共赢"。"希望中国人民对外友好协会再接再厉，更好推进民间外交、城市外交、公共外交，不断为中国民间对外友好工作作出新的更大的贡献。"[2] "城市外交"概念首次在中国正式提出。

---

[1] 数据来自中国国际友好城市联合会网站，http://www.cifca.org.cn/Web/You Cheng Tong Ji.aspx，最后访问日期：2015年7月1日。

[2] 《习近平在中国国际友好大会暨中国人民对外友好协会成立60周年纪念活动上的讲话》，新华网，http://news.xinhuanet.com/politics/2014-05/15/c_1110712488.htm，最后访问日期：2015年10月29日。

## 一 中国特色的城市国际角色

中国特色的城市外交源于中国特色的政治体制,并决定了中国特色城市外交的基本性质和特点。

### (一)《宪法》关于中央和地方国家机构职权划分

《宪法》规定:"中华人民共和国是工人阶级领导的、以工农联盟为基础的人民民主专政的社会主义国家。"(总纲,第一条)[①]"中华人民共和国的一切权力属于人民"(第二条)"中央和地方的国家机构职权的划分,遵循在中央的统一领导下,充分发挥地方的主动性、积极性的原则。"[②] 第八十九条规定,国务院决定中央和地方在行政工作上的分工,中央"统一领导全国地方各级国家行政机关的工作,规定中央和省、自治区、直辖市的国家行政机关的职权的具体划分"(第八十九条)[③] 并可行使"改变或撤销地方各级国家行政机关的不适当的决定和命令"(第八十九条)[④] 的权力。

因此,从宪法规定看,中国地方政府的外事权限必须遵循中央统一领导,城市外交是国家总体外交的一种授权行为,必须服务于国家总体外交,且为国家总体外交的补充。

### (二)中国政府机构设置特点

根据中华人民共和国国务院令第486号《地方各级人民政府机构设置和编制管理条例》规定,"地方各级人民政府的机构编制工作,实行中央统一领导、地方分级管理的体制"(第四条)。[⑤] 在此政府设置结构下,地方外事部门接受所在地人民政府的统一领导,在业务上接受上级相应工作部门对地方外事工作的业务指导。

中国学者杨光斌提出:"按照中央政府统一领导全国、地方政府分级

---

[①] 《中华人民共和国宪法:国家宪法日纪念版》,法律出版社,2014,第49页。
[②] 《中华人民共和国宪法:国家宪法日纪念版》,法律出版社,2014,第49~50页。
[③] 《中华人民共和国宪法:国家宪法日纪念版》,法律出版社,2014,第66页。
[④] 《中华人民共和国宪法:国家宪法日纪念版》,法律出版社,2014,第67页。
[⑤] 中华人民共和国国务院令第486号《地方各级人民政府机构设置和编制管理条例》,中国政府网,http://www.gov.cn/zhengce/content/2008-03/28/content_1753.htm,最后访问日期:2015年8月10日。

管理的原则,设置了金字塔式的逐级向下的地方各级政府。"① "条块"结构是中国行政组织体系中的基本结构关系。"条"指的是从中央到地方各级政府业务内容性质相同的职能部门②,一般在业务上,上级工作部门对下级存在业务指导关系;"块"指的是由不同职能部门组合而成的各个层级政府。在该结构下,中国的行政区域划分如下。①全国分为省、自治区、直辖市;②省、自治区分为自治州、县、自治县、市;③县、自治县分为乡、民族乡、镇。直辖市和较大的市分为区、县。自治州分为县、自治县、市。自治区、自治州、自治县都是民族自治地方③。"市,作为一级政权组织是中国人口比较集中,政治、经济、文化地位比较重要的城市。除中央直辖市外,有省辖市(地级市)、地辖市(县级市)、省辖市辖市(县级市)等。"④

因此,中国城市按行政区划有三类。

(1) 直辖市,即中央直辖市,由国务院直接管辖。中国共设有4个中央直辖市:北京、天津、上海、重庆。⑤

(2) 地级市,288个。

(3) 县级市,361个⑥。

从政府结构设置看,中国的地方外事部门权限是国家总体外交战略的一种授权行为,接受所在地政府统一管理,与此同时接受上级相应工作部门的业务工作指导。

### (三) 改革开放与城市对外交往

改革开放以来,中国以经济建设为中心,政府机构的改革则以权力下放为主要特征。中国分别于1982年、1988年、1993年、1998年、2003年、2008年和2013年进行了七次大规模政府机构改革,逐步"简政放

---

① 杨光斌:《当代中国政治制度导论》,中国人民大学出版社,2007,第172页。
② 马力宏:《论政府管理中的条块关系》,《政治学研究》1998年第4期,第71~77页。
③ 《中华人民共和国宪法:国家宪法日纪念版》,法律出版社,2014,第55页。
④ 《中国的行政区划》,新华网,http://news.xinhuanet.com/ziliao/2004-10/29/content_2153676_4.htm,最后访问日期:2015年10月29日。
⑤ 《中国的行政区划》,新华网,http://news.xinhuanet.com/ziliao/2004-10/29/content_2153676_4.htm,最后访问日期:2015年10月29日。
⑥ 按照中华人民共和国民政部统计办法,民政部网站"全国行政区划查询平台",http://202.108.98.30/map,最后访问日期:2015年10月29日。

权"。2013年3月14日,《国务院机构改革和职能转变方案》发布,这是改革开放以来中国推进的第七次政府机构改革。"简政放权是深化政府改革、加快转变政府职能的关键之举"[1],目的在于理顺政府与市场的关系,更好地发挥市场在资源配置中的作用。

如图3-1所示,简政放权后,城市对外交往空间加大,友好城市数量逐年发生变化,成为城市经济快速发展的助推器。尽管如此,城市对外交往的外事权限并未发生变化,因为"中央权威,首先是指中央专有的管辖权。例如,对国防、外交、货币政策、金融政策、税收政策、法律、海关、司法等的管辖权,是中央专有的,而在另一些方面,如具体的经济发展项目、投资、交易、财政、经济管理、城市发展、建设项目等,中央和地方各有划分"[2]。因此,"强固的中央权威则是现代化过程中能够以较低成本获取快速平稳发展的根本保证。"[3] 从根本上来说,外交的管辖权是中央专有权力,以"简政放权"为主导的政府机构改革,虽然扩大与提升了地方对外交往的空间和灵活度,但城市外交依然需在国家总体外交授权下开展工作。

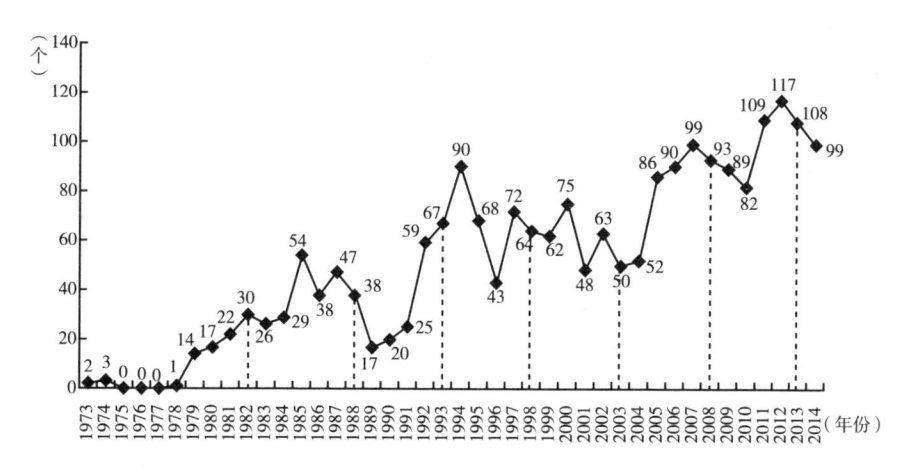

**图3-1 全国历年结好城市数**

数据来源:中国国际友好城市联合会网站, http://www.cifca.org.cn/Web/JieHaoGuanXiBiao.aspx,最后访问日期:2015年8月8日。

---

[1] 《李克强:简政放权不是简单"放权"了事》,新华网,http://news.xinhuanet.com/comments/2014-06/04/c_1110990091.htm,最后访问日期:2015年11月3日。
[2] 杨光斌、李月军:《当代中国政治制度导论》,中国人民大学出版社,2007,第172页。
[3] 杨光斌、李月军:《当代中国政治制度导论》,中国人民大学出版社,2007,第172页。

综上所述,在对外关系领域,国家拥有外交的绝对权力,城市参与国家外交活动或组织地方外事活动均为国家总体外交的组成部分,受中央政府统一部署。换言之,以促进城市建设、经济社会发展、人文交流为主要目的而开展的一系列城市对外交往活动,均服务于国家总体发展战略目标,是国家总体外交的组成部分,是中央总体外交统一部署下的授权体现,这就是具有中国特色城市外交的根本所在。

## 二 中国特色的城市外交宗旨

2008年,时任国家副主席习近平在中国国际友好城市大会的致辞中,就加强新形势下的国际友好城市工作提出三条建议:"第一,讲友谊。世界各国城市大小不同、历史文化各异。国际友好城市应该平等相处、真诚相待,倡导彼此尊重、互信包容、相互理解的精神,增进人民的友谊和感情,为实现世界持久和平发挥桥梁和纽带作用。第二,讲互利。世界各国城市发展水平不一,但各有优势。国际友好城市应该相互学习、取长补短,通过互利互惠的合作,为实现各国共同发展创造良好条件。第三,讲实效。世界各国城市在经济发展、公共服务、城市管理、社会稳定、环境保护等方面承担着同样或类似的责任。国际友好城市应该加强这些领域的合作,分享彼此的经验,以进一步增进当地人民福祉。"[1]这是中国领导人全面阐述城市对外交往的思想,为城市对外交往工作指明了前进方向。

中国共产党第十八次全国代表大会(以下简称"十八大")明确指出:"中国将坚持把中国人民利益同各国人民共同利益结合起来,以更加积极的姿态参与国际事务,发挥负责任大国作用,共同应对全球性挑战。"[2]

---

[1] 《加强国际友好城市交流合作增进世界各国人民友谊——习近平在中国国际友好城市大会开幕式上的致辞》,新华网,http://news.xinhuanet.com/newscenter/2008-11/08/content_10327830.htm,最后访问日期:2015年8月18日。

[2] 《坚定不移沿着中国特色社会主义道路前进 为全面建成小康社会而奋斗——在中国共产党第十八次全国代表大会上的报告》,新华网,http://news.xinhuanet.com/18cpcnc/2012-11/17/c_113711665_12.htm,最后访问日期:2015年10月29日。

### （一）城市外交是国家总体外交的重要补充

服务国家总体外交是中国城市对外交往的主要着力点。2010年，北京市外事办公室在《关于北京市同国外缔结友好城市情况的报告》中明确提出，"北京外事工作的主要着眼点就是'服务国家总体外交，提供优质特色服务'"[①]。

21世纪，全球化加强了人类跨越空间距离的联系，为城市外交开拓了广阔的领域。首先，全球化导致的"时空压缩"为城市间直接交往与合作提供了更密切的空间，无疑助力城市在国际舞台上发出更大的声音；其次，全球化带来的"相互依赖"为城市直接介入国际事务，在外交领域发挥作用拓展了更具弹性的空间；最后，作为全球化"节点"的世界城市的出现，使城市作为参与全球治理的重要主体拥有了更大的话语权，加上城市本身所拥有的财政、组织和法律资源以及资源整合能力，均为国家外交开辟了更多样化的途径，提供了更为有效的补充。在全球化背景下，城市站到了经济、社会、移民、环境、气候、反恐、防治传染性疾病等全球治理问题的最前沿。

### （二）城市外交以经济发展、人文交流为中心任务

中国人民对外友好协会会长李小林提出，"中外城市政府交流的城市间交流具有直接高效、领域广阔、互补性强的特点，对当地经济社会发展发挥着重要作用"[②]。城市在对外交往与合作中，通过城市间经贸往来，获得重要的对外资源，提升城市开放型经济水平，打造经济发展全新"增长极"。

与此同时，城市借助其特有的文化资源禀赋，交流互鉴，培植国际民众情感，如中国洛阳市和法国图尔市都因种植牡丹而闻名，两市因牡丹而结缘。双方将彼此的牡丹移植到对方城市，图尔市建立了洛阳牡丹园，洛阳也建成法国风情园林。"牡丹"为两市结好牵线搭桥，为中法文化交流提供了良好资源。

### （三）城市外交有助于夯实国家关系发展的社会基础

十八大报告指出："加强人大、政协、地方、民间团体的对外交流，

---

① 熊九玲：《城市国际角色研究》，北京出版社，2010，第160页。
② 李小林：《论城市外交的重要特征和抓手》，《广州外事》2013年增刊。

夯实国家关系发展社会基础。"① 随着世界各国之间相互依存度不断增强，世界范围内的民众交往日益密切。国之交在于民相亲，民相亲在于心相通。只有不断加强人民之间的交流，友谊之树才会根深叶茂。2015 年 10 月 31 日，李克强总理访问韩国，关注的议题大至宏观经济，小至一菜一汤，他在韩国《朝鲜日报》发表文章，指出"说到底，国与国的关系，最终的着眼点和落脚点应该在于人民的利益和福祉"。城市外交在国家民众间搭建了一个良好的平台，使国家外交文件中抽象的"国家利益"具体化为人民利益。友好城市的建立有效地加强了跨国城市间多层面的互访交流机制，包括互访友好城市社区，到友好城市居民家中做客，参观友好城市养老中心，观赏民间艺术，座谈研讨城市建设、学校教育、公共交通以及家庭生活方式等，这些零距离的交流密切了人民之间的往来，加深了人民之间的了解，在"润物细无声"中，夯实了国家关系发展的社会基础。

## 三 中国特色城市外交的发展历程

新中国成立以来，国家总体外交战略以 1978 年改革开放为分界点，前后具有鲜明特色。1978 年之前，中国外交的主题是"反对帝国主义、殖民主义、霸权主义与支持被压迫民族争取独立解放的民族革命"。② 1978 年，中国共产党第十一届三中全会确立了社会主义现代化建设是党和国家的中心任务，做出了改革开放的战略决策。自此，国家外交进入了以"和平与发展"为主题的全新时期。

城市对外交往围绕这一主题经历了三个发展阶段。

### （一）1978 年改革开放前：城市对外交往旨在增进人民友好

改革开放前，中央政府实行指令性计划经济体制。1954 年制定的第一部《中华人民共和国宪法》规定，"全国地方各级人民委员会都是国务院

---

① 《（授权发布）坚定不移沿着中国特色社会主义道路前进　为全面建成小康社会而奋斗——在中国共产党第十八次全国代表大会上的报告》，新华网，http://news.xinhuanet.com/18cpcnc/2012 - 11/17/c_ 113711665_ 12. htm，最后访问日期：2015 年 10 月 29 日。
② 谢显益：《中国当代外交史（1949 - 2009）》，中国青年出版社，2009，第 8 页。

统一领导下的国家行政机关,都服从国务院"①(第六十六条),同时该宪法将处理对外事务的所有权力赋予中央政府,地方政府的权力限于"地方各级人民代表大会在本行政区域内,保证法律、法令的遵守和执行,规划地方的经济建设、文化建设和公共事业,审查和批准地方的预算和决算,保护公共财产,维护公共秩序,保障公民权利,保障少数民族的平等权利"(第五十八条)。② 中国学者陈志敏认为,在这样一种政治、行政和经济制度下,"地方既没有发展对外交往的权力,也缺乏源于自身的动力"。③ 中国学者王逸舟提出,在该时期"'外事无小事'的观念设定,直接限定了传统外交体制,地方不可能对国家的对外关系决策产生任何直接或间接影响"。④ 因此,自新中国成立到1973年之前,中国城市对外交往一直没有发展。这一时期,作为拓展外交渠道的一个全新尝试,1973年天津市和日本神户市缔结了第一对中日友好城市,也是中国第一对国际友好城市,它标志着"国际友好城市"走上了中国外交的舞台,城市对外直接交往的序幕悄然拉开。

1971年10月,第26届联合国大会恢复了中华人民共和国在联合国的一切合法权利。1972年2月,美国总统理查德·尼克松访华,中美关系开始改善。1972年7月,日本首相田中角荣在内阁会议上表示,要尽快实现同中华人民共和国邦交正常化。⑤ 中日两国于1979年9月29日建交。在此背景下,中日民间先行接触。1972年10月,日本神户市市长宫崎辰雄率中日友好青少年游泳代表团来华参加中日游泳比赛。在周恩来同志接见他的时候,宫崎辰雄提出神户市愿与中国的港口城市建立姐妹城市关系。周总理推荐天津市与神户市结好。⑥ 1973年6月24日,天津市和日本的神户市签署了友好城市关系协议,成为中国第一对国际友好城市,开创了中国城市直接对外交往的先河。

---

① 《中华人民共和国宪法(1954年)》,中国人大网,http://www.npc.gov.cn/wxzl/wxzl/2000-12/26/content_4264.htm,最后访问日期:2015年8月10日。
② 《中华人民共和国宪法(1954年)》,中国人大网,http://www.npc.gov.cn/wxzl/wxzl/2000-12/26/content_4264.htm,最后访问日期:2015年8月10日。
③ 陈志敏:《次国家政体与对外事务》,长征出版社,2001,第318页。
④ 王逸舟:《论中国外交转型》,《学习与探索》2008年第5期。
⑤ 谢显益:《中国当代外交史(1949-2009)》,中国青年出版社,2009,第247页。
⑥ 《友好城市:天津与神户》,新华网,http://news.xinhuanet.com/newscenter/2004-05/19/content_1478623.htm,最后访问日期:2015年7月30日。

1973~1978年，中国共缔结6对国际友好城市，均为日本城市，它们是：天津市和神户市、上海市和横滨市、西安市和奈良市、上海市和大阪市、西安市和京都市、南京市和名古屋市。

### （二）1978年到党的"十八大"前：助力经济建设是城市对外交往的中心任务

1978年，中国共产党第十一届三中全会做出实行改革开放的战略决策。一方面，国际制度与规范开始越来越多地影响中国经济发展进程；另一方面，国家、地区、城市、政府、社会团体、非政府组织、企业和个人，均以各种方式参与到全球资源、市场、生存空间和发展机会的较量中，城市经济乃至政治影响力不断增大。在中国同时出现了两种现象，即"全球化的地方效应以及地方的国际化趋向"[①]。修订后的1982年《宪法》扩大了地方政府职能范围，"省、直辖市的人民代表大会和它们的常务委员会，在不同宪法、法律、行政法规相抵触的前提下，可以制定地方性法规，报全国人民代表大会常务委员会备案"（第一百条）[②]。

从1979年开始，中国以经济建设为中心任务，政府职能的重心转变为助力经济建设。中央与地方之间先后进行了七次大规模政府机构改革，"简政放权"促进城市对外交往加快步伐。1979年，中国就有14个城市与日本、美国、澳大利亚、荷兰、意大利的14个城市建立国际友好城市关系。[③]

"1978年，中国进入改革开放历史新时期，国际友好城市活动步入全面快速发展阶段。""中国国际友好城市活动的蓬勃发展得益于改革开放，并积极推动了中国改革开放。改革开放使中国进一步了解世界、走向世界，也使世界进一步了解中国、走向中国。中国改革开放的继续推进，必将进一步促进中国同各国城市的友好交往和互利合作。"[④] 改革开放使友好

---

[①] 苏长和：《国际化与地方的全球联系——中国地方的国际化研究（1978-2008年）》，《世界经济与政治》2008年第11期。原文中作者将以上两种现象称为"并行的全球化与地方化"，因学界对"全球化"与"地方化"两个概念的界定程度不同，为避免引起阅读歧义，笔者在此仅对现象进行描述，暂不进行定义。

[②] 《中华人民共和国宪法》，法律出版社，2014，第25页。

[③] 中国国际友好城市联合会网站，http://www.cifca.org.cn/Web/YearTongJi.aspx?year=1979，最后访问日期：2015年7月1日。

[④] 习近平：《习近平在中国国际友好城市大会开幕式上的致辞》，新华网，http://news.xinhuanet.com/newscenter/2008-11/08/content_10327830.htm，最后访问日期：2015年10月30日。

城市和友好省州为主体的城市对外交往日益活跃，国际友好城市数量不断攀升，中国城市对外交往也从当初的共叙友情拓展到经济、文化、教育、人才培训等多个领域，并进入务实的合作交流。1985年，中国外交部对城市对外交往地位做出更加清晰的界定："友好城市是我国人民外交的重要组成部分，是我国各地贯彻对外开放政策、开展对外交流与合作的一条重要渠道。"[①] 伴随着中国改革开放的深入，国际友好城市活动开始步入正常发展轨道。

为进一步推动中国国际友好城市工作，1992年，中国人民对外友好协会发起成立中国国际友好城市联合会[②]，统一协调管理中国国际友好城市工作。与此同时，中国国际友好城市工作还十分重视开拓多边城市交往渠道，1999年，中国人民对外友好协会以中国地方政府代表的身份加入世界城市与地方政府联合组织（United Cities and Local Governments，UCLG）的前身——地方政府国际联盟（International Union of Local Authorities，IULA）。2004年，上海、天津、广州、湖南等中国省市和地方政府作为创始会员相继加入UCLG，在地方政府与城市合作领域产生了积极的影响。

### （三）"十八大"以来：城市对外交往纳入国家顶层设计

中国共产党第十八次全国代表大会以来，中国外交全面进取、奋发有为，国际参与度日益加强，逐渐由国际体系的参与者成为规则制定者。在2014年中央外事工作会议上，习近平主席提出，"要实施中国特色的大国外交，使对外工作具备鲜明的中国特色、中国风格、中国气派"。作为中国特色大国外交战略的有机组成部分，城市外交将有助于夯实国家关系发展的社会基础，推动建立以合作共赢为核心的新型国际关系，构建立体化的总体外交格局。

中国城市是中国改革开放的对外名片，以发展城市外交为推手，打造中国城市的国际形象，传播中华文化和中国风貌，有助于提升国家文化软实力，彰显对外工作的鲜明中国特色。

---

[①] 刘庚寅：《为了友谊的和平——民间外交亲历记》，世界知识出版社，2006，第21页。
[②] 李小林：《适应我国城镇化发展新形势　努力开创我国城市外交新局面——在友好城市换届大会上的讲话》，中国国际友好城市联合会网站，http://www.cifca.org.cn/Web/Details.aspx? id=2766，最后访问日期：2015年5月23日。

"中国将继续高举和平、发展、合作、共赢的旗帜,坚定不移致力于维护世界和平、促进共同发展。""中国将坚持把中国人民利益同各国人民共同利益结合起来,以更加积极的姿态参与国际事务,发挥负责任大国作用,共同应对全球性挑战。"①

在此背景下,如何使城市外交更好地服务于国家总体外交战略,助力城市健康、可持续发展?

习近平主席在 2014 年中央外事工作会议上再次强调指出:"党的十八大以来,党中央统筹国内国际两个大局,在保持外交大政方针连续性和稳定性的基础上,主动谋划,努力进取,对外工作取得显著成绩。我们着眼于新形势新任务,积极推动对外工作理论和实践创新,注重阐述中国梦的世界意义,丰富和平发展战略思想,强调建立以合作共赢为核心的新型国际关系,提出和贯彻正确义利观,倡导共同、综合、合作、可持续的安全观,推动构建新型大国关系,提出和践行亲诚惠容的周边外交理念、真实亲诚的对非工作方针。"②

新时期以来,中国城市对外交往呈现出全方位、多层次、宽领域的特点,不仅重视同发达国家和周边国家发展友好城市关系,而且逐渐与欠发达国家的城市结好;从招商引资向谋求合作共赢模式转变;在充分发挥友好城市平台,积极服务于中国企业"走出去"发展战略的同时,逐步加大对外援助、合作共赢。

2013 年 9 月和 10 月,中国国家主席习近平在出访中亚和东南亚国家期间,先后提出共建"丝绸之路经济带"和"21 世纪海上丝绸之路"(以下简称"一带一路")的重大倡议。"一带一路"倡议是中国根据全球形势的深刻变化,统筹国际国内两个大局做出的重大战略决策。"一带一路"倡议的提出,使中国城市对外交往进入全方位发展的新时期,呈现出以下特点。

---

① 新华社:《坚定不移沿着中国特色社会主义道路前进 为全面建成小康社会而奋斗——在中国共产党第十八次全国代表大会上的报告》,新华网,2012 年 11 月 8 日,http://news.xinhuanet.com/18cpcnc/2012-11/17/c_113711665_12.htm,最后访问日期:2015 年 10 月 29 日。

② 《中央外事工作会议在京举行》,《人民日报》2014 年 11 月 30 日,http://paper.people.com.cn/rmrb/html/2014-11/30/nw.D110000renmrb_20141130_2-01.htm,最后访问日期:2015 年 10 月 29 日。

1. 城市成为"一带一路"倡议的重要支点和抓手

2015年3月,国家发展改革委、外交部、商务部共同推出的《推动共建丝绸之路经济带和21世纪海上丝绸之路的愿景与行动》(以下简称《愿景与行动》)明确提出,"根据'一带一路'战略,陆上依托国际大通道,以沿线中心城市为支撑",实现"政策沟通、设施联通、贸易畅通、资金融通、民心相通"①,城市成为"一带一路"倡议的重要支点和抓手。

在中国各省市缔结友好城市排名前10位(见图3-2)的分别是:江苏、山东、广东、浙江、河南、广西、湖北、安徽、黑龙江、辽宁。因此,处于对外交往第二梯队的省份,可借"一带一路"发展战略,提升城市对外开放水平。

2. "一带一路"沿线城市成为对外开放新格局的排头兵

随着"一带一路"倡议的实施,中国对外开放格局由过去的向东开放为主,转变成为向东向西的双向开放。中西部将成为对外开放前沿,有助于经济要素资源的双向流动,为地区结构优化调整和产业结构调整带来发展机遇。《愿景与行动》明确指出:"推进'一带一路'建设,中国将充分发挥国内各地区比较优势,实行更加积极主动的开放战略,加强东中西互动合作,全面提升开放型经济水平。""一带一路"重点涉及的18个省(自治区/直辖市),包括新疆、陕西、甘肃、宁夏、青海、内蒙古西北6省(自治区),黑龙江、吉林、辽宁东北3省,广西、云南、西藏西南3省(自治区),上海、福建、广东、浙江、海南东南5省(直辖市),内陆地区重庆(直辖市);重点提出内陆城市10个:西安、兰州、西宁、重庆、成都、郑州、武汉、长沙、南昌、合肥;重点加强上海、天津、宁波、舟山、广州、深圳、湛江、汕头、青岛、烟台、大连、福州、厦门、泉州、海口、三亚这16个沿海港口建设。为推进"一带一路"建设,中国将充分发挥各地区比较

---

① 新华社,《推动共建丝绸之路经济带和21世纪海上丝绸之路的愿景与行动》,2015年3月28日,新华网,http://news.xinhuanet.com/finance/2015-03/28/c_1114793986.htm,最后访问日期:2015年8月8日。

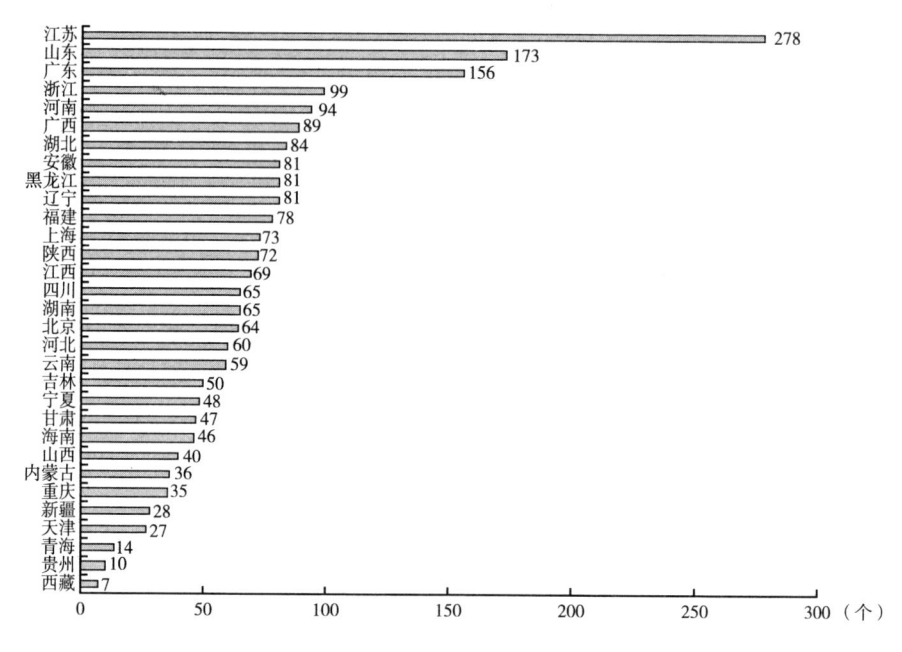

图 3-2　中国各省市缔结友好城市数

|  |  |
|---|---|
| 江苏 | 278 |
| 山东 | 173 |
| 广东 | 156 |
| 浙江 | 99 |
| 河南 | 94 |
| 广西 | 89 |
| 湖北 | 84 |
| 安徽 | 81 |
| 黑龙江 | 81 |
| 辽宁 | 81 |
| 福建 | 78 |
| 上海 | 73 |
| 陕西 | 72 |
| 江西 | 69 |
| 四川 | 65 |
| 湖南 | 65 |
| 北京 | 64 |
| 河北 | 60 |
| 云南 | 59 |
| 吉林 | 50 |
| 宁夏 | 48 |
| 甘肃 | 47 |
| 海南 | 46 |
| 山西 | 40 |
| 内蒙古 | 36 |
| 重庆 | 35 |
| 新疆 | 28 |
| 天津 | 27 |
| 青海 | 14 |
| 贵州 | 10 |
| 西藏 | 7 |

数据来源：中国国际友好城市联合会网站，http://www.cifca.org.cn/Web/JieHaoGuanXiBiao.aspx，最后访问日期：2015年8月8日。

优势，实行更加积极主动的开放战略，加强东中西互动合作，全面提升开放型经济水平（见表3-1）。[①]

表3-1　"一带一路"涉及的重要内陆城市与"一带一路"沿线国家城市结好情况

单位：对

| 序号 | 重要城市 | 友好城市总数 | 与"一带一路"沿线国家城市结好城市数量 | 分布在"一带一路"沿线国家的友好城市 |
|---|---|---|---|---|
| 1 | 西安 | 27 | 9 | 巴基斯坦拉合尔市　罗马尼亚雅西市<br>尼泊尔加德满都市　黑山科托尔市　土耳其科尼亚市<br>土库曼斯坦马雷市　乌克兰第聂伯罗彼得罗夫斯克市<br>乌兹别克斯坦撒马尔罕市　亚美尼亚久姆里市 |

---

① 《推动共建丝绸之路经济带和21世纪海上丝绸之路的愿景与行动》，新华网，2015年3月28日，http://news.xinhuanet.com/finance/2015-03/28/c_1114793986_2.htm，最后访问日期：2015年10月30日。

续表

| 序号 | 重要城市 | 友好城市总数 | 与"一带一路"沿线国家城市结好城市数量 | 分布在"一带一路"沿线国家的友好城市 |
|---|---|---|---|---|
| 2 | 兰州 | 11 | 5 | 俄罗斯奔萨市　　　　菲律宾阿尔贝省<br>罗马尼亚阿尔巴尤利亚市　塞尔维亚莱斯科瓦茨市<br>土库曼斯坦阿什哈巴德市 |
| 3 | 西宁 | 5 | 2 | 俄罗斯伊热夫斯克市　尼泊尔帕坦市 |
| 4 | 重庆 | 24 | 8 | 埃及阿斯旺省　　　俄罗斯沃罗涅日市　柬埔寨金边市<br>泰国曼谷市　　　　泰国清迈府　　　乌克兰扎波罗热州<br>伊朗设拉子市　　　印度金奈市 |
| 5 | 成都 | 18 | 4 | 俄罗斯伏尔加格勒市　斯洛文尼亚卢布尔雅那市<br>印度班加罗尔市　　　印度尼西亚棉兰市 |
| 6 | 郑州 | 11 | 6 | 俄罗斯萨马拉市　　　白俄罗斯莫吉廖夫市<br>保加利亚舒门市　　　罗马尼亚克卢日·纳波卡市<br>纳米比亚马林塔尔市　约旦伊尔比德市 |
| 7 | 武汉 | 21 | 6 | 俄罗斯萨拉托夫市　　罗马尼亚加拉茨市<br>土耳其伊兹密尔市　　乌克兰基辅市<br>匈牙利杰尔市　　　　以色列阿什杜德市 |
| 8 | 南昌 | 12 | 1 | 马其顿斯科普里市 |
| 9 | 长沙 | 11 | 0 | — |
| 10 | 合肥 | 10 | 0 | — |

资料来源：中国国际友好城市联合会官方网站，最后访问日期：2015年7月1日。

### 3. "一带一路"倡议将有助于释放城市潜在的对外交往活力

"一带一路"倡议实施的重点是"政策沟通、设施联通、贸易畅通、资金融通、民心相通"，涉及外交、经贸、金融、基建、交通、人文、环境等方方面面，鼓励"开展城市交流合作，欢迎沿线国家重要城市之间互结友好城市，以人文交流为重点，突出务实合作，形成更多鲜活的合作范例。"[①] 城市，作为丝绸之路上的珍珠，通过城市外交串接起来，经济和文化交流互动，交相辉映。同时，通过释放城市潜在的对外交往活力，发挥各城市比较优势，联通边界的区位优势，搭建互联互

---

① 新华社，《推动共建丝绸之路经济带和21世纪海上丝绸之路的愿景与行动》，新华网，http://news.xinhuanet.com/2015-03/28/c_1114793986.htm，最后访问日期：2015年8月9日。

通走廊和对外开放窗口,"以点带面""由线到片"并逐步形成区域大合作格局。

2015年10月29日,《中国共产党第十八届中央委员会第五次全体会议公报》明确提出:"完善对外开放战略布局,推进双向开放,支持沿海地区全面参与全球经济合作和竞争,培育有全球影响力的先进制造基地和经济区,提高边境经济合作区、跨境经济合作区发展水平。"①

综上所述,城市外交,从国家总体外交的补充发展为国家总体外交的重要途径;从城市自主开展对外交往的辅助地位,上升为从属于国家总体外交战略规划顶层设计的"排头兵"和"主力军"地位。城市外交进入宽领域、深层次、高水平、全方位的发展阶段。

## 四 中国城市对外交往特点

中国人民对外友好协会会长李小林指出:"政府牵头、民间推动、媒体搭台、文化唱戏、着眼民众、兼顾精英已经成为中国城市外交的鲜明特色。"② 中国城市对外交往40年的发展历史,具体表现为如下特点:

### (一) 友好城市结好的"五缘"特色

中国城市对外结好具有"五缘"特色,即地缘、俗缘、情缘、语缘、机缘。

地缘:地理位置相近、地缘毗邻、沟通便利,成为建立友好城市的天然优势。山东省与韩国京畿道,交往历史悠久;在新时期的合作中,实现了资源整合、跨海对接的"友好城市联合体"。

俗缘:一衣带水,风俗相近,你中有我、我中有你,城市结好具有深厚的文化纽带基础。河口瑶族自治县,位于云南省东南端的边境小城,与对面越南老街省的老街市隔河相望。特殊的地缘与俗缘使中越边境这两座城市出现了"两国一城"的奇观。

情缘:国之交在于民相亲,人民之间播撒的友谊种子,在日后城市结

---

① 新华社:《中国共产党第十八届中央委员会第五次全体会议公报》,新华网,http://news.xinhuanet.com/politics/2015 – 10/29/c_1116983078.htm,最后访问日期:2015年10月29日。
② 李小林:《论城市外交的重要特征和抓手》,《广州外事》2013年增刊,第16页。

好中成为情缘线索，永续长存。湖南芷江县与美国松鹤市都有着深厚的"飞虎情缘"。70多年前，美国的"飞虎队"，入驻湖南芷江，与中国人民结下了超越生死的跨国情缘。70年后，两个远隔重洋的中美小镇，因为"飞虎情缘"，结为友好城市。

语缘：同样的语言、同样的文化、同样的根脉，使城市间的交往具有天然亲近与可持续发展的条件。哈萨克斯坦江布尔州的东干人，100多年前从中国陕西迁徙到中亚的回族义军后代，两地千里相隔，从最初组团探亲，发展到经济互动、文化交流、高层互访，"语缘""俗缘"牵手两地，共同谱写丝路新篇章。

机缘：一次偶然的合作，国际友人的牵线搭桥，重要历史时刻的因缘际会，种种"机缘"开启友好城市交往的大门。山西省晋城市与南非卡卡杜市，因为一项创新技术而结缘。尽管相隔遥远，气候悬殊，人文迥异，"机缘"将两个城市连接起来。

## （二）城市对外交往呈"梯度"特征

在中国实行对外开放战略的过程中，城市对外交往格局逐步呈现出"梯度"特征，即从沿海地区开始，逐步向沿江、沿边拓展，到以西部大开发战略扩展中西部地区，直到统筹区域协调发展的共同发展模式。

沿海、沿江、沿边城市充分发挥"窗口"作用，并利用得天独厚的地缘和开放政策优势，表现出合作领域宽广、方式内容多样、制度化程度高等特点。

沿海地区是中国开放较早的区域，国际交往活动最多，国际往来也最为频繁，尤其重视国际经济往来。改革开放后，广东省的深圳、珠海、汕头和福建省的厦门市相继设立经济特区；随后，中共中央和国务院进一步开放天津、上海、大连、秦皇岛、烟台、青岛、连云港、南通、宁波、温州、福州、广州、湛江和北海14个沿海港口城市。中国改革开放逐渐形成经济特区—沿海开放城市—沿海经济开发区—内地这样一个逐步推进的开放格局。

中国第一批沿海对外开放城市历年缔结国际友好城市统计表（见表3-2）显示，改革开放30多年来，中国城市对外交往紧紧围绕发展经济这个中心任务，积极开拓发展空间，与发达国家城市广泛结好。

表 3-2　中国第一批沿海对外开放城市历年缔结国际友好城市统计

单位：对，%

| 开放时间 | 中国城市 | 首对友好城市结好时间 | 1973~1978年 发达国家 | 1973~1978年 发展中国家 | 1973~1978年 比例 | 1979~1984年 发达国家 | 1979~1984年 发展中国家 | 1979~1984年 比例 | 1985~1990年 发达国家 | 1985~1990年 发展中国家 | 1985~1990年 比例 | 1991~2013年 发达国家 | 1991~2013年 发展中国家 | 1991~2013年 比例 | 2013年以后 发达国家 | 2013年以后 发展中国家 | 2013年以后 比例 |
|---|---|---|---|---|---|---|---|---|---|---|---|---|---|---|---|---|---|
| 1979年7月 | 深圳 | 1986年4月2日 | 0 | 0 | — | 0 | 0 | — | 1 | 0 | 100.0 | 8 | 5 | 61.5 | 0 | 2 | 0.0 |
| | 珠海 | 1987年7月8日 | 0 | 0 | — | 0 | 0 | — | 1 | 0 | 100.0 | 7 | 2 | 77.8 | 1 | 0 | 100.0 |
| | 汕头 | 1990年6月2日 | 0 | 0 | — | 0 | 0 | — | 1 | 0 | 100.0 | 1 | 1 | 50.0 | 0 | 0 | — |
| | 厦门 | 1983年3月31日 | 0 | 0 | — | 2 | 1 | 66.7 | 2 | 0 | 100.0 | 8 | 4 | 66.7 | 1 | 0 | 100.0 |
| | 天津 | 1973年6月24日 | 1 | 0 | 100 | 4 | 1 | 80.0 | 3 | 1 | 75.0 | 6 | 9 | 40.0 | 2 | 0 | 100.0 |
| | 上海 | 1973年11月30日 | 2 | 0 | 100 | 7 | 4 | 63.6 | 8 | 3 | 72.7 | 17 | 20 | 45.9 | 0 | 1 | 0.0 |
| | 大连 | 1979年5月1日 | 0 | 0 | — | 3 | 0 | 100.0 | 5 | 0 | 100.0 | 0 | 0 | — | 0 | 0 | — |
| | 秦皇岛 | 1981年5月7日 | 0 | 0 | — | 1 | 0 | 100.0 | 2 | 0 | 100.0 | 1 | 0 | 100.0 | 0 | 0 | — |
| | 烟台 | 1985年7月25日 | 0 | 0 | — | 0 | 0 | — | 3 | 0 | 100.0 | 4 | 1 | 80.0 | 0 | 0 | — |
| | 青岛 | 1979年10月3日 | 0 | 0 | — | 0 | 0 | — | 1 | 1 | 50.0 | 10 | 8 | 55.6 | 1 | 1 | 50.0 |
| 1984年5月 | 连云港 | 1983年12月3日 | 0 | 0 | — | 0 | 0 | — | 2 | 0 | 100.0 | 5 | 1 | 83.3 | 1 | 0 | 100.0 |
| | 南通 | 1987年4月10日 | 0 | 0 | — | 1 | 0 | 100.0 | 3 | 0 | 100.0 | 7 | 6 | 53.8 | 1 | 0 | 100.0 |
| | 宁波 | 1983年4月21日 | 0 | 0 | — | 1 | 0 | 100.0 | 0 | 0 | — | 4 | 3 | 57.1 | 0 | 0 | — |
| | 温州 | 1984年10月23日 | 0 | 0 | — | 1 | 0 | 100.0 | 0 | 0 | — | 5 | 1 | 83.3 | 0 | 0 | — |
| | 福州 | 1980年10月20日 | 0 | 0 | — | 2 | 0 | 100.0 | 0 | 0 | — | 3 | 4 | 42.9 | 1 | 0 | 100.0 |
| | 广州 | 1979年5月2日 | 1 | 0 | 100 | 3 | 0 | 100.0 | 6 | 0 | 100.0 | 8 | 13 | 38.1 | 0 | 4 | 0.0 |
| | 湛江 | 2004年8月25日 | 0 | 0 | — | 0 | 0 | — | 0 | 0 | — | 3 | 2 | 60.0 | 0 | 0 | — |
| | 北海 | 1987年3月6日 | 0 | 0 | — | 0 | 0 | — | 1 | 0 | 100.0 | 5 | 5 | 50.0 | 0 | 0 | — |

数据来源：中国国际友好城市联合会官方网站，最后访问日期：2015年7月1日。

进入20世纪90年代,"以上海浦东开发开放为龙头,进一步开放长江沿岸城市"[1],中国城市对外开放形成沿海—沿江—沿边开放发展格局。江苏、山东、广东3省,友好城市数量均超过150个(见表3-3)。另外,在友好城市数量排名前10的省份中(江苏、山东、广东、浙江、河南、广西、湖北、安徽、黑龙江、辽宁),除河南外,全部为沿海、沿江、沿边区域城市。

表3-3 中国各省、自治区、直辖市友好城市数量分布

单位:个

| 友好城市数≥150 | | 友好城市数50~99 | | 友好城市数0~49 | |
| --- | --- | --- | --- | --- | --- |
| 省 份 | 友好城市数 | 省 份 | 友好城市数 | 省 份 | 友好城市数 |
| 江 苏 | 278 | 浙 江 | 99 | 宁 夏 | 48 |
| 山 东 | 173 | 河 南 | 94 | 甘 肃 | 47 |
| 广 东 | 156 | 广 西 | 89 | 海 南 | 46 |
| | | 湖 北 | 84 | 山 西 | 40 |
| | | 辽 宁 | 81 | 内蒙古 | 36 |
| | | 黑龙江 | 81 | 重 庆 | 35 |
| | | 安 徽 | 81 | 新 疆 | 28 |
| | | 福 建 | 78 | 天 津 | 27 |
| | | 上 海 | 73 | 青 海 | 14 |
| | | 陕 西 | 72 | 贵 州 | 10 |
| | | 江 西 | 69 | 西 藏 | 7 |
| | | 湖 南 | 65 | | |
| | | 四 川 | 65 | | |
| | | 北 京 | 64 | | |
| | | 河 北 | 60 | | |
| | | 云 南 | 59 | | |
| | | 吉 林 | 50 | | |

数据来源:中国国际友好城市联合会官方网站,最后访问日期:2015年7月1日。

在中国城市对外交往布局中,北京和上海正在迈向世界城市等级行列[2]。作为在全球经济、政治、文化等领域具有重要国际影响力的全球城市体系节点中心,北京和上海均是相当数量重要国际组织和跨国公司总部

---

[1] 《加快改革开放和现代化建设步伐 夺取有中国特色社会主义事业的更大胜利——中国共产党第十四次全国代表大会报告》,中国共产党新闻网,http://cpc.people.com.cn/GB/64162/64168/64567/65446/4526311.html,最后访问日期:2015年9月10日。
[2] 美国经济学家约翰·弗雷德曼提出7项衡量世界城市的标准,即主要的金融中心、跨国公司总部所在地、国际性机构的集中地、第三产业的高度增长、主要制造业中心、重要的世界交通枢纽以及达到一定标准的城市人口。参见高尚涛等《国际关系中的城市行为体》,世界知识出版社,2010,第143页。

所在地。2008年,北京成功举办奥运会;2010年,上海成功举办"中国2010年上海世界博览会"(EXPO 2010);上海合作组织开发银行、金砖国家开发银行、中国(上海)自由贸易试验区、中国发起成立的亚洲基础设施投资银行纷纷落户北京和上海,不但使城市基础设施和服务标准与国际接轨,促进城市经济和第三产业的发展、人文环境的改善、世界城市形象的提升和高端资源的整合,①而且还大大提高了北京、上海的国际影响力。北京和上海一系列城市外交实践表明,城市外交极大地促进了城市的发展和国家外交目标的实现,为中国城市国际化战略和立体化布局开辟了广阔的空间。

中西部地区由于地理区位、国家开放战略布局、资源禀赋等原因,友好城市发展呈现地缘优势明显、人文特色鲜明、交往范围逐步扩大等特点,特别是西部大开发、振兴东北老工业基地、促进中部崛起、"一带一路"倡议等,都对各地区充分发挥比较优势、实行更加积极主动的开放战略、加强东中西互动合作、全面提升开放型经济水平等方面起到重要的促进作用。

### (三) 城市对外交往集中于发达国家

发达国家的城市是过去40多年来中国城市对外结好选择的主要对象。中国城市与发达国家城市结好,旨在学习借鉴发达国家城市建设、经济发展的先进经验,以促进自身城市发展为主要目的。

表3-4 与中国结好前10位的国家

单位:对

| 国 别 | 友好城市数 | 首对结好时间 | 国 别 | 友好城市数 | 首对结好时间 |
| --- | --- | --- | --- | --- | --- |
| 日 本 | 249 | 1973年6月24日 | 德 国 | 82 | 1982年10月8日 |
| 美 国 | 244 | 1979年10月31日 | 意大利 | 64 | 1979年6月25日 |
| 韩 国 | 169 | 1993年7月1日 | 巴 西 | 54 | 1986年6月7日 |
| 俄罗斯 | 115 | 1988年12月15日 | 加拿大 | 52 | 1980年10月20日 |
| 澳大利亚 | 95 | 1979年9月1日 | | | |
| 法 国 | 87 | 1981年6月22日 | 总 计 | 1211 | |

数据来源:中国国际友好城市联合会网站,http://www.cifca.org.cn/Web/YouChengTongJi.aspx,最后访问日期:2015年7月3日。

---

① 以上关于亚投行落户北京对北京发展的影响的阐述参见李培广、李中洲、贾文杰《国际组织落户纽约对北京城市发展的启发》,《中国市场》2012年第33期,第78~83页。

如表 3-4 所示，以 2015 年 7 月 1 日截止数据为例，与中国结好城市数量最多的前 10 位国家分别是日本、美国、韩国、俄罗斯、澳大利亚、法国、德国、意大利、巴西、加拿大。除俄罗斯与巴西外，其余 8 个均为发达国家。由表 3-5 可知，在全世界 35 个发达国家（根据国际货币基金组织定义）中，中国共与其缔结友好城市 1366 对，占中国全部友好城市总数的 62.09%。

表 3-5 中国与发达经济体国家城市结好情况统计

单位：对，%

| 国 别 | 友好城市数 | 占总数比例 | 最早结好时间 |
| --- | --- | --- | --- |
| 日 本 | 249 | 11.32 | 1973 年 6 月 24 日 |
| 美 国 | 244 | 11.09 | 1979 年 10 月 31 日 |
| 韩 国 | 169 | 7.68 | 1993 年 7 月 1 日 |
| 澳 大 利 亚 | 95 | 4.32 | 1979 年 9 月 1 日 |
| 法 国 | 87 | 3.95 | 1981 年 6 月 22 日 |
| 德 国 | 82 | 3.73 | 1982 年 10 月 8 日 |
| 意 大 利 | 64 | 2.91 | 1979 年 6 月 25 日 |
| 加 拿 大 | 52 | 2.36 | 1980 年 10 月 20 日 |
| 英 国 | 51 | 2.32 | 1983 年 3 月 31 日 |
| 新 西 兰 | 32 | 1.45 | 1981 年 3 月 4 日 |
| 瑞 典 | 29 | 1.32 | 1987 年 9 月 18 日 |
| 比 利 时 | 26 | 1.18 | 1984 年 5 月 17 日 |
| 荷 兰 | 26 | 1.18 | 1979 年 11 月 23 日 |
| 西 班 牙 | 24 | 1.09 | 1985 年 9 月 16 日 |
| 芬 兰 | 22 | 1.00 | 1990 年 10 月 22 日 |
| 以 色 列 | 19 | 0.86 | 1993 年 6 月 21 日 |
| 奥 地 利 | 17 | 0.77 | 1983 年 7 月 5 日 |
| 希 腊 | 15 | 0.68 | 1985 年 6 月 24 日 |
| 丹 麦 | 14 | 0.64 | 1984 年 5 月 20 日 |
| 瑞 士 | 14 | 0.64 | 1982 年 2 月 17 日 |
| 挪 威 | 5 | 0.23 | 1999 年 6 月 10 日 |
| 葡 萄 牙 | 5 | 0.23 | 1993 年 9 月 14 日 |
| 爱 尔 兰 | 4 | 0.18 | 2005 年 5 月 19 日 |
| 冰 岛 | 3 | 0.14 | 1994 年 10 月 9 日 |
| 捷 克 共 和 国 | 3 | 0.14 | 2010 年 7 月 19 日 |
| 立 陶 宛 | 3 | 0.14 | 2001 年 3 月 11 日 |
| 斯 洛 伐 克 | 3 | 0.14 | 1992 年 11 月 23 日 |
| 斯 洛 文 尼 亚 | 3 | 0.14 | 1981 年 10 月 26 日 |
| 拉 脱 维 亚 | 2 | 0.09 | 1997 年 9 月 22 日 |

续表

| 国　　别 | 友好城市数 | 占总数比例 | 最早结好时间 |
| --- | --- | --- | --- |
| 马 耳 他 | 1 | 0.05 | 2001年11月9日 |
| 塞浦路斯 | 1 | 0.05 | 1992年9月23日 |
| 圣马力诺 | 1 | 0.05 | 1999年7月31日 |
| 新 加 坡 | 1 | 0.05 | 1994年4月10日 |
| 爱沙尼亚 | 0 | 0.00 | — |
| 卢 森 堡 | 0 | 0.00 | — |
| 合　　计 | 1366 | 62.09 | |
| 我国友好城市总数 | 2209 | — | — |

注：本文对发达经济体定义来自国际货币基金组织定义，全世界共35个发达经济体国家和地区《世界经济展望——不均衡的增长——短期和长期因素》（华盛顿，2015年4月）。

数据来源：中国国际友好城市联合会官方网站，最后访问日期：2015年7月1日。

过去40年里，中国友好城市结好对象多选发达国家，一方面是因为中国城市建设发展的迫切需要，另一方面是发达国家拥有开展友好城市的历史传统，结好程序成熟、机制更为完善，有利于友好城市结好前后各项工作的顺利开展。比如在35个发达国家中，有27个欧洲国家。欧洲是友好城市的发源地，也是世界上城市外交最为蓬勃发展的地区。中国与欧洲目前共拥有776对友好城市，中国31个省、自治区、直辖市（不包括台湾地区及港、澳特别行政区）均在欧洲有友好城市。又如，中日城市结好历史悠久，友好城市在中日关系中一直发挥着重要的作用，日本是与中国城市结好最多的国家，共有友好城市249对。

### （四）城市在区域与次区域合作中积极活跃[①]

区域（经济）合作的主体是地区内国家，当交往合作发展到一定阶段时，就会出现区域经济一体化合作的需求趋势。地区经济一体化的概念可以表述为：一组国家（包括某些特定地区）在平等互利基础上联合起来，通过制定机制化的条约和法规，建立相应执行机构，使资源在这一组国家得到优化配置。[②] 而"次区域"则是与"区域"相对的地缘政治概念，中国

---

[①] 转引自苏长和《中国地方政府与次区域合作：动力、行为及机制》，《世界经济与政治》2010年第5期。

[②] 沈骥如：《地区经济合作：理论、现状和我国对策——兼论中国-东盟自由贸易区》，《国家行政学院学报》2002年第4期，第81页。

学者夏禹龙认为,"次区域经济合作系指在一个大的地区内(如亚太地区、欧洲、非洲等)一些地理上邻近的国家的部分地区所进行的多边经济圈"。[①]

城市参与国际合作是全球化时代国际关系以及中国对外关系中出现的一个新现象,尤其在东亚甚至广泛的亚洲区域合作过程中,中国地方省份城市发挥了积极作用。中国是世界上拥有邻国最多的国家,周边国家多达29个(其中陆地接壤邻国有14个)。另外,中国有15个沿海省(自治区、直辖市、特别行政区)、9个沿边省(自治区)与一个或多个国家地理上接壤。地理上的独特性和丰富性赋予中国城市参与周边国际合作以天然优势条件。

表3-6 中国不同区域合作的友好城市统计

单位：对，%

| 中国 | | 外国 | 该区域友好城市数 | 中国在该区域友好城市总数 | 比例 |
|---|---|---|---|---|---|
| 西南省份 | 云南 | 东南亚、南亚 | 25 | 59 | 42 |
| | 广西 | 东南亚、南亚 | 42 | 89 | 47 |
| | 四川 | 东南亚、南亚 | 5 | 65 | 8 |
| 西北省份 | 新疆 | 上海合作组织成员国 | 21 | 28 | 75 |
| 东北省份 | 黑龙江 | 东北亚国家 | 32 | 81 | 40 |
| | 吉林 | 东北亚国家 | 24 | 50 | 48 |
| | 辽宁 | 东北亚国家 | 40 | 81 | 49 |

说明：东南亚、南亚国家包括：东南亚11国——越南、老挝、柬埔寨、泰国、缅甸、马来西亚、新加坡、印度尼西亚、文莱、菲律宾、东帝汶；南亚7国——尼泊尔、不丹、印度、巴基斯坦、孟加拉国、斯里兰卡、马尔代夫。上合组织成员国包括：中国、哈萨克斯坦、吉尔吉斯斯坦、俄罗斯、塔吉克斯坦和乌兹别克斯坦,观察员国家有蒙古、伊朗、巴基斯坦和印度,对话伙伴国有白俄罗斯和斯里兰卡；东北亚国家：俄罗斯、朝鲜、韩国、蒙古。

数据来源：中国国际友好城市联合会官方网站,最后访问日期：2015年7月1日。

中国共产党第十八次全国代表大会报告提出,"创新开放模式,促进沿海内陆沿边开放优势互补,形成引领国际经济合作和竞争的开放区域,培育带动区域发展的开放高地。"[②] 因此,沿海、沿边对外开放及其参与的

---

[①] 夏禹龙、周建明等主编《亚太地区经济合作与中国亚太经济战略》,上海人民出版社,2006。

[②] 《(授权发布)坚定不移沿着中国特色社会主义道路前进 为全面建成小康社会而奋斗——在中国共产党第十八次全国代表大会上的报告》,新华网, http://news.xinhuanet.com/18cpcnc/2012-11/17/c_113711665_5.htm,最后访问日期：2015年9月29日。

次区域合作是中国新周边外交和新区域战略的重要组成部分。①《中共中央关于制定国民经济和社会发展第十三个五年规划的建议》强调"要完善对外开放战略布局，推进双向开放，支持沿海地区全面参与全球经济合作和竞争，培育有全球影响力的先进制造基地和经济区，提高边境经济合作区、跨境经济合作区发展水平"。

2013年10月，新中国成立以来首次召开周边外交工作座谈会。习近平主席指出我国周边外交的基本方针，就是坚持与邻为善、以邻为伴，坚持睦邻、安邻、富邻，突出体现亲、诚、惠、容的理念。要坚持睦邻友好，守望相助；讲平等、重感情；常见面，多走动；多做得人心、暖人心的事，使周边国家对我们更友善、更亲近、更认同、更支持，增强亲和力、感召力、影响力。要诚心诚意对待周边国家，争取更多朋友和伙伴。要本着互惠互利的原则同周边国家开展合作，编织更加紧密的共同利益网络，把双方利益融合提升到更高水平，让周边国家得益于我国发展，使我国也从周边国家共同发展中获得裨益和助力。要倡导包容的思想，强调亚太之大容得下大家共同发展，以更加开放的胸襟和更加积极的态度促进地区合作。②

西南省份③：云南和广西是近年来中国地方省份参与次区域合作最为积极的区域，在中国西部大开发战略中，中国-东盟稳步提升合作关系，次区域合作凸显魅力。

早在1992年，在亚洲开发银行倡议下，大湄公河次区域六国举行首次部长级会议共同发起了大湄公河次区域经济合作（Great Mekong Sub-region Cooperation，GMS）机制，以加强各国间的经济联系，促进次区域的经济社会发展，实现共同繁荣。大湄公河次区域经济合作启动以来，云南省是中国唯一参加GMS合作的中国地方省份。从2005年开始，国务院正式批准广西作为中国第二个省区参与GMS经济合作。2006年，南宁举办首届"环北部湾经济合作论坛"。2008年6月，首届"大湄公河次区域经

---

① 关于中国新周边外交和新区域战略的论述，参见张蕴岭《中国与邻国的关系》，载王逸舟主编《中国对外关系转型30年》，社会科学文献出版社，2008，第34页。
② 《习近平在周边外交工作座谈会上发表重要讲话》，人民网，http://politics.people.com.cn/n/2013/1025/c1024-23332318.html，最后访问日期：2015年10月30日。
③ 这里主要分析广西和云南，省去四川，关于四川与南亚国家的合作，可参考杨文武《中国四川—南亚经贸合作研究》，巴蜀书社，2008。

济走廊论坛"在昆明举行，论坛发表了《昆明宣言》，旨在加强和实施大湄公河经济走廊发展战略。2009年7月，中共南宁市委第十届委员会七次全会宣布要将南宁建设成为"在中国和东盟开放合作中发挥重要作用、有较强区域竞争力和影响力的区域性国际都市"。

广西、云南与东盟国家日益深化的国际合作成为西南地区参与区域一体化进程的一个典范，具有四个特点：第一，来自国际层面和中央层面的相互呼应为广西和云南参与次区域合作提供了可能。2002年11月，《中国与东盟全面经济合作框架协议》的签署以及中国-东盟自由贸易区的启动将广西和云南推到对外开放合作的前沿。中央对西部大开发战略特别是泛北部湾经济合作区的批准体现了内外联动以及国内与国际大局统筹下对国际议程的恰当回应。第二，云南和广西的对外合作权力仍然属于政策性并获得中央"授权"，这些政策性授权通过次区域合作，特别是已有的次区域合作机制，云南、广西作为次国家参与主体的地位渐渐被制度化。2003年，时任国务院副总理曾培炎在"东盟-湄公河流域开发合作"第五次部长级会议讲话中明确肯定了云南作为"中国参与东盟-湄公河流域开发主体"的地位。① 云南和广西作为次国家主体在次区域合作中的地位得到国际组织的认可。第三，合作机制内容丰富，既有国家层面，也有地方层面，通过不同层面，广西和云南从外部和中央均获得更多的发展资源（包括外事资源）。泛北部湾经济合作作为中国-东盟自由贸易区框架下新的次区域合作，不仅具有促进区域互利合作，推动中国-东盟自由贸易区建设的经济意义，而且对于培植中国-东盟"海上合作共同体"意识，加强中国与海上东盟六国经济、政治、安全、社会、文化的全面合作，拓展和深化中国-东盟面向和平与繁荣的战略伙伴关系，具有重大而又深远的意义。② 第四，广西和云南不仅是次区域合作的参与者，同时还扮演着某种意义上的议程倡议者和推动者。实际上，以云南为例，云南参与次区域合作的主体地位得到国际组织、中央政府和地方政府的三重认可，这使得云南拥有中国参与大湄公河次区域经济合作机制的半决策

---

① 贺圣达：《大湄公河次区域合作：复杂的合作机制和中国的参与》，载柴瑜、陆建人、杨先明主编《大湄公河次区域经济合作研究》，社会科学文献出版社，2007，第17页，注释①。
② 李世泽：《泛北部湾经济合作的模式特点和战略价值》，《广西民族研究》2007年第2期，第192页。

主体地位。①

西北省份②：新疆是中国面积最大、边界线最长、交界国最多的一个省区，与8个国家接壤，有5600公里的边界线，交通方面是中国通向中亚、西亚以及南亚的主要陆路通道，现有17个国家一类口岸和12个国家二类口岸；能源储备方面，以油气当量合并计算，2007年新疆排在全国第一位。③ 另外，上海合作组织的成立以及国家西部大开发战略使得新疆在推进中西亚区域经济合作中的地位凸显。按照中国学者庞中英的看法，"将中国的西部开发、开放与上海合作组织联系在一起是篇大战略的文章"④。

新疆参与中亚区域合作的机制主要有三个，即上海合作组织经济合作机制、中亚区域经济合作机制以及中俄哈蒙阿尔泰区域经济合作机制，这些机制有的是国家层面的，有的是地方层面的。

中亚区域经济合作由亚洲开发银行于1996年发起，并于2002年建立了正式合作框架，确定的四大重点合作领域分别为交通、能源、贸易便利化和贸易政策。中国参与中亚区域经济合作的国内工作由财政部与国家发展和改革委员会牵头，交通部、商务部、海关总署等国家部委以及新疆维吾尔自治区政府共同参与。经国务院批准，中国于2006年10月在乌鲁木齐主办"中亚区域经济合作第五次部长会议"。来自中国、阿富汗、阿塞拜疆、哈萨克斯坦、吉尔吉斯斯坦、蒙古、塔吉克斯坦、乌兹别克斯坦八国的政府代表和亚洲开发银行、世界银行、国际货币基金组织、联合国开发计划署、欧洲复兴开发银行和伊斯兰开发银行六个国际组织的代表出席了会议。与会部长分别代表各自国家政府发表了《乌鲁木齐宣言》，通过了促进和推动各项区域合作的倡议。

"阿尔泰区域"是指环阿尔泰山系区域，包括中国新疆的阿勒泰地区、俄罗斯的阿尔泰边疆区及阿尔泰共和国、哈萨克斯坦的东哈萨克斯坦州、蒙古的巴彦乌列盖省及科布多省（简称"四国六方"）。2000年7月，在"中、俄、哈、蒙阿尔泰区域科技合作与经济发展国际研讨会"上，"四国

---

① 陈迪宇：《云南与"大湄公河次区域经济合作机制"》，《国际观察》2008年第6期，第18～19页。比如，大湄公河次区域经济合作（GMS）年度部长级会议中方代表团就由中央和云南代表分别担任正副团长。
② 这里选取新疆作为案例，不含其他西北省份。
③ 材料整理自《新疆打造国际能源枢纽》，《中国工业报》2008年5月29日。
④ 庞中英：《中国与亚洲——观察·研究·评论》，上海社会科学院出版社，2004，第78页。

六方"代表签署了《阿尔泰区域合作倡议》。2003年4月,中、俄、哈、蒙阿尔泰区域合作国际协调委员会正式成立,从而建立起"四国六方"合作的机制,新疆是该机制的重要参与主体。该机制旨在探索新的合作方式,扩大合作领域,突出区域的共同利益和发挥各自的优势,在最大程度上促进区域的经济繁荣、社会进步和可持续发展。

与中国内地其他省份参与国际合作一样,新疆按照国家总体外交战略,积极参与区域和次区域合作。例如,1992年,国务院同意新疆扩大对外开放的设想中,中央授权新疆扩大地边贸易经营权,下放外资项目审批权,开放伊宁、博乐、塔城三市和赋予乌鲁木齐以沿海开放城市政策等八条优惠政策。[1] 在新近的区域合作中,新疆与周边国家就区域贸易便利化、经济合作机制化问题进行磋商与谈判。与广西和云南以及沿海省份不同,新疆面临三股势力(恐怖主义、分裂主义、极端主义)带来的地方层面的社会稳定和国家层面的安全压力,这对开展区域经济合作造成一定的消极影响。因此,如何通过友好城市交往,促进经济合作和人文交流、消除或降低边界地带三股势力带来的安全压力,有效促进安邻、友邻、睦邻则是该区域合作需要认真研究探讨的问题。

东北省份[2]:截至2008年,中国东北三省及内蒙古东部地区,总共有46个对俄罗斯、朝鲜、蒙古的开放口岸。[3] 在东北省份参与的多边次区域合作机制中,以图们江次区域开发最为典型,是中国参与东北亚区域合作的重要平台。

1992年,联合国开发计划署(The United Nations Development Programme, UNDP)倡导图们江次区域开发,提出用20年时间,筹资300亿美元,在中、朝、俄三国毗邻的三角洲地区,兴建一个多国经济技术合作开发区。为落实联合国开发计划署的开发计划,有关各国随即做出积极的回应。1992年3月,中国政府批准珲春市为边境开放城市。1995年12月,中、俄、朝、韩、蒙五国在联合国总部正式签署了《关于建立图们江经济开发区及东北亚开发协调委员会的协定》《图们江地区经济开发区及东北亚环境谅解备忘录》,中、俄、朝三国签署了《关于建立图们江地区开发协调

---

[1] 高新才、高宏霞编《西北区域经济发展蓝皮书:新疆卷》,人民出版社,2008,第391页。
[2] 这里的东北省份既包括传统的东北三省,也包括内蒙古东部地区。
[3] 数据整理自李玉潭主编《中国东北对外开放》,吉林大学出版社,2008,第183~194页。

委员会的协定》,这两个协定和一个备忘录的正式签署标志着图们江地区国际合作开发进入一个全新阶段。从中国国内发展战略来看,2003年,中共中央、国务院下发《关于实施东北地区等老工业基地振兴战略的若干意见》,加速了东北对外开放步伐;2009年,《中国图们江区域合作开发规划纲要——以长吉图为开发开放先导区》(下称《规划纲要》)获国务院批复,形成对图们江次区域合作的有力呼应。[1]

就地方参与次区域合作来说,《规划纲要》有这样几个值得注意的地方[2]:第一,吉林成为图们江开发的主体省份,规划同时将辽宁、黑龙江和内蒙古自治区纳入开发计划。在区域国际合作中,"中国图们江地区开发项目协调小组[3]要进一步发挥指导和协调作用,搞好省部区际关系协调,代表中国政府参与大图们江区域合作开发机制等有关工作,注重研究新情况,提出重要建议,重大问题及时向国务院报告"。第二,建立一些新合作机制。《规划纲要》提道:"在现有的大图们江倡议合作机制基础上,定期举办东北亚经济合作论坛、图们江区域城市论坛等专业性研讨活动,搭建互信互动的信息交流和人员往来平台。"第三,适度地给予地方参与国际合作更大的权限。《规划纲要》指出:"按照国家有关规定,合理扩大区域内县级及以上政府的投资和贸易管理权限……适度扩大我地方政府参与图们江区域合作开发的权限。"第四,《规划纲要》志不在"小区域""次区域"合作,而是在如何使"小区域""次区域"合作成功地转化为东北亚大区域合作的平台。图们江区域合作开发是中国整个对外开放格局中的重要组成部分,对于促进东北亚的经济技术合作具有十分重要的战略意义,也将成为中国建立和谐东北亚乃至和谐世界的重要战略支点之一,这是《规划纲要》真正的战略性意义所在。

与西北省份参与次区域合作类似的是,东北省份参与次区域合作的深度在一定程度上受到东北亚安全环境的影响,民族问题是不可忽略的因

---

[1] 此《规划纲要》是继1992年和1999年之后的第三个开发规划。
[2] 《规划纲要》全文见《中国图们江区域合作开发规划纲要(全文)》,中国在线网(《中国日报》),http://www.chinadaily.com.cn/zgzx/2009-11/17/content_8984985.htm,最后访问日期:2015年7月1日。以下引用不做另外标注。
[3] 中国图们江地区开发项目协调小组是经国务院批准设立的部际协调机制,其办公室设在国家发展和改革委员会地区经济发展司。吉林省人民政府也设有本省图们江地区开发领导小组。吉林省、内蒙古自治区的代表参加了2008年3月由国家发展和改革委员会在北京召开的中国图们江地区开发项目协调小组会议。

素。然而通过次区域城市的经济合作和人文交流，减少疑惧与不信任，对睦邻友好、合作共赢具有重要意义。

综上所述，积极推动城市在区域和次区域的合作，特别是建立友好城市，无疑对促进经济合作，增强人文交流，稳定邻国关系具有积极促进作用。

### （五）由"一对一"发展为"一对多""多对多"的国际友好城市模式

"一对一"友好城市主要指一个城市对一个城市以双边结对方式开展合作关系。在中国，友好城市是指省、自治区、直辖市及所辖城市与外国省（州、县、大区、道等）、城市之间建立的联谊与合作关系，旨在促进城市之间的了解和友谊，配合国家总体外交战略，开展双方在经济、科技、文化等方面的交流合作，推动社会繁荣与进步，维护世界和平。[①] 2009年，时任中国国家副主席习近平在世界城市和地方政府联合组织世界理事会会议上指出，"中国政府高度重视和积极支持国际友好城市活动。这一活动已成为中国同有关国家发展和巩固双边关系的重要组成部分，在促进中国同各国交流合作、增进中国人民同各国人民相互了解和友谊方面发挥了不可替代的重要作用"。

自1973年6月中国天津与日本神户缔结中国第一对友好城市以来，中国国际友好城市结好数量稳步递增，并总体呈上升趋势。

相比较"一对一"传统的友好城市结好形式，"一对多"则突破了"一对一"模式，指一个城市可与同一国家的多个城市结好开展交流合作。自中国开展友好城市活动以来，"一对多"友好城市模式逐步被很多城市采用，如上海市分别在1973年和1974年与同属日本的横滨和大阪市建立了友好城市关系。1981年6月，苏州市与日本的池田市、金泽市同时建立了友好关系。

中国30个省、自治区、直辖市（不包括台湾省及港、澳特别行政区）和447个城市建立的2209对友好城市中，共有24个省、自治区、直辖市，61个城市拥有"一对多"模式友好城市327对，占总数的14.86%。在中

---

① 荆门市外事侨务局网站，《中国人民对外友好协会友好城市工作管理规定》，http://wqj.jingmen.gov.cn/yhwl/2012-09-13/76.html。

国拥有友好城市数量排名前 10 位的城市（分别是上海、北京、无锡、广州、哈尔滨、苏州、杭州、天津、常州和西安），全部采用"一对多"友好城市模式。"一对多"友好城市模式表现出如下特点。

第一，城市对外交往深度与广度均集中于发达国家，与友好城市总体发展趋势成正比。

在中国 327 对"一对多"国际友好城市中，分布在与世界 GDP 排名前 15 名的国家美国、日本、德国、英国、法国、巴西、意大利、印度、俄罗斯、加拿大、澳大利亚、韩国、西班牙、墨西哥中有 301 对，占到国际友好城市总数的 92.05%[①]（见表 3-7）。"一对多"国际友好城市基本集中在发达国家。另外，"一对多"友好城市模式与友好城市总体发展水平成正比，即拥有友好城市数量多的国家，"一对多"友好城市模式也多，如美国、日本、法国、俄罗斯、韩国。

表 3-7 "一对多"友好城市数量居前十位所在国家

单位：个

| 排名 | 国家 | 与我国结好"一对多"友好城市数 | 与我国结好城市总数 |
| --- | --- | --- | --- |
| 1 | 日本 | 92 | 249 |
| 2 | 美国 | 88 | 243 |
| 3 | 俄罗斯 | 38 | 115 |
| 4 | 韩国 | 26 | 160 |
| 5 | 法国 | 17 | 87 |
| 6 | 意大利 | 10 | 64 |
| 7 | 德国 | 6 | 82 |
| 8 | 巴西 | 6 | 54 |
| 9 | 澳大利亚 | 6 | 95 |
| 10 | 英国 | 4 | 51 |
| 10 | 加拿大 | 4 | 52 |
| 10 | 西班牙 | 4 | 24 |
| 总计 | | 301 | 1276 |

数据来源：中国国际友好城市联合会，最后访问日期：2015 年 7 月 1 日。

第二，区域经济合作和人文交流是建立"一对多"友好城市关系的重要驱动力。

---

[①] 根据世界银行 2014 年数据统计，因 GDP 排名第 2 为中国，故此处 GDP 前 15 位国家只列出 14 个。

中国共有 327 对"一对多"友好城市,除分布在 GDP 世界排名前 15 位的国家有 301 对外,其他 26 对"一对多"友好城市分布如表 3-8 所示。

表 3-8  26 对"一对多"国际友好城市国家

单位:对

| 国家名称 | 中国城市 | "一对多"友好城市数 |
| --- | --- | --- |
| 荷　　兰 | 陕西省 | 2 |
| 瑞　　典 | 广东省 | 2 |
| 比 利 时 | 成　都 | 2 |
| 哈萨克斯坦 | 克拉玛依 | 2 |
| 柬 埔 寨 | 广西壮族自治区、云南省 | 4 |
| 罗 马 尼 亚 | 宁夏回族自治区 | 2 |
| 蒙　　古 | 呼伦贝尔 | 2 |
| 缅　　甸 | 昆　明 | 2 |
| 南　　非 | 河南省 | 2 |
| 泰　　国 | 重　庆 | 2 |
| 突 尼 斯 | 宁夏回族自治区 | 2 |
| 匈 牙 利 | 河南省 | 2 |
| 总　　计 |  | 26 |

数据来源:中国国际友好城市联合会官方网站,最后访问日期:2015 年 6 月 20 日。

中国城市与这些国家城市建立"一对多"友好城市,"地缘"因素提供了天然的便利条件;文化相通的"俗缘"更是城市间建立牢固合作的纽带。比如呼伦贝尔和蒙古国的 2 对友好城市;广西、云南和柬埔寨 4 对友好城市;克拉玛依和哈萨克斯坦 2 个友好城市。

第三,"一对多"国际友好城市模式是其深度拓展合作的体现。

随着城市对外交往水平不断提升、范围不断扩大,为满足城市对外交往的需要,"一对多"模式得到越来越多地采用。如表 3-9 所示,中国国际友好城市数量排名前 10 位的城市在"一对多"模式方面,大国和周边国家依然是城市对外交往发展的重点和首选。

表 3-9  中国友好城市数量排名前 10 位城市拥有"一对多"
模式国际友好城市所在国家及数量

单位：个

| | 美国 | 日本 | 德国 | 英国 | 法国 | 巴西 |
|---|---|---|---|---|---|---|
| 上 海 | 2 | 3 | — | 2 | 2 | — |
| 北 京 | 2 | — | 2 | — | — | — |
| 无 锡 | 2 | 2 | — | — | — | — |
| 广 州 | — | 2 | — | 2 | — | — |
| 哈尔滨 | 2 | 2 | — | — | — | — |
| 苏 州 | — | 2 | — | — | — | — |
| 杭 州 | 2 | 3 | — | — | — | — |
| 天 津 | 3 | 3 | — | — | 3 | 2 |
| 常 州 | 2 | 2 | — | — | — | — |
| 西 安 | 2 | 3 | — | — | — | — |

| | 俄罗斯 | 加拿大 | 澳大利亚 | 韩国 | 西班牙 |
|---|---|---|---|---|---|
| 上 海 | — | 2 | — | — | — |
| 北 京 | — | — | 2 | — | 2 |
| 无 锡 | — | — | — | 2 | — |
| 广 州 | 2 | — | — | — | — |
| 哈尔滨 | 4 | — | — | — | — |
| 苏 州 | — | — | — | — | — |
| 杭 州 | — | — | — | 3 | — |
| 天 津 | — | — | — | — | — |
| 常 州 | — | — | — | 2 | — |
| 西 安 | — | — | — | — | — |

数据来源：中国国际友好城市联合会官方网站，最后访问日期：2015 年 6 月 20 日。

另外，在"一对一"和"一对多"友好城市模式的基础上，也出现了"多对多"形式，即城市参与区域性或全球性的城市国际组织，通过参与城市国际组织开展多边城市交流活动，拓展更大合作空间，提升城市国际化水平和增强国际话语权。这种"多对多"形式将在第四章专门论述。

## 五 中国未来城市对外交往趋势

### (一) 从注重"获得"向积极"给予"且互助共赢转型

过去40年里，中国城市对外交往呈现欧洲、亚洲、美洲、大洋洲、非洲依次递减态势。如表3-10所示，按照中国友好城市在各洲分布数量排列，依次为欧洲776个，占总数比例35%；亚洲713个，占总数比例32%；美洲455个，占总数比例21%；大洋洲141个，占总数比例6%；非洲124个，占总数比例6%。如果将目前全部国际友好城市按所在洲平均到每个国家，则在欧洲、亚洲、美洲、大洋洲发展相对均衡，与各国平均友好城市数量各占约四分之一，而与非洲国家的城市友好往来相对较少。

表3-10 中国在世界各区域国际友好城市分布情况

单位：个，%

| 所在洲 | 友好城市总数 | 该区域国家数 | 与各国平均结好城市数 | 占总数比例 |
| --- | --- | --- | --- | --- |
| 欧 洲 | 776 | 45 | 17 | 35 |
| 亚 洲 | 713 | 47 | 15 | 32 |
| 美 洲 | 455 | 54 | 8 | 21 |
| 大洋洲 | 141 | 10 | 14 | 6 |
| 非 洲 | 124 | 52 | 2 | 6 |
| 总 计 | 2209 | | | |

数据来源：中国国际友好城市联合会官方网站，最后访问日期：2015年7月1日。

但是，如果将国际友好城市所在区域进行细分，如表3-11所示，不难看出，国际友好城市分布并不均衡，非洲、中东、拉美、中东欧等区域的国际友好城市发展缓慢。

表 3-11 中国在非洲、中东、拉美、中东欧、中亚友好城市分布情况

单位：个

|  | 国家总数 | 与中国结好城市国家数 | 与中国结好城市数 |
| --- | --- | --- | --- |
| 非　洲 | 54 | 33 | 124 |
| 中　东 | 14 | 6 | 48 |
| 拉　美 | 34 | 17 | 159 |
| 中东欧 | 16 | 15 | 123 |
| 中　亚 | 5 | 5 | 31 |
| 总　计 | 123 | 76 | 485 |

数据来源：中国国际友好城市联合会官方网站，最后访问日期：2015 年 7 月 1 日。

在非洲，与中国结好的友好城市分布相对广泛，在非洲 2/3 国家的 124 个城市建立有国际友好城市关系，但结好总数偏少。

在中东地区，与中国结好的友好城市分布范围狭窄，在 14 个国家中仅与 6 个国家的城市与中国城市结好。

在拉美地区，虽然与中国结好的友好城市总数较高，但分布不广泛，还有一半的国家未与中国城市建立友好城市关系。

在中东欧地区，虽然与中国结好的友好城市分布广泛，但与整个欧洲情况比较，仍有发展空间。

在中亚，与中国结好的友好城市分布广泛，但总体数量偏少。

因此，未来发展方向将从注重"获得"向积极"给予"且互助共赢转型，加强与非洲、中东、拉美、中东欧、中亚等区域建立友好城市，优势互补，互助发展，共创繁荣。

## （二）"一带一路"倡议赋予沿线城市开放发展新机遇

"一带一路"《愿景与行动》明确城市将成为实现"政策沟通、设施联通、贸易畅通、资金融通、民心相通"的重要支点和抓手，因此，这为一批"一带一路"沿线城市提供了难得的发展机遇。

"经济与文化的联姻，是全球化时代的突出特征，也是'一带一路'丝路城市魅力的应有之义。"[①] 而经济、文化产业的合作恰恰是目前城市对

---

① 赵磊：《"一带一路"需要什么样的中国城市》，金融时报中文网，http：//www.ftchinese.com/story/001061967，最后访问日期：2015 年 11 月 5 日。

外交往最成熟、最活跃的领域。借友好城市平台，从经济、文化领域着力，整体带动城市发展。

实现经济跨越式发展应符合国际产业演进规律，第一，要不断提升转移层次，从劳动密集型产业向资本技术密集型产业、传统产业向新兴产业、制造业向服务业、低附加值产业向高附加值产业转移；第二，服务业成为产业转移的热点，旅游、金融、保险、咨询、管理和培训等专业服务是国际产业转移的重点领域。旅游和文化产业将发挥"杠杆作用"，找准突破口，起到以点带面的功效。例如，"海南岛屿观光政策论坛"，用"岛屿观光"做名片，以点带面，中、韩、日、印联合发起共创多边地方政府联络机制和区域型旅游合作组织，并逐步发展成为世界著名岛屿联合体，实现全球化的产业发展与共赢。由此，"一带一路"沿线城市可充分借助友好城市平台，提升城市对外开放水平，积极推动互助共赢。

### （三）开拓创新，整合资源，建立具有特色的"友好城市群"模式

友好城市的合作可以国家战略和区域合作为依托，通过开拓创新，全方位促进"友好城市群"的建立。借用城市外交的优势和特点，在作用于不同区域范围的主要核心城市周围，聚集不同类型、规模、特点的城市，形成与核心城市保持较密切联系的群体，即"城市群"[①]，不仅可以增强核心城市的影响力，同时也将增强核心城市对外围区域的辐射作用。探讨建立"一带一路友好城市群""新兴市场友好城市群""金砖国家友好城市群"等，充分整合资源，优势互补，抱团取暖，互助共赢。

中国国际友好城市至今已经走过40多年的发展历程，已经成为中国对外开放交往的重要平台，国家总体外交战略的重要组成部分，城市对外交往、推动城市国际化进程的重要力量。国际城市直接互动交往，通过友好城市，实现机制化、长效化、可持续的目标，对有效增进民众之间的信任度与亲和度、推动城市建设、夯实国家关系的社会基础、实现国家外交战略目标发挥着积极重要的作用。

---

① 姚士谋：《中国城市群》，中国科学技术大学出版社，2001，转引自胡序威《对城市化研究中某些城市与区域概念的探讨》，《城市规划》2003年第4期。

相比发达国家，中国国际友好城市工作开展的时间较短，友好城市数量和质量还有很大的提升空间。另外，尽管城市结好是城市对外交往的重要形式，但友好城市并非城市间开展互利合作的必然选择，缔结友好城市也并非适合所有城市对外交往最有效的方式。由于语言沟通不畅、机构变更频繁、地理距离遥远等因素，40多年间，也有一些友好城市建立后，没有开展实质性交流活动，友好城市关系也就没能给城市建设与人民交往带来切实效益，友好城市有名无实。因此，在未来国际友好城市工作中，如何将国际友好城市机制合理长效化，使友好城市平台的搭建切实起到促进发展、增进友谊、互助共赢的效果，将是未来城市开展对外交往活动需要认真探讨的问题。

当今世界，人类文明面临深刻转型，国际格局正在发生重大变化，以金砖国家为代表的一大批新兴力量集体性崛起，发展中国家在国际政治经济体系中发挥着越来越重要的作用。随着中国外交整体布局全面展开，全球伙伴关系网络基本成形，大力开展城市外交将成为中国特色大国外交的一个重要创新形式。从中国经济社会发展需求看，城市化是发展城市外交的内在动力，而全球化进程的加速和参与全球治理的需求又为中国实施城市外交提供了外在机遇。城市外交在服务国家总体外交战略下，对促进城市国际化和新型城镇化发展，利用政府和民间各种方式调动国内外资源，协调、整合城市发展的大数据，共享经验，分享知识，夯实国家关系发展的社会基础都将起到积极的重要作用。在实现"两个一百年"奋斗目标和实现中华民族伟大复兴"中国梦"的征途中，各城市积极开拓创新，开展城市外交，助力城市经济发展和社会进步，提升国家形象，向世界展示中国城市发展魅力，推广中国理念、中国经验、中国成就。

# 第四章 城市外交与城市国际组织

国际组织的概念有广义和狭义的区分。狭义的国际组织仅指国家参加的国际组织，而广义的国际组织除了指国家之间的组织外，还包括个人或社会团体所设立的国际组织。所以，人们一般认为国际组织包括国家、民间团体和个人所成立的一切国际团体及其机构。[1] 城市国际组织即是指由城市和地方政府以及相关的社会团体或机构为主要成员所组成的国际团体。

在城市国际组织的框架下，不同国家的城市跨越国界，交流、分享和学习城市治理经验，探讨城市参与全球治理的新方式和新途径。城市国际组织产生于20世纪上半叶，并在20世纪80年代后迅速发展，名目繁多，种类不一。

自1973年首对国际友好城市结好至今，中国已与世界各地城市（省州）建立了超过2000对友好城市（省州）关系，奠定了广泛的国际城市双边和多边合作的基础。进入21世纪，中国城市在中央政府的指导下，把握时代脉搏，利用城市国际组织的多边合作平台，创新城市多边合作实践，取得较好效果。然而，国内对城市国际组织的研究很少，对于国内城市参与城市国际组织的分析基本为空白。

本章主要对城市国际组织以及中国参与情况进行梳理与分析。

## 一 城市国际组织

### （一）概念

城市国际组织的研究始于西方学者，他们对此类组织的描述多基于社

---

[1] 鲁毅等：《外交学概论》，世界知识出版社，2004，第211页。

会学的社会网络理论。德国学者克里斯汀·克恩（Kristine Kern）、英国学者哈里特·布尔克利（Harriet Bulkeley）和美国学者米歇尔·贝特西尔（Michele Betsill）使用"跨国市政网络"（Transnational Municipal Network）[1]；联合国欧洲经济委员会环境事务主管马克罗·凯纳（Macro Keiner）和韩国首尔大学斯蒂芬·尼德哈夫纳（Stefan Niederhafan）博士使用"跨国城市网络"（Transnational City Network）[2]；还有一些学者使用"城市国际网络"（International City Network）[3]概念。"跨国"和"国际"体现了学者的不同视角，但这些术语内涵相近。另外，虽然"市政"（Municipal 包含镇、城市和城市区域）的概念比"城市"（City）更宽泛，但在实际运用中，学者出于便利都采用实用主义的方式对这一地理概念进行模糊处理。[4]

中国学者高尚涛认为，城市间国际组织是由不同国家的城市地方政府联合成立的跨国组织。[5] 本书所指城市国际组织，是国际城市交往中"多对多"的一种表现形式，主要以城市政府为主体组成的国际非政府组织、运动或倡议，分为4种类型，即成员类型、组织类型、发起者类型和主题类型。

成员类型：以"城市"的地方政府为主体成员，不排除其他类型成员，如协会、企业或个人。例如，世界大都市协会，其成员仅限人口超过100万的城市政府；亚太城市旅游振兴机构，其成员则包括城市政府、非

---

[1] 参见 Kristine Kern, Harriet Bulkeley, "Cites, Europeanization and Multi – level Governance: Governing Climate Change through Transnational Municipal Networks," *Journal of Common Market Studies*, Volume 47 Number 2 (2009): 309 – 332。Michele M. Betsill and Harriet Bulkeley, "Cities and the Mutilevel Governance of Global Climate Change," *Global Governance*, 12 (2006): 141 – 159.

[2] 参见 Macro Keiner, Arley Kim, "Transnational City Network for Sustainability," *European Planning Studies*, Vol. 11 (2007). Stefan Niederhafan, "Comparing functions of transnational city networks in Europe and Asia", *Asia Europe Journal*, Vol. 11, Issue 4 (2013): 377 – 396。

[3] Eiko Yamashita, "Research on International City Network Policy: Prospect on Management of Local Government International City Network," 载福冈亚洲都市研究所（Fukuoka Asian Urban Research Center）网站，http://urc.or.jp/wp – content/uploads/2014/03/20091231_ups_03_01_yamashita.pdf，最后访问日期：2015年9月16日。

[4] "城市"本身是一个比较模糊的地理概念，在不同国家和地区含义有所区别。学者如尼德哈夫纳在"Comparing functions of transnational city networks in Europe and Asia"一文中对该问题做了探讨。

[5] 高尚涛等：《国际关系中的城市行为体》，世界知识出版社，2010，第23～24页。

政府组织和工商业实体等。

组织类型：主要指具有独立法人地位的非营利性、非政府性组织，也包括由国际组织或地方政府发起但不具备独立法人地位，且在国际城市中获得广泛认同的机制化运动或倡议。

发起者类型：主要指由城市政府和国际性组织等主体发起的国际组织。

主题类型：根据不同议题确立的国际组织，包括城市可持续发展、气候变化应对、政府能力建设、经济发展、商业合作、产业联合、技术交流、文化保护、人权保障等方方面面的议题。

从某种意义上讲，正如麦克·贝特西尔和哈里特·布尔克利（Michele Betsill and Harriet Bulkeley）所言，与其说城市国际组织是非国家行为体，不如说其是多层面的，具有非政府性、半政府性和商业性的组织更为恰当。[1]

## （二）发展历程

第二次世界大战后，世界城市化进程加速，农村人口不断迁向城市，城市人口迅速增长并于2007年首次超过农村人口。[2] 如今，重要的政治经济事件都发生在城市，城市在全球政治经济生活中的重要性和影响力越来越大。20世纪80年代以来，特别是"冷战"的结束进一步加速经济全球化和区域一体化进程，为城市提供了直接扩大对外交流合作的宽松国际环境。

在全球化作用下，全球城市依据分工形成具有一定等级结构的世界性城市网络。通信技术特别是国际互联网技术的飞速发展，进一步促进了交易在全球城市网络空间展开，因此地方政治得以加强，地方政策具有全球性质。[3] 伴随着资本、技术和服务的流动，各国城市与城市之间的直接联系越来越密切，交叉合作越来越频繁。城市化和全球化导致一

---

[1] Michele M. Betsill, Harriet Bulkeley, Cities and the Multilevel Governance of Global Climate Change, *Global Governance*, 12 (2006), 141 – 159.

[2] 《世界人口趋势》（联合国秘书长2009年在联合国人口与发展委员会第四十二届会议上的报告），联合国网站，http://www.un.org/zh/documents/view_doc.asp?symbol=E/CN.9/2009/6，最后访问日期：2015年8月18日。

[3] Saskia Sassen, "Local actors in global politics," *Current Sociology*, Volume 52 Number 4 (2004).

些全球性问题产生,迫切需要全球城市参与治理和应对。同时,为了满足自身的发展需要,城市也不可避免地、越来越积极主动地参与国际政治。

城市间的跨国联系日益密切,并且突破友好城市"一对一"的传统双边模式,逐渐向网络化方向发展。在城市间建立更加广泛和紧密的跨国关系已经成为一种趋势,城市国际组织即是在这样的国际背景下应运而生的。

早在第一次世界大战前,成立最早、规模最大的城市国际组织——地方政府国际联盟(International Union of Local Authorities,IULA)于1913年在比利时根特成立。该组织在战争期间活动曾被迫中止,战后又很快重新活跃起来,并一直是积极推动地方政府参与国际事务的最重要的城市国际组织。2004年,该组织同联合城镇组织(United Towns Organization,UTO)、世界大都市协会(World Association of Major Metropolises,WAMM)合并成立世界城市和地方政府联合组织(United Cities and Local Governments,UCLG)。

"冷战"结束后,人类对共同命运的关注意识越来越强烈,诸如减少饥饿和贫困、改善生存环境、应对气候变化等全球性问题迫切需要加强国际合作,而具体实施则更多有赖于地方政府的支持。1992年,在巴西里约热内卢召开的联合国环境与发展大会通过《21世纪议程》,其中规定地方政府行动纲要目标的《地方21世纪议程》,标志着国际社会对地方政府参与国际事务的认同。1996年,在伊斯坦布尔举行联合国第2次人类住区大会(简称"人居二",HABITAT Ⅱ)。大会期间举行"人居二:城市首脑会议"(HABITAT II City Summit),来自171个联合国会员国的3000多名政府代表、600多名地方当局代表、2000多名获认可的非政府组织代表和约3000名记者出席了此次会议。[①] 大会通过《伊斯坦布尔宣言》和《人居议程》,国际社会再次确认城市在经济社会发展中的重要地位,以及在应对全球问题中不可或缺的作用。此后,联合国人居署、联合国环境规划署、联合国教科文组织、世界银行等联合国机构开始纷纷实施大量的城市研究项目。以此为背景,城市国际组织逐渐兴

---

① 联合国人类住区会议背景资料,联合国网站,http://www.un.org/chinese/events/Habitat/habitat2.html,最后访问日期:2015年7月12日。

起，诸如城市联盟（Cities Alliance）、世界大城市气候领导联盟（C40）等一大批城市国际组织应运而生。从 1982 年至 2004 年这类组织由 8 个增长到 49 个。[①] 进入 21 世纪，城市国际组织数量持续增长，基本每年会有新的组织出现。

### （三）分类

按照组织成员所处地理区域划分，城市国际组织可划分为全球性组织和区域性组织；按照运作的目的划分，城市国际组织可以划分为普遍性国际组织和专门性国际组织两类，前者职能广泛，涉及政治、经济、社会和文化等各个方面，如世界城市与地方政府联合组织，后者职能单一，主要指从事某一领域活动的组织，如世界旅游城市联合会等。普遍性城市国际组织和专门性城市国际组织在全球和区域两个类型中也都有交叉体现。

#### 1. 全球性城市国际组织

历史最为长久的普遍性城市国际组织是于 1913 年在比利时根特成立的"地方政府国际联盟"（International Union of Local Authorities, IULA），后来该组织将总部由根特迁移至荷兰海牙。其宗旨是促进地方的治理能力，探讨与地方和地方居民有关的民生问题，促进地方政府之间的合作，推动城市发挥国际作用。2001 年 5 月，该组织在巴西里约热内卢召开了第 36 届全体成员大会，1100 多个地方与城市政府、协会和相关单位参加会议，所属国家超过 90 个。在此次会议的全体大会上，代表们一致认为，城市的国际合作是加强地方政府治理能力的一个投入少、效益高的方式。

"联合城镇组织"（United Towns Organization, UTO）是另外一个类似于地方政府国际联盟的全球性城市国际组织，总部位于巴黎，有超过 40 年的历史。其宗旨主要有两个：一是使国家承认地方政府具有在国际层面上直接相互交往的权利；二是使城市的国际组织成为国际多边机构的合作伙伴。2001 年，地方政府国际联盟和联合城镇组织召开了联

---

[①] Marco Keiner, Arley Kim, "Transnational City Network for Sustainability," European Planning Studies, Vol. 11 (2007).

合大会。2004年，两个组织与世界大都市协会正式合并成为世界城市与地方政府联合组织（United Cities and Local Governments，UCLG），成为目前最大的世界城市和地方政府国际组织。组织的总部设在西班牙巴塞罗那，由秘书处负责处理所有日常事务。世界城市和地方政府联合组织的宗旨是：通过构建全球地方政府之间的联系网络，增进理解、促进合作，帮助地方政府解决全球化和城市化带来的各种挑战。该组织现已同联合国、世界银行等国际组织和机构建立了合作伙伴关系，在136个国家和地区拥有会员，其中直接城市会员1000余个，全国性地方政府协会会员112个。世界城市与地方政府联合组织下设七个地区分会：非洲区、亚太区、欧洲区、俄罗斯及独联体区、拉丁美洲区、北美区和大都市协会分会。

另外一个重要的普遍性城市间国际组织是"世界大都市协会"（World Association of Major Metropolises，WAMM），成立于1985年。2004年5月在保留独立地位的前提下，世界大都市协会与其他两组织合并成立世界城市和地方政府联合组织，承担该组织大都市部的工作。世界大都市协会的目标是更好地控制大都市地区的发展进程，以便更好地服务于其市民。为了做到这一点，世界大都市协会在世界范围内代表地区和大都市，并且被联合国、世界卫生组织、世界银行和其他国际组织认定为合作伙伴。世界大都市协会旨在促进大都市间的合作与交流，每年在不同国家城市召开董事年会（或会员大会）和专门工作委员会会议，并与承办城市围绕城市建设、发展和管理方面的问题联合举办专题国际研讨会。协会设立技术援助项目工作框架，为会员城市间的交流合作牵线搭桥。此外，协会在加拿大建立了国际管理学院，对会员城市的专业管理人员进行不定期培训。目前，世界大都市协会拥有139个大都市政府会员[①]，均为人口数量超过100万的城市或拥有超过25万居民的首都城市。

另外一类发挥重要作用的全球性城市组织是那些具有特定目的和活动领域的城市组织。例如，1990年成立的"国际地方环境行动理事会"（Local Governments for Sustainability，ICLEI）。该组织的宗旨是帮助城市和

---

[①] 中国人民对外友好协会（Chinese People's Association for Friendship with Foreign Countries，CPAFFC）为该组织正式会员。

地方政府采取地方层面上的行动以预防和应对环境问题，它由联合国环境规划署、地方政府国际联盟联合发起成立，原名为 International Council for Local Environmental Initiatives，2003 年经过成员投票改为现名。现拥有 600 多个遍布世界的城市和地方政府为其成员。"和平市长会议"（Mayors for Peace）是一个专门推广和平的世界城市组织，1982 年由日本广岛市长荒木武倡议成立。自成立以来，世界多个国家的城市加入这个组织，该组织呼吁在世界范围内销毁核武器。截至 2015 年 6 月底，156 个国家的 6700 多个城市加入该组织。世界科技城市联盟（World Technoplis Association，WTA）是一个以科技为关注点的国际城市组织，强调高科技应用和知识传播是城市的发展形式，该组织于 1998 年在韩国大田市成立。

在全球层面上，联合国也十分重视城市和地方政府在全球治理中的重要作用。例如，联合国环境发展理事会与地方政府探讨地方在环境保护中的责任；联合国人居署所关注的议题与城市紧密相连；世界银行等联合国其他下属机构均设立有大量的城市治理项目。

2. 区域性城市国际组织

区域性城市国际组织是指分布在世界上各大洲的城市国际组织，其中欧洲由于地区一体化的程度最高，为城市国际组织的发展提供了极大的结构性机遇，因此城市国际组织发展最快。最早的欧洲城市国际组织是由一些欧洲城市市长于 1951 年在瑞士日内瓦发起成立的"欧洲城市理事会"（Council of European Municipalities，CEM），致力于从地方层面促进欧洲联合，该组织随后吸纳地区参加并转型为"欧洲城市与地区理事会"（Council of European Municipalities and Regions，CEMR）。[①]欧洲城市与地区理事会现为世界城市和地方政府联合组织（UCLG）的欧洲分支，其成员来自欧洲 41 个国家，包括 60 个城市协会，代表欧洲 15 万

---

① 关于欧洲城市与地区理事会的历史参见 "Local Governments in Development Cooperation，"［Proceedings of a Conference Organised by the European Office of the Konrad - Adenauer - Stiftung in Cooperation with the Council of European Municipalities and Regions（CEMR），8 - 9 June 2006］，p. 6，http：//www. kas. de/wf/doc/kas_ 9638 - 1522 - 2 - 30. pdf，最后访问日期：2015 年 7 月 1 日。

个城市。① 另一个重要的全欧城市国际组织是"欧洲地方和地区政府大会"（Congress of Local and Regional Authorities，CLRA），前身为欧洲理事会（Council of Europe），1957 年召开"欧洲地方政府会议"（Conference of Local Authorities of Europe），1975 年扩展为"欧洲地方和地区政府会议"（Conference of Local and Regional Authorities of Europe），1979 年成为"欧洲地方和地区政府常设会议"（Standing Conference of Local and Regional Authorities of Europe），1994 年欧洲委员会以"欧洲地方和地区政府大会"（Congress of Local and Regional Authorities，CLRA）取代了"欧洲地方和地区政府常设会议",② 并将其正式列为欧洲理事会的咨询机构。目前，该组织共有 324 个正式成员和 324 个候补成员,③ 代表超过 20 万个欧洲城市。欧洲地方和地区政府大会最大的成就是在 1985 年发起了《欧洲地方自治宪章》，经欧洲理事会成员国签字后于 1988 年生效，它意味着欧洲理事会国家在国内立法时承认地方的自我管理原则。

20 世纪 80 年代，在欧洲一体化进程的推动下，欧洲城市国际组织有了新的发展。1986 年成立了"欧洲城市组织"（EUROCITIES），30 个欧洲国家中超过 130 个城市参加了这个组织。欧盟国家的城市为完全身份成员，其他非欧盟成员国的城市为联系成员，公司与企业为联系伙伴。欧洲城市组织的目标很多，包括促进经济发展、聚合政策、公共服务，涉及交通、社会、教育、文化等城市发展和治理所有领域。

在欧盟地区政策的框架下，欧盟的地区性跨国联合也包含了许多城市国际组织的成分。中国学者陈志敏指出，欧盟的跨地区性国际组织（地区联合会）主要分为两大类。一类是利益表达型联合会，其功能是向欧盟机构和成员国政府表达地区的意见，说明地区的地位和职能；另一类是功能联合会，它们依据更特殊的标准联合起来，服务于特定的功能，如欧洲边

---

① 数据来自欧洲城市与地区理事会官方网站，http：//www. ccre. org/en/article/introducing_cemr，最后访问日期：2015 年 7 月 1 日。
② 关于欧洲地方和地区政府大会的历史参见欧洲委员会网站，http：//www. coe. org. rs/eng/tdoc_ sr/council_ of_ europe/coe_ institutions/？ conid = 17，最后访问日期：2015 年 7 月 1 日。
③ 数据来自欧洲地方和地区政府大会官方网站，http：//www. coe. int/t/congress/whoswho/default_ en. asp？  最后访问日期：2015 年 7 月 1 日。

界地区联合会、边远和海上地区大会等。①

与此同时，其他区域性城市国际组织也陆续成立。

2005年5月，"非洲城市与地方政府联合组织"（United Cities and Local Government of Africa，UCLGA）在南非茨瓦内成立。该组织是由非洲地方政府联盟（African Union of Local Authorities，AULA）、非洲城镇联盟（The Union des Villes Africaines，UVA）和非洲都市联盟（Africa Chapter of the Unao dos Ciudadesy Capitaes Lusofono Africana，UCCLA）合并而成，是非洲地区最大的城市国际组织，也是世界城市和地方联合组织（UCLG）的非洲分支机构。

阿拉伯地区的城市国际组织有"阿拉伯城镇组织"（Arab Towns Organization，ATO）。该组织于1967年在科威特成立，其成员包括阿拉伯地区的城市以及所有与该组织有关的机构，甚至在阿拉伯地区工作的个人，如果有意愿和能力也可参加该组织。阿拉伯城镇组织是伊斯兰会议组织的联系成员，它声明不干涉会员成员的国内政治事务，仅致力于推动城市的可持续发展和人民的安居乐业。另一个在伊斯兰世界具有重要影响力的城市国际组织为"伊斯兰首都和城市组织"（Organization of Islamic Capitals and Cities，OICC），成立于1980年，也是伊斯兰会议组织的联系成员，其成员包括来自54个伊斯兰国家的141个首都和城市，遍布亚洲、非洲、欧洲和拉丁美洲（苏里南），其宗旨和目的与阿拉伯城镇组织类似。

在拉丁美洲，具有代表性的城市国际组织有"拉美城市、都市和协会联盟"（Federation of Latin American Cities，Municipalities and Associations，FLACMA）。该联盟成立于1981年，原为地方政府国际联盟的拉美分支机构，2004年成为新成立的世界城市与地方政府联合组织（UCLG）的拉美分支机构。

亚太地区具有代表性的城市国际组织有"亚太城市间合作网络"（CITYNET），成立于1987年，总部位于韩国首尔，致力于城市间的相互学习和共同发展，促进地方政府、非政府组织和国际组织间的交流与合作。亚太城市间合作网络拥有来自亚太地区和欧洲22个国家或地区的135个城市和国际组织会员。

表4-1列举69个全球性和区域性的城市国际组织。

---

① 陈志敏：《次国家行政体与对外事务》，长征出版社，2001，第289~290页。

表 4-1 城市国际组织一览

单位：个

| 序号 | 名称 | 宗旨 | 成立时间 | 性质 | 城市会员数量 | 总部所在地 | 网址 |
|---|---|---|---|---|---|---|---|
| | 全球性城市国际组织 |
| 1 | 阿拉伯城市组织 Arab Towns Organization | 增进各阿拉伯城市在城市建设、城市发展，城市规划等方面的经验交流，保护阿拉伯城市的身份，实现可持续发展 | 1967年 | 普遍性 | 400+ | 科威特 | http://www.ato.net/ |
| 2 | 国际都市发展协会 International Urban Development Association | 汇聚国家、区域和地方政府城市发展政策制定者，商业领袖聚集，联合建立城市地区可持续融合发展的新参数 | 1976年 | 普遍性 | 4000+ | 巴黎 | http://www.inta-aivn.org/ |
| 3 | 国际法语国家市长协会 Association Internationale des Maires Francophones | 推动法语地区决策过程体现共同的价值观，参与民主或大会员的地方发展规划 | 1979年 | 普遍性 | 253 | 巴黎 | http://www.aimf.asso.fr |
| 4 | 伊斯兰首都和城市组织 Organization of Islamic Capitals and Cities | 巩固会员间的团结和兄弟间友谊；保护伊斯兰首都和城市的特征和遗产；支持和扩大会员间的合作范围 | 1980年 | 普遍性 | 141 | 麦加 | http://www.oicc.org/ |
| 5 | 和平市长会议 Mayors for Peace | 致力于在2020年（日本遭受原子弹轰炸75周年）之前，全面销毁核武器，建立一个从核恐怖阴影下获得解放的和平世界 | 1982年 | 专门性 | 6706 | 广岛 | http://www.mayorsforpeace.org/ |

续表

| 序号 | 名称 | 宗旨 | 成立时间 | 性质 | 城市会员数量 | 总部所在地 | 网址 |
|---|---|---|---|---|---|---|---|
| 6 | 世界冬季城市市长会议 World Winter Cities Association for Mayors | 前身为"北方市长会议",以"冬天是资源和财富"为口号,建立学习冬季经验的平台,共商北方城市发展建设之道 | 1982年 | 普遍性 | 20 | 札幌 | http://www.city.sapporo.jp/somu/kokusai/wwcam/ |
| 7 | 世界大都市协会 World Association of Major Metropolises | 促进大都市间的国际交流与合作,经验交流,相互联系,改善城市居民的生活品质和促进城市的可持续发展 | 1985年 | 普遍性 | 136 | 巴塞罗那 | http://www.metropolis.org/ |
| 8 | 世界历史都市联盟 The League of Historical Cities | 致力于通过超越国界深化历史城市间的共同基础以加强城市间的亲和力,实现人类未来的永续和平 | 1987年 | 专门性 | 115 | 京都 | www.city.kyoto.jp/somu/kokusai/lhcs/ |
| 9 | 国际地方环境行动理事会 International Council for Local Environmental Initiatives | 服务全球地方政府通过渐进的地方行动改善环境并推动全球可持续发展 | 1990年 | 普遍性 | 1000+ | 波恩 | www.iclei.org/ |
| 10 | 国际教育城市联盟 International Association of Educating Cities | 旨在宣传城市教育的重要性 | 1990年 | 专门性 | 478 | 巴塞罗那 | http://www.edcities.org/en/ |
| 11 | 国际和平使者城市联会 International Association of Peace Messenger Cities | 旨在推动城市的和平文化,加深人民间理解,巩固团结,分享和平 | 1990年 | 专门性 | 104 | 纽约 | http://www.iapmc.org/ |

续表

| 序号 | 名称 | 宗旨 | 成立时间 | 性质 | 城市会员数量 | 总部所在地 | 网址 |
|---|---|---|---|---|---|---|---|
| 12 | 世界能源城市伙伴组织 World Energy Cities Partnership | 能源城市间相互交流技术和经验，鼓励企业在互利互惠的基础上发展贸易合作和信息交流，推动辅助性服务业的发展，促进经济发展以及解决共同面临的问题 | 1993 年 | 专门性 | 22 | 休斯敦 | http://www.energycities.org/ |
| 13 | 世界遗产城市联盟 Organization of World Heritage Cities | 负责沟通和执行世界遗产委员会议的各项决议，借鉴各遗产城市在文化遗产保护和管理方面的先进经验，进一步促进各遗产城市的保护工作 | 1993 年 | 专门性 | 265 | 魁北克 | http://www.ovpm.org/ |
| 14 | 亚太城市市长峰会 Asia Pacific Cities Summit and Mayors' Forum | 促进亚太地区及其他重要城市的经济发展 | 1996 年 | 普遍性 | 无 | 布里斯班 | http://www.apcsummit.org/ |
| 15 | 世界城市扶贫联盟 World Alliance of Cities Against Poverty | 推动各个城市调动社会方方面面的力量，尽一切可能消除贫困问题 | 1997 年 | 专门性 | 910 | 日内瓦 | http://wacapnetwork.org/ |
| 16 | 岛屿观光政策论坛 Inter-Islands Tourism Policy Forum | 旨在肯定相互间的互补性和各自的独特性，以振兴旅游业和促进交流与合作为共同目标，共同促进岛屿地区的发展和世界和平 | 1997 年 | 专门性 | 11 | 海南 | 无网站 |
| 17 | 世界科技城市联盟 World Technoplis Association | 通过科技城市间的交流与合作促进各地区的发展；推进世界科技城市间的互惠合作与交流 | 1998 年 | 专门性 | 42 | 大田 | http://www.wtanet.org/ |

第四章　城市外交与城市国际组织 | 101

续表

| 序号 | 名称 | 宗旨 | 成立时间 | 性质 | 城市会员数量 | 总部所在地 | 网址 |
|---|---|---|---|---|---|---|---|
| 18 | 城市联盟 Cities Alliance | 致力于消除城市贫困和实现可持续发展 | 1999年 | 普遍性 | 1000+ | 布鲁塞尔 | http://www.citiesalliance.org/ |
| 19 | 国际灯光城市协会 Lighting Urban Community International | 在关注可持续发展及环境问题的前提下，汇集以使用灯光作为主要工具，以促进城市、社会经济发展的各国城市及照明专家 | 2002年 | 专门性 | 110 | 里昂 | http://www.luciassociation.org/ |
| 20 | 中国（厦门）国际友好城市论坛 China (Xiamen) International Forum For friendship Cities | 围绕如何加强友好城市间的经贸、科教、文卫、环保、旅游等各个领域的交流与合作进行研讨 | 2003年 | 普遍性 | 非会员制 | 厦门 | 无网站 |
| 21 | 国际太阳能城市倡议 International Solar Cities Initiative | 通过政策间平台，推动新的都市政策、规划和实践，减少温室气体排放 | 2003年 | 专门性 | 5 | 大邱 | http://www.iscicities.org/ |
| 22 | 世界城市和地方政府联合组织 United Cities and Local Governments | 通过构建全球地方政府间的交流平台，增进国际理解，促进合作，帮助地方政府解决全球化和城市化带来的各种挑战 | 2004年 | 普遍性 | 1000+ | 巴塞罗那 | http://www.uclg.org/ |
| 23 | 全球创意城市网络 Creative Cities Network | 联合国教科文组织2004年推出的一个项目。通过对成员城市促进当地文化发展的经验进行认可和交流，从而达到在全球化环境下倡导和维护文化多样性的目标 | 2004年 | 专门性 | 69 | 巴黎 | http://www.unesco.org/new/en/culture/themes/creativity/creative-cities-network/ |

续表

| 序号 | 名称 | 宗旨 | 成立时间 | 性质 | 城市会员数量 | 总部所在地 | 网址 |
|---|---|---|---|---|---|---|---|
| 24 | 反种族主义国际城市联盟 International Coalition of Cities against Racism | 旨在分享降低城市种族主义、歧视和排外主义经验 | 2004年 | 专门性 | 500+ | 巴黎 | http://www.unesco.org/new/en/social-and-human-sciences/themes/fight-against-discrimination/coalition-of-cities/ |
| 25 | 世界大城市气候领导联盟（C40） | 通过发展和实施降低温室气体排放和气候威胁的政策措施，应对气候变化 | 2005年 | 专门性 | 70 | 伦敦 | http://www.c40.org |
| 26 | 世界城市首长气候变迁理事会 World Mayors Council on Climate Change | 国际地方环境行动理事会下属网络，旨在迅速应对地球变暖、环境污染等，谋求城市可持续发展 | 2005年 | 专门性 | 80+ | 波恩 | http://www.worldmayorscouncil.org/ |
| 27 | 中国国际友好城市大会 China International Friendship Cities Conference | 城市和平、合作、发展 | 2008年 | 普遍性 | 非会员制 | 无 | 无网站 |
| 28 | 世界城市峰会 World Cities Summit | 每年举办1次，旨在探讨应对城市可持续发展的挑战和制定解决方案 | 2008年 | 普遍性 | — | 新加坡 | http://www.worldcitiessummit.com.sg/ |
| 29 | 世界城市和区域电子政府协议组织 World e-Governments Organization of Cities and Local Governments | 通过促进世界城市间电子政务交流，支持城市可持续发展 | 2010年 | 专门性 | 90 | 首尔 | http://www.we-gov.org/ |
| 30 | 全球城市发展基金 Global Fund for Cities Development | 为地方当局提供直接融资和自主融资 | 2010年 | 专门性 | 37 | 巴黎 | http://www.fmdv.net/index.php?id=2 |

续表

| 序号 | 名称 | 宗旨 | 成立时间 | 性质 | 城市会员数量 | 总部所在地 | 网址 |
|---|---|---|---|---|---|---|---|
| 31 | 世界旅游城市联合会 World Tourism Cities Federation | 首个以城市为主体的国际旅游组织，以"旅游让城市更美好"为核心理念，致力于推动城市之间的交流合作，加强旅游市场合作开发，共享旅游发展经验；提升城市品牌形象，促进旅游城市经济社会协调发展 | 2012年 | 专门性 | 135 | 北京 | http://en.wtcf.org.cn/ |

区域性城市国际组织

I. 欧洲区域组织

| 序号 | 名称 | 宗旨 | 成立时间 | 性质 | 城市会员数量 | 总部所在地 | 网址 |
|---|---|---|---|---|---|---|---|
| 1 | 欧洲城市政府与地区政府理事会 Council of European Municipalities and Regions | 推动建设一个建立在地方自治、尊重可持续发展和公民参与原则基础上的联合、和平和民主的欧洲 | 1951年 | 普遍性 | 61 | 布鲁塞尔 | http://www.ccre.org/ |
| 2 | 欧洲周边海区会议 Conference of peripheral Maritime Regions | 致力于让欧洲机构和各国关注成员地区的共同利益 | 1973年 | 普遍性 | 150 | 雷恩 | http://www.crpm.org/index.php |
| 3 | 欧洲主要城市-IT用户组 Major Cities of Europe - IT User Group | 通过使用信息技术提高地方政府治理能力 | 1982年 | 专门性 | 55 | 不来梅哈芬 | http://www.majorcities.eu/ |
| 4 | 欧洲城市组织 EUROCITIES | 加强地方政府在多层治理中的地位 | 1986年 | 普遍性 | 140 | 布鲁塞尔 | http://www.eurocities.eu/ |
| 5 | 欧洲城市安全论坛 European Forum for Urban Security | 倡导平衡的安全观：防范-约束力；加强预防犯罪政策；在国家和欧洲层级推动城市的发挥作用 | 1987年 | 专门性 | 超过250 | 巴黎 | http://www.efus.eu/ |

续表

| 序号 | 名称 | 宗旨 | 成立时间 | 性质 | 城市会员数量 | 总部所在地 | 网址 |
|---|---|---|---|---|---|---|---|
| 6 | 地方城市发展欧洲网络 Local Urban Development European Network | 在欧盟城市政策发展方面发挥作用 | 1989年 | 普遍性 | 148 | 布鲁塞尔 | http://www.ludenet.org/ |
| 7 | 欧洲能源城市协会 Energy Cities | 能源转型领域的欧洲地方政府组织,致力于可再生能源政策和经验分享 | 1990年 | 专门性 | 超过1000 | 布鲁塞尔 | http://www.energy-cities.eu/ |
| 8 | 气候联盟 Climate Alliance | 减少温室气体排放 | 1990年 | 专门性 | 超过1700 | 法兰克福 | http://www.climatealliance.org |
| 9 | 欧洲城镇网络 European Town Network | 支持欧洲中小城市,使其更具吸引力,包容性和可持续性,加强欧盟不同区域城市间对话,增强欧洲一体化过程中法制,政治,经济和公民社会的认识 | 1991年 | 普遍性 | 17 | 雷焦艾米利亚 | http://eurotowns.org/ |
| 10 | 波罗的海城市联盟 Union of the Baltic Cities | 推动地区发展,加强与欧洲合作,促进地区和平 | 1991年 | 普遍性 | 93 | 格但斯克 | http://www.ubc.net |
| 11 | 欧洲反毒品城市联盟 European Cities Against Drugs | 推动欧洲无毒品化的领导组织,代表了欧洲数百万公民的诉求 | 1994年 | 专门性 | 262 | 斯德哥尔摩 | http://www.ecad.net |
| 12 | 欧洲地方和地区政府大会 Congress of Local and Regional Authorities | 推动地方和地区民主,改善地区治理,加强地方自治 | 1994年 | 普遍性 | 648 | 斯特拉斯堡 | www.coe.int/congress |

续表

| 序号 | 名称 | 宗旨 | 成立时间 | 性质 | 城市会员数量 | 总部所在地 | 网址 |
|---|---|---|---|---|---|---|---|
| 13 | 城市和地区循环和再生资源联盟 Association of Cities and Regions for Recycling and Sustainable Resource Management | 分享通过保护资源、再利用和循环使用促进资源消费和垃圾处理智能化 | 1994年 | 专门性 | 超过100 | 布鲁塞尔 | http://www.acrplus.org/ |
| 14 | 欧洲社会经济城市和地区网络 European Network of Cities & Regions for the Social Economy | 加强欧洲与世界的对话，建立有利于经济社会发展的环境，经验分享和人员交流 | 1996年 | 普遍性 | 128 | 布鲁塞尔 | http://www.revesnetwork.eu/ |
| 15 | 欧洲大都市地区与城市网络 Network of European Metropolitan Regions and Areas | 保持欧洲大城市可持续发展、竞争力和社会进步 | 1996年 | 普遍性 | 51 | 格拉斯哥 | http://www.eurometrex.org/ |
| 16 | 欧洲地方民主联盟 European Association for Local Democracy | 推动地方良好治理和地方自治 | 1999年 | 专门性 | 74 | 斯特拉斯堡 | http://www.alda-europe.eu/ |
| 17 | 巴尔干城市网络 Balkan Cities Network | 发展巴尔干地区内城市间的合作 | 2000年 | 普遍性 | 32 | 塞萨洛尼基 | www.balcinet.org/ |
| 18 | 欧洲新城镇和城市试点平台 European New Towns & Pilot Cities Platform | 代表城市发展试点、新城镇和快速发展城市 | 2001年 | 普遍性 | 27 | 布鲁塞尔 | http://www.pilotcities.eu/index.php |
| 19 | 地中海城市网络 Network of Mediterranean Cities | 致力于地中海城市的可持续发展 | 1999年 | 普遍性 | 16 | 巴塞罗那 | www.medicities.org |

续表

| 序号 | 名称 | 宗旨 | 成立时间 | 性质 | 城市会员数量 | 总部所在地 | 网址 |
|---|---|---|---|---|---|---|---|
| II. 亚太区域组织 | | | | | | | |
| 1 | 亚太城市间合作网络 CITYNET | 促进亚太地区联系与合作以提高城市发展的可持续性 | 1987年 | 普遍性 | 135 | 首尔 | http://citynet-ap.org/ |
| 2 | 亚太城市峰会 Asian-Pacific City Summit | 提升亚太地区及其他重要城市的经济发展水平 | 1994年 | 普遍性 | 30 | 福冈 | http://apcs.city.fukuoka.lg.jp/en/index.html |
| 3 | 东北亚地方政府联合会 The Association of North East Asia Regional Governments | 通过地方政府间形成的交流与合作网络,建立相互理解与信任的关系,以促进东北亚地区共同发展,并为世界和平做出贡献 | 1996年 | 普遍性 | 73 | 浦项 | http://www.neargov.org/en |
| 4 | 北九州清洁环境倡议 Kitakyushu Initiative for a Clean Environment | 组织地方政府交流控制环境污染的成功经验,促进区域经济发展 | 2000年 | 专门性 | 62 | 北九州 | http://kitakyushu.iges.or.jp/ |
| 5 | 21世纪亚洲大城市网络 Asian Network of Major Cities 21 | 推动城市层面合作,致力于危机管理、环境保护和工业发展领域合作,促进亚洲的繁荣与发展 | 2000年 | 普遍性 | 13 | 东京 | http://www.anmc21.org/english/index.php |
| 6 | 亚太城市旅游振兴机构 Tourism Promotion Organization for Asia Pacific Cities | 通过构筑城市合作网络来实现旅游产业繁荣与发展 | 2002年 | 专门性 | 108 | 釜山 | http://www.aptpo.org/ |
| 7 | 东亚经济交流推进机构 The Organization for the East Asia Economic Development | 黄海沿岸的主要城市就共同需要面对的课题相互分享知识和经验,通过交流以实现环黄海地区的发展 | 2004年 | 专门性 | 10 | 北九州 | http://www.oeaed.com/ |

第四章　城市外交与城市国际组织 | 107

续表

| 编号 | 名称 | 宗旨 | 成立时间 | 性质 | 城市会员数量 | 总部所在地 | 网址 |
|---|---|---|---|---|---|---|---|
| 8 | 东北亚机械产业城市联合 Union of Machinery Industrial Cities in Northeast Asia | 促进东北亚相关城市机械产业技术的共同发展,提高国际竞争力,共同推动东北亚相关城市间的经济交流与合作 | 2005 年 | 专门性 | 12 | 昌原 | 无网站 |
| 9 | 亚洲市长论坛 Asian Mayors' Forum | 推动城市间合作,解决共同应对的挑战,地方治理与公共参与 | 2008 年 | 普遍性 | 96 | 德黑兰 | http://www.asianmayors.org/ |
| 10 | 东亚地方政府会议 The East Asia Local and Regional Government Congress | 通过相互合作来构建牢固的网络,形成东亚共同体意识 | 2010 年 | 普遍性 | 68 | 奈良 | http://www3.pref.nara.jp/eastasia_e/ |

### III. 拉美区域组织

| 1 | 拉美城市、都市和协会联盟 Federation of Latin American Cities, Municipalities and Associations | 加强拉美地区城市间交流,提高城市自治能力 | 1981 年 | 普遍性 | — | 基多 | http://www.flacma.com |
| 2 | 南方城市联盟 Mercociudades | 促进建立一个南方共同市场参与国的地方政府开展交流,进行横向合作的平台,推动南方市场一体化发展 | 1995 年 | 普遍性 | 293 | — | http://www.mercociudades.org/ |
| 3 | 南美城市网络 Red de Ciudades Suramericanas | 建设南美大城市交流知识,加强对话和合作的网络,推动地区一体化 | 2012 年 | 普遍性 | 10 | 波哥大 | http://www.redciudadessuramericanas.org |
| 4 | 拉美固体废物管理网络 Red Latinoamericana de Gestión de Residuos Sólidos | 在成员间交换关于废物管理的经验 | 2014 年 | 专门性 | 81 | 墨西哥城 | http://relagres.org/red/ |

续表

| 编号 | 名称 | 宗旨 | 成立时间 | 性质 | 城市会员数量 | 总部所在地 | 网址 |
|---|---|---|---|---|---|---|---|
| Ⅳ. 非洲区域组织 | | | | | | | |
| 1 | 非洲全球姐妹城市基金会 Africa Global Sister Cities Foundation | 加强和推动非洲各国之间以及非洲与世界各国的友好城市合作关系 | 2003年 | 普遍性 | — | 阿克拉 | http://www.africaglobal-sistercities.org/ |
| 2 | 东部非洲地方政府协会 East African Local Governments Association | 旨在帮助东非国家建立地方政府协会 | 2007年 | 普遍性 | 58 | 阿鲁沙 | http://ealga.org/ |
| 3 | 非洲食品安全城市网络 African Food Security Urban Network | 增进对非洲城市食品安全范围和原因情况的了解，制定和倡导城市粮食和营养安全的国际、国家及地方政策 | 2008年 | 专门性 | — | — | http://www.afsun.org/ |
| 4 | 非洲城市与地方政府联合组织 United Cities and Local Government of Africa | 向非洲的地方政府和国家地方政府协会提供支援服务，以加强非洲的地方治理 | 2005年 | 普遍性 | 1000 | 拉巴特 | http://www.afriquelocale.org/en/ |
| 5 | 东部非洲地方政府论坛 East Africa Local Government Forum | 建立地方政府和中央政府共同交流的平台，加强善治，提高地方政府治理能力，推动地区一体化 | 2012年 | 普遍性 | — | 阿鲁沙 | 无网站 |

数据来源：各组织官方网站、年报，最后访问日期：2015年6月28日

说明：1. 非洲全球姐妹城市基金会相关信息来自中国国际友好城市联合会会官方网站，http://www.cifca.org.cn/Web/Details.aspx?id=2484，最后访问日期：2015年7月1日。

2. 拉美城市、都市和协会联盟官方网站未列明会员城市数量。非洲食品安全城市网络、官方网站未列出总部城市所在地。非洲全球姐妹城市基金会官方网站未列明会员城市数量。非洲城市与地方政府联合组织官方网站未列明会员城市网络、官方网站和总部城市所在地。东部非洲地方政府论坛无网站，会员城市数量、总部城市情况不明。

## （四）功能与结构

城市国际组织在当代城市外交实践中应运而生，对当代城市的国际交往乃至全球治理都有重要影响。城市国际组织的主要功能体现在两个方面：一是城市间的国际互助。世界城市与地方联合组织提出城市组织的一大议题是城市之间相互合作和彼此救济。全球化带来了赢家和输家的问题，虽然给一些城市迎来了新的发展机遇，但这也加深了城市之间不平衡发展和城市内部的不平衡发展。因此，城市国际组织需要协调城市间的合作来帮助世界上的贫穷城市。二是城市的国际合作。在全球化背景下，城市之间持续合作关系不仅可能而且必要。城市国际组织的重要功能是促进城市之间的国际合作，在互惠互利的基础上谋求合作共赢与共同发展。城市国际组织的功能虽然受到全球、地区和国家层面一系列结构性因素的制约，但其对城市外交活动的积极促进作用却是显而易见的。

第一，城市国际组织为世界各国的城市之间广泛交流提供了重要渠道和平台。城市国际组织利用政府和民间各种方式调动资源，促进、协调和整合城市发展的相关信息，并通过组织成员间的经验交流和知识共享，为广泛的城市合作架设桥梁和搭建平台。

第二，城市国际组织增强城市软实力。城市国际组织以集体力量代表城市在国际社会发声，提升城市与国家的对话能力。比如世界城市与地方政府联合组织的目标是整合城市与地方政府的意见诉求并倡导加强城市的自我管理能力，通过城市之间的团结和合作提升城市的软实力。欧洲的城市组织则代表欧洲城市的利益，促成集体行动以影响欧盟立法和政策实施。

第三，城市国际组织集体应对全球化带来的城市问题。随着全球化的推进，专门性的城市国际组织呈现加速增长的趋势，反映出各类城市的治理需求。城市移民、治理贫困、环境、交通、种族和公民参与等一系列问题都是各国城市目前所面临的重要课题。

城市国际组织结构主要呈现扁平化和网络化而非垂直性特征。一般来说，这类组织的最高决策机构为全体大会，经全体大会选出由主席、副主席、司库和监察等成员构成的执行委员会，负责大会休会期间的决策。日常机构设秘书处，由秘书长主持。规模较大的组织，还设有各类委员会和项目组等，便于开展项目（见图4-1）。

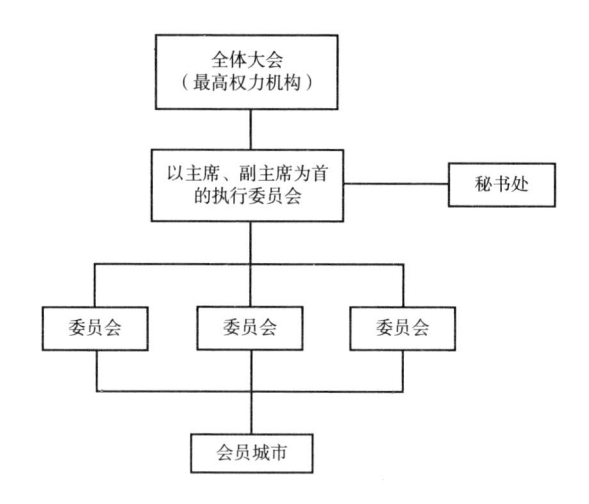

图 4-1 城市国际组织一般组织结构示意

联合国欧洲经济委员会环境事务主管马克罗·凯纳（Marco Keiner）和学者阿利·基姆（Arley Kim）认为，网络的基础是共同价值，核心功能是信息交流与合作，网络管理的关键是建立有效的信息分享渠道平台等，保持成员间管理的松散关系。[①] 也就是说成功的网络，对其会员城市应当具有"黏性"，这种"黏性"以信息及其他资源为基础。

城市国际组织的结构尽管是扁平化的，但内部权力（影响力）的分配并不均匀。关于这一点，荷兰政策顾问索菲·布特利吉耶（Sofie Bouteligier）和曼纽尔·卡斯特（Manuel Castells）以社会网络理论为基础分析指出，尽管这些组织的结构表面上看是多中心和网状，但其内部权力的分配依然是不均衡的。核心城市、节点城市与外围会员城市所享有权力和对组织的影响力不同。[②] 被选为主席、执行委员会的城市、秘书处所在地城市和会议主办城市，均有机会对城市国际组织加以塑造，影响其合作和行动的方向，而外围城市会员对组织决策与发展的影响则相对小得多。

---

[①] Marco Keiner, Arley Kim, "Transnational City Network for Sustainability," European Planning Studies, Vol. 11 (2007).

[②] Sofie Bouteligier, "Inequality in new global governance arrangement: the North – South divide in transnational municipal networks," Innovation: The European journal of Social Science Research, Vol. 26 No. 3 (2013): 251 – 267.

## 二 关于城市国际组织的研究

随着城市国际组织在世界范围日益活跃,国际学术界也兴起了对该现象的研究热潮。正如学者斯蒂芬·尼德哈夫纳(Stefan Niederhafan)所言,城市国际组织研究在"两个方面的出版物和实证研究成果最多:一是部分学者关注在欧洲一体化背景下的城市国际行为体研究;二是学者致力于研究在那些城市表现得更加活跃的领域内的城市国际行为,如可持续发展、环境领域等,特别是气候变化问题领域。"[1] 这些研究的对象多以西方组织和运动为主。

多数学者以可持续发展为主题的跨国城市网络作为研究对象,考察分析城市国际组织的特性与功能,而研究城市国际组织发展趋势的文献较少。

2007年,凯纳和基姆联合发表《可持续发展主题跨国城市网络》(Transnational City Network for Sustainability)[2] 论文,列举世界范围内主要致力于可持续发展的57个城市国际组织。文章按地域范围将具有独立法人资质的非营利性跨国城市网络分为全球网络、跨区域网络和区域网络三种,将不具备独立法人资质的项目和营利性组织归为第4种。他们选择5类特征来描述这些组织——"空间范围"、"领域/主题"、"会员/会员资格"、"发起/主导机构"及一些"其他特征",定义为"凯纳和基姆指标体系"(见表4-2),为研究城市国际组织整体发展态势建立起了一个评估体系。

欧洲WWW for Europe项目在2013年发布题为《城市网络及社会生态转变——一份欧洲目录》报告。在继承和发展凯纳和基姆指标体系基础上,将指标由5类减少至4类,即"会员/会员资格"、"组织特征"、"活动"和"组织环境",并丰富了子项(见表4-3)。这一指标体系致力于对可持续发展的45个城市国际组织进行全面统计和比较分析,指出尽管新的网络不断出现,总体上跨国城市网络已经从快速发展阶段进入稳定阶段。信息分享仍是网络的核心功能,在此基础上一些网络更加重视务实合

---

[1] Stefan Niederhafan, "Comparing functions of transnational city networks in Europe and Asia," Asia Europe Journal, Vol. 11 Issue 4 (2014): 377-396.
[2] Marco Keiner, Arley Kim, "Transnational City Network for Sustainability," European Planning Studies, Vol. 11 (2007).

作，并发起政治运动以影响欧盟机构决策，加强欧洲跨国城市网络在欧盟多层治理中的地位和作用。

表 4-2　凯纳和基姆指标体系

| 子项特征 | 空间范围 | 领域/主题 | 会员/会员资格 | 发起/主导机构 | 其他特征 |
|---|---|---|---|---|---|
| 1 | 全球 | 生态/环境 | 会员数量 | 联合国 | 成立时间 |
| 2 | 跨区域（如欧盟－拉美） | 能源 | 会员资格要求/会费 | 欧盟 | 组织结构 |
| 3 | 地区（如伊斯兰、阿拉伯、波罗的海城市等） | 政策议题（如城市管理/能力建设） | 会员特权/收益 | 大学/研究机构 | 总部驻地 |
| 4 | 国家 | 城市问题（贫困/城市发展/重建） | 城市/地方政府 | 赞助者 | 预算规模/资源 |
| 5 | 城市伙伴 | 社会议题（如社会包容和凝聚/性别/人权） | 科学机构/大学 | 网络中的会员资格 | 网站信息（内容/可达性） |
| 6 |  | 文化议题 | 商业/私人部门 | 伙伴网络 | 数据库/财力 |
| 7 |  | 沟通/技术转移 | NGO/以社会为基础的组织 |  | 沟通的类型与频率/信息交换 |
| 8 |  |  | 个人 |  | 项目/奖项 |

表 4-3　WWW for Europe 报告的指标体系

| 子项特征 | 会员/会员资格 | 组织特征 | 活动 | 组织环境 |
|---|---|---|---|---|
| 1 | 会员数量 | 发起年份 | 一般/专业领域（如 UCLG 或 ICLEI） | 发起/赞助组织（联合国、欧盟、大学、商业、大的网络） |
| 2 | 会员资格要求/会员费 | 组织结构 | 网站信息（内容、可达性） | 大网络中的会员资格 |
| 3 | 会员的特权/收益 | 总部驻地 | 网络提供资源/知识数据库 | 伙伴网络 |

续表

| 子项特征 | 会员/会员资格 | 组织特征 | 活　动 | 组织环境 |
| --- | --- | --- | --- | --- |
| 4 | 有资格成为会员的实体（城市/地方政府、科研机构/大学、企业/私人部门、NGO、个人） | 预算规模/资源类型 | 交流/信息交换的类型和频率 | 主导组织（网络是否依附于其他组织或网络） |
| 5 | 政治/技术（政府/技术官员） | 执委会城市 | 发展标准/方法/工具 | |
| 6 | | 空间范围（全球、跨区域、区域、国家、友好城市） | 奖项/认证 | |
| 7 | | 生态/环境、能源、政策问题、城市问题、社会问题、文化问题、通信/技术转移 | | |

欧洲是现代城市跨国组织兴起之地，城市间跨国合作较世界其他地区更为活跃。欧洲城市间合作是在欧洲统一运动和欧盟经济政治一体化背景下开展的，在法律层面和操作层面都受到欧盟及其成员国的支持，带有鲜明的欧洲特色。欧洲的城市国际组织是欧洲一体化的一部分，是欧洲多层治理中的积极一环，其目标之一是通过地方合作增强欧洲凝聚力，并合力对欧洲各国及欧盟机构施加影响以维护地方权益。

城市与全球气候政策及治理关系是欧洲跨国城市网络研究的热点。英国学者哈里特·布尔克利（Harriet Bulkeley）与美国学者米歇尔·贝特西尔（Michele Betsill）联合撰写的论文中，通过对城市气候保护项目（Cites for Climate Protection，CCP）的研究，深入探讨了欧洲跨国城市网络与气候变化多层治理之间的逻辑关系。[1] 同时，布尔克利还与德国学者克里斯汀·克恩（Kristine Kern）共同探讨欧洲跨国城市网络在气候变化治理中的作用，认为跨国城市网络是推动全球气候变化治理的有效模式，是欧洲

---

[1] Michele M. Betsill, Harriet Bulkeley, "Cities and the Multilevel Governance of Global Climate Change," Global Governance, Vol. 12 (2006): 141 – 159.

一体化的有机组成部分。[1]

中国学者李昕蕾和宋天阳合作撰文认为，欧洲跨国城市网络是欧盟一体化实验性进程的组成部分。[2] 在考察欧盟的地区深入性网络之后，他们提出欧洲跨国城市网络一方面成为创新的政策实验平台，另一方面成为地方政策的倡议网络，通过回旋镖模式促使政府行为体接受地区层面的政策倡议，体现了其治理的实验性和回归性，[3] 从而构成欧盟多层治理结构自我实验完善的一个环节。

近年来，亚洲城市在城市国际组织的活动越来越活跃，这一现象也受到一些学者和研究机构的关注。与欧洲城市国际组织议题多样化不同，亚洲区域性城市国际组织的议题和职能更侧重于经济合作与人文交流。

日本全球环境战略研究所（Institute for Global Environmental Strategies，IGES）2010年发布研究报告，对日本地方政府发起的7个城市国际组织进行统计研究并指出，日本发起的"国际城际网络"（International Intercity Network）主要作为分享知识和提升能力的平台，与欧洲同类组织不同的是，很少发起政策倡议，也不向地方政府提供财务支持或促使地方政策合法化的政治支持。[4]

韩国首尔大学的斯蒂芬·尼德哈夫纳（Stefan Niederhafan）博士对欧洲和亚洲的城市国际组织进行了功能比较。他将城市国际组织的功能分为政策目标和结构目标两类：前者主要指关注领域，包括经济、社会和环境三大领域；后者指与之对应的功能，包括网络、游说和提供资金。经过对

---

[1] Kristine Kern, Harriet Bulkeley, "Cites, Europeanization and Multi-level Governance: Governing Climate Change through Transnational Municipal Networks," Journal of Common Market Studies, 2009, Volume 47 Number 2 (2009): 309–332.

[2] 李昕蕾、宋天阳：《跨国城市网络的实验主义治理研究——以欧洲跨国城市网络中的气候治理为例》，《欧洲研究》2014年第6期，第129页。文章中，作者按照成员数量和覆盖范围，将与气候保护相关的跨国城市网络分为4类：全球号召性网络、地区号召性网络、全球深入性网络和地区深入性网络，其中深入性网络的成员数量更多、影响力更大。

[3] 李昕蕾、宋天阳：《跨国城市网络的实验主义治理研究——以欧洲跨国城市网络中的气候治理为例》，《欧洲研究》2014年第6期，第129页。文章中，作者按照成员数量和覆盖范围，将与气候保护相关的跨国城市网络分为4类：全球号召性网络、地区号召性网络、全球深入性网络和地区深入性网络，其中深入性网络的成员数量更多、影响力更大。

[4] Nagisa Ishinabe, Analysis of international city-to-city cooperation and intercity networks for Japanese national & local governments (IGES discussion paper, 2010), Institute for Global Environmental Strategies, http://pub.iges.or.jp/modules/envirolib/upload/2789/attach/iges_discussion_paper_local_initiatives_march_2010.pdf, 最后访问日期：2015年7月1日。

比，作者发现在政策目标方面，西方多数注重环境（特别是气候变化）议题，亚洲则更注重诸如消除贫困、创造就业和经济增长等经济议题；欧洲的组织更强调城市间合作（City-to-City Cooperation）及在外部代表会员的城市利益，亚洲组织则更强调城市之间及与包括非政府组织在内的其他利益相关者间的交流。与欧洲相比，亚洲的城市国际组织几乎不承担政策游说功能。[①]

拉美和非洲地区的城市国际组织活动，除受到地区一体化的推动外，也受到欧洲在南北合作框架内的支持和影响。1975年，欧洲经济共同体同非洲、加勒比和太平洋国家签署《欧洲经济共同体——非洲、加勒比和太平洋（国家）洛美协定》（简称第1"洛美协定"），确定了双方以经济合作为主的合作框架。随后签订的第2、第3和第4个"洛美协定"，将合作领域逐渐扩展到包括地区自治等问题在内的公共领域，从而对拉美和非洲的城市国际组织的创建与发展产生重要影响直至当今。[②] 例如，2015年1月28日，非洲城市与地方政府联合组织同欧盟委员会签订合作框架协议，双方在加强非洲地方政府方面展开战略合作。

## 三 中国与城市国际组织

改革开放以来，中国城市直接对外交往空前活跃，不仅体现在交往的广度、深度、热度和频度方面，也体现在交往的形态上，越来越多的中国城市走上城市国际组织这个城市多边交往平台，积极主动拓展对外交往渠道。

### （一）中国参与城市国际组织特点

为服务国家总体外交战略，我国城市对外交往紧紧围绕经济发展、人文交流主题，国际友好城市结好数量呈现上升趋势；同时，随着城市国际组织在20世纪80年代的兴起，特别是在亚洲区域的发展，中国城市也加

---

① Stefan Niederhafan, "Comparing functions of transnational city networks in Europe and Asia," Asia Europe Journal, Vol. 11 Issue 4 (2014): 377-396.
② 参见 Regina Laisner, "The role of international city networks in the support of participatory governance in Latin America," Urban Affairs and Public Policy, Vol. XIII (2012), http://www.urbanauapp.org/2012-volume-xiii/，最后访问日期：2015年9月16日。

入这一浪潮。

1981年，沈阳市参加由其国际友好城市日本札幌市发起成立的世界冬季城市市长会议，并成为该组织的创始会员城市。这是中国城市参加城市国际组织的最早范例。至2015年，参加该组织的中国城市增加到7个，它们是：沈阳、长春、哈尔滨、佳木斯、吉林、鸡西、齐齐哈尔。

中国城市参加城市国际组织表现出如下三个特点。

### 1. 中国城市参加城市国际组织总体活跃

如表4-4所示，据不完全统计[①]，截至2015年7月1日，中国城市参加了至少27个城市国际组织，80个中国省市成为其中24个固定会员制组织的会员，各组织中的中国城市会员总数超过178个。

表4-4 中国参加的城市国际组织

单位：个

| 序号 | 城市国际组织名称 | 所在区域 | 总部所在地 | 中国城市会员数量 |
| --- | --- | --- | --- | --- |
| 1 | 世界旅游城市联合会 | 世界 | 北京 | 24 |
| 2 | 世界城市和地方政府联合组织（UCLG） | 世界 | 巴塞罗那 | 21 |
| 3 | 北九州清洁环境倡议 | 亚洲 | 北九州 | 17 |
| 4 | 亚太城市旅游振兴机构 | 亚洲 | 釜山 | 17 |
| 5 | 东亚地方政府会议 | 亚洲 | 奈良 | 14 |
| 6 | 世界科技城市联盟 | 世界 | 大田 | 8 |
| 7 | 东北亚地区地方政府联合会 | 亚洲 | 浦项 | 7 |
| 8 | 和平市长会议 | 世界 | 广岛 | 7 |
| 9 | 世界冬季城市市长会议 | 世界 | 札幌 | 7 |
| 10 | 全球创意城市网络 | 世界 | 巴黎 | 7 |
| 11 | 亚洲市长论坛 | 亚洲 | 德黑兰 | 6 |
| 12 | 亚太城市峰会 | 亚洲 | 福冈 | 5 |
| 13 | 世界历史都市联盟 | 世界 | 京都 | 5 |
| 14 | 世界遗产城市联盟 | 世界 | 魁北克 | 5 |
| 15 | 世界城市和区域电子政府协议组织 | 世界 | 首尔 | 5 |
| 16 | 亚太城市间合作网络（CITYNET） | 亚洲 | 首尔 | 4 |
| 17 | 东亚经济交流推进机构 | 亚洲 | 北九州 | 4 |
| 18 | 国际灯光城市协会 | 亚洲 | 里昂 | 4 |
| 19 | 东北亚机械产业城市联合 | 亚洲 | 昌原 | 3 |

① 数据来自对全国城市参加城市国际组织情况的问卷调查反馈和各城市国际组织的官方网站，最后访问日期：2015年7月1日。

续表

| 序号 | 城市国际组织名称 | 所在区域 | 总部所在地 | 中国城市会员数量 |
|---|---|---|---|---|
| 20 | 世界能源城市伙伴组织 | 世界 | 休斯敦 | 3 |
| 21 | C40 世界大城市气候领导联盟 | 世界 | 伦敦 | 3 |
| 22 | 国际地方政府环境行动理事会 | 世界 | 波恩 | 1 |
| 23 | 国际太阳能城市倡议 | 世界 | 大邱 | 1 |
| 24 | 亚太城市市长峰会 | 世界 | 布里斯班 | 非会员制 |
| 25 | 岛屿观光政策论坛 | 世界 | 海南 | 1 |
| 26 | 中国（厦门）国际友好城市论坛 | 世界 | 厦门 | 非会员制 |
| 27 | 中国国际友好城市大会 | 世界 | 北京 | 非会员制 |

在表4-4中提到的27个城市国际组织中，10个为亚洲区域性城市国际组织（中国会员城市77个），17个为世界性城市国际组织（中国会员城市102个）。除由北京市于2012年发起成立的世界旅游城市联合会外，中国城市参加最多的是世界城市和地方政府联合组织（UCLG），该组织也是中国城市对外多边交往最活跃的平台，而且中国在该组织内的影响力日益提高。随着城市对外交往持续扩大，越来越多的中国城市积极加入城市国际组织，并充分运用这一多边交往平台，开展各种经济合作和人文交流活动。

**2. 省会中心城市在对外交往中表现积极活跃**

表4-5列举参加城市国际组织最多的12个中国城市，其中每个城市至少是4个城市国际组织的固定会员，而且也是缔结国际友好城市数量较多的城市。上海是参加城市国际组织最多的中国城市，一共参加了10个城市国际组织，也是国际友好城市结好数量最多的中国城市，共缔结国际友好城市60对；北京市参加城市国际组织的数量和缔结国际友好城市数量均位居全国第二；广州、杭州、西安、重庆和天津均在中国国际友好城市结好数量排前10位，也是城市国际组织的积极参与者。[①] 另外，从地理分布看，这12个城市大多分布在东部和沿海地区，这也是中国城市对外交往的一个突出特点。从城市本身看，上述城市除大连外，均为省会以上中心城市，这与中国省会城市对外开放交往意愿强烈、综合资源优势明显有直接关系。

---

① 上述城市结好数据均来自中国国际友好城市联合会官方网站，并以该数据为基础对全国城市进行排名，最后访问日期：2015年7月1日。

表 4-5 参加城市国际组织最多的 12 个中国城市
（不含香港、澳门、台湾地区）

单位：个，对

| 序号 | 中国城市 | 参加城市国际组织数量 | 国际友好城市结好数量 |
| --- | --- | --- | --- |
| 1 | 上海 | 10 | 60 |
| 2 | 北京 | 7 | 52 |
| 3 | 成都 | 7 | 18 |
| 4 | 大连 | 7 | 10 |
| 5 | 广州 | 6 | 34 |
| 6 | 南京 | 6 | 14 |
| 7 | 杭州 | 5 | 30 |
| 8 | 西安 | 5 | 26 |
| 9 | 重庆 | 5 | 23 |
| 10 | 天津 | 4 | 27 |
| 11 | 武汉 | 4 | 20 |
| 12 | 沈阳 | 4 | 16 |

数据来源：中国国际友好城市联合会官方网站，数据时间：2015 年 7 月 1 日。

### 3. 一些城市积极参与城市国际组织的管理工作

一些城市加入城市国际组织，还积极参与管理工作（见表 4-6）。与普通会员城市相比，参加管理工作的城市，通过城市国际组织的多边互动平台，对推动务实合作，争取话语权，有效提升国家和城市及至国家影响力都具有重要作用。

### （二）中国发起的城市国际组织

近年来，除了积极参加由国外发起的城市国际组织活动外，中国城市和城市协会在倡议发起城市国际组织方面也做了大量有益的尝试并建立起一批稳定的多边城市合作平台。中国人民对外友好协会和中国国际友好城市联合会在其中起了引领作用。

岛屿政策观光论坛（Inter-Islands Tourism Policy Forum），是由海南省与韩国济州道（2006 年成为济州特别自治道）、日本冲绳县、印度尼西亚巴厘省于 1997 年共同倡议发起的地区性旅游合作组织，旨在促进各参与方相互之间互补性和独特性，以振兴旅游业和促进交流合作为共同目标，推

表 4-6  参加城市国际组织管理工作的中国城市

| 序号 | 组织名称 | 成立时间 | 参与管理工作的中国城市 |
| --- | --- | --- | --- |
| 1 | 世界冬季城市市长会议 | 1982 年 | 沈阳市为副会长 |
| 2 | 世界大都市协会 | 1985 年 | 广州市为该组织联合主席<br>广州和武汉市是亚太地区理事成员 |
| 3 | 世界历史都市联盟 | 1987 年 | 西安市市长为副主席 |
| 4 | 亚太城市间合作网络 | 1987 年 | 西安市市长担任副主席 |
| 5 | 世界科技城市联盟 | 1998 年 | 南京市市长为执行理事会副主席<br>合肥市市长为审计师 |
| 6 | 世界城市和地方政府联合组织 | 2004 年 | 中国人民对外友好协会为亚太区创始机构之一<br>中国人民对外友好协会前会长陈昊苏为亚太区创始主席<br>广州市为世界城市和地方政府联合组织的联合主席<br>中国人民对外友好协会,北京、上海、天津、哈尔滨、和海口等城市当选世界理事会理事和执行局成员<br>中国人民对外友好协会、北京、重庆、成都、大连、福州、海口、杭州、昆明、南宁、上海、沈阳、天津、西安、武汉、郑州为亚太区理事会理事 |
| 7 | 世界城市和区域电子政府协议组织 | 2010 年 | 成都市为该组织执委会副主席 |
| 8 | 世界旅游城市联合会 | 2012 年 | 北京发起成立该组织,并担任主席,香港为副主席 |

数据来源:各组织官方网站,最后访问日期:2015 年 7 月 1 日。

动岛屿地区的发展和世界和平。[①] 自发起以来,论坛每年由会员地方政府轮流主办,正式会员已达到 11 个。[②] 2015 年 10 月,第 19 届岛屿政策观光论坛在韩国济州道举行。

中国(厦门)国际友好城市论坛〔China (Xiamen) International

---

[①] 《岛屿观光政策论坛》,海南外事侨务办公室网站,http://dfoca.hainan.gov.cn/wsqbzw/ppxm/dyfgzc/,最后访问日期:2015 年 7 月 1 日。
[②] 该组织拥有 11 个地区的正式会员:中国海南省,韩国济州道(Jeju),日本冲绳县(Okinawa),印度尼西亚巴厘省(Bali),美国夏威夷州(Hawaii),西班牙加纳利自治区(Canary Islands),斯里兰卡南方省(Southern Province),坦桑尼亚桑给巴尔市(Zanzibar),泰国普吉府(Phuket),菲律宾宿务省(Cebu),马来西亚槟城州(Penang);3 个观察员地区:加拿大爱德华王子岛省(Prince Edward Island),柬埔寨磅湛省(Kampong Cham),瑞典哥德兰省(Gotland);2 个永久合作伙伴:芬兰北芬兰地区(原奥鲁省)(Northern Finland),奥地利萨尔茨堡州(Salzburg)。

Forum For friendship Cities〕，由中国人民对外友好协会、中国国际友好城市联合会、福建省人民政府和厦门市人民政府共同于 2003 年倡议发起，截至 2014 年该论坛已成功举办 10 届，在促进国际友好城市合作、共享资源、共谋发展、"跨界"交流等方面，已经成为一个具有影响力的国际平台。2014 年，来自 21 个国家的国际友人和中国 9 个省 26 个地市代表共 300 余人参会，探讨"新媒体时代的友好城市合作与发展"。①

中国国际友好城市大会（China International Friendship Cities Conference）由中国人民对外友好协会和中国国际友好城市联合会于 2008 年共同倡议发起、每两年举办一次大会，2008 年、2010 年和 2012 年分别在北京、上海和成都举办，同时创建了"国际友好城市交流合作奖""国际友好城市特别贡献奖""对华友好城市交流合作奖"等奖项，旨在鼓励在国际友好城市合作中取得积极成果的中外城市。2014 年 11 月，在广州举办的"2014 中国国际友好城市大会暨广州国际城市创新大会"上，来自 56 个国家和地区的 277 个城市或国际组织的嘉宾出席了大会。

2012 年，由北京市倡议发起成立的世界旅游城市联合会（World Tourism Cities Federation），成为首个由中国城市倡导并与众多国际旅游城市共同成立的城市国际组织，也是全球第一个以城市为主体的国际旅游组织。② 成立以来，世界旅游城市联合会逐步建立起了完善的运行机制，截至 2015 年 7 月，该组织拥有 100 个城市会员和 51 个机构会员，包括 76 个世界城市会员。③

### （三）中国参加和发起城市国际组织的意义

中国城市积极参加并发起城市国际组织，对推动城市经济发展、人文交流、国际化进程、增强国际话语权都具有重要意义。具体如下。

---

① 《2014 年中国（厦门）国际友好城市论坛在厦隆重举行》，中国国际友好城市联合会网站，http://www.cifca.org.cn/Web/videoDetails.aspx? id = 3054&ztid = 71，最后访问日期：2015 年 7 月 1 日。
② 《联合会介绍》，世界旅游城市联合会官方网站，http://cn.wtcf.travel/about/whoweare.html，最后访问日期：2015 年 7 月 1 日。
③ 《联合会介绍》，世界旅游城市联合会官方网站，http://cn.wtcf.travel/about/whoweare.html，最后访问日期：2015 年 7 月 1 日。

1. 积极服务国家总体外交战略

第一,借城市国际组织平台,积极宣传中国,发出中国倡议,表达中国立场。2014 年 11 月 28 日,全国人大常委会副委员长陈昌智出席 2014 中国国际友好城市大会暨广州国际城市创新大会开幕式,并在致辞中指出,"中华民族是爱好和平的民族,中华文化是崇尚和谐的文化","中国将坚定不移走和平发展道路",并呼吁与会各国城市代表"面对复杂多变的国际形势,世界各国应共同努力,进一步加强友好往来,不断扩大各领域交流与合作。作为深化城市间国际合作重要渠道的国际友好城市工作,作用将更加突出、舞台将更加广阔"[①]。

第二,通过展示中国城市的发展魅力,推广中国理念、中国经验和中国成就。城市是国家形象的直观体现,参加或发起城市国际组织有利于展现国家发展成果、增强国际影响力。2012 年,北京发起世界旅游城市联合会并举办"香山旅游峰会",吸引了 23 个国际会员城市代表出席。随后 2013 年和 2014 年继续在北京举办。2015 年起,改为在北京和世界旅游城市联合会会员城市之间轮流举办。通过举办峰会等系列活动,北京日新月异的城市面貌和市民热情好客的精神风貌成为中国向世界开放的一道亮丽风景线。

第三,为国广交朋友,与世界各地城市相识、相知、相通、相亲。城市间交往以民间直接交流为主,务实接地气,有助于沟通人心。例如,中国(厦门)国际友好城市论坛和中国国际友好城市大会,将国际友好城市"点对点"的交往、合作、友谊扩大到"面对面""片对片",有效巩固和扩大了对华友好的"朋友圈"。

2. 提升城市国际形象,推动城市绿色发展

他山之石可以攻玉。城市国际组织是很好的学习交流平台,也是提升城市国际化水平的有益途径。2012 年,广州市与世界城市和地方政府联合组织(UCLG)在多年合作的基础上,共同倡议设立"广州国际城市创新

---

① 《共同开创国际友好城市发展新未来——全国人大常委会副委员长陈昌智在 2014 中国国际友好城市大会暨广州国际城市创新大会开幕式上的致辞》,中国国际友好城市联合会网站,http://www.cifca.org.cn/Web/videoDetails.aspx?id=3210&ztid=72,最后访问日期:2015 年 12 月 27 日。

奖"这一世界级奖项,并借助其世界性网络,积极向世界推介中国城市形象,提出中国倡议、中国方案、中国行动。哈尔滨市人民政府外事办公室这样评价参加城市国际组织的意义、"作为会员城市,哈尔滨市派团出席了历届(世界冬季城市)市长会议。通过参加会议,(哈尔滨)加强了与世界各地冬季城市在城市规划管理、冬季旅游、环境保护、应对自然灾害、冬季清雪和交通等方面的交流与合作,为我市经济社会发展提供了宝贵的经验。"2013年,世界城市和区域电子政府协议组织亚洲办事处落户成都,成为成都市实施《国际化城市建设行动纲要(2012－2016)》以来引进的首个具有重要影响力的国际组织机构,对成都的国际化进程将起到重要的推动作用。

中国城市通过城市国际组织这一舞台,拓展城市对外交往渠道,积极主动为国家整体外交战略提供有力支撑。一方面,中国城市可以更加积极主动地参与发达国家主导的城市国际组织活动,如世界城市和地方政府联合组织(UCLG),利用这些具有广泛国际影响的平台,促进中外城市平等互利、合作共赢,展示中国国际合作的义利观;另一方面,中国城市应配合国家总体外交战略,积极参与发展中国家的城市国际组织活动,向发展中国家介绍中国经验、提出中国方案,进而深化"南南合作",互助共赢。

# 比较研究篇

**提　要**

比较研究部分选取一些国家和地区作为代表，包括美国、日本、欧洲、金砖国家、"一带一路"（中亚和东南亚）等，分析各自在推动地方政府对外交往、发挥城市国际角色及在全球治理中作用的做法与经验，以及对中国做好城市对外交往工作的启示。

# 第五章 美国：州的国际化进程

摘　要： 美国城市对外交往主要以国家利益为导向、发挥各城市自主性从而实现"双赢"的城市间互动，其制度上的灵活性、交往内容中的多样性以及明确的价值观倾向在美国整体外交战略中扮演着重要的补充角色。美国城市对外交往对中国的启示：以有效协调国家和地方政府的管理体系推进城市外交；以经济与技术实力为支撑，扩展城市对外交往渠道；以文化交流为抓手，提升城市对外交往的广度；以公民参与为主线，加强城市对外交往的深度。

"如今全球经济日益增加的互联互通需要全世界公众之间建立强有力的伙伴关系。像国际姐妹城市（Sister Cities International, SCI）这样的组织促成了这样的关系，增加了城市之间、文化之间的互相认知与了解。这些互动推进了市民之间、国家之间的合作与信任，为在科技与经济上的创新与发展创造了机会，并为持续和平与繁荣奠定了基础。"在出任国际姐妹城市协会荣誉主席时，美国总统巴拉克·奥巴马曾这样评价美国城市外交的地位与作用。[1] 事实上，美国城市外交的历史发端于美利坚合众国成立之前，甚至在北美开拓时期就产生了萌芽。特别是在20世纪50年代后，城市外交逐渐成为美国公共外交乃至国家对外战略中的重要组成部分，为树立全球国家形象、强化美国公众与世界其他地区公众的民意链接发挥了极为关键的作用。

---

[1] "History of U. S. Presidents' Support," Sister Cities International, http://www.sister-cities.org/history-us-presidents-support，最后访问日期：2015年3月20日。

# 一 美国城市对外交往的历史演进

美国城市外交的实践史是一部美国城市持续国际化的历史,也可以说市民自发对外交往逐渐纳入国家公共外交战略安排的演进史。这段历史的起源可以追溯到北美大陆的殖民时代与欧洲大陆的天然链接,而在二战之后随着美国成为国际舞台上最关键的主导力量,其城市外交也被赋予了更多国家利益色彩。如今,美国城市外交已成为其公共外交的重要着力点,在全球范围内充当着美国国家外交的有效延伸与必要补充。

## (一) 自发交往

各国各地城市之间交往的历史要明显晚于城市产生和发展的历史。作为一个典型的移民国家,美国城市的最初对外交往完全起源于移民对母国的思念与眷恋。这种思乡之情的最明显表现就是在美国各地极为寻常的那些在欧洲大陆似曾相识的地名,比如"纽约"(新约克)、"新奥尔良"、"新泽西"或者"伊丽莎白城"等。这些因追忆而起的地名很容易让美国移民时刻联想起在欧洲大陆上的母国故土。根据记载,早在1710年的殖民地时期,如今北卡罗来纳州的新伯尔尼市就与瑞士的伯尔尼市建立起了基于"血缘"的友好关系。①虽然这种关系直到20世纪60年代才得以通过官方法律文件方式正式确认,但这丝毫没有影响两个城市跨越大西洋的持续而密切的互动。

事实上,新老伯尔尼两市这种因"血缘"而自发而成的友好城市在北美大陆并非孤例。按照美国官方记载,最早缔结的友好城市协议也属于此类情况:1931年俄亥俄州的托莱多市与西班牙的托莱多市结好。②

不过,真正拉开美国城市对外交往大幕的却并非是宁静的乡愁,而是撕扯着20世纪上半叶人类命运的两次世界大战。第一次世界大战之后,被制造出的大量多余飞机经过简单地改造便被用于民用运输,美国与欧洲之

---

① "Fun Facts", Visit New Bern, http://www.visitnewbern.com/about/fun-facts,最后访问日期:2015年3月20日。
② "Toledo, Ohio", Wikipedia, http://en.wikipedia.org/wiki/Toledo,_Ohio,最后访问日期:2015年3月20日。

间的人员往来更为密切，城市之间的交流也随之热络起来，而这恰巧满足了在一战中遭遇打击的欧洲城市对美国友好城市援助的迫切需要。这种城市之间的援助在第二次世界大战之后展现得更为淋漓尽致。在二战中，欧洲各国的主要城市几乎都难免遭遇浩劫，甚至如柏林、华沙等历史名城几近残垣断壁。面对欧洲的百废待兴，美国在联邦层次上出台了"马歇尔计划"，而在地方层次上则表现为众多城市向欧洲城市伸出的援助之手。值得一提的是，欧洲的受援城市不但包括英法等盟友，还包括了曾经敌对的德国。① 需要指出的是，这种城市之间的援助存在一定的偶然性，比如1952 年德克萨斯州的阿灵顿市对位于民主德国与联邦德国交接处的联邦德国城市科尼雪芬市所提供的大量援助，就是因科市市经理柯特·佐赫勒1951 年访美一行，因代表团成员在阿灵顿市有笔友而在该市的短暂停留而结缘。② 至今，科市的城市公园仍旧保留着"阿灵顿公园"的名字，以展现两座城市之间经久不息的友谊。城市之间、人与人之间的交往与互动努力弥合着战争带来的敌对与伤痛，在对包括德国在内的欧洲各国城市扩展交流的同时，美国城市也转向发展在亚洲的互动，特别是针对曾经刀兵相见的日本。1955 年 12 月 17 日，就在珍珠港事件 14 周年之际，美国明尼苏达州圣保罗市与日本的长崎市结为友好城市，从此开启了美日之间的友好城市交往。③

值得注意的是，起源于民众自发的美国城市交往在 20 世纪 50 年代已初步具有了一定的组织化倾向。20 世纪 50 年代初，一个名叫"合作城镇联营体"（Operation Town Affiliation, Inc）的公司组织在纽约市成立。该机构与其说是"公司"，不如说是一个类似于中介性质的非营利组织。其主要职能就是帮助并促进美国城市与其他国家和地区城市建立并发展友好关系，而这些列入其名单的友好城市每年只需缴纳 10 美元的"会费"。虽然"合作城镇联营体"在 20 世纪 60 年代便终止了业务，但其仍旧为美国城市对外交往的协调与组织做出了重要的先驱性贡献。

---

① Sister Cities International, *Peace Through People: 50 Years of Global Citizenship* (Louisville, KY: Bulter Books, 2006), 5.
② "Arlington, Texas", Wikipedia, http://en.wikipedia.org/wiki/Arlington,_Texas，最后访问日期：2015 年 3 月 20 日。
③ "Brief Outline of Saint Paul-Nagasaki History," Saint Paul-Nagasaki Sister City Committee, http://www.stpaulnagasaki.org/history/brief-outline-of-saint-paul-nagasaki-history/，最后访问日期：2015 年 3 月 20 日。

## （二）公共外交战略规划

美国城市对外交往正式过渡到所谓"城市外交"的转折点出现在1956年。在时任总统德怀特·艾森豪威尔的倡导与推动下，出于"冷战"时代意识形态对抗与西方民主价值观宣传的考虑，美国开启了国家层次的公共外交战略，其中最具代表性的事件就是1953年"美国新闻署"（U. S. Information Agency）的设立。这个被赋予"促使其他国家对美国更好了解、美国人民与其他国家人民互相理解"的机构被赋予美国公共外交枢纽的地位，而作为美国与其他国家和地区民众互动重要途径的城市交往也自然被纳入了整个公共外交的大棋局当中。[①] 1956年9月11日至12日，在新闻署的组织联络下，艾森豪威尔总统邀请城市政府、商业界、社团组织等各类群体的代表共聚白宫，召开了"公民外交会议"（Conference on Citizen Diplomacy）。作为此次会议的成果，与会代表决定组建42个"民间交往委员会"（People-to-People Committee）。最终，42个委员会中的33个得以付诸实施、进入实际运行，而其中所谓的"市民交往委员会"（Civic Committee of People-to-People）就是负责具体落实"姐妹城市"（Sister Cities）或"友好城市"理念的专门组织。[②] 虽然包括"市民委员会"在内的所有委员会都因需要自行筹集部分运行款项而具有一定的非政府组织性质，但也仍旧背负着浓厚的政府色彩。比如，市民委员会每年都接受来自美国新闻署的一定数额的专项拨款，而该委员会的首任主席马克·博特曼（Mark Bortman）也是由艾森豪威尔指派出任的。[③]

由于美国联邦制的国家组成形式，联邦政府与各州政府之间在宪政意义上存在明显的相互独立性。又依照"狄龙规则"（Dillon's Rule），城市作为各州议会的创造物，因而联邦政府对各城市政府并没有法定影响力。[④] 在这种宪政条件下，更为介入联邦政治的"市民委员会"要真正扮演起美

---

[①] Nicholas J. Cull, *The Cold War and the United States Information Agency* (NY: Cambridge University Press, 2009), 82–95.

[②] Sherry Lee Mueller, "Professional Exchanges, Citizen Diplomacy, and Credibility," *America's Dialogue with the World*, ed. William P. Kiehl (Washington, DC: Public Diplomacy Council, 2006): 60–70.

[③] Sister Cities International, *Peace Through People: 50 Years of Global Citizenship* (Louisville, KY: Bulter Books, 2006), 12–13.

[④] 张光：《美国地方政府的设置》，《政治学研究》2004年第1期，第92~102页。

国各城市对外交往的组织协调角色的话，就必须借助某些可以在各城市间发挥联络作用的"中间人"。1957年初，市民委员会向当时已经拥有1.45万个城市会员的"美国城市协会"（American Municipal Association，AMA）即后来的"全美城市联盟"（National League of Cities，NLC）发出了合作的邀请，希望后者为推进城市外交搭建平台。同年7月24日，美国城市协会执行委员会同意了市民委员会的合作意向，并在其机构内创设了"国际城市合作委员会"（Committee on International Municipal Cooperation，CIMC）来协调与市民委员会合作推进"姐妹城市"或城市外交项目。1958年，两个组织还在华盛顿特区举办了第一届全美友好城市年会。[①]

在借助美国城市协会扩展与各城市联络的同时，联邦层次的市民委员会还充分发挥与其他国家和地区城市进行沟通的角色。完成这一角色的途径则需要通过美国联邦政府特别是国务院教育与文化事务局（Bureau of Educational and Cultural Affairs，BECA）及其驻外外交人员来实现。而这种通过外交渠道推进城市交往的做法显然明显区别于美国城市交往早期的自发状态，已逐渐演变为一种政府行为。

事实证明，在联邦层次推进、城市层次协会合作以及外交事务部门协调的合力之下，美国城市外交获得了长足的发展。1967年，市民委员会首任主席博特曼在任上去世时，美国已经有超过350个城市与57个国家和地区的城市缔结友好关系，而在1956年美国的友好城市只有40多对。

虽然美国城市外交在数量上得到了长足的发展，但也引发了新的问题：在美国城市与其他国家和地区城市结好的过程中，市民委员会、全美城市联盟的国际城市合作委员会、美国新闻署以及国务院及其外交人员都在不同程度上地有所参与。这一复杂的协调程序无疑增加了城市交往的成本与环节。特别是在面对规模日益增加的美国城市交往时，其协调效率更是捉襟见肘。为了完善程序并改进效率，构建更为正式且职能更为整合的城市外交或友好城市机制日益成为共识。

1965年，全美城市联盟的执行委员会建议组建一个全国范围的"非营利的自愿协会"来整合其国际城市合作委员会与市民委员会各自的职能，从而统一推进美国城市外交。1966年，根据全美城市联盟的建议，与其他

---

[①] Sister Cities International, *Peace through People*: 50 *Years of Global Citizenship* (Louisville, KY: Bulter Books, 2006), 16.

国家和地区缔结了友好城市关系的城市领导者们决定共同组建一个全国性协会。次年6月12日，一个名叫"美国城镇结好协会"（Town Affiliation Association of the U. S. Inc）的组织应运而生，并很快取代市民委员会与国际城市合作委员会而成为联络并推进美国城市外交的实际执行者。[1] 值得一提的是，就在城镇结好协会成立的两周之后，美国新闻署撤销了其内部设置的平民合作办公室，从而极大地影响到了用于推进城市外交的项目拨款。[2] 在这种情况下，新成立的城镇结好协会不得不更多借助全美城市联盟的支持和来自各城市和社区的捐款补贴，但其运行仍旧明显受到新闻署的影响并需要国务院系统的跟进与配合。

随着全球经济的复苏，友好城市在经贸意义上的现实优势逐步得以显现。1957年当美国华盛顿州西雅图市与日本神户市缔结为友好城市时，两市之间的贸易额大概只有830万美元，而到了结好10年后的1967年，这个数字升至2730万美元，增长了将近300%。[3] 神户还在西雅图开设了贸易办公室，为双方贸易往来和专业人员交往提供了新的机会，而双方城市的港口结好、团组互访等促进了两市的商业关系。密切的经贸互动无疑进一步强化了美国城市外交对内对外的吸引力。

### （三）制度化与国际化

面对更多美国城市希望与其他国家和地区城市缔结友好城市关系的需要，城镇结好协会陷入了服务与扩展的两难局面。越来越多的美国城市发现了建立友好城市的现实优势而希望加入城镇结好协会；而城镇结好协会在失去联邦政府拨款资助的情况下却愈发无力应对不断增长的服务需求。在1970年加州圣地亚哥举行的年会上，这种两难情况成了讨论的焦点。时任分管教育与文化事务的助理国务卿约翰·理查森（John Richardson, Jr.）应邀出席并发表了支持友好城市项目、推进城市外交的主旨演讲。在会议即将结束时，理查森宣布了联邦政府继续给予城市外交项目拨款与支持的

---

[1] "Sister Cities International," Wikipedia, http：//en. wikipedia. org/wiki/Sister_Cities_International，最后访问日期：2015年3月25日。
[2] Sister Cities International, *Peace Through People：50 Years of Global Citizenship* (Louisville, KY：Bulter Books, 2006), 41.
[3] Sister Cities International, *Peace Through People：50 Years of Global Citizenship* (Louisville, KY：Bulter Books, 2006), 49.

决定。次年，负责对友好城市项目即城镇结好协会拨款的职责正式从新闻署转入了国务院。① 至此，美国城市外交也最终形成了"国务院—城镇结好协会—城市"即"联邦政府—居间中介的非营利组织—城市政府"三个层次组成的运行体系。

与此同时，美国城市外交也愈发展现出配合国家整体外交的政策导向性。20世纪60年代以来，美国各城市与日本、南美各国城市缔结友好城市的趋势明显突出，甚至压过了与欧洲城市的传统"血缘"关系。比如，1968年城镇结好协会评出的5个年度最佳友好城市中，一个是与日本的友好城市、一个是与希腊的友好城市，其他三个均为与南美国家的友好城市；而当年评出的4个最佳单项奖全部为美国与南美国家的友好城市。又如，1972年评出的4个最佳友好城市奖也都花落美国与日本之间缔结的友好城市。

1973年，苏联友好城镇协会及苏联人民对外文化关系协会代表团访美，并与美国城镇结好协会展开互动，探讨了两国城市友好交流事宜。这也标志着美苏城市开始试图走出"冷战"恐惧、发展民间友谊。就在当年，美国华盛顿州西雅图市与苏联（今乌兹别克斯坦）塔什干市缔结了友好城市关系。② 此外，美国城镇结好协会还于1974年募款启动了一个名叫"关注非洲"（Emphasis on Africa）项目，以推动美国与非洲国家之间开展更多的城市合作。1979年即中美建交当年的11月，美国密苏里州圣路易斯市与中国江苏省南京市就建立了两国之间的第一对友好城市关系。③ 次年，美国加州旧金山市与中国上海市缔结为友好城市。中美之间城市交往的快速跟进，也能充分体现出美国城市外交的政策性与工具性。当然，也不可否认，中美城市之间的密切互动也对中美关系的稳步发展发挥了重要作用。

随着美国国务院的持续推进，美国城市外交在20世纪70年代迎来了所谓的"黄金时代"，美国各城市缔结友好城市的数量持续扩大，而该阶段友好城市关系的内涵也进一步得到了丰富。1977年，与国务院关系密切的美国国际发展署开启了针对城市外交的"技术辅助项目"（Technical

---

① Sister Cities International, *Peace Through People: 50 Years of Global Citizenship* (Louisville, KY: Bulter Books, 2006), 71.

② "History", Seattle-Tashkent Sister City Association, http://seattle-tashkent.org/history-2/#1971，最后访问日期：2015年3月25日。

③ "About us", St. Louis-Nanjing Sister City, http://stlnanjing.org/，最后访问日期：2015年3月25日。

Assistance Program），其目的在于在美国各城市与其结好的城市之间进行专业技术与经验的交流。在国际发展署的资金支持下，城镇结好协会负责运作了这一项目，并将更多先进技术与经验传递给了发展中国家的友好城市。美国佛罗里达州海尔勒阿市最先接受了该项目的资助，并在尼加拉瓜马那瓜市开展了护理学培训项目。随后，其他友好城市也纷纷效仿，在公共治安、农业、卫生、城市管理与规划、职业与特殊教育等方面进行了广泛交流。[①] 这一项目一直持续到20世纪90年代，为强化友好城市关系、推进美国国家形象发挥了重要作用，也在一定程度上有助于相关友好城市的相关领域技术水平的提升。

除了政府项目之外，美国城镇结好协会也通过向大企业或基金会募集款项的方式启动一系列具有专业特色的项目。同在1977年，在先后得到埃克森公司和卡特琳基金会资助的情况下，城镇结好协会启动了友好城市间学生交流项目。其内容包括来自友好城市的学校结好、将来自友好城市的学生邀请来到美国进行最长3年的交流学习。此类青年教育交流项目的开展，也高度符合美国公共外交中传递价值观的需求。

1980年，美国联邦政府推动了"加勒比/中美洲行动"，旨在扩展美国与该地区的交往、扩展在该地区的影响力。美国城镇结好协会也被纳入这一行动，并开始着力发展与加勒比或中美洲地区各国的城市外交。次年，美国城镇结好协会也正式更名为"国际姐妹城市协会"，总统罗纳德·里根出任了荣誉主席。[②]

更名之后，国际姐妹城市协会为突出其"国际"定位，积极扩展国际交流项目。1982年，里根政府启动了旨在扩展青年国际交流、推进美国价值传播的"新国际青年倡议"计划，国际姐妹城市协会作为重要执行者而参与其中，并获得了9万美元的经费支持。1987年，在艾森豪威尔国际高尔夫组织超过10万美元的资助下，国际姐妹城市协会启动了"艾森豪威尔国际学者"项目，邀请来自友好城市的学者来美访学交流。

20世纪80年代以来，国际姐妹城市协会加大了对苏联地区的城市外交，这也完全反映了当时"冷战"格局濒临瓦解的重大变化趋势。1982年，

---

[①] Sister Cities International, *Peace Through People：50 Years of Global Citizenship*（Louisville, KY：Bulter Books, 2006），78.
[②] "Sister Cities International," Wikipedia, http：//en.wikipedia.org/wiki/Sister_Cities_International，最后访问日期：2015年3月25日。

国际姐妹城市代表团访问莫斯科,持续推动与苏联各主要城市的友好城市关系,此访完成了5对友好城市的缔结协议。1989年,第一届"美苏姐妹城市会议"在塔什干举行,来自40多对两国友好城市的将近500余位代表出席。1997年,在美国国务院教育与文化事务局的拨款支持(首批拨款为34.2万美元)下,国际姐妹城市协会启动了"城镇问题解决项目",专门推进美国城市与苏联解体后的"新独立国家"各城市的交往,在城市管理、经贸发展、社会服务、卫生、社区治安、妇女以及残疾人权益等领域给予后者全面帮助,旨在使其建立"民主"与"自由市场"体制。根据不完全统计,至少有11个俄罗斯的城市与3个乌克兰的城市加入了该项目。[1]

2001年,"9·11事件"为美国城市外交提供了又一个重要舞台,纽约等城市因而也强化了与其他国家与地区友好城市的密切关系,展现了世界各国促进理解、维护世界和平的共同意愿。在恐怖袭击发生之后,纽约市在全球的友好城市以慰问电或援助的方式表达关切与支持,东京市向纽约市捐款500万美元。意大利罗马市甚至放弃竞争2012年奥运会主办城市,并提出将这个荣誉授予纽约。

近年来,国际姐妹城市协会更多转向对非洲开展城市外交,并于2012年提出了"美中非倡议项目",为携手解决非洲经济发展和城市贫困问题搭建了平台。在2013~2014年,已有三组美中非友好城市扶贫项目得以启动,即"美国科罗拉多州丹佛-中国昆明-肯尼亚内罗毕"、"美国北卡罗来纳州罗利及阿什维尔-中国襄阳-尼日利亚奥绍博"以及"美国俄亥俄州厄巴纳-中国广州市海珠区-马拉维宗巴"。[2]

## 二 美国城市对外交往的实践分析

根据国际姐妹城市协会统计,截止到2014年底,全美已有545个城市与145个国家和地区的2121个城市结为了友好城市关系。而就在2014年当年,这些友好城市的人员往来规模已经超过了两万人次。

---

[1] Sister Cities International, *Peace Through People: 50 Years of Global Citizenship*, (Louisville KY: Bulter Books, 2006), 177.

[2] "Sino-Arican Initiative 2012 – 2014," Sister Cities International, http://cld.bz/bookdata/4ARpP6p/common/downloads/SCI%20Sino-African%20Initiative%202012-2014.pdf,最后访问日期:2015年3月25日。

## （一）分布

就参与友好城市项目各城市在各州的分布看，目前除了北达科他州和罗得岛州之外，全美48个州以及华盛顿特区都发展了与其他国家和地区城市的友好城市关系。具体而言，可以用三个指标来衡量友好城市在美国各州的分布情况，即各州参与城市数量、各州缔结友好城市数量以及各州友好城市的密集程度。前两者顾名思义即某一州参与友好城市项目的城市数量以及该州所有参与友好城市项目城市所缔结的友好城市数量，而密集程度则是指某一州参与友好城市项目的每个城市平均担负的友好城市数量即各州"缔结友好城市数量"与"参与城市数量"之比。这一指标可以衡量该州城市是否在友好城市中更具竞争性或特殊性。

如表5-1所示，在"参与城市数量"与"缔结友好城市数量"两个指标上衡量，排位靠前者多为美国的人口大州、经济大州或者沿海及边境各州。针对这种分布的解释相对明确，即人口与经济大州的城市在经贸教育文化方面更具实力与知名度，从而有能力和意愿参与到缔结友好城市的城市外交当中；而沿海以及边境各州则在美国对外交往中扮演着"前沿阵地"的角色，具有更多机会对外交流。

表5-1  美国各州在友好城市不同衡量指标上前十名的分布情况

单位：个

| 参与城市数量（a） | 缔结友好城市数量（b） | 结好密集程度（b/a） |
| --- | --- | --- |
| 加州（83） | 加州（383） | 夏威夷州（23） |
| 伊利诺伊州（43） | 佛罗里达州（188） | 犹他州（9） |
| 佛罗里达州（37） | 得克萨斯州（182） | 路易斯安那州（8.5） |
| 得克萨斯州（28） | 伊利诺伊州（106） | 亚拉巴马州（8.25） |
| 明尼苏达州（21） | 华盛顿州（78） | 华盛顿特区/新罕布什尔州（8） |
| 纽约州/弗吉尼亚州（19） | 俄亥俄州（76） | 新泽西州（7.6） |
| 俄亥俄州/北卡罗来纳州（18） | 纽约州（65） | 密苏里州（6.6） |
| 华盛顿州/科罗拉多州（17） | 北卡罗来纳州（64） | 得克萨斯州（6.5） |
| 俄勒冈州（15） | 弗吉尼亚州（59） | 康涅狄格州（5.2） |
| 艾奥瓦州/印第安纳州（14） | 科罗拉多州/马里兰州（58） | 佛罗里达州（5.1） |

资料来源：国际姐妹城市协会官网网站 www.sister-cities.org。

在"结好密集程度"指标上，不同于前两个指标的判断，更多小州甚至偏远州排位相对靠前，这一情况则需要具体解释。夏威夷州之所以在密集度上最为突出，主要表现为两个特殊性。其一，夏威夷作为海岛州，城市数量有限，目前只有火奴鲁鲁市和茂伊县结有友好城市。其二，夏威夷州地处太平洋且人口结构中亚裔比重占据主导，因而成为美国对亚太地区发展城市外交的重点平台，在夏威夷州两市县缔结的46个友好城市中就有31个为东亚或东南亚地区的城市。与夏威夷州同样的情况也出现在作为首都而具有特定政治意涵的华盛顿特区以及具有众多法国与法语文化传统的路易斯安那州的情况当中。犹他州则是因为地缘位置偏远，且仅有盐湖城一座具有较大影响力的城市，因而其结好密集程度较高，而亚拉巴马州也应该属于这类情况。

总体而言，就友好城市在美国各州的分布而言，突出了明显的平衡特点。一方面，突出了人口与经济大州的引领作用，体现了美国在经济、科技以及城市管理等领域的优势；另一方面重视并充分发挥了小州在地域与文化层面上的特殊地位，促使其扮演起出奇制胜的特殊角色。

就海外分布看，美国的友好城市已不同程度遍及了全球五大洲众多国家与地区。就大洲而言，欧洲、亚洲（不包括中东地区）以及美洲是美国友好城市分布最多的三个大洲，分别为721个（34%）、674个（32%）以及452个（21%）。而中东地区及北非、撒哈拉以南的非洲以及大洋洲则是美国姐妹城市外交目前最为薄弱的地区，分别为90个（4%）、145个（7%）以及39个（2%）。而就国家和地区而言，与美国城市缔结了最多友好城市的前五名分别为：墨西哥（202个）、日本（199个）、中国大陆（164个）、德国（119个）以及法国（102个）。值得注意的是，中国台湾地区也以55个与美国的友好城市位列第7位，其水平甚至超过了韩国和以色列。这一分布足以说明美国城市外交中仍旧重视其在与周边国家、盟友国家以及大国之间关系的重要作用，且具有明显的价值观色彩。

## （二）特点

城市外交是国家外交的重要延伸与补充，美国城市外交也是始终以国家利益为导向、发挥各城市自主性从而实现"双赢"的城市间互动。[①] 从推进的友好城市的数量和合作互动的内容看，城市外交已在美国公共外交

---

① 杨勇：《全球化时代的中国城市外交：以广州为视角》，中国政法大学出版社，2014，第72页。

乃至整体外交战略中扮演起极为重要的补充角色。具体而言，美国城市外交在制度安排、交往内容以及价值观倾向上具有三个突出特点。

其一，制度设计上的灵活性。在联邦制的宪政框架下，美国联邦政府无法直接驱动城市政府完成其国家层次的外交战略布局，而城市政府虽然有在经贸文教等领域具有国际交流的需要，但也缺乏对外交往的渠道与途径。面对这种不对称却互相需要的制度环境，美国城市外交日渐形成了以"国际姐妹城市协会"等非营利组织为居间中介的协调模式。一方面，国务院及其教育与文化事务局、美国信息署以及美国国际发展署等相关政府机构通过财政拨款或项目外包等方式将希望实施的战略、政策或项目交给国际姐妹城市协会实施，从而实际上对该组织的行动方向加以把控与协调。这些政府机构还为国际姐妹城市协会扩展海外联系提供充分的渠道支持，帮助其在海外寻求潜在的姐妹城市。另一方面，国际姐妹城市协会则负责联络各会员城市，促使这些城市参与到政府项目或自筹项目当中，从而实质上在满足各城市对外交流需要的同时履行了联邦政府需要完成的公共外交导向。这种半机制化、半官方的制度设计，不但保持了国际姐妹城市协会的非营利性与非政府地位以及各城市的独立性，而且充分发挥了这些非营利组织和城市的灵活性，最为重要的是确保了在联邦制国家框架内地方政府推进国务院等联邦机构的政策目标。

值得一提的是，在"联邦政府—非营利组织—城市政府"这一城市外交框架内，非营利组织虽然主要为国际姐妹城市协会，但其他城市间协会如美国国际城市管理协会（The International City/County Management Association，ICCMA）、美国市长会议（United States Conference of Mayors，USCM）等非营利组织也在一定程度上发挥着相似的作用。[1] 同时，城市政府在这个过程中也具有很强的独立性，一方面可以选择参与或不参与友好城市项目，也可以选择参与友好城市项目中的合作议题与领域。缔结友好城市本身，也是由城市政府双方进行的，甚至很多城市政府本身也独立设置了负责协调友好城市的专门机构或委员会。

其二，交往实践上的多样性。按照美国著名城市理论家刘易斯·芒福德（Lewis Mumford）的观点，城市是人类赖以生存和发展的重要介质，不

---

[1] 参见"美国国际城市管理协会"网站（http://icma.org/en/icma/home）以及"美国市长会议"网站（http://www.usmayors.org/）。

仅是居住生息、工作、购物的地方，更是文化容器，更是新文明的孕育所。[①] 这就意味着，以城市为载体的对外交往，事实上是一种人类文化或文明的交往，其内涵与外延几乎可以涵盖当今生存在城市中的每个普通人的日常生活。以国际姐妹城市协会为例，其姐妹城市项目中所涉及的领域包括青年交流与教育、艺术与文化交流、经济发展、市政交流与社区发展四大板块。而从美国城市外交发展的历程看，从简单的援助到教育文化交流，从专业技术合作到全方位城市合作，其涉及领域众多，甚至1990年美国佛罗里达州赖可兰德市与摩尔多瓦的巴尔蒂市开展了反对家庭暴力的综合合作项目。[②]

美国城市外交所触及的领域看似琐碎，却是"生活化"的，与公众的切身生活密切相关，而且可以直接而更为准确传达美国的价值理念。更为重要的是，城市外交可以触及的领域多样性也正是官方外交、经济外交等其他外交形式无法实现的。这一特点使得美国城市外交充当了其他主流外交形式的重要且不可或缺的补充，使得美国外交成为全方位的战略架构。

其三，外交战略上的意识形态性。虽然作为城市外交协调者的国际姐妹城市协会以及作为城市外交主体的城市都以促进城市以及人民间友谊、促进城市经贸文化利益作为展开城市交往的动机，但这种城市外交实践由于联邦政府的介入而具有鲜明的意识形态性与政策导向。一方面，国务院等联邦政府机构对姐妹城市项目在财政上和外交渠道上的支持决定了其发挥关键主导作用的基础。这一效果充分表现在二战后美国城市外交长期聚焦于日本与欧洲各国的实践，也表现在20世纪七八十年代之后美国城市外交大力推进在苏联地区扩展结好城市的历史上。1993年，美国亚拉巴马州莫比尔市甚至与长期断交的古巴的哈瓦那市结为姐妹城市，而这也势必成为美国向古巴传递信息、传播价值观的关键渠道之一。[③] 另一方面，城市外交所传递的美国文化、文明乃至高新技术与管理经验，也在全世界范围内极为真切地展现了美国的国家竞争力与创新力。这种可能令其友好城市

---

[①] 〔美〕刘易斯·芒福德：《城市发展史：起源、演变和前景》，宋俊岭等译，中国建筑工业出版社，2005，第14页。

[②] "The Sister Cities Story," Lakeland Sister Cities International, http://www.lakelandgov.net/portals/root/lakelandsistercitiesbrochure.pdf, 最后访问日期：2015年3月25日。

[③] Robert M. Schaefer, "Historical Ties Between Mobile and Havana," Society Mobile-La Habana, http://www.havana-mobile.com/SummitHistoryMobile.05.doc, 最后访问日期：2015年3月25日。

市民羡慕甚至趋之若鹜的比较优势极可能隐含着对包括西方自由、民主、人权等价值观的认同与向往，从而有效且潜移默化地提升了各国公众对美国国家形象的正面认同，宣扬着美国价值观。

## 三 美国城市对外交往与中美关系

自1972年中美两国关系破冰以来，城市外交在两国互动中所受到的关注度虽然较为有限，但却实际上扮演着极为关键的引领与铺垫作用，有效地推进了两国关系特别是民间往来的加深。

1979年10月31日即中美建交后不久，美国俄亥俄州就与中国的湖北省结为两国间第一对友好省州，而仅仅3天后，中国江苏省南京市与美国密苏里州圣路易斯市结为两国间第一对友好城市。随着中国改革开放的深入和中美双边关系的深化，两国友好省州和友好城市整体上持续增加。在加深了解、互利互惠的基础上，中美双方友好城市努力把交流领域从单纯的地方政府官员的友好往来，逐步扩大到社会各阶层、各行业的双向交流与合作。在经贸合作、人员培训、文化教育和技术交流等各方面，中美双方城市间取长补短、相互学习，开展了符合自身特点、卓有实效的合作。

截止到2014年底，中美两国之间已缔结了208对友好城市，参与其中的中国城市将近169个。其中以江苏无锡市（5个）、北京市（4个）、江苏常州市（4个）、天津市（3个）、江苏苏州市（3个）、广东佛山市（3个）、湖南长沙市（3个）等城市缔结的美国友好城市数量最多也最为活跃。

### (一) 中美城市交往的历史发展

以中美关系发展史为蓝本，两国友好城市外交的历程可以大致划分为三个阶段，即1979~1982年的初创阶段、1983~1989年的调整阶段以及1990年至今的稳定有序的发展阶段。[1] 图5-1显示了中美自建交以来各年份缔结友好城市数量的变化趋势。

在1979~1982年的初创阶段中，随着两国正式建交，城市交往也步入

---

[1] 李小林：《中美友好城市发展回顾》，《北京周报》2002年9月，http://www.bjreview.cn/Cn/2002-9/world09-2.htm，最后访问日期：2015年3月26日。

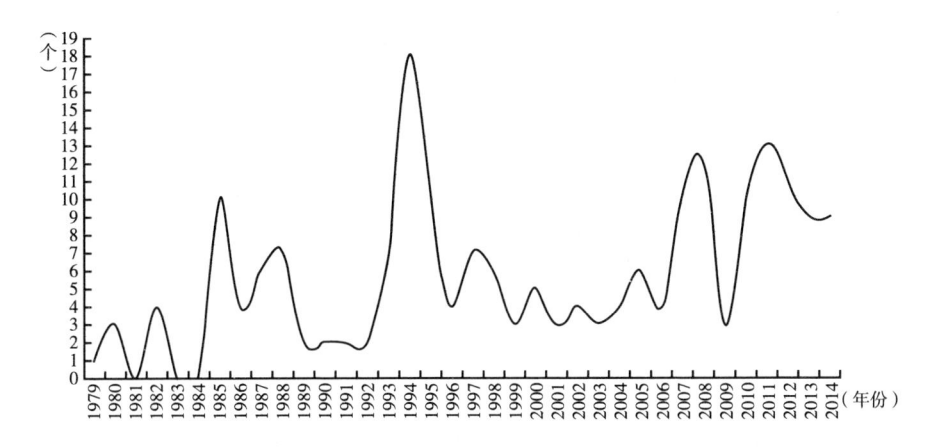

图 5-1　中美建交以来的友好城市发展趋势（1979~2014）

资料来源：中国国际友好城市联合会官方网站（http://www.cifca.org.cn/）。

正轨，逐渐起步。在这四年中，中美两国共建立了 9 对友好城市，平均每年 2.25 对。在城市分布方面，所涉及的 9 个中国城市多数为经济发展状况较好的东部沿海城市，唯一的内陆城市即湖北省武汉市也是在规模上和经济水平上颇具影响的省会城市。相比而言，美国方面参与结好的 9 个城市从分布上则更为多样，既有东西海岸城市，也有中部内陆城市，既有如纽约州纽约市、马萨诸塞州波士顿市、加州旧金山市和洛杉矶市以及宾夕法尼亚州费城市和匹兹堡市等具有全美甚至国际影响力的重要城市，也有如加州奥克兰市、田纳西州查塔努加市或密苏里州圣路易斯市等区域性城市。

在 1983~1989 年的调整与发展阶段中，中美友好城市交往呈现出"跃进式"的发展势头，甚至从 1984 年的 1 对一跃为 1985 年的 10 对。随着中国改革开放的纵深发展，中美互动日益密切，城市外交在调整中日渐热络。在这七年中，两国共缔结了 30 对友好城市，平均每年 4.29 对。从城市分布看，所涉及中国城市中仍旧有三分之二位于东部地区，但也出现了多个中部和西部城市与美国城市缔结友好关系。值得一提的是，西藏自治区的拉萨市也于 1987 年与美国科罗拉多州的博尔德市结好。同时，在规模和经济水平上，除了北京之外，多个省会城市或省内较为重要的中型城市也积极参与其中。相比之下，美国参与结好的城市中只有约三分之一为东西海岸州城市，其多数为内陆城市。在规模和经济水平上，美国结好城市也基本为州府或州内中小型城市。

在 1990 年至今的稳步发展阶段中，中美关系经历过低谷后，城市外交虽然也暂时相应走低，却成为20世纪90年代初期引领两国关系回暖的强劲推动力量：中美城市结好数量从1993年的7对上升为1994年的18对，而1994年的单年水平也创造了历史最高纪录。1990年至今的25年中，虽然在每年的结好数量上各有起伏，但整体上保持了较高水平的稳步推进：中美两国共缔结了167对友好城市，平均每年6.68个。在分布上，所涉及中国城市在东、中、西部的分布大致为40%、47%以及13%。相对比前两个阶段而言，向中部地区和西部地区的倾向较为明显。从城市的规模和经济水平上看，中国城市囊括了大中小型各类城市，从首都到地级市，从省会到县城，分布广泛。比较而言，美国在该阶段参与结好的城市中有大概60%为东西海岸州城市，且其中含有一部分州府以及较多的州内中小城市。

与此同时，中美两国友好城市交往也逐渐进行了制度化与规范化变革，两国的一些全国性组织在推动中美友好城市交往中发挥了重要作用。中国人民对外友好协会和美国国际姐妹城市协会在中美两国友好城市活动中扮演了关键的组织与协调者角色。在双方的共同努力下，中美城市每年互派代表团参加在中国举办的友好城市国际大会和在美国举办的国际姐妹城市协会年会，为两国城市间交流信息、寻找合作伙伴、探讨友好城市发展的前景提供了良好的机会。

### （二）中美城市结好的地域分布

从中美城市外交历史沿革中地域分布的变化情况可以初步看出，中国与美国结好城市从东部大城市不断向中西部中小城市扩散，这也基本符合中国改革开放、与美国交往不断深入、向内陆扩展的现实趋势。而反观美国与中国结好的城市分布，则基本上从一开始就保持了地域与城市类型上的平衡，这也足以说明其城市外交的历史实践更为久远，且发展水平相对较高。

具体到目前两国友好城市的地域分布而言，两国各自的特点与差异也在总体上延续了历史趋势。如表5-2所示，中国与美国结好的城市仍旧是东部占据了大多数，中部地区次之，西部地区最少，东部的密集分布与其沿海地区经济社会发展情况更好、更具对外开放性有关。而按照其结好密度看，在总体说明趋近的同时，密度最大的为西部地区。这就意味着，西部地区各城市平均更多地与美国缔结友好城市，就其解释一方面可以理解为是美国城市外交有更多接触中国西部城市的倾向，也可以解释为中国西部城市更具借助中美友好城市机制来推动经济发展、对外开放的动机。相比之下，中部地区无论在结好城市数量还是密度上都处于弱势地位，这可能与该地区经济社会发展情况相对有限且又不具备西部等地区在资源与文化意义上的特殊地位有关。

表5-2 与美国缔结友好城市的中国城市在各指标上的分布情况

单位：个

| 地区 | 参与城市数量(a) | 缔结友好城市数量(b) | 结好密集程度(b/a) |
|---|---|---|---|
| 东部 | 97 | 124 | 1.29 |
| 中部 | 48 | 55 | 1.15 |
| 西部 | 21 | 27 | 1.29 |

资料来源：中国国际友好城市联合会官方网站，http://www.cifca.org.cn/。

表5-3对比了美国各地区与国外各城市结好的分布以及与中国城市结好的分布。在与整个世界各城市的结好方面，广大的南部地区在参与结好城市的数量上占据多数。而东部则由于相对地域较小且人口众多的情况而存在更多人口聚集的城市，因而参与结好城市较少。但从结好密度上看，东部、南部以及西部的水平相仿，只有中西部较低，这一定程度上与中西部地区受工业与农业等产业结构影响而经济状况相对不佳有关。而与中国城市结好的分布情况则与全世界的情况存在一定差异。一方面，结好城市分布最多的区域是西部而非南部，这与西部面对太平洋，与中国以及整个亚太地区联系更为密切有关。另一方面，在结好密度上，西部水平略高，而东部和中西部则基本处于同一水平，南方水平最低。这一方面重申了西部地区与中国更深的渊源，也能反映出南方地区相对保守意识形态偏见，更能够反映出美国各城市与中国结好时显现的广泛而相对均匀地分布。

表5-3 与世界/中国缔结友好城市的美国城市在各指标上的分布情况

单位：个

| 地区 | 参与城市数量(a) 世界 | 参与城市数量(a) 中国 | 缔结友好城市数量(b) 世界 | 缔结友好城市数量(b) 中国 | 结好密集程度(b/a) 世界 | 结好密集程度(b/a) 中国 |
|---|---|---|---|---|---|---|
| 东部 | 48 | 27 | 207 | 29 | 4.31 | 1.07 |
| 中西部 | 146 | 35 | 404 | 37 | 2.77 | 1.06 |
| 南部 | 184 | 53 | 786 | 54 | 4.27 | 1.02 |
| 西部 | 167 | 68 | 718 | 79 | 4.3 | 1.16 |

资料来源：国际姐妹城市协会官网网站，www.sister-cities.org 和中国国际友好城市联合会官方网站，http://www.cifca.org.cn。

具体到中美友好城市在中国各省或美国各州的分布看，其趋势也基本延续了在各区域的分布情况。如表 5-4 所示，无论是参与城市数量还是缔结友好城市数量，排名靠前的中国城市大都分布在江苏省、广东省、山东省、福建省以及浙江省等东部沿海发达地区，其次才是一些中部甚至西部地区。这一特点符合在区域上以东部为主，中西部较少的情况。而在结好密度上，北京市、天津市以及重庆市等直辖市首当其冲，其后的分布则是东中西三个部分交替出现。这一趋势意味着，中国对美城市外交还是更多偏向较大甚至特大城市，更多依赖大城市发挥城市外交的作用。

表 5-4　与美国结好的中国城市在不同衡量指标上前十名的分布情况

单位：个

| 参与城市数量（a） | 缔结友好城市数量（b） | 结好密集程度（b/a） |
| --- | --- | --- |
| 江苏省（20） | 江苏省（32） | 北京市（4） |
| 山东省（15） | 广东省（18） | 天津市/重庆市（3） |
| 广东省（14） | 山东省（17） | 黑龙江省（2） |
| 福建省/湖南省（10） | 福建省/湖南省（12） | 江苏省（1.6） |
| 浙江省（9） | 浙江省（10） | 陕西省（1.5） |
| 河北省/辽宁省（8） | 江西省（9） | 云南省（1.33） |
| 安徽省/湖北省/四川省（7） | 河北省/辽宁省/湖北省/四川省（8） | 广东省/江西省（1.29） |
| 广西壮族自治区（6） | 安徽省（7） | 海南省/吉林省（1.25） |
| 山西省（5） | 广西壮族自治区/陕西省（6） | 福建省/湖南省（1.2） |
| 海南省/河南省/吉林省/陕西省（4） | 山西省/海南省/吉林省（5） | 湖北省/四川省（1.15） |

资料来源：中国国际友好城市联合会官方网站 http://www.cifca.org.cn/。

对比表 5-5 中显示的美国各城市与中国结好的各州分布情况而言，在参与城市数量和缔结友好城市数量上，分布较多的是加州、得克萨斯州以及纽约州人口与经济大州以及加州、华盛顿州等西部沿海州，这基本符合城市发展的一般规律以及与中国密切联系各州的分布情况。而在结好密度上观察，排在前面的如夏威夷州和加州等位于或面临太平洋的州，也说明与中国的地缘联系。而像特拉华州这样的小州因州内仅有一座城市即威尔明顿与中国两省的两座城市结好而在密度上凸显。位列其后者则均匀地分布在东部与中西部等地，这也符合美国各城市与中国结好的区域分布趋势及其特点。

表5-5 与中国结好的美国城市在不同衡量指标上前十名的分布情况

单位：个

| 参与城市数量(a) | 缔结友好城市数量(b) | 结好密集程度(b/a) |
| --- | --- | --- |
| 加州(40) | 加州(48) | 夏威夷州(2.5) |
| 得克萨斯州(12) | 得克萨斯州(12) | 特拉华州(2) |
| 华盛顿州(9) | 华盛顿州(9) | 加州(1.2) |
| 纽约州(7) | 纽约州(8) | 密歇根州/新泽西州/印第安纳州(1.17) |
| 俄克拉荷马州/康涅狄格州/密歇根州/明尼苏达州/新泽西州/印第安纳州/伊利诺伊州(6) | 密歇根州/新泽西州/印第安纳州(7) | 纽约州(1.14) |
| 北卡罗来纳州/宾夕法尼亚州/佛罗里达州(5) | 俄克拉荷马州/康涅狄格州/明尼苏达州/伊利诺伊州(6) | 其他32个州和地区均为1个 |
| 阿肯色州/艾奥瓦州/马里兰州/亚利桑那州(4) | 北卡罗来纳州/宾夕法尼亚州/佛罗里达州/夏威夷州(5) | |
| 俄亥俄州/俄勒冈州/科罗拉多州/肯塔基州/马萨诸塞州/威斯康星州/新墨西哥州/佐治亚州(3) | 阿肯色州/艾奥瓦州/马里兰州/亚利桑那州(4) | |
| 亚拉巴马州/路易斯安那州/田纳西州/夏威夷州/犹他州(2) | 俄亥俄州/俄勒冈州/科罗拉多州/肯塔基州/马萨诸塞州/威斯康星州/新墨西哥州/佐治亚州(3) | |
| 爱达荷州/弗吉尼亚州/华盛顿特区/堪萨斯州/南卡罗来纳州/内华达州/内布拉斯加州/特拉华州(1) | 特拉华州/亚拉巴马州/路易斯安那州/田纳西州/犹他州(2) | |

资料来源：中国国际友好城市联合会官方网站，http://www.cifca.org.cn/。

## （三）中美城市交往的特点

第一，城市外交是中美关系的稳定器、推动力与增长点。自建交以来，包括城市交往在内的两国地方政府交往始终是推进中美关系稳步发展的重要的动力，为双边关系的深化积累了深厚的民间基础。与联邦政府相比，美国城市的对外交往具有更为明显的可行性、灵活性以及自主性，可以更为容易地摆脱意识形态或政治因素的干扰与束缚，从而在中美两国关系中充当起"润滑剂"的角色。从历史发展观察，1989年以后，中美关系发展一度陷入低谷，但城市政府之间的交往不但没有停止，而且在其后还呈现出引领两国关系回暖的趋势，这也反映了两国公众发展互利共赢的中美关系的共同愿望。

近年来，城市外交更是有效地推动了中美两国在次国家层面上的经贸合作和文化交流，切实使得两国公众获益的同时，也令彼此更为了解对方，加深友谊，共同巩固并夯实了两国关系的社会民意基础。

稳定两国关系、推进经贸文化互动的同时，城市外交也日益成为中美互动的新的增长点。2013年5月，中国国家主席习近平在会见时任美国洛杉矶市市长安东尼奥·维拉莱戈萨（Antonio R. Villaraigo）时指出，中美关系根基在地方、在民间、在基层。中美关系发展离不开地方交流合作，更离不开两国人民广泛参与和积极支持。双方要从地方做起、从民间做起、从基层做起，发挥地方特色，实现优势互补，通过实实在在的合作，夯实中美关系的社会基础。[1]

第二，中美两国城市外交所涉及的领域仍旧处于所谓的"低端政治"状态。当今，中美两国城市的交往互动仍旧以经贸合作与文化交流为主要内容，而在涉及国家利益与安全等所谓"高端政治"领域上却触及有限。

这种局限性一方面反映了中美关系中的结构性矛盾，但另一方面也充分体现了城市本身作为次国家行政体在对外交往中的有限性。虽然经贸与文化交流有效地链接了中美两国公众的利益与情感，但在"高端议题"上的合作将更为全面地提升两国城市之间乃至两国之间的合作关系。为了面对人类共同的挑战，中美城市之间在反恐、救灾、防控疫情、危机管理、污染治理、交通管理、城市规划、社区建设、可持续发展等众多议题上仍旧存在极大的合作与交流的空间。

第三，中美城市外交中存在一定的不均衡性与不对称性。所谓的不均衡性，即中美两国友好城市在区域分布上的不均衡性。正如前文剖析的那样，与美国缔结友好城市的中国城市的区域分布明显向东部沿海地区倾斜，而西部省份的分布最少，甚至青海省和宁夏回族自治区至今仍没有城市与美国结好。虽然这种不均衡的趋势在近年来有所改观，但仍

---

[1] 《习近平会见美国洛杉矶市市长维拉莱戈萨》，新华网，2013年5月28日，http://news.xinhuanet.com/world/2013-05/28/c_115937800.htm，最后访问日期：2015年3月30日。

旧反映了中国发展与对外开放的地区差异，也体现出了美国城市与中国结好时的务实和重视经济实力的倾向。而与中国缔结友好城市的美国城市一方面保持了西部即太平洋沿岸地区更为密集的分布，另一方面，阿拉斯加州、蒙大拿州、怀俄明州、北达科他州、南达科他州、密西西比州、西弗吉尼亚州、罗得岛州、缅因州、新罕布什尔州、佛蒙特州11州仍旧没有城市与中国结好，这些州多为小州以及贫困或偏远州。如此同样不均衡的趋势也体现出美国对华城市外交中考虑地缘临近因素以及经济因素的逻辑。

不对称性，即中美两国城市结好的匹配度存在一定的不对称。两个国家的城市缔结为友好城市，一定存在某些联系，比如历史链接、共享的经济文化社会关切、共同的名字甚至是互补性都可能成为构成结好匹配的逻辑。① 具体到中美两国城市的结好匹配的内在逻辑也是极为多元。比如，北京市与华盛顿特区结好是因为同为首都，上海市与旧金山市结好、天津市与费城结好是由于同为特大城市，拉萨市与科罗拉多州博尔德市结好是同处于高海拔地区，而湖南省芷江自治县与北卡州松鹤市结好是源自二战中中美合作的历史渊源。② 这些结好城市虽然支持匹配度的内在逻辑不同，但基本上都有一定的联系。相比之下，也存在某些匹配度并不清晰的结好城市，比如四川省成都市与夏威夷州火奴鲁鲁市的结好，也只能找到同为省会级别城市这一必要而不充分的链接。同样的情况又如海南省海口市与俄克拉荷马州俄克拉荷马市。但这两个例子均为内陆城市与海岛城市之间的结好，一定程度上也只能解释为存在强调互补性而非对称性的某种考虑。

## 四　经验启示

以1931年与西班牙建立第一对友好城市为起点，美国城市外交经历了84年的发展历程，已具有了覆盖面广、参与度高、涉及领域宽等

---

① Wilbur Zelinsky, "The Twinning of the World: Sister Cities in Geographic and Historical Perspective," *Annals of the Association of American Geographers*, Vol. 81, No. 1 (1991): 1-31.
② 《湖南9月举办国际和平文化节　美国前总统卡特参加》，中国新闻网，2010年8月11日，http://www.chinanews.com/gn/2010/08-11/2459267.shtml，最后访问日期：2015年3月30日。

成熟特征。相比之下，中国的城市外交以 1973 年天津与日本神户建立第一对友好城市起计算，仅有 42 年的时间，尚处于发展阶段。在当今城市外交重要性日益凸显的环境下，从美国城市外交发展中借鉴经验教训，有助于解决好中国城市外交中存在的现实问题，创建有中国特色的城市外交。

首先，设置有效协调国家和地方政府的城市外交体系。城市外交虽然是城市市民之间进行的对外交流，但也是国家外交的重要折射之一。正如对美国城市外交发展历程的梳理所总结出的经验，其城市外交的发展基本上是与其外交战略的走向相一致的。这就要求，美国联邦政府与各城市政府之间在城市外交领域保持了看似松散却极为紧密的互动关系，而其中的桥梁正是国际姐妹城市协会等非政府机构。在与联邦政府的互动中，联邦政府作为委托方，国际姐妹城市协会作为代理方，联邦政府特别是国务院等外事部门向国际姐妹城市协会提供必要的外交联络渠道，并向国际姐妹城市协会委托具体合作项目以及相应拨款。在这个过程中，联邦政府就有效地将公共外交的战略考量与意图输送给了国际姐妹城市，从而通过该组织具体落实到各城市的外交实践之中。在与各城市的互动中，城市作为委托方，国际姐妹城市协会继续作为代理方，各城市有赖于国际姐妹城市协会所掌握的对外联系资源来实现与其他国家和地区城市的交往，同时也有意愿承担国务院等联邦政府部门的具体项目。

这种双重的"委托－代理"机制有效地弥补了联邦制框架下联邦政府无法直接领导城市等地方政府的宪政断裂，也在很大程度上克服了各城市在推进对外交往中在经验、渠道与资金上的欠缺之处。在国际姐妹城市协会的协调下，联邦政府可以冲破美国联邦制国家组织框架下无法对城市等地方政府进行有效驱动的制度缺陷，更为有效地促使城市外交为国家总体利益服务；同时也可以解决各城市政府因为财力、物力有限或选任政府更迭而为城市外交带来的不确定性。

在中国国情下，虽然不存在美国由联邦制带来的协调问题，但仍旧存在中央政府与城市等地方政治各自资源整合、优化配置，充分考虑国家对外战略与各城市实际需要的平衡问题。城市外交也对中央外交产生了强有力的冲击。从全球都市化的历史趋势来看，城市国际化和世界化是不可阻挡的，仅靠中央外交无法满足多样化的城市国际化需求，而且外交事务也需要城市国际化所积累的资源、知识和经验，城市外交既是世界城市发展的需要，也是外交社会化的必然产物。① 面对这个现实，也需要采取更为民间的、一定程度上"去政治化"的协调组织来进行居间沟通与协调，在保证城市外交中城市的主体性的同时，也推进了国家整体利益。

第二，以经济实力为支撑，扩展城市外交。城市外交中的经济发展与合作愈发成为备受关注的领域，城市领导者与贸易参与者可以从中获得更多的增长机会，从而推进本地经济发展。② 在美国城市对外交往的发展历史中，美国的经济繁荣与技术创新使其城市在对外交往中具有天然的比较优势，能够有条件在全球范围内扮演起经济与技术援助或输出者的角色。而与美国缔结友好城市的很多国家，由于并不具备相应的经济与科技实力而在交往中处于被动受影响的地位，美国城市外交的整体战略也就此得以实现。

鉴于这一经验，中国应当持续推进城市化建设，提升各大中型城市的经济与科技实力，推动城市国际化步伐。在中国经济实力不断提升的今天，具有强大经济与科技实力的中国城市不但可以在与美国等发达国家城市的交往中凸显互补性与合作性，也可以极大推进与各新兴国家以及发展中国家的城市展开建设性交往，这也完全符合中国外交的战略布局。当然，以经济与科技实力推进的中国城市外交一定是以互惠互利的双赢效果为目标的，而非美国城市交往中更多表露出的意识形态价值观色彩。

第三，以文化交流为抓手，提升城市外交。通过二战初期及之后的城市经济援助项目，美国向战败国及一些发展中国家树立了自身的良好形象，赢得了这些国家居民的信任和好感。而教育和文化交流项目使得美国文化迅速在全球各地得到广泛传播，许多国家的年轻人受到美国先进的教育和"美国梦"文化的吸引，纷纷到美国求学或者工作，为美国社会带来了新鲜血液和多元力量。这些实践充分扩展了美国城市外交的维度，提升了美国在全球范围内的软实力建设。软实力不依赖于国家硬实力而存在，其中文化是其最主要来源和核心因素之一。③ 城市外交不仅是国家总体文

---

① 赵可金、陈维：《城市外交：探寻全球都市的外交角色》，《外交评论》2013 年第 6 期，第 77 页。
② Jonathan Ballantine, "How Sister City Partnerships Can Play A New Role in A Global Economy," *Cities Today*, May 27, 2014, http://cities-today.com/2014/05/sister-city-partnerships-can-play-new-role-global-economy/，最后访问日期：2015 年 3 月 25 日。
③ 〔美〕约瑟夫·奈：《软力量——世界政坛成功之道》，吴晓辉等译，东方出版社，2005，第 9~11 页。

化外交的重要组成部分和实现方式,同时也应是城市外交过程中扩大城市影响、塑造城市形象的一个不可或缺的绝佳手段。[1]

基于这一经验,中国各城市有必要努力挖掘自身悠久的传统历史文化与中国特色文化,将其介绍、分享给世界其他国家、地区以及城市。此举不但可以有助于提升中国国家形象,也能够增强中国与世界的认同感以及对其他文明的吸引力。

第四,以公民参与为主线,深化城市外交。可以说,美国城市外交的历史就是一部"公民外交"的历史。1956 年,时任美国总统的艾森豪威尔发起友好城市运动的初衷之一,就是鼓励美国人民加强与别国人民之间的交流,促进世界的和平。事实上,在美国,"公民外交"(Citizen Diplomacy)就是"城市外交"的外名词,其含义甚至超越了"城市外交"的范围。美国多个城市与社区都建立有各自的友好城市委员会等机构,专门负责与市民密切互动,甚至其中很多直接是由市民志愿者负责运作的。更为重要的是,虽然美国城市外交很大程度上受到联邦政府的间接导向性影响并实际执行着国家战略利益,但其与其他国家和地区各城市交往中涉及的具体项目都是以公民为中心的、是实际涉及公民利益、是公民能够并乐于参与其中的。这也体现了美国城市外交中将国家利益与公民诉求有效统一的战略定位。

相比之下,中国城市外交以政府管理和推动居多,各省市政府外事侨务办公室或对外友好协会是负责当地友好城市交往的管理机构,虽然城市间互访交流项目存在一定的民众互动,但总体参与程度并不高。这就要求中国城市外交的未来发展应考虑设置更多涉及公民切身利益、可让民众直接参与的交流项目,只有这样才能够使城市间交往做"活"做好,并可持续发展,从而有利于厚植中国对外交往的社会民意基础,真正促进人民与人民之间的相互理解与友谊。

---

[1] 黄建达:《新时期(1979 – 2010)中美城市外交问题初探》,中国政法大学硕士学位论文,2011。据中国硕士学位论文全文数据库,http://cdmd.cnki.com.cn/Article/CDMD – 10053 – 1011114289.htm。

# 第六章　欧盟：地方政府与欧洲一体化

**摘　要：** "冷战"后，受全球化与地区化发展、社会与文化的要求、欧盟法律支持和成员国宪法授权的影响的欧盟各国地方政府积极介入对外事务，并通过直接对外交往和利用欧盟渠道两种方式参与欧洲一体化。欧盟各国中央政府对地方政府对外交往的态度在低政治领域较为支持，而在高政治领域则较为担忧。欧盟与中国友好城市关系缔结从一开始就得到了良好发展，呈现出缔结城市具有一定的相似性、交往内容和领域广泛、交往结构多层次等特点。中国地方政府从欧盟各国地方政府实践中得到的启示：制订专门法律对地方政府的对外交往空间做出规定；设立一个全国性的统筹协调机构；考虑在国外设立办公室；做实友好城市；推动跨边界和次区域合作机制建设等。

## 一　欧盟各国地方政府对外交往概况[①]

地方政府参与对外事务起源于西欧。一战结束后，英国凯里市和法国普瓦市结为世界上第一对友好城市。二战后，城市结好在全欧蓬勃展开，并传播至北美及发展中国家。除了地方政府之间的双边合作外，多边合作形式也渐渐出现。自20世纪80年代以来，西欧包括世界上许多国家都经历了新公共管理改革，有些国家还经历了联邦化改革。政府简政放权，给予地方政府更多权力以提供更为高效的公共服务。目前，在欧盟范围内，

---

① 本文把所有低于中央政府的各级政府统称为"地方政府"。

大约有 95000 个地方政府在教育、环境、经济发展、城市化、交通运输和公共服务等部门拥有越来越重要的权力。[1] 公共服务权力的增加，中央政府对越来越多的问题感到无能为力，中央政府给予地方政府资金的减少，本地区选民的诉求，以及欧洲一体化的不断发展导致地方政府开始将视野放到国界之外，通过积极参与国际事务促进本地区的经济发展，同时提升其国际影响力。

有学者将欧洲各国地方政府对外交往的历史分为四个时期：缘起时期、发展时期、激增时期和巩固时期。[2] 从表 6-1 可以看到，自二战结束以来，欧洲各国地方政府对外事务的介入程度与欧洲一体化的发展阶段是密不可分的。特别是"冷战"结束后，地方政府对外活动得到飞速发展。在主体上，表现为越来越多的地方政府介入对外事务；在广度上，则表现为地方政府的对外活动从战后和解、经济促进、文化交流、旅游开发，扩展到贸易政策制订、公共危机管理、司法合作甚至冲突协调和解决等各领域事务。在一系列有利条件的支持下，欧盟各国地方政府通过多种形式参与全球竞争，促进本地区利益发展。

表 6-1 欧洲地区外交阶段划分

| 阶段 | 时期 | 背景 | 机制 | 主题 |
| --- | --- | --- | --- | --- |
| 缘起 | 1945~1970 年 | 欧洲整合开始 | 姐妹城市 | 战后和解 |
| 发展 | 1970~1989 年 | 一体化发展 | 项目 | 合作发展 |
| 激增 | 1989~2004 年 | 紧密的一体化 | 网络 | 经济、政治、社会 |
| 巩固 | 2004 年至今 | 全球化 | 制度化 | 经济、政治、社会 |

## 二 欧盟各国地方政府对外交往优势

"在全球化进程中，地方与外部世界的联系愈益密切，如果说所有的

---

[1] Arnau Gutierrez-Camps, "Europeanization and Multilevel Governance: Try to Make Sense of International Activities of European Local Governments," *International Relations and Diplomacy*, Vol. 2, No. 2 (2014): 85.

[2] Arnau Gutierrez-Camps, "Europeanization and Multilevel Governance: Try to Make Sense of International Activities of European Local Governments," *International Relations and Diplomacy*, Vol. 2, No. 2 (2014): 95.

政治都是地方政治,那么在全球化的今天,所有的地方政治又是全球政治。"① 欧洲各国地方政府之所以能够在二战之后走出国界,越来越深刻地参与到对外事务中去,离不开一系列有利因素的变化与发展,包括全球化与地区化的发展、社会与文化的要求、欧盟法律的支持、国家宪法授权等。正是这些有利条件赋予了欧盟各国地方政府在经济、政治和社会领域越来越多的权力,使其能够通过各种渠道开展对外活动。

(一) 全球化与地区化的发展

地区与地区之间越来越密切的联系来自于全球市场的整合。自20世纪70年代以来,世界各国越来越进入一个相互依赖的时代。经过20多年的战后恢复,世界各国开始以新的姿态参与到全球化进程中,交通和技术不断地缩小世界各国的距离,贸易和投资迅猛增长,跨国人员交往愈发频繁。"冷战"结束后,人、财、物、智在全球化的巨大浪潮中实现更大程度的交流,各种资源得到更加有效的配置,"地球村"的雏形越来越清晰地展现在我们面前。在这样的背景下,不仅世界各国希望夺得更大的优势地位,其他许多非国家行为体也开始逐渐参与到对外事务中来。地方政府就是其中之一。地方政府认为其能够比中央政府更深刻地了解本地区的实际情况和真正需求。同时,全球化也开始越来越显露出国家角色的尴尬。随着非传统安全问题的扩展,国家越来越发现,单靠自身力量难以解决许多问题。而地方政府和国际组织在某种程度上反而成为政策制订与具体实施的对象,传统上依靠一国正式的外交官进行外交活动的方式正在迅速发生转变。

在全球化不断发展的同时,地区化成为世界范围内的另一个新趋势。地区一体化作为更加适合于本地区的区域整合方案越来越受到各国的重视。欧洲一体化进程是一个权力流散过程。因此,有许多学者主张,在欧盟已经出现了一套重叠和多层的政策网络。中国学者陈志敏将其具体概括为以下四点:(1) 在一些但日益增多的欧盟政策领域,欧盟政治表现出多层治理的特点。(2) 在一些但日益增多的政策阶段,地方政府参与了欧盟政策的制订和实施,其重要性并且不断提高。(3) 在一些但日益增多的成

---

① 苏长和:《国际化与地方的全球联系——中国地方的国际化研究 (1978~2008年)》,《世界经济与政治》2008年第11期,第24页。

员国中，地方政府在欧盟事务中日益活跃，使本国也日益卷入欧盟的多层治理体制。(4) 通过一些但日益增加的渠道，地方政府正在参与欧盟事务，成为欧盟多层治理中的一个部分。[1] 欧洲整合经历60多年的探索与发展，逐渐形成了欧盟—成员国政府—地方政府三位一体的治理结构，各个层级之间相互协调、相互作用、各司其职，共同推进欧洲一体化进程。因此，经济全球化和欧洲一体化进程为地方政府积极参与欧洲事务打开了一扇大门，也是最为重要的两大背景性因素。

### (二) 社会与文化的要求

联合国人居署发布的《世界城市状况》(2010/2011)中指出，在欧洲，超过72%的人口居住在城市，并预测到2050年将达到85%左右。[2] 伴随着经济全球化的迅速发展，一方面，社会与文化交流开始越来越多地走出国门。欧元和统一大市场的建立大大减小了各国之间的流通阻碍。《申根协定》的签署使得欧洲公民可以便利地行走于大多数欧洲国家。另一方面，社会运动、气候变化、跨国犯罪、非法移民、毒品交易、恐怖主义等一系列非传统安全问题不再能够由一国单独解决，有效的地区治理既需要各国中央政府之间更加有力的合作，也需要地方政府之间更为紧密的沟通与联系。同时，地方政府作为连接当地公民与世界最为底层的中介，也受到公民日益增加的介入全球事务的要求。这种要求不仅有经济社会发展的要求，比如，随着城市化进程的展开，地方政府需要走出国界寻找最佳实践，也有文化需求，比如，随着世界经济的发展，各国人民对于文化和教育的需求越来越高，仅仅靠各国中央政府统筹满足已显不足，需要世界各国地方政府依据本地区实际需求自主展开。

### (三) 欧盟法律的支持

欧盟的进一步整合除了给地方带来日益增大的影响外，也给地方政府介入欧盟事务创造了机遇，这种机遇主要来自于其制订的各项法律和制度设计。1991年的《马斯特里赫特条约》(以下简称《马约》)增加了地方政府影响欧盟政策制订与实施的渠道。其中最重要的是将辅助性原则确立

---

[1] 陈志敏:《次国家行为体与对外事务》，北京，长征出版社，2001，第309页。
[2] Juliano Geraldi, "State of the World's Cities 2010/2011: Cities for all, Bridging the Urban Divide," *UN Habitat* (2012): 91.

为共同体法的一般原则。辅助性原则在《马约》第 3 条 B 款中有明确表述："欧共体应在本条约所授予的权力和指定目标的界限之内采取行动。在那些不属于共同体单独权限的领域里，按照辅助性原则，仅在那些所提议的行动目标不可能由各成员国有效达到，而由于所提议的行动的规模或影响只能由共同体更好地达到时，共同体才应采取行动。共同体所采取的任何行动不能超出为本条约所规定目标的必要的行动限度。"1997 年的《阿姆斯特丹条约》进一步深化了辅助性原则，提出了一个专门针对该原则的议定书，进一步阐释了该原则。之后的《尼斯条约》与《里斯本条约》也强调了辅助性原则。由此看出，辅助性原则作为欧盟法中各层级处理权力配置的一项重要原则，其本质是在处理问题和做出决策时，尽可能地贴近民众和由最底层的政府做出。辅助性原则的确立是对共同体过度扩张的制衡，也是为地方政府增加权力，保护其自由度和灵活度。通过辅助性条约，地方政府更加积极地介入对外事务。

2001 年欧盟委员会发布了《欧洲治理白皮书》，指出"欧盟需要地方政府之间、国内社会之间更为紧密的相互联系"，"在欧盟和成员国早期的政策制订阶段，需要地方政府之间更为系统性的对话"，并且认识到了"地方政府对于欧盟政策不断增长的介入。"[1] 同时，当欧盟委员会需要从地方政府那里得到信息时，地方政府可以实现与欧盟委员会的直接沟通，甚至发展出在工作中的伙伴关系。[2]

2009 年生效的《里斯本条约》也对地方政府介入欧盟事务提供了依据，包括地方政府的自治权、将辅助性原则扩展到地方政府层面、要求欧盟地区委员会扮演更大的角色等一系列要求，大多数都被《里斯本条约》满足。[3] 同时，《里斯本条约》第一次明确认可了地方政府在欧盟范围内的活动，保证今后当拟定新的欧盟法时必须统筹考虑其对地方的影响，并且，国家议会和地方议会将能够对欧盟法律采取更为严格的审查。

2009 年欧盟地区委员会发布的《多层治理白皮书》提到："多层治理并非简单地将欧盟或成员国的目标转化为地区或地方政府的行动，而是在

---

[1] "European Governance: A White Paper," *European Commission*, 428 Final, (Brussels, 2001).
[2] Kevin Featherstone, Claudio M. Radaelli, eds., *The Politics of Europeanization* (Oxford: Oxford University Press, 2003): 121.
[3] Marius Guderjan, "Local Government and European Integration," *Political Perspectives*. Vol. 6, No. 1 (2012): 112.

欧盟的战略框架下整合地方政府目标的过程。多层治理应该增强地方政府在国家层面的责任，并且鼓励他们参与到欧盟政策的协调中去，以此来帮助欧盟设计和实施政策。"

2010年，欧盟委员会发布未来十年欧盟经济发展计划，即"欧盟2020战略"，其中论述到"所有国家、地方政府应该践行伙伴关系原则，紧密地联系议会、社会伙伴和国内社会，这样有助于国家改革计划的设计和实施"。"国家、地方政府之间的对话，有助于将欧盟优先考虑的事项更贴近地与公民联系在一起，使公民产生一种主体身份，进而共同推动欧盟2020战略。在许多欧盟成员国，地方政府有责任将教育、职业训练、劳动力市场和基础设施政策与欧盟2020战略对接。"①

因此，《马约》、《欧洲治理白皮书》、《里斯本条约》、《多层治理白皮书》和"欧盟2020战略"，以及由这些条约所创设出来的原则和机制都为欧盟各国地方政府参与对外事务，特别是影响欧盟政策的制订和实施提供了保障和渠道。

## （四）国家宪法的规定

欧盟各国宪法对地方政府参与对外事务的规定可以分为五类。第一类是宪法赋予地方政府极大对外权力的国家，仅有比利时。1994生效的《比利时联邦宪法》第167条规定："国王管理国际关系，但不得损害共同体和行政区就宪法赋予的或者合乎宪法的职权范围内的事项管理包括缔结条约在内的国际合作的权限。""第121条规定的共同体和行政区政府缔结与其相关的、属于其议会权限范围内的事项的条约。条约经同级议会批准生效。"② 由此看来，共同体和行政区政府可以只通过同级议会批准就使签署的条约生效，其活动权限相当大。

第二类是宪法赋予地方政府较大对外权力的国家，主要有德国、奥地利和意大利。1949年生效的《德意志联邦共和国基本法》第32条第1、2款规定了"与其他国家维护外交关系属于联邦事务"；"签署触及一州特别关系的条约之前，应及时听取该州意见"。第3款规定："各州在其立法权

---

① Marius Guderjan, "Local Government and European Integration," *Political Perspectives*. Vol. 6, No. 1（2012）：117.
② 对欧盟各国宪法的规定主要参考了《世界各国宪法》编辑委员会的《世界各国宪法》（欧洲卷），中国检察出版社，2012年10月版。

限范围内，经联邦政府批准，可与外国签署条约。"1920年生效的《奥地利联邦宪法》第10条规定："外交事务的立法权和执行权均属于联邦，包括委派驻外政治经济代表，尤其是签订国家条约，但不得因此损害各州依第16条第1款规定所享有的权限。"第16条规定："对于其独立管辖范围内的事项，各州可以与奥地利邻国或邻国各州缔结条约。""在启动此类条约定的磋商程序之前，州长必须告知联邦政府。在签订条约之前，州长必须获得联邦政府的同意。"可以看出，德奥两国签署条约的权力并非由联邦政府垄断。宪法赋予联邦政府在对外事务中的主导地位，但必须与各州合作，各州在对外签订条约方面也具有一定的自主性。1948年生效的《意大利共和国宪法》第117条规定："各大区的国际关系及同盟的关系；对外贸易为国家和大区的共同立法领域。各大区及特兰托和波尔察诺两个自治省，在其职权范围内，根据国家法律所规定的程序规范，参与欧盟立法行为的决策准备阶段，并负责贯彻执行国际条约及欧盟决定，当其不履行时，根据国家法律规定由国家代行其权力。"可以看出，意大利宪法对此的规定与德奥两国相比要逊色一些。

第三类是宪法赋予部分地方政府一定对外权力的国家，这以西班牙为代表。1978年生效的《西班牙王国宪法》第149条规定："国家对国际关系享有排他性的专属权。"其他条款规定了国家在条约制定、派遣驻外代表、外交与防御政策方面享有专属权。从中似乎表明西班牙地方政府基本不享有对外事务权力。但是，在西班牙行政区划中，除了省以外，另有17个自治区。宪法规定了自治原则和具体程序，自治区可以通过《自治章程》活跃于欧洲和世界舞台，比如加泰罗尼亚和巴斯克。

第四类是宪法赋予地方政府较小对外权力的国家，这以波兰为代表。1997年生效的《波兰共和国宪法》第146条规定："部长委员会总体负责波兰与其他国家和国际组织的关系；缔结国际条约、接受和退出国家条约。"第172条规定："地方自治政府有权加入国际协会和区域性团体，也可以与其他国家的地方性和区域性团体合作。"波兰地方政府虽然具有一定的对外活动能力。但是，这些活动权限和范围很小。

第五类是宪法基本不赋予地方政府对外权力的国家，主要是法国、斯堪的纳维亚国家和大部分中东欧国家。1958年的法国宪法第六章规定，"总统商订并批准条约"，"媾和条约、商务条约、有关国际组织的条约或协定，涉及国家财政的条约或协定，有关修改法律性条款的条约或协定，有关个人身份的条约或协定，以及有关领土的割让、交换、合并的条约及协定，须以法律的方式进行批准或认可。上述条约或协定未经批准或认可不可生效"，第 73 条规定，"地方公共团体在外交政策等领域不能自行制定适用于本辖区内的规则"。瑞典宪法由《王位继承法》《出版自由法》、《表达自由基本法》和《政府组织法》四个基本法组成。其中，1974 年通过的《政府组织法》第十章规定，"与外国或国际组织的协定应由内阁缔结"，"内阁可指示某一行政机构就某一无需议会或外事咨询委员会参与协商的事项缔结国际协定"。1990 年颁布的《克罗地亚共和国宪法》第七章规定，"国际协定应符合宪法、法律和国际法规则，在克罗地亚议会、共和国总统和政府的授权，根据该国际协定的性质和内容而缔结"，"涉及通过法律修正案的国际协定、军事和政治性质的国际协定以及克罗地亚共和国做出财政承诺的国际协定须经克罗地亚议会批准通过"。可以看出，这些国家地方政府的对外事务受到宪法较大限制，对外权力基本在中央政府手中。

## 三 欧盟各国地方政府对外交往动因

地方政府对外交往的出现来自于多元利益的形成。总的来看，可以把欧盟各国地方政府参与欧洲一体化的动因概括为四点：促进经济发展、增进教育和文化交流、分享最佳实践成果和提升国际形象。

### （一）促进经济发展

无疑，地方政府对外交往的直接动因是发展地方经济，包括吸引外资、开拓出口市场、吸引跨国公司、发展旅游业等。他们通过设立对外代表处、建立贸易办公室和商业办公室、访问他国等方式追求地方经济利益。比如，比利时弗兰德斯是出口导向型经济发展模式，并且维持低失业率。2012 年，弗兰德斯的出口占到比利时出口总额的 83%，这也就不奇怪为何弗兰德斯把大量资源投入经济外交了。他们也通过成立或加入城市网络增强自身优势。比如，1986 年，来自 6 个欧洲大城市（巴塞罗那、伯明翰、法兰克福、里昂、鹿特丹、米兰）的市长成立了欧洲城市组织。成立前五年，组织成员从 6 个增加到 42 个。当今，欧洲城市组织由来自于 30 多个国家的 150 多个城市组成。有学者指出，通过加入城市网络，城市之间挖掘出大规模的经济互补领域，在合作中促进协同增长。①

由于地方政府的资源相对于中央政府更加有限，同时伴随着中央对地方资金的削减。因此，地方政府的经济利益还包括通过游说各个欧盟机构，获得欧盟的资金支持。中央政府和地方政府都认为，欧盟为跨边界合作项目和地区间网络项目提供的资金不能被忽视，必须加以利用。同时，他们也认为，获得资金也是对自己选区做出的贡献。比如，英国怀特岛认为，如果得不到额外的欧盟资金资助，其所面临的海岸侵蚀和塌方问题在其有限的资源条件下将得不到解决。② 克里斯托弗·哈金斯（Christopher Huggins）指出，地方政府对外交往，特别是结成或加入跨国网络，往往是为了获得资金。如果一个合作项目涉及两个或多个地方政府，那么，欧盟的国际地区项目可以提供一半的经费支持。③ 同时，正是由于欧盟对地方政府合作项目的强烈支持，这反过来又刺激了地方政府进一步参与对外事务，结成或加入更多的跨国网络。

### （二）增进教育和文化交流

地方政府对外交往不仅仅是为了发展经济，还包括教育、文化、科学技术交流与合作等。这里，对外交往更加广泛多样。德国巴登—符腾堡州、法国罗纳—阿尔卑斯大区、西班牙加泰罗尼亚自治区、意大利伦巴第大区、瑞士日内瓦和沃州都是追求此类目标的典型。当然，有趣的是，地方政府在寻求文化合作的伙伴时，往往寻找那些与自己地方的语言和文化具有相似性的伙伴。比如，西班牙加泰罗尼亚自治区和巴斯克自治区优先选择拉丁美洲的地方政府，而比利时弗兰德斯大区则把目标放在荷兰以及荷兰曾经的殖民地印度尼西亚和苏里南。教育和文化外交活动又被称为公共外交，旨在通过本国政府与他国民众的交往，彼此增加理解、互信和共识，提高地区的国际形象。各国和地方政府目前都将公共外交作为一项重要的民心工程，希望通过此工程获得国际社会的认可与欣赏。

---

① Tüzin Baycan-Levent, "Success Conditions for Urban Networks Eurocities and Sister Cities," *European Planning Studies*, Vol. 18, No. 8 (2010): 1189.

② Christopher Huggins, "Local government transnational networking opportunities and challenges," Paper presented at the Political Studies Association annual conference Cardiff, March 2013.

③ Christopher Huggins, "Local government transnational networking opportunities and challenges," Paper presented at the Political Studies Association annual conference Cardiff, March 2013.

### (三) 分享最佳实践成果

地方政府对外交往也是一个学习过程，知识技能、治理经验、最佳实践经验的分享占据一个重要的位置。这主要是由于，第一，欧洲各国国情不同、政情不同、党情不同、民情不同，不同地区对不同问题的治理方式是不一样的。在优势地区与欠优势地区之间、优势领域与欠优势领域之间建立知识分享和信息交流通道，有助于欠优势地区和欠优势领域从中获得更好的实践经验，有助于缩小地方差距，提高地方政府的效率。第二，地方政府从中央划拨资金的减少和提供高效公共服务的要求迫使地方政府寻找最好的实践经验。因此，地方政府之间知识经验的分享往往更加注重公共服务领域，比如教育文化、基础设施、医疗卫生、技术研发、节能环保等。这种知识分享更侧重于是一种政策的交流和学习。这些合作往往通过地方政府之间举办的研讨会和学术会议，或者通过考察访问和国外培训的形式来实现。

从地方政府的跨国网络来说，由于许多地方政府之间的合作得到欧盟的资金支持，被纳入项目管理，同一个项目中的不同地方政府之间可以此为平台，进行经验交流，提高项目实施的质量。项目中的行为体也可以从其他项目吸取教训、获得最佳实践。N. A. 费尔普斯（N. A. Phelps）认为，跨国网络除了能够获得经济利益外，最佳实践的经验也是地方政府的重要考虑，包括：①知识经验的分享；②合作文化的产生与发展；③新方法的引进，以及改善现有的方法；④营造一种良好的结构，这种结构鼓励地方政府在完成项目、失去资金支持之后继续合作。[1]

### (四) 提升国际形象

提升城市的国际形象是欧洲城市对外交往的重要内容。吸引外资、扩大市场、发展旅游业、教育和文化交流都需要城市呈现出最佳的国际形象。许多城市希望自己"古板的""旧式的"城市国际形象，通过越来越多的对外交往得到改变，获得一个更加"现代化"的城市形象，以服务于城市发展。或者，希望能够被其他地方认可为是一个在欧洲或者全球"举

---

[1] N. A. Phelps, "In search of a European edge urban identity-Trans-European networking among edge urban," *European Urban and Regional Studies*, Vol. 9, No. 3 (2002): 214.

足轻重的城市"形象。丹麦巴勒鲁普市通过加入边缘城市网络（The Edge Cities Network）和参加欧洲最佳实践会议，一方面交流公共服务经验，另一方面重新书写自己的城市形象。英国南安普顿加入跨国网络的主要目的就是寻求自身的国际化形象。而加入跨国网络，比如欧洲城市组织等，本来就标志着地方政府把自己看作是欧洲的"重要"或"主要"城市，加入该组织为了继续提升其知名度和国际形象。

## 四 欧盟各国地方政府与欧洲一体化

### （一）欧盟各国地方政府参与欧洲一体化的方式

地方政府对外交往的方式与中央政府相比要灵活得多。大卫·克拉克曼（David Criekmans）曾经勾画了一个整体谱系，①在国外设立政治代表处。②立约权。③具有正式性质的其他协定、共同的政治申明或合作协定，跨国契约和文化协定或伙伴关系。④援助项目的发展和知识共享：双边项目，跨边界合作项目，连接地区与地区国内社会之间的项目，多边项目。⑤其他形式的多边框架和组织：观察或参加技术委员会、加入或创建多边组织基金。⑥加入其他形式的非正式网络。⑦在国际和国内发展公共外交。[1] 欧盟各国地方政府参与欧洲一体化主要有两种方式，即地方与地方之间直接从事对外活动，以及地方利用欧盟渠道影响欧盟政策的制订与实施。

#### 1. 直接从事对外活动

地方利益与国家利益许多时候并不相同，一国中央政府并不能比地方政府更好地了解地方利益。因此，在影响本国中央政府对外政策的同时，地方也通过自己的渠道直接从事对外事务。欧洲一体化最重要的结果之一就是地方政府绕过中央政府从事对外活动的渠道显著增多。[2] 地方政府不

---

[1] David Criekmans, "Regional Sub-State Diplomacy from a Comparative Perspective: Quebec, Scotland, Bavaria, Catalonia, Wallonia and Flanders," *Regional Sub-State Diplomacy Today*, (Leiden & Boston: Martinus Nijhoff, 2010): 45–46.

[2] Liesbet Hooghe and Gary Marks, "European with the Regions: Channels of Regional Representation in the European Union," *Publius*, Vol. 26, No. 1 (1996): 73.

再仅仅和中央政府打交道，而是与各种行为体开展交往。

（1）自主建立双边关系，主要有三种形式。第一，与国外地方政府签订合约。签署国际条约是地方政府从事国际活动最明显的体现，而这一权力一般都来自宪法的认可。比利时弗兰德斯和瓦隆、德国许多州不仅与其他国家签署双边条约，也签署多边条约。他们不仅与其他国家的地方政府签署条约，也与中央政府签署条约。比如，弗兰德斯与波罗的海国家、匈牙利和波兰签订了条约。德国各州从1949～2004年共签订144个国际条约。当然，各州对外活动的积极程度并不一样。16个州中的5个州签订了其中的大部分条约，达到119个条约。其中，莱茵兰—普法尔茨州44个，巴登—符腾堡州30个，萨尔州18个，北莱茵—威斯特法伦州15个和巴伐利亚州12个。[1] 奥地利宪法虽然规定地方政府只能与邻国签订条约，但是以下例子说明，实践总与规定有所差别。萨尔茨堡州与斯洛文尼亚于1992年签署共同申明、萨尔茨堡与中国海南省于2000年签署伙伴协定、上奥地利州与南非西开普敦省于1995年签署协定、上奥地利州与以色列于2004年签署理解备忘录、施泰尔马克州与35个国家签订合作项目。[2]

第二，地方领导人出国访问。地方领导人出国访问是另一种直接开展对外活动的表现。他们访问其他国家，有时带上一个包括企业家和组织负责人的代表团，有时发表有关外交事务的演讲，有时与外国政治家或政客见面。比如，奥地利各州的政治家从2000年到2005年，共进行了273次正式访问，访问国家49个，其中，大多数访问（180次）针对18个欧盟国家。在大多数情况下，中央政府并不会视这种行为是一种挑战。当然，如果地方领导人的观点与中央政府的立场相反，那将对中央政府的对外关系产生影响。同时，如果一个有实力的州访问一个小国，那么，小国可能会把州领导人的观点理解为是该国中央政府的观点。

第三，在布鲁塞尔和其他国家建立独立的办公室。《马约》之后，在布鲁塞尔设立办公室不再由中央政府垄断，越来越多的地方政府也在布鲁塞尔建立了独立的地区事务办公室。通过这一机构，地方能够更有效与及时地收集信息，游说欧盟官员，影响政策制订与实施，从而促进地方经济

---

[1] Hans Michelmann, *Foreign Relations in Federal Countries* ( McGill-Queen's University Press, 2009), 157-158.

[2] Hans Michelmann, *Foreign Relations in Federal Countries* ( McGill-Queen's University Press, 2009), 157-158.

利益。第一个地区事务办公室是成立于 1985 年的汉萨办公室。三年之后，这样的办公室就达到 18 个，1996 年，达到 70 个，2010 年，达到 250 个。[①] 这些地区事务办公室，有些资金有限、雇员也仅有 1~2 个，还处于兼职状态，有些则类似于准大使馆性质，能够达到 20 多人。不同国家地方政府建立的办公室数量有所不同，德国各州、比利时各区、西班牙各自治区在布鲁塞尔都建立了自己的代表处或办公室，法国普罗旺斯—阿尔卑斯—蓝色海岸大区和罗纳—阿尔卑斯大区有自己的代表处，意大利利古力亚大区、皮埃蒙特大区、瓦莱达奥斯塔大区和丹麦欧登塞、奥尔堡、奥尔胡斯 3 个城市建立了自己的办公室。英国苏格兰也有同样设置。但只有比利时瓦隆和弗兰德斯大区在布鲁塞尔的代表处具有官方的外交地位。

地方政府除了在布鲁塞尔建立办公室游说欧盟官员之外，也在其他国家建立代表处和办公室。比利时的弗兰德斯在法国巴黎、奥地利维也纳等 9 个地方拥有官方代表处，投资和贸易办公室超过 80 个，旅游业办公室达到 11 个，其甚至有自己的外交部，专门用于协调和整合弗兰德斯政府的对外政策。西班牙的巴斯克自治区在 22 个国家有将近 200 个有组织的社团，加泰罗尼亚自治区在国外有 5 个代表处，116 个对外私人机构，安达卢西亚自治区在国外有 14 个办公室，阿拉贡自治区和阿斯图里亚斯自治区在国外均有 10 个商业中心，埃斯特雷马杜拉自治区在葡萄牙里斯本、英国伦敦有商业和贸易办公室。英国苏格兰在比利时布鲁塞尔设立了代表处。

（2）构建或加入地方政府的跨国网络。欧洲地方政府的跨国网络自二战结束之后就已零星存在。但是，显著的发展是从 20 世纪 90 年代开始的，"冷战"结束后，经济全球化的发展以及中央政府对地方政府财政资助的逐渐减少使得地方政府在全球竞争中显现较大压力。为了获得在国际上的竞争优势和经济利益，欧洲地方政府之间建立起跨越国界的网络。跨国网络的两大主要功能就在于解决共同问题和游说欧盟和成员国政府。一方面通过自助解决共同面临的地区问题，另一方面通过游说影响欧盟和中央政府的政策。随着欧盟权力的不断扩大以及介入的领域不断扩展。跨国网络越来越多，游说领域也越来越大。当然，规模化的网络游说往往比单一行为体进行游说更为有效。因为，欧盟认为，规模化的网络游说代表更大比

---

① Carolyn Rowe, *Regional Representations in the EU between Diplomacy and Interest Mediation* (Palgrave Macmillan, 2011): 7.

例的欧洲公民，有助于减少欧盟"民主赤字"，提高欧盟的合法性。

地方政府的跨国网络主要有三种形式：第一种是跨边界合作。当前，在西欧，几乎没有任何一个边界地方政府没有介入跨边界合作。马库斯·帕克曼（Markus Perkmann）指出，跨边界合作有三个特点，主体是公共机构；往往是非正式合作；主要关注实际问题的解决。[①] 跨边界合作的出现来自于跨边界地区在历史、文化、民俗、经济等方面的相似性，以及遇到的共同问题。1958年，第一个跨边界合作出现在荷兰恩斯赫德和德国格罗瑙之间，旨在防止当地经济发展被边缘化。之后，沿莱茵河流域地方政府也开始进行合作。最近二十年，跨边界合作发展迅速。比如，德国巴伐利亚州热衷于跨边界项目，在阿尔卑斯山脉、多瑙河流域、博登湖流域等均开展了相关合作。比利时弗兰德斯和瓦隆则与荷兰、法国和德国的边界地区开展了许多项目。欧盟层面对跨地区合作也是大力支持，欧洲委员会致力于提高其合法地位，而欧盟委员会则通过欧洲地区发展基金中的国际地区项目（International Regions，INTERREG）、欧洲地区与城市项目（Regions And Cities Of Europe，RECITE）和经验交流项目（Experience Exchange Programme，EEP）为其提供大量资金支持。比如，2007~2013年，欧盟地区政策提供416.1亿美元刺激地区间合作项目，占欧盟预算的36%。其中，国际地区项目是支持跨边界合作最为重要的举措，国际地区项目（三期）施行于2000~2006年，共提供50亿美元的预算。国际地区项目旨在促进跨边界地区的社会和经济发展，缩小地区发展之间的不平衡性。地方政府和中央政府将共同支配资金或自由选择支配比重，国际地区项目实际上是在强调中央政府与地方政府之间的合作。

第二种是建立地区间网络。地区间网络主要有两种形式，一种是"姐妹城市"，另一种是项目制。"姐妹城市"的主要目标在于通过经济发展、文化交流、环境保护等基于共同利益的合作促进欧洲整合。欧洲地区已经形成了数量繁多的"姐妹城市"。"姐妹城市"是一种非常松散的合作形式，并不需要相互之间较高的合作要求，侧重于知识分享和信息交流，较少用于解决具体问题。而项目制的建立则通常是为了获得欧盟委员会地区发展基金的资助，有相当大的可能形成一种长期机制化的合作形式。比

---

[①] Markus Perkmann, "Cross-border Regions in Europe Significance and Drivers of Regional Cross-border Cooperation," *European Urban and Regional Studies*, vol. 10, No. 2 (2003,): 153.

如，20世纪80年代末90年代初，为建造英吉利隧道，英国肯特和法国北部加来海峡地区之间建立了合作联系，这一合作的目的是最大限度地利用隧道优势，降低由国家边界导致的障碍。1990年，这一地区通过游说获得了来自国际地区项目（一期）针对1992~1994年的资金支持。英国肯特也成为了英国第一个获得国际地区项目资助的地区。1991年，英国肯特、法国北部-加来海峡地区和比利时瓦隆、弗兰德斯和布鲁塞尔签署了建立"隧道连接地区"（Transmanche Regions）的共同声明，期望在交通运输、通信、土地和环境管理、经济发展、教育和职业训练、旅游业等方面促进合作。[①] 同时，20世纪90年代初，法国卡昂、勒阿弗尔、鲁昂和英国南安普顿、朴茨茅斯、伯恩茅斯、普尔组成"隧道连接都市"（Transmanche Metropole），在1993年为了获得国际地区项目（二期）资助，游说欧洲地区联合会、欧洲议会、欧洲议会地区政策委员会等欧盟机构，虽然最终并没有成功。不管是否游说成功，地方政府之间的联合而不是凭借单独的力量去影响欧盟政策，已经成为欧洲一体化进程中的重要现象。

第三种是跨地区合作组织。步入21世纪后，随着全球化进程的深入，双边地区合作的延展，多边性质的地方政府间组织开始兴起，使跨国网络进入制度化阶段，地方政府的跨国网络不再是临时的合作，而是形成了长期的机制。这些跨地区合作组织主要包括：欧洲地区协会（The Assembly of European Regions，AER）、欧洲城市与地区理事会（The Council of European Municipalities and Regions，CEMR）、欧洲周边海区会议（The Conference of Peripheral Maritime Regions，CPMR）、"欧洲四引擎"（The Four Motors for Europe，FME）、欧洲城市组织（Eurocities）、传统工业地区协会（The Association of Regions of Traditional Industry，ARTT）、欧洲边境地区协会（The European Association of Border Regions，EABR）、欧洲首都联盟（The Union of Capital Regions，UCR）、边境地区协会（The Association of Frontier Regions，AFR）等。地方政府通过成立或加入这些跨地区合作组织，凭借这些组织与欧盟或成员国的密切联系施展自身的影响力，增加游说的成功率。比如成立于1985年的欧洲地区协会与欧盟委员会有着密切的联系，特别是关于结构基金方面。欧洲城市与地区理事会也具

---

① Andrew Church and Peter Reid, "Cross-border co-operation, institutionalization and political space across the English Channel," *Regional Studies*, Vol. 33 No7 (1999): 646-647.

有同样的作用，能够对欧盟的议程设置产生影响。欧洲周边海区会议和欧洲边境地区协会则是各个地区依据共同的问题领域进行设置，地方政府通过这些协会协商解决共同问题，或者以集体力量影响中央政府或欧盟。1988年成立的"欧洲四引擎"作为欧洲最著名和成功的地区组织，由德国巴登—符腾堡、法国罗纳—阿尔卑斯、西班牙加泰罗尼亚和意大利伦巴第这四个地方政府组成。该组织认为其代表着欧洲未来的发展方向，在促进相互之间高质量的技术和高等教育合作方面起到了积极的作用，并且是推动欧洲一体化进程的重要力量。跨地区合作组织的形成除了解决共同问题和促进经济发展以外，还具有跨国身份认同构建的作用。约翰·弗里德曼（John Friedmann）曾经指出，跨地区合作组织并非仅仅由经济发展目标激励而形成，而是从一开始就被认为，加入组织的城市或地方正在构建一种特殊的跨国身份，这种身份基于在欧盟整合与社会凝聚力方面拥有的重要共同利益。[1]

2. 利用欧盟渠道影响欧盟政策的制订与实施

欧盟各国地方政府也通过各种欧盟现有机制扩大和维护自身利益，除向部长理事会、欧洲议会游说外，两个主要渠道就是欧盟地区委员会和欧盟地区政策。

（1）欧盟地区委员会（The European Committee of the Regions，ECR）。欧盟地区委员会根据《马约》第198条创建于1994年，由来自28个欧盟成员国的350个地方政府代表组成，这些代表主要由民选的首长、州长、市长等组成，是地方政府代表正式参与欧盟政策制订的重要组织机构，能够对涉及地区发展的欧盟法律的制订与实施产生较大影响。[2] 欧盟地区委员会创建的前提理念在于以下三个方面：①70%的欧盟政策对地方产生影响。②欧盟公民必须能够介入欧盟的发展中来。③50%的公民相信经过民选的代表能够在欧盟层面更好地代表地区利益。因此，欧盟地区委员会创建的主要目的是将公民和欧盟更近距离地连接在一起。

---

[1] John Friedmann, "Intercity Networks in a Globalizing Era," *Global City - Regions: Trends, Theory, Policy*, ed. A. J. Scott (Oxford: Oxford University Press, 2000).

[2] 参见欧盟地区委员会官网：http://cor.europa.eu/en/about，最后访问日期：2015年3月28日。

表 6-2　欧盟地区委员会代表国籍分布图

单位：人

| 国　　　家 | 代表人数 | 国　　　家 | 代表人数 |
| --- | --- | --- | --- |
| 德　　　国 | 24 | 保 加 利 亚 | 12 |
| 英　　　国 | 24 | 奥 地 利 | 12 |
| 法　　　国 | 24 | 斯 洛 伐 克 | 9 |
| 意 大 利 | 24 | 丹　　　麦 | 9 |
| 西 班 牙 | 21 | 芬　　　兰 | 9 |
| 波　　　兰 | 21 | 爱 尔 兰 | 9 |
| 罗 马 尼 亚 | 15 | 克 罗 地 亚 | 9 |
| 荷　　　兰 | 12 | 立 陶 宛 | 9 |
| 希　　　腊 | 12 | 拉 脱 维 亚 | 7 |
| 捷　　　克 | 12 | 斯 洛 文 尼 亚 | 7 |
| 比 利 时 | 12 | 爱 沙 尼 亚 | 6 |
| 匈 牙 利 | 12 | 塞 浦 路 斯 | 5 |
| 葡 萄 牙 | 12 | 卢 森 堡 | 5 |
| 瑞　　　典 | 12 | 马 耳 他 | 5 |

表格来源：欧盟地区委员会网站，数据时间：2015年8月。

　　自从创建以来，欧盟地区委员会的角色得到持续增强。《马约》第198条C规定，欧盟委员会和部长理事会需要在4个政策领域咨询欧盟地区委员会，分别是：公共健康、在运输、能源和通信领域的跨欧洲网络、教育、文化。1997年签署的《阿姆斯特丹条约》增加了5个政策领域：就业、社会政策、环境、职业训练、交通运输。同时，增加了对欧盟立法的透明度要求，细化了欧盟政策制订过程必须更加"贴近民众"的内容。2009年生效的《里斯本条约》给予欧盟地区委员会更高的咨询地位和更多权力，包括：①欧盟地区委员会能够对欧盟委员会、欧盟部长理事会、欧洲议会立法过程的各个阶段开展强制性的咨询。②增加3个欧盟地区委员会影响欧盟政策制订的领域，即国内保护、气候变化和能源领域。③延长了欧盟地区委员会的任期，由4年变为5年，使其与欧洲议会的任期一致。④如果立法过程中的咨询地位被忽视，欧盟地区委员会有权向欧洲法院提起诉讼。总而言之，在经历了一些重大改革之后，欧盟地区委员会已成为欧盟立法和政策制订的重要咨询机构，可以在越来越多的领域通过向立法或政策制订表达反对来影响欧盟决策，其成立之初的象征性角色已得到很大改变。

欧盟地区委员会为地方政府参与和影响欧盟立法活动提供了一个直接的平台，地方政府官员作为地区利益的代表者介入欧盟领域，在其中扮演不可忽视的角色。有学者曾对欧盟地区委员会在欧盟政策制订过程中的作用进行了检验，发现其咨询作用对欧盟的影响是非常积极而有效的。[①]

（2）欧盟地区政策。欧共体成立之时就提出"要缩小地区之间的差别和消除贫穷地区的落后，加强成员国经济的统一和确保其和谐发展。"[②] 1975 年，欧共体创设了"欧洲地区发展基金"，代表着欧共体地区政策的正式建立。1988 年，欧共体对地区政策进行改革，这次改革为地区政策建立了完整的法律框架、指导原则和制度安排。同时将欧洲地区发展基金、欧洲社会基金、欧洲农业指导与保障基金合并为结构基金，并加以协调管理，使欧共体地区政策得到快速发展。1989 年确立的地区政策的五个战略目标和六个基本原则使地区政策得到进一步的系统化和制度化。欧盟的成立在很大程度上代表了国家边界重要性的降低，以及随之而来的地区主义的崛起，统一大市场的建立对成员国提出了更高的趋同要求，要求对地区政策进行改革。1993～1994 年，欧盟新增两个战略目标，同时，新增凝聚基金和渔业指导融资基金以资助落后国家。1999 年，增设针对中东欧申请国的入盟准备基金。随后，里斯本战略制订的《2007－2013 年七年规划》确定了地区政策的三个重点领域，一是通过结构基金、凝聚基金援助落后地区。二是提高地方竞争力和创造就业岗位。三是加大跨国界和跨地区合作。[③] 2006 年，欧盟地区政策将七个战略目标缩减为三个，包括：①促进落后地区的发展和结构调整。②资助面临结构困难的地区进行经济和社会转型。③支持教育、培训和就业政策及机制的现代化。与此同时，欧盟地区政策改革的另一方面是不同层级之间职权的明细。通过数次"分权"，欧盟机构从对地区政策进行具体管理逐渐转向制订规则和指导监督等。[④] 至此，欧

---

[①] Milena Neshkova, "The impact of subnational interests on supranational regulation," *Journal of European Public Policy*, Vol. 17, No. 8 (2010)：1193 - 1211.

[②] 卢晨阳：《欧盟地区政策的发展及评估》，《国家行政学报》2009 年第 2 期，第 103 页。

[③] 刘旭、王永治：《欧盟实施地区政策的经验与启示》，《宏观经济研究》2007 年第 1 期，第 22 页。

[④] 臧术美：《欧盟地区政策改革的特点与趋势》，《现代经济探讨》2009 年第 6 期，第 87 页。

盟地区政策得到相当程度的完善。

欧盟地区政策的启动和改革是伴随着一体化进程而发展的，是为了解决一体化进程中地区之间经济发展不平衡的问题。欧盟委员会地区政策总司对地区政策的阐释是，"欧盟地区政策是促进团结一致的政策"，"它寻求增强经济、社会、地区的凝聚"。① 欧盟通过地区政策中的三个重要工具——结构基金、凝聚基金和入盟前援助基金，一方面援助欧盟落后地区，另一方面作为入盟条件，提高准备加入欧盟的国家的经济趋同度。自从结构基金设立后，占欧盟预算的比例不断升高。1988 年占当年欧共体预算的 17.5%，1994~1999 年占同期欧盟预算的 1/3，2000~2006 年占同期欧盟预算的 30%，在 2007~2013 年的预算中，达到 3076 亿欧元，占 36%，成为欧盟仅次于共同农业政策的第二大预算支出项目。②

欧盟地区政策使欧盟通过基金对成员国的国内治理方式进行一定的干预，但同时，成员国政府和地方政府作为地区政策的执行主体，在与欧盟委员会进行充分协商后，可以独立制订具体的发展和资金使用方案。这一方面使地区政策的目标得以贯彻，另一方面使成员国和地方政府获得相当大的积极性，使地区政策更有效率。在结构基金与凝聚基金的改革演变过程中，地方政府通过游说欧盟委员会，尽力确保制订一个更加有利于自身的基金标准，并同时争取获得基金资助。欧盟地区政策使欧盟—中央政府—地方政府三者之间密切互动，共同推动欧洲化进程。欧盟地区委员会为地方政府参与对外事务提供了相当大的契机，地方政府通过影响和实施欧盟地区政策开展有利于实现本地区利益的对外活动。

### （二）对欧盟各国地方政府参与欧洲一体化的评价

以上从制度上和实践上对欧盟各国地方政府参与欧洲一体化进行了归纳和总结。但是，如果要对此进行评估，我们还需要考察各国中央政府的态度。虽然有许多学者认为，欧盟各国地方政府在欧盟的政策制订与实施层面仍然处于边缘位置，欧盟成员国而非地方政府仍然是欧盟舞台的中心。但不可否认的是，欧盟各国地方政府在《马约》签订后，正在欧盟层

---

① 刘旭、王永治：《欧盟实施地区政策的经验与启示》，《宏观经济研究》2007 年第 1 期，第 22 页。
② 刘旭、王永治：《欧盟实施地区政策的经验与启示》，《宏观经济研究》2007 年第 1 期，第 24 页。

面获得了越来越多的权力，扮演着越来越重要的作用。欧盟各国中央政府对地方政府对外交往的态度是既支持又担忧的。从支持的方面来看，中央政府对于促进国家整体发展的对外事务都是比较支持的，比如吸引外资，扩大出口市场，吸引国外游客，促进技术转移，文化艺术交流，提升国家形象等，这些活动一般还能得到国家的资金和政策的积极鼓励。这些活动已成为国家整体外交的有益补充。同时，对于中央政府和地方政府需要协调合作的对外活动，中央政府也是比较支持的。比如，欧盟凝聚基金和结构基金的实施虽然由各国中央政府主导，但具体方案制订与措施实施都需要地方政府的参与，这样的互动合作可以让欧盟基金更好地符合地区区情，有利于政策发挥最大效用。可以看出，对于地方政府参与的经济、文化等"低政治"领域，中央政府都表现出较为支持的态度。从担忧的方面来看，中央政府并不喜欢地方政府深度介入政治和安全等"高政治"领域，以防国家主权被损害。比如，地方领导人在访问他国时发表一些有关政治和安全方面的演讲与申明，地方领导人在国际事件中发出与该国中央政府相反的声音，地方政府热衷于在国际上建构一个新的身份等，许多成员国中央政府往往对此较为抗拒。

地方政府的对外交往正面临着来自于中央政府官僚机构越来越大的抵抗，中央政府正不遗余力地维护自己对外事务的权力，强调一个国家必须只能有一个对外声音。当然，从中央政府的态度和国际体系的限制出发。目前，欧盟各国地方政府在一些有关政治敏感性事件上，与以往相比，较少与中央政府产生冲突。地方政府正逐渐意识到，介入对外事务并不代表地方政府在该领域拥有与中央政府相同的权力和地位，绕过本国中央政府直接活跃在世界舞台上是不现实的，也是难以被当今国际环境所认可的。同时，地方政府的对外交往受到人力资本和金融资源的制约，只有发达地区才能开展持续性的对外活动。2008年全球金融危机和随后的欧洲债务危机爆发之后，欧盟各国地方政府的对外活动明显下降，这说明了地方政府掌握的资源深刻影响了其对外程度和方式。

因此，结合制度、实践和中央政府的态度，将地方政府参与对外事务的方式按照涉及主权的深度进行排列，能够更好地评估欧盟各国地方政府参与欧洲一体化的外交空间（见图6-1）。从参与领域来看，订立条约和建立政治代表处涉及最高层次的政治领域，由于这些活动容易对中央政府的权威形成挑战，并打破"一致对外"原则。所以，除比利时、德国和奥地利三国外，其他欧盟成员国宪法和中央政府均不支持。在实践中，也确实只有这三国参与其中，当然，参与过程受到一定的限制。地方领导人出访、订立协定、参与多边框架、建立经济文化教育办公室、加入或建立跨国网络会涉及一些国家主权问题，但不会特别大。欧盟为这类活动提供了较多渠道，欧盟成员国宪法也未明确反对，中央政府对此一般视具体情况而定，如果与国家总体利益不一致，会立即干预阻止。如一致，则会默认，甚至鼓励。因此，当前，越来越多的地方政府积极参与该领域的对外事务。公共外交和知识经验分享涉及较少国家主权问题，因此受到的制约较少，参与的广度也较大。

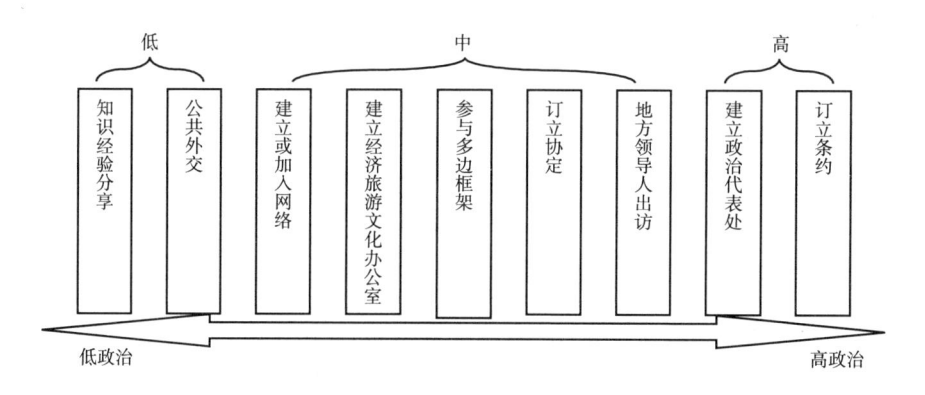

图 6-1　低政治向高政治过渡

我们可以据此概括出以下几点结论：①地方政府的实际参与和宪法的规定基本吻合。宪法和中央政府基本支持经济、教育、文化等低政治领域的活动，欧盟也为此提供了许多渠道。然而，如果宪法禁止某些对外活动，特别在高政治领域，那么，地方政府一般都不会触碰。换句话说，地方政府会最大限度地利用给予自己的有利条件开展对外交往。归根结底，中央政府决定着地方政府参与对外活动的空间，而这对大部分国家的地方政府来说并不大。②由于受到宪法和中央政府的限制，真正活跃于欧盟舞台的地方政府数量有限，最突出的不过是比利时瓦隆和弗兰德斯；德国莱茵兰—普法尔茨、巴登—符腾堡、萨尔、北莱茵—威斯特法伦、巴伐利亚；奥地利上奥地利、下奥地利、施泰尔马克；西班牙加泰罗尼亚和巴斯克；英国苏格兰和威尔士；法国普罗旺斯—阿尔卑斯—蓝色海岸、罗纳—阿尔卑斯；意大利伦巴第、利古力亚、皮埃蒙特、瓦莱达奥斯塔等，就是这些"外交明星"造就了欧洲地方政府参与对外事务的积极现象。而其他地方政府，比如大多数中东欧国家、斯堪的纳维亚国家、英国、法国的地方政府参与对外活动的程度有限。③欧盟内部的国家边界已呈现出越来越模糊的状态。在跨国网络、欧盟地区委员会和欧盟地区政策方面越来越反映出地方政府之间的联合。在经济、技术、文化、教育等低政治领域的合作正越来越向"准联邦内的地区间合作"发展，外交的传统属性已被逐渐打破。仅当这种合作涉及高政治领域时，我们才会重新发现外交的传统属性还坚固存在。④由于宪法并未反对，欧盟和中央政府也积极支持，地方政府在跨国网络对外交往的空间较大，特别是其中的跨边界合作现象在欧盟内部非常普遍。

## 五　经验启示

### （一）欧盟与中国友好城市交往概况

截至2015年11月16日，欧盟与中国共缔结友好城市关系582对，其中省州之间175对，城市之间407对。在欧盟28国之中，除了卢森堡、爱沙尼亚外，其余26国都与中国省区缔结了友好城市关系。从表6-3、图6-2可以看出，缔结友好城市关系的数量事实上每年是有一定波动的。但总的来说，呈现出总体向上的趋势。从国别来看，在欧盟与中国缔结的友好城市关系中，大部分国家与中国既缔结了省州之间的友好关系，也缔结了城市之间的友好关系。少部分国家，比如克罗地亚、斯洛文尼亚、葡萄牙、拉脱维亚、立陶宛、爱尔兰和马耳他与中国仅缔结了城市之间的友好关系，而没有缔结省州之间的友好关系。从总数来看，与中国缔结最多友好城市关系的是法国，共87对，其次是德国，共83对。从具体来看，省州之间缔结友好关系最多的同样是法国，共29对，而城市之间缔结友好关系最多的是德国，共64对。这两个国家与中国缔结的友好城市关系数量较为领先欧盟其他国家。当然，位于第三名的意大利和位于第四名的英国，分别与中国缔结了64对和52对友好城市关系，数量也相当多。这四个国家与中国缔结的友好城市关系总数占到所有欧盟与中国缔结总数的一半。这说明欧盟成员国中的法国、德国、英国和意大利与中国相互重视。相比于这四个国家，其他国家与中国缔结的友好城市关系数量则要少得多，最多也不过30对，仅占前面几个国家的一半左右。与中国缔结友好城市关系最少的国家是马耳他和塞浦路斯，仅缔结了 1 对。从平均数量来看，欧盟与中国在省州之间平均缔结 7 对，在城市之间平均缔结 16 对，总体上平均缔结了 23 对。

表 6-3 欧盟与中国缔结友好城市关系数量一览

单位：对

| 国别 | 省州 | 城市 | 合计 |
| --- | --- | --- | --- |
| 法国 | 29 | 58 | 87 |
| 德国 | 19 | 64 | 83 |
| 意大利 | 17 | 47 | 64 |
| 英国 | 5 | 47 | 52 |
| 罗马尼亚 | 15 | 15 | 30 |
| 瑞典 | 12 | 17 | 29 |
| 匈牙利 | 14 | 14 | 28 |
| 比利时 | 14 | 12 | 26 |
| 荷兰 | 8 | 18 | 26 |
| 波兰 | 9 | 16 | 25 |
| 西班牙 | 9 | 16 | 25 |
| 芬兰 | 4 | 18 | 22 |
| 奥地利 | 7 | 10 | 17 |
| 希腊 | 5 | 10 | 15 |
| 丹麦 | 3 | 11 | 14 |
| 保加利亚 | 1 | 9 | 10 |
| 葡萄牙 | 0 | 5 | 5 |
| 克罗地亚 | 0 | 4 | 4 |
| 爱尔兰 | 0 | 4 | 4 |
| 捷克 | 3 | 1 | 4 |
| 斯洛文尼亚 | 0 | 3 | 3 |
| 斯洛伐克 | 1 | 2 | 3 |
| 立陶宛 | 0 | 3 | 3 |
| 拉脱维亚 | 0 | 2 | 2 |
| 马耳他 | 0 | 1 | 1 |
| 塞浦路斯 | 0 | 1 | 1 |
| 共计：25 国 | 175 | 408 | 583 |
| 平均 | 7 | 16 | 23 |

表格来源：中国国际友好城市联合会网站，数据时间：2015 年 11 月 16 日。

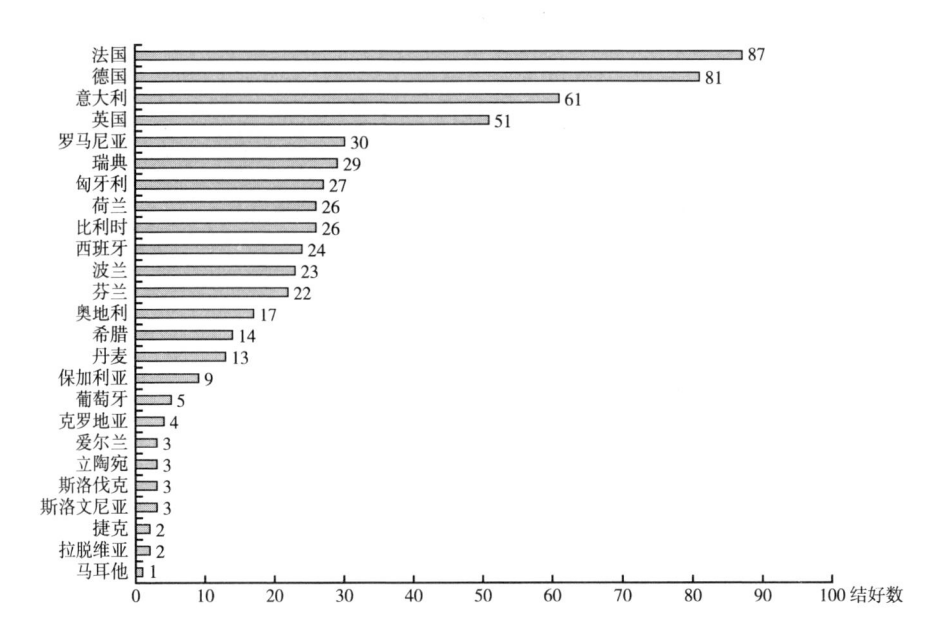

```
法国                                                    87
德国                                                  81
意大利                                       61
英国                               51
罗马尼亚                30
瑞典                29
匈牙利              27
荷兰             26
比利时            26
西班牙           24
波兰           23
芬兰          22
奥地利      17
希腊      14
丹麦     13
保加利亚  9
葡萄牙  5
克罗地亚 4
爱尔兰  3
立陶宛  3
斯洛伐克 3
斯洛文尼亚 3
捷克   2
拉脱维亚 2
马耳他  1
     0   10  20  30  40  50  60  70  80  90  100 结好数
```

**图 6-2 欧盟与中国缔结友好城市关系数量一览**

数据来源：中国国际友好城市联合会网站，数据时间：2015 年 8 月。

在中国的省、自治区和直辖市（不包括台湾省和港、澳特别行政区）中，欧盟除了没有与西藏和新疆缔结友好城市关系之外。欧盟各国地方政府与其他 29 个省区都缔结了或多或少的友好城市关系。欧盟各国地方政府与江苏省缔结友好城市关系方面非常积极，远远超过了其他省区，共缔结了 82 对，占欧盟各国地方政府与中国缔结总数的 14.5%，事实上，欧盟各国地方政府与江苏省的大多数城市都缔结了友好关系。在欧盟各国地方政府与江苏省缔结的总共 82 对友好关系中，无锡的缔结数量最多，达到 13 对。欧盟各国地方政府与山东省缔结友好关系数量排名第二，共缔结了 40 对，但仅占江苏省的一半。缔结最少的是内蒙古，共 2 对。从平均数量来看，欧盟各国地方政府与中国省区平均缔结友好城市关系 18 对。从具体分布来看，沿海地区，比如江苏省、山东省、广东省、浙江省、上海市等省区市缔结的友好城市关系数量排名靠前，内陆地区，比如青海省、贵州省、云南省等排名靠后（见图 6-3）。

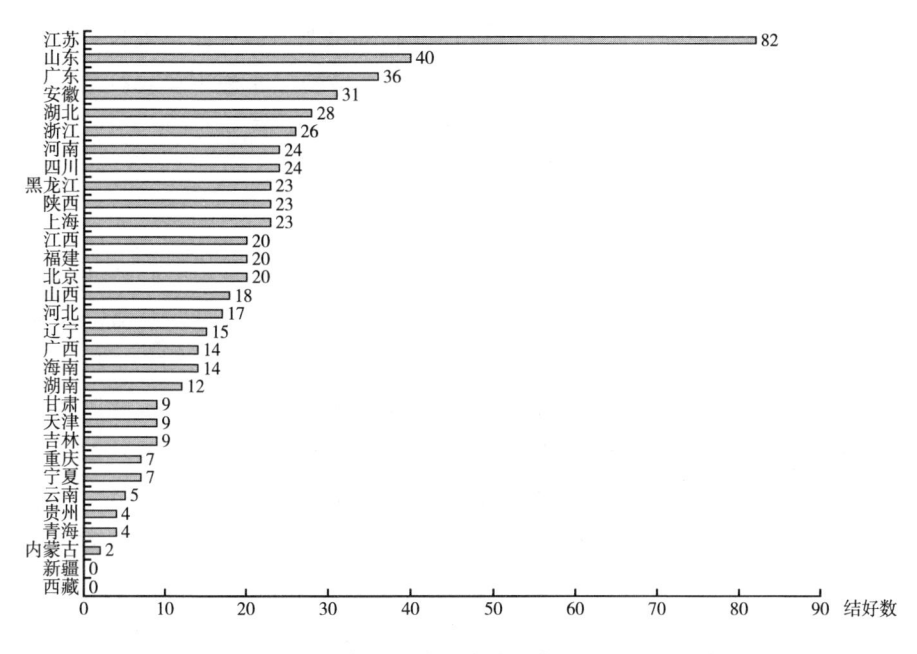

| 省区市 | 结好数 |
|---|---|
| 江苏 | 82 |
| 山东 | 40 |
| 广东 | 36 |
| 安徽 | 31 |
| 湖北 | 28 |
| 浙江 | 26 |
| 河南 | 24 |
| 四川 | 24 |
| 黑龙江 | 23 |
| 陕西 | 23 |
| 上海 | 23 |
| 江西 | 20 |
| 福建 | 20 |
| 北京 | 20 |
| 山西 | 18 |
| 河北 | 17 |
| 辽宁 | 15 |
| 广西 | 14 |
| 海南 | 14 |
| 湖南 | 12 |
| 甘肃 | 9 |
| 天津 | 9 |
| 吉林 | 9 |
| 重庆 | 7 |
| 宁夏 | 7 |
| 云南 | 5 |
| 贵州 | 4 |
| 青海 | 4 |
| 内蒙古 | 2 |
| 新疆 | 0 |
| 西藏 | 0 |

图 6-3 欧盟与中国省区市缔结友好城市关系一览

数据来源：中国国际友好城市联合会网站，访问时间：2015 年 8 月。

## （二）欧盟与中国友好城市交往的特点

### 1. 友好城市之间往往存在一定的相似性

相似性是城市寻找伙伴的根基，也为寻找共同利益奠定了良好的基础。这种相似性有些体现在行政级别上，比如，北京与马德里、柏林、巴黎、里斯本等，绝大部分欧盟成员国的首都与北京缔结友好城市关系，体现了地位的对等性。相似性有些体现在经济发展水平上，欧盟经济最为发达的地区往往与上海、天津、广州缔结友好城市关系，比如米兰与上海、里昂与广州等。相似性有些还体现在历史文化环境等方面，比如威尼斯和苏州都是水城，波兰托伦与桂林都是历史文化名城等。事实上，大多数友好城市的缔结取自于多个相似点，比如，汉堡与上海的相似点很大。两者同为世界著名大都市，除了在地理位置、经济实力等方面有着许多相似之处外，在城市布局方面也有共同点：汉堡的港口新城被视作为汉堡的"浦东新区"，两者都是白手起家建成的，港口新城曾是汉堡港的一部分，而浦东新区曾是沼泽地；两个城区的位置也非常相似：城区靠近港口，又靠近传统的中心城区。和浦东新区一样，汉堡港口新城未来不仅要打造成商业中心，还要成为集休闲、娱乐和购物于一体的住宅区。[①]

### 2. 涉及领域广泛

欧盟与中国缔结友好城市的合作内容从政治、经贸拓展到文化、教育、创业人才培养、旅游、城市管理、航运、民间组织合作、体育、基础设施建设、环境保护、科技创新、低碳新能源等诸多领域。第一，由于这些友好城市关系追求的是城市之间的互利共赢，因此，正日益成为欧盟对中国外交的重要补充，成为促进欧中城市经济社会发展的关系资源。第二，城市管理的经验共享成为友好城市交往的重要组成部分，中欧之间也通过友好城市渠道相互学习好的经验和成功的做法。在2010年的上海世界博览会上，有一个专门的片区就被名为"城市最佳实践区"，可见最佳实践共享在城市外交中的重要作用。中国还通过每两年一届的中国国际友好城市大会分享城市管理与创新的经验。第三，友好城市交往成为人文外交的重要形式之一，成为跨文化交流的重要平台。文化是一个城市软实力的核心，作为政治和经济交往的基础，城市都热衷于发展国际文化交流，且建有稳定长效的文化交流机制。它既能够有效增进和加强两国地方政府之间基层人民的互相理解和彼此沟通，也能使中外之间有更多交流和接触的机会，使中外人民有更多机会来亲身感受和了解对方国家和地方的历史现状、传统文化、价值观念、社会发展等，成为促进中欧共同发展的重要力量。

### 3. 涉及多个层次

欧盟各国地方政府与中国地方政府的交往不仅涉及省州之间，也涉及多个层面。中欧友好城市关系在一些基层政府之间同样展开，比如，西班牙卡斯特德菲尔斯、德国拉丁根和英国奥尔德姆分布与无锡滨湖区、惠山区和锡山区之间，罗马尼亚布加勒斯特市第四区与济南市中区之间，维也纳第九区与北京东城区之间，马耳他桑塔露西亚与苏州姑苏区之间，英国

---

① 王金辉：《汉堡："汉人之堡"——论上海与汉堡的友好城市关系在中德关系中扮演的角色》，《上海商业》2013年第6期，第28页。

梅德韦与佛山禅城区之间，德国汉堡中区与上海虹口区之间等都缔结了友好关系，成为地方政府对外交往的积极补充。另外，欧盟各国地方政府与中国地方政府的议会与人大之间、司法机构之间、社会名人之间的相互交往也都比较频繁。

### （三）欧盟各国地方政府对外交往经验启示

如何在国家总体外交下更好地发挥地方政府的作用，我们可以从欧盟各国地方政府中获得一些启示。

#### 1.《宪法》和中央政府的支持是地方政府对外交往的保障

许多欧盟成员国《宪法》对地方政府对外交往的空间做出规定，有些国家还赋予地方政府较大的外事权，比如订立条约的权力，但同时，《宪法》也规定，条约必须得到中央政府批准才能生效，这就突出了中央和地方合作的重要性。1982年颁布的《中华人民共和国宪法》并没有对地方政府的对外行为有所规定，只是强调了"遵循在中央的统一领导下，充分发挥地方的主动性、积极性原则"。因此，第一，可以制订专门法律对地方政府的外交空间做出规定，使其不会在对外活动中走得太远，甚至出现挑战中央政府的行为。第二，目前，不同的地方政府介入纷乱繁杂的对外事务，要统筹这些活动，可以设立一个全国性的协调机构，这一机构或者是政府机构，或者是地方政府之间的自愿协调机制，在中央政府与地方政府之间搭建一座桥梁，既便于中央和地方之间的沟通，也便于统筹规划。

#### 2. 地方政府可以考虑在国外设立办公室

中国经济的可持续发展需要地方政府的推动。一方面，吸引外资、促进旅游业发展要靠地方政府更为有效的措施。另一方面，对外投资、扩大市场仅靠国外的大使馆和领事馆已然不够。为了更好地"走出去"，中国地方政府或许可以学习欧盟，在国外开设商业、贸易与投资、旅游、文化等各种办公室。开设何种类型的办公室由该地方的比较优势决定，这些办公室可以由一个地方政府开设，也可以由几个地方政府联合开设，办公室的人数配备可以根据对方的重要性，甚至可以采取兼职模式，为本地方的企业和团体在国外更好地发挥作用搭建一个长期的平台，也有利于及时获取对方信息，以及更加直接和便利地推广本地方的比较优势。

### 3. 做实友好城市这一遍布全球的关系网络

中国目前已成为世界上友好城市最多的国家。遗憾的是，许多友好城市处于"沉默"状态，没有以此渠道为契机，拓展经济技术旅游合作。当然，也有城市认识到了这一点，做出了一些改变，比如，广州、奥克兰和洛杉矶三方互为友好城市，三城在2014年11月签署经济联盟合作备忘录，"将尽量结合三城交往需求和产业优势选取试点，先期推动包括加强三城间的航线开拓、构建洛杉矶影视制作—奥克兰影视加工—广州影视发行为产业链条的分工模式等方面的合作"，[①] "重点推进贸易、投资、创新等领域的协同合作，建立经济联盟关系。"[②] 今后，做实友好城市、拓展三边和多边关系可能是友好城市的发展方向之一。

### 4. 进一步推动跨边界和次区域合作机制建设

跨边界和次区域合作在欧洲已经非常普遍，对消除贫富差距，推动边界地区发展有重要帮助。中国在这方面的合作已陆续展开并取得良好效果。南宁凭借举办中国—东盟年度博览会、中国—东盟商务与投资峰会、环北部湾经济合作论坛等在中国与东盟关系中发挥关键作用，昆明在大湄公河次区域合作中扮演同样角色。次区域合作有力推动了这些地方的发展。因此，加强现有跨边界和次区域合作机制，推动更多类似合作机制的建立不仅有利于促进当地发展，对于周边稳定和繁荣都能起到积极作用。

---

[①]《广州、奥克兰和洛杉矶成立三城经济联盟》，中国新闻网，http://www.chinanews.com/df/2014/11-13/6772372.shtml，最后访问日期：2015年8月16日。

[②]《广州奥克兰洛杉矶签署经济联盟合作备忘录》，《广州日报》2014年11月17日，第1版。

# 第七章　日本：自治体的国际化与对外交往

摘　要：日本属于单一制国家，外交权力归中央所有，但在央地关系上又吸取了美国元素，通过自治原则赋予地方政府众多权力，为城市外交创造了空间。日本的城市外交主要有三种模式，一是深化和完善本地国际化治理模式；二是地方自治体外交活动，比如姐妹城市、对外经济技术、文化艺术、区域合作开发、非核化等；三是非政府组织与市民个人参与的国际事务。在日本地方城市国际化过程中，中间组织发挥了很大作用，如地方自治体国际化协会为推动城市外交发挥了重要作用。日本城市外交可借鉴的经验有：一、激发地方活力、厘清权责关系，激发中央、地方、社会三方面的活力与积极性；二、发展各有特色的地方外事，发掘潜力，"周边"与"飞地"友好城市交往并举；三、内部深化与外部拓展，建设对外来人口同样包容和有规范的城市；四、重视理论与实践共同发展，及时总结经验。

全球化席卷了几乎所有国家，这个过程迄今仍然在以各种形式继续，当前已经进入更加深刻的全球交互与融合阶段。经过30多年的国家对外开放，中国的地方城市也终于来到对外开放和全球化的前沿。相较中国，日本的地区与城市全球化开启较早，且已经形成一定成果和经验。本文试图探析日本地方自治体的国际化和对外关系，从通过制度设计、发展历史与现状以及东京都、北海道、新潟县三个案例，对日本这一历程进行描述，以期对中国城市对外交往提供借鉴。

## 一 日本城市对外交往概况

随着全球化程度不断加深，国家开放程度日益加大，日本在不断完善"地方自治"法规和"住民自治"原则背景下，地方政府越来越多地参与到国际事务中来。

### （一）日本城市对外交往历史

战后日本地方政府的国际交流始于20世纪50年代的友好（姐妹）城市交往。1955年12月长崎市与美国明尼苏达州森特·波尔市结成姐妹城市。20世纪70年代以前，日本自治体的对外交流对象主要是以欧美国家为主；20世纪80年代以后，基本以亚洲尤其是中国为中心的友好交往中。以友好（姐妹）城市为载体，日本与众多国外友好政府与组织开展政治、经济、文化等多方面发展。20世纪60至70年代，在一些强势地方领导人的主导下，部分地方政府的对外活动有所偏离国家政策目标，[①] 但是象征性言论和偶尔事件并没有触及日本外交政策的核心利益。

20世纪90年代开始，日本自治体的国际化朝着全面和深入两个方向发展。1995年前，自治省要求自治体制定各自的国际合作大纲，1995年在自治体国际化协会中设立自治体国际协力中心以支持地方发展国际事业，自治省公布了《自治体国际合作推进大纲》。各地方分别出台了自己的国际合作计划，1998年47个都道府县和12个政令制定城市均制定了国际合作推进大纲。这段时期自治体国际合作的核心表现在"一进一出"，即对中国人员进行各种技能和经验培训，并向其他国家派遣自己的专家或者其他援助人员。注重人员而非单纯物质交流、倾向公益而非形式化援助、追求互惠而非单方给予成为这段时期日本地方政府国际交流的重要特点。

至今，日本各都道府县都设置了自己的国际交流部门，日本地方政府不仅仅推进文化、教育和科技项目合作，展开商贸活动，同时也提供作为地方层面的官方发展援助，更重要的是为国家推进外交政策，所有这些都对日本的外事活动具有重要意义。[②] 另外，日本自治体还通过政策制定、

---

[①] 如上文所列地方政府与苏联和朝鲜相互交流，及横滨市长拒绝日本美军基地的坦克经过该市前往越南战场。
[②] Purnendra Jain, *Japan's Subnational Governments in International Affairs* (Routledge, 2012), 1.

宣言和一些行动越来越参与到核心外交事务中（比如战争、安全和国际和平）。其中一些仅仅只是象征意义，但仍有一些对日本的对外政策具有重要影响。①

## （二）日本城市对外交往现状

日本地方自治体国际化程度很高，其对外事务也很频繁。现阶段地方自治体推动国际交流合作的方式，主要可以分为三种模式：①继续深化和完善本地国际化治理模式，对于外国人在日本的权益保障、行政管理、义工活动等规定不断推进；②地方自治体外交活动，比如推动姐妹城市交流，推进对外经济技术、文化艺术、区域合作开发，推动非核化等；③非政府组织与市民个人参与的国际事务。

友好（姐妹）城市始终是地方自治体开展对外活动的重要纽带和平台。日本现在有姐妹（友好）城市共1660对，分布于世界各地，其中与美国建立441对，与中国建立354对，与韩国建立了154对。国内各都道府县中，北海道以122对姐妹（友好）城市居第一位，其次为兵库县74对，大阪府69对，东京都64对。此外还有数量众多的海外成立希望与日本城市建立姐妹（友好）城市关系。②

在日本自治体开展国际化合作过程中，除了中央机构总务省自治行政局国际办公室、外务省大臣官房地方联络促进办公室以外③，中间组织也发挥了很大作用，这些组织与地方自治体合作并且加强了地方政府在国家外事中的影响力。这些中间组织也主要分为两类，一类是与中央政府相关的单位，主要有日本国际合作协会④，日本对外贸易组织⑤，日本国际开发

---

① Purnendra Jain, *Japan's Subnational Governments in International Affairs* (Routledge, 2012), 3.
② "自治体間交流：姉妹（友好）提携情報"，日本国自治体国際化協会官方网站，http://www.clair.or.jp/cgi-bin/simai/j/01.cgi，最后访问日期：2015年4月17日。
③ 《資料編10：国際交流関係機関》，新潟県国際交流協会官方网站，http://www.pref.niigata.lg.jp/kokusai/1228680074677.html，最后访问日期：2015年4月17日。
④ 该协会成立于1974年，原是外务省专为科技合作领域的政府开发援助（ODA）工作所设立，在全国有14个培训中心。2003年10月该协会成为独立行政机构，随着地方政府在科技ODA中扮演更重要角色，其与地方政府的合作关系日益密切。
⑤ 该组织成立于1958年，旨在促进日本的出口并建设日本经济，曾接受日本通产省（MITI）和后来的经济产业省（METI）指导，现在已经拥有很大自主权。其在60个国家拥有80个工作室，国内有38个办公室，有雇员1600人，在地方政府拓展海外联系过程中发挥了重要作用，并且至今依旧发挥重要作用。

银行[①]等。从某种程度上来说,也正是通过这类中间组织,中央政府得以协调和规范地方政府的国际化行为。[②] 另一类则是社会非政府组织(Non-goverment Organization,NGO)和非营利组织(Non-profit Organization,NPO)。这类组织数量繁多,分布于各个行业各个地方。地方政府很早开始委托非政府组织为其辖区的外国居民提供服务。1998 年日本通过非营利组织法案之后,地方政府为很多服务外国人的非营利组织提供了资金,使其在诸如医疗和妇女保护等方面可以有更大的工作力度。这些非营利组织帮助地方政府提供各种服务。[③] 一些非政府组织或者非营利组织在帮助政府解决国内外国人问题方面早早发挥作用,而另一些组织则是在地方自治体对外活动过程中发挥重要桥梁作用。

### (三) 日本国自治体国际化协会

在日本地方政府的倡议下,日本国自治体国际化协会(Council of Local Authorities for International Relations,CLAIR,以下简称"协会")于 1988 年成立,旨在支持日本地方政府的国际交流活动,主要职责包括协助缔结友好城市,向海外介绍日本地方行政、财政制度等,并在纽约、伦敦、巴黎、新加坡、首尔、悉尼、北京都设有海外事务所。这种机构的设立有效提高了城市外交的专业水平,同时有利于各城市整合外交资源,降低外交成本。

"协会"成立的初衷是为了推进"外语指导等外国青年聘用项目"(The Japan Exchange and Teaching Program,JET)的实施。JET 项目是日美两国领导人的高层协商结果,旨在从海外招募从事国际关系协调、语言教学和体育交流的相关人员,将他们派遣到全日本的地方自治体中,自治省本该对该项目提供全程指导,但因其在实施该项目过程中作用关键,使得其不能亲自负责该事务;地方政府而言,他们也希望通过中间协会获得自治省的支持,从而使该项目进入他们的学校和办事处。[④] 该项目至今依旧在运行,但"协会"实际上已经拥有了自己的新的使命,它迅速成为了使

---

[①] 主要负责为硬件基础设施的 ODA 项目贷款给发展中国家。在于地方政府的合作过程中,日本国际开发银行获得了很多技术支持,并且不断拓展其服务领域。
[②] Purnendra Jain, *Japan's Subnational Governments in International Affairs* (Routledge, 2012), 8.
[③] YasuoTakao, "Foreigners' rights in Japan," *Asian Survey*, Vol. 43, No. 3 (2003): 281-283.
[④] Purnendra Jain, *Japan's Subnational Governments in International Affairs* (Routledge, 2012), 44.

地方自治体成为国际行为体的最有力的催化组织。自治省和地方自治体难解难分地缠绕（主要是合作）在"协会"的组织管理和行为中，并且有效地推动协会的发展。自治省以及后来的总务省与协会的政策指导密切相关，"协会"几乎所有的高级官员要么是前自治省官员，要么就是由自治省借调过去任职。[1]

从20世纪80年代末期开始，"协会"成为地方自治体快速发展为国际行为体的最重要机构。"协会"致力于推进自治体的国际化进程，通过国内外连续不断的改革创新项目为它们打造关系网络。首先，推进自治体的国际交流活动，主要是通过发布和介绍有前景的交流伙伴以发展国际联系，如姐妹城市；其次，促进地方自治体的国际合作，包括邀请国外地方政府官员到日本地方政府培训或者将在诸多领域有经验的地方自治主体官员作为专家和讲师送到海外；再次，"协会"给予了地方自治体对国际化的信息需求，并与"协会"海外分支共同承担了一些研究项目；最后，"协会"支持人力资源开发，与全日本涉外交流的协会组织加强联系，给地方政府雇员提供海外工作和交流的机会。

国际化中心总部设在东京，目前，47个都道府县和20个政令指定城市全部都设立了自治体国际化协会，并且出台了相应的自治体国际化政策。[2] 在海外总共有纽约、伦敦、巴黎、新加坡、首尔、北京、悉尼七个事务所，值得一提的是，在这些事务所的网站上，标题同时鲜明地标注着"日本地方政府中心"。这些城市的事务所实际上也负责周边地区或者国家的相关事务，如悉尼新西兰的活动就由悉尼事务所负责、纽约事务所也负责加拿大事务。事务所所在地反映了协会在海外的联系密切程度，从美洲到大洋洲再到东亚，分布着数量众多的姐妹（友好）城市和JET项目合作者。

"协会"在日本自治体的国际合作中的重要作用亦带来一些新的重要变化。一是国内地方自治体已经逐步成长为积极重要的国际关系行为体，领导层以下的大量协会工作人员都是来自于地方自治体，越来越多的地方自治体官员拥有了"外交技能"，地方自治体里也积累了越来越多的知

---

[1] Purnendra Jain, *Japan's Subnational Governments in International Affairs*（Routledge，2012），49.
[2] "about Clair"，日本国自治体国际化协会官方网站，http://www.clair.or.jp/e/clair/sibulist.html，最后访问日期：2015年4月17日。

识、经验以及人才以处理一系列涉外事务。二是"协会"的高姿态表明了总务省在日本对外关系中的主要作用。总务省给协会提供了高层政策指导,通过介入协会,总务省汇集了一大批外务省之外的政策专家。三是"协会"本身通过与总务省和地方自治体的合作,机构遍及全国,逐渐打造成为地方进行海外活动的稳固形象,因此越来越多海外的商人、游客以及地方政府都通过协会来与日本地方建立联系,日本地方政府,尤其是中小型和基层企业单位也通过协会寻找海外联系,而不是大使馆。当协会自身很难承担全部繁重的任务,其就作为中间角色介绍联系相关方进行沟通。①

## 二 日本城市对外交往特点

日本是位于欧亚大陆东边的离岸岛国,处于太平洋西边。战后以来,随着经济的快速发展,日本在诸多内外制度方面日趋完善,成为不少发展中国家发展的典范。日本行政区划分为都、道、府、县制度。全国共有一个都(东京都)、一个道(北海道)、2个府(大阪府、京都府)、43个县。② 都、道、府、县属于平行一级单位,由中央政府直属,均设置了议会(决议机关)、执行首长(称为"知事"),办事机构为"厅",分别为"都厅"、"道厅"、"府厅"和"县厅"。一级单位下设市、町、村。市是地方自治法规定的由一定条件组成的地方公共团体。日本的市目前有以下几种:人口均在50万以上的20个政令指定城市;43个人口在30万以上的中核市;40个人口在20万以上的特例市③。据2014年4月统计,日本有市、町、村共1718个。④

### (一) 城市在日本国家结构中的角色

在日本,地方政府也被称为"地方自治体"⑤(以下将不再对这两个

---

① Purnendra Jain, *Japan's Subnational Governments in International Affairs* (Routledge, 2012), 51.
② "平成22年国势调查人口集中地区境界図",日本政府统计局官方网站2011年数据, http://www.stat.go.jp/data/chiri/gis/did.htm,最后访问日期:2015年4月18日。
③ "地方公共团体の区分",日本总务省官方网站,http://www.soumu.go.jp/main_sosiki/jichi_gyousei/bunken/chihou-koukyoudantai_kubun.html,最后访问日期:2015年4月18日。
④ "広域行政・市町村合併",日本总务省官方网站,http://www.soumu.go.jp/kouiki/kouiki.html,最后访问日期:2015年4月18日。
⑤ 佐佐木信夫:《自治體をどう變えるか》,筑摩書房,2006。

概念进行区分），自治体在很多方面享有相当高程度的自主权力。日本地方自治的历史最早开始于 1871 年的废藩置县，但这个时期的地方知事都是中央派遣的官吏，地方在组织、人士、财政等各方面都受到内务大臣监管，自治程度较低。二战之后，美国在日本公布了新宪法，从此地方有权建立独立于中央政府的自治机构，且当地住民可以依据法律参与处理公共机构的活动事务。1999 年通过，2000 年开始实施的《地方分权法及相关法案》，更是在日本地方自治进程中意义非凡，法案从多个方面规定了自治体所拥有的合法权益，从此中央政府与地方政府的关系变为了"对等、伙伴"关系①，日本地方事业有了新的契机，自治发展走上一个新的台阶。

## （二）自治体国际化与国家外交政策

日本属于单一制国家，外交等权力归中央所有②，但在央地关系上又吸取了美国元素，通过自治原则赋予地方政府众多权力，其中所隐含的外事权力在日本地方国际化过程中不断凸显并越来越具有影响力。总务省（前身为自治省）一直支持并推动地方政府的国际作用，通产省、文部科学省、日本贸易振兴机构及日本国际合作银行等已经认识到了地方政府在一系列外事问题中的关键作用，甚至外务省，对地方政府等行为体的外事活动的态度也由原来的警惕变为接纳甚至默许支持。近些年，负责自治体的自治省等颁布了以下文件以规范和促进自治体的对外活动。③（见表 7-1）

中央政府认可地方政府在获得经济利益，打造国际信誉等方面的参与，但前提是不能有损中央政府的势力范围或者有悖于国家利益。④ 地方自治的国家体系中，地方政府有相对较大的外事权限。日本政府以地方自治后的独立财政为后盾，以地方发展为目标，在地方外事中呈现出多元化、多样化、多层面的丰富局面，也为国家外事提供了诸多平台与渠道。

---

① 松下圭一：《自治體は變わるか》，岩波書店，1999，第 2~6 页。
② 燕继荣：《政治学十五讲》，北京大学出版社，2004，第 192 页。
③ "地域国際化協会について"，日本国自治体国際化協会，http://rliea.clair.or.jp/about/index.html，最后访问日期：2015 年 4 月 18 日。
④ Purnendra Jain, *Japan's Subnational Governments in International Affairs* (Routledge, 2012), 8.

表7-1  日本自治体对外交往规范文件

| 颁发年月 | 标　题 |
| --- | --- |
| 1987年3月 | 自治省《关于地方公共团体开展有关国际交流的指导》 |
| 1988年7月 | 自治省《对于开展国际交流的城市的指导》 |
| 1989年2月 | 自治省《关于地域国际交流促进大纲有关政策的指导》 |
| 1995年4月 | 自治省《关于自治体国际合作促进大纲政策的指导》 |
| 2000年4月 | 自治省《关于民间团体在推进地区国际化框架和推进自治体国际合作架构中的角色问题》 |
| 2004年8月 | 总务省《2005年地方行政财政重点实施政策》 |
| 2005年8月 | 总务省《2006年地方行政财政重点实施政策》 |
| 2006年3月 | 总务省《关于"多元文化推广计划"的建议书》 |
| 2007年3月 | 总务省《关于促进多元文化发展的研究报告书2007》 |

自治体国际化活动与国家外交政策的关系主要表现在以下三方面。

第一，解决国际化过程中的本土问题。在日本，对外关系和国际化的一个重要内容是解决本土化问题，其原因是有大量外来人口居住在日本国土。日本外国人众多，登记外来人口占所有人口的比例在80年代以29.8%的速率增长，90年代则以52.9%的速率增长。2000年的时候有169万外来人口，[①] 2013年统计为206万[②]。而现在日本人口为1亿2713万，[③] 即约每61个人中就有一个外来居住人员。外来人口权益保护成为日本国家国际化过程中必须解决的问题。

日本对外来人口权益保护的直接动力主要是来自于地方政府，甚至在一些方面地方政府最初是违背中央政府的意愿给外国人提供日常保障和灾后保障。[④] 地方政府的倒逼机制使得中央政府不得不调整相关规定。1980年取消国籍条款，将很多社会福利保障扩展到外来人口。1986年，除"直接救济穷人"等条款外，更多社会福利得以覆盖外来人口。90年代始，外国人的政治参与权已经在全国引起热议。1998年，地方层面的外国人投票

---

[①] YasuoTakao, "Foreigners' rights in Japan," *Asian Survey*, Vol. 43, No. 3 (2003): 531.
[②] "在留外国人统计（旧登录外国人统计）统计表"，日本法务省统计数据，http://www.moj.go.jp/housei/toukei/toukei_ichiran_touroku.html，最后访问日期：2015年4月18日。
[③] 《人口推计（平成27年（2015年）5月确定值，平成27年10月概算值）》，日本统计局统计数据，http://www.stat.go.jp/data/jinsui/new.htm，最后访问日期：2015年4月18日。
[④] YasuoTakao, "Foreigners' rights in Japan," *Asian Survey*, Vol. 43, No. (2003): 541.

权被列入国会议程。①

第二，自治体对外行动成为国家总体外交的重要组成部分。日本中央政府制定全国性的外交政策，代表日本国家开展外交活动。在次国家行为体的外事事务层面，地方自治体非常活跃。除了数量庞大的友好（姐妹）城市以外，从北向南，北海道建立了"北方圈论坛""北方都市会议"等平台，新潟县建立了"环日本海交流圈新潟国际论坛"后来的"东北亚经济发展国际会议"，东京都建立了"21世纪亚洲大城市网络"，甚至地处日本最南端也是日本最贫穷的冲绳县也提出了自由贸易区概念，计划发展同台湾、福建等地方的经济技术交流。② 次国家层面的平台有力地补充着国家的双边和多边关系，既能分区域、分功能协助国家落实总体外交政策，又能结合实际情况为本地发展服务。

第三，开展有利于地方但相对独立于国家政策的外事行为。分权设置使得地方政府的外事行为有时候看似不一定与国家对外政策一致。如70年代初横滨市长飞鸟田一雄就拒绝日本美军基地的坦克经过该市前往越南战场。因为意识形态原因，日本同苏联和朝鲜在国家层面交往甚少，但是日本地方政府和这两个国家的地方政府建立了良好关系。如日本城市与苏联城市建立友好城市关系③，并于1970年成立的"日苏沿海城市市长联盟"，即今"环日本海日俄城市市长联盟"；1972年的"环日本海日朝友好贸易促进会"也是一个突破国家外交关系限制的案例；除此之外，也有一些地方政府领导人就战争与和平发表与中央政府对立态度的言论。④ 这些行为充分说明，地方政府在外事活动中，更加关注自身的立场、利益和发展，当然，其前提是不能损害国家的利益。

## 三 案例：东京都、北海道和新潟县

东京都、北海道和新潟县这三个城市在日本政治、经济与文化中具有一定的代表性，在城市外交方面也比较活跃，以此进行深入分析，有助于我们了解当前日本城市外交的基本状况。

---

① YasuoTakao, "Foreigners' rights in Japan," *Asian Survey*, Vol. 43, No. 3 (2003): 527-528.
② 楊鈞池：《日本地方自治体的国际化研究》，《台灣國際研究季刊》2007年第3卷第3期。
③ 楊鈞池：《日本地方自治体的国际化研究》，《台灣國際研究季刊》2007年第3卷第3期。
④ Purnendra Jain, *Japan's Subnational Governments in International Affairs*, (Routledge, 2012), 7.

## （一） 东京都

日本都、道、府、县一级行政序列中，仅有一个东京都。东京都不仅仅是日本的政治、经济、文化中心，在整个亚洲和全世界都具有巨大影响力。1943 年原来的东京府与东京市合并，成立了东京都，目前东京都是由 23 个特别区及 26 市 5 町 8 村构成的广域自治体，人口约 1,329 万人（至 2013 年 10 月），东京都与周边 7 县（埼玉县、千叶县、神奈川县、茨城县、枥木县、群马县、山梨县）构成首都圈。[1] 东京都设置有都议会，内设议长和各个委员会，拥有广泛权力。此外设有知事及其辅助机关，以及负责各项具体业务的官僚机构。政策企划局内专设外务部管理东京都城市外交等工作，[2] 另有东京国际交流委员会参与都内外相关活动。[3]

东京都对外交流非常频繁，自 1960 年与纽约缔结姊妹城市以来，已与全世界 11 个城市、州缔结了姊妹或友好城市关系。[4] 都内各区市町也与国外城市和地方建立了 53 对友好关系。[5] 东京都的友好（姐妹）城市与其他国家首都相比数量并不多，但是分布广泛并且囊括了众多具有代表性的国家与区域。几乎与国家和城市发展同步，东京都的对外友好城市关系发展经历了三个阶段。战后从 1955 年到 1976 年，东京都得到重大发展，通过与纽约市缔结姐妹城市，吸收了美国大城市发展的宝贵经验，为现代化发展奠定了良好基础；1977～1985 年，随着经济腾飞，东京都发展成为真正的国际化大都市，先后与中国北京、法国巴黎、澳大利亚新南威尔士州成为友好（姐妹）城市，开启了美洲以外其他地方的友好城市工作；1986 年至今，日本分别与韩国首尔市、印度尼西亚雅加达市、巴西圣保罗州、埃及开罗市、俄罗斯莫斯科市、德国柏林市和意大利罗马市成为姐妹城市，2006 年与英国伦敦签订了合作条约。日本友好城市已经在亚非拉国家全面

---

[1] "东京都的历史、地理、人口状况"，东京都官方网站，http：//www. metro. tokyo. jp/CHINESE/ABOUT/HISTORY/history02. htm，最后访问日期：2015 年 4 月 18 日。

[2] "东京都的行政结构"，东京都官方网站，http：//www. metro. tokyo. jp/CHINESE/ABOUT/STRUCTURE/structure04. htm，最后访问日期：2015 年 4 月 18 日。

[3] 参见东京都国际交流委员会网站，http：//www. tokyo-icc. jp/，最后访问日期：2015 年 4 月 18 日。

[4] "东京都的姊妹城市（州）"，东京都官方网站，http：//www. metro. tokyo. jp/CHINESE/ABOUT/LINKS/sister. htm，最后访问日期：2015 年 4 月 18 日。

[5] "自治体间交流：姊妹（友好）提携情报"，日本国自治体国际化协会官方网站，http：//www. clair. or. jp/cgi-bin/simai/j/03. cgi，最后访问日期：2015 年 4 月 18 日。

铺开，着重加强了与发展中国的友好关系。与美法德等发达国家的友好合作中，东京倾向于与其保持行政往来，通过各种项目向他们学习大都市经验，获得更多的城市发展资源；而在与发展中国家的交流过程中，东京都侧重于输出技术、教育及文化，借以扩大在这些国家与地区中的影响力。[1] 此外，为扩大日本在亚洲地区的影响力，东京都打造了"21世纪亚洲大城市网络"，与亚洲13个重要城市一起，对诸如危机管理、环保对策、产业振兴等课题共同协商合作。[2]

与友好（姐妹）城市相比，东京都更广为人知的是其"世界城市"或者"全球城市"这一鲜明的角色。[3] 伴随着战后日本在世界经济体系中的崛起，20世纪60年代，东京都通过"国民经济倍增计划"，强调注重国际贸易；到20世纪80年代，通过《首都改造构想草案》，提出东京都要成为能代表日本的世界主要城市；再到20世纪90年代，通过《东京都国际化政策推进大纲》，鲜明提出东京都在成为世界城市过程中面临的国内外问题，并给出了相应对策。经过几十年的国际化历程，东京都已经成为世界经济枢纽和城市体系的组织节点。从原来的工业发展为主，到后来的城市功能改造，成为当今以金融业、服务业、创新产业等为核心竞争力的国际性大都市，东京都本身已经与全世界紧紧联系在一起。

## （二）北海道

北海道位于日本最北端，是面积为83456.58平方公里的岛屿，约占日本总面积的22%，同时也是世界上第21大岛。北海道地处寒带，多雪寒冷，年平均气温仅为6~10℃，土壤条件较差。战后，经过日本6期《北海道综合开发规划》的实施，[4] 通过中央直辖与地方辅助、开发与行政分离等措施大大促进了北海道的发展。[5] 北海道也从从前的荒蛮之地成为国

---

[1] 周萍萍：《日本东京都城市外交的特点——以友好城市交流为例》，《太平洋学报》2010年第8期，第49~57页。

[2] "Overview of the Asian Network of Major Cities 21," 21世纪亚洲大城市网络网站，http://www.anmc21.org/english/summary/index.html，最后访问日期：2015年4月18日。

[3] Saskia Sassen, *The Global City*, New York, London, and Tokyo (Princeton University Press, 2001).

[4] 清华大学经济管理学院：《日本北海道综合开发规划和政策法规》，北京，中国计划出版社，2002。

[5] 王文英：《日本北海道综合开发的历史进程和成功经验》，《苏州大学学报》2006年第5期，第100~103页。

际闻名的旅游胜地。

对外开放在北海道的开发过程中占据重要作用，尤其是近几十年成效显著。北海道对外交往体系日趋完善，在日本各大城市的对外系统中也在前列。除了北海道综合政策部知事室国际课、北海道国际交流与合作综合中心（自治体国际化协会的本地分支机构）①，北海道还有"北方圈中心""北方圈交流基金""札幌国际交流协会""北海道海外协会"等形形色色的民间国际交流团体约500多家，数量众多令人惊叹。其在洛杉矶、新加坡、俄萨哈林设置办事处，在巴西和巴拉圭设立了"巴西北海道交流中心""巴拉圭北海道交流中心"。②

目前，外国政府在札幌设立领事机构（含名誉领事机构）共25个，总数在日本居第二位（仅次于大阪），极大便利了北海道的对外交流尤其是官方往来。此外，日本政府特地从外务省选派高官作为驻北海道大使，以专门协助北海道的对外交往。③ 友好（姐妹）城市方面，北海道及下属市町目前共结成友好（姐妹）城市122对，列全国第一，比第二名兵库县（74对）多出65%，占全国友好城市数量（1660对）的7.3%。④ 友好城市规模庞大，交流成效显著。多边平台方面，北海道利用地理位置因素，强调同"北方圈"国家与地区的交流，如美国北部、加拿大、北欧、俄远东地区以及中国东北地区等。1991年，成立"北方圈论坛"，现有10国23个城市及地区参加，迄今已举行多次会议。1999年成立"北方圈经济人会议"。目的都是为加强同这些国家的经济、文化、体育、旅游等交往，特别是在经济交流方面，吸引北方圈国家的企业到北海道投资建厂。1981

---

① HIECC的前身"社团法人北方圈中心"成立于1978年，旨在积极推进北海道与北方地区各国在经济、文化和学术等方面的交流，为北海道乃至日本全国的经济、文化和学术发展与振兴做贡献。伴随着全球化的发展，为了便于更加广泛地开展世界交流与合作，成为北海道国际交流与国际合作的核心组织，北方圈中心于1998年被国家指定为"地区国际化协会"。2011年，北方圈中心由社团法人转变为公益社团法人，同时更名为"公益社团法人北海道国际交流与合作综合中心（HIECC）"。参见HIECC网站的介绍，http：//www.hiecc.or.jp/chinese/GeneralInformation_chinese.pdf，最后访问日期：2015年4月18日。

② 《北海道对外交往情况》，中华人民共和国驻札幌总领事馆网站，http：//sapporo.china-consulate.org/chn/lqgk/t210545.htm，最后访问日期：2015年4月18日。

③ 《北海道对外交往情况》，中华人民共和国驻札幌总领事馆网站，http：//sapporo.china-consulate.org/chn/lqgk/t210545.htm，最后访问日期：2015年4月18日。

④ "姊妹（友好）提携情报"，根据日本自治体国际化协会统计数据计算，http：//www.clair.or.jp/cgi-bin/simai/j/01.cgi，最后访问日期：2015年4月18日。

年由札幌市提倡并在札幌召开的第一次"北方城市市长会议",至今已召开过 10 多次会议,有 10 多个国家和 40 多个城市参加。① 值得一提的是,北海道与中国交流频繁,在两国关系正常化之前的 1964 年便成立了北海道日中友好协会,目前,该地区政府网站上已经专门设立了与中国友好交流的数据库。②

北海道从一个相对落后的地区发展成为服务业发达,地区对外交流异常活跃的地区。其经验主要如下:1、国家几十年持续大力投资,以偏向性投入促使该地区经济发展跟上日本其他地方,对交通等基础设施进行重点投入与维护。2、明确自身区位优势。一方面友好联系周边地缘相关国家,另一方面寻找具有同质特色的地区与国家(如高纬度寒冷地区),打造各类交流平台。北海道的对外发展情况向世界展示了一个相对落后的地区如何打造自己的名片与特色,最终在世界城市地区中拥有独具一格的风格。

### (三) 新潟县

新潟县位于日本海沿岸的中部,面积为 12582 平方公里,居全国第 5 位,人口约 245 万人,居全国第 14 位,拥有全长 325.3 公里的海岸线,是日本屈指可数的丰腴的粮食供应基地。2007 年 4 月 1 日新潟市成为日本本州日本海侧第一个政令指定都市。作为日本海沿岸的海路交通枢纽,新潟县着眼于日益发展的经济全球化与国际交流,长期以来注重国际交流,并大力推进与东北亚经济圈重点地区相匹配的网络建设。③

新潟县内,与外事活动相关的机构包括新潟县知事政策局国际科、新潟县国际交流协会、环日本海经济研究所、新潟产业创造机构、日本贸易振兴机构新潟贸易情报中心、日本亚洲空气污染研究中心环境卫生中心等。④ 除此以外,县内各个地方还分布着大大小小共 161 个民间国际交流

---

① 《北海道对外交往情况》,中华人民共和国驻札幌总领事馆网站,http://sapporo.china-consulate.org/chn/lqgk/t210545.htm,最后访问日期:2015 年 4 月 18 日。
② 参见北海道与中国交流数字资料馆网站,http://www2.hiecc.or.jp/hokkaido-china.jca40/ch/index.html,最后访问日期:2015 年 4 月 20 日。
③ "新潟县概况",新潟县政府网站,http://www.pref.niigata.lg.jp/chs/1207155679270.html,最后访问日期:2015 年 4 月 20 日。
④ 《资料编 10:国际交流关系機関》,新潟县国际交流协会文件,http://www.pref.niigata.lg.jp/kokusai/1228680074677.html,最后访问日期:2015 年 4 月 20 日。

与合作的团体。① 新潟县国际交流协会作为全日本自治体国际化协会的新潟分支机构②，在该县国际交流活动中扮演着最重要的角色。协会成立于1990年，当前事务局有工作人员6名，69个团体会员和26个个人会员，其活动宗旨是"全力促进新潟县与海外的相互交流活动，以建设让所有居住在县内的人都感到能安居乐业的地方社会为目标努力工作，希望能够得到县民以及定居我县的外籍人士信赖与支持"。当前，该协会已经在韩国首尔和中国大连开设了两个海外事务所，在哈尔滨和长春建立了贸易联络处。③

目前，新潟县及其辖区内的17个市町村与15个国家和地区中的42个海外城市（地域）建立了姐妹（友好）城市关系。其中中国和美国各10对，韩国和俄罗斯各4对。新潟县对外交流活跃，除了与中国、美国、俄罗斯、韩国诸国的众多城市保持密切交流外，其对外交流的重要特征表现为区域性多边交往。

首先，积极参与地区多边组织。一是加入东北亚地方政府联盟。该联盟是1996年在韩国的庆尚北道"东北亚地区地方政府会议"后成立的多边组织，目前有来自6个国家的70个地方政府加入其中，是协调东北亚地区事务的重要平台，新潟市是日本加入此联盟的10个自治体之一。二是加入中、日、韩三国地方政府研讨会。该研讨会从1999年开始，按照韩、中、日的顺序各国轮流组办至今，是三方就历史、地理等多方面问题进行探讨的长期系列会议，2003年新潟县加入讨论并成为2004年代表日本的主办城市。

其次，打造东北亚交流圈。新潟县位于日本海中部沿岸，与中国东北部、俄罗斯远东地区、韩国、蒙古等国家和地区具有天然近邻优势。新潟县注重与该地区地方行为体的交流，经过长时间的实践积累，已经打造出具有一定影响的东北亚交流圈。从最早与中国黑龙江开始的交流，逐渐扩大到该区域其他国家和地区，与有关方就航空交通、教育交流、产品互

---

① 《資料編5：県内の民間国際交流・国際協力団体一覧》，新潟县国际交流协会文件，http：//www. pref. niigata. lg. jp/HTML_ Article/427/551/H26_ s‐5, 0. pdf，最后访问日期：2015年4月20日。
② 参见地方自治体国际化协会北京事务所资料，http：//www. clair. org. cn/cn/links_cn. htm，最后访问日期：2015年4月20日。
③ "新潟县国际交流协会的宗旨和任务"，新潟县国际交流协会网站，http：//www. niigata-ia. or. jp/cn/ct/001_ nia_ info/001_ nia_ intro/001_ youkoso_ intro. html，最后访问日期：2015年4月20日。

通、基层技术合作（如医疗、基础设施建设、树木植被、道路排水设施）等多方面进行了合作。从 1989 年开始，新潟县组织召开"环日本海交流圈新潟国际论坛"，此后每一年，都在新潟县召开一个这样的国际会议，会议名称从原来的"环日本海交流圈新潟国际论坛"到"东北亚经济会议"再到"东北亚经济发展国际会议"，参加国一直保持在 5 个以上（1991 年始），以日、中、韩、俄、蒙几国为主，偶尔还有美国、澳大利亚、英国、印度等国家参与。经过十几年的积累，新潟县在日本东北亚多边交流中发挥了重要作用。

此外，在新潟县还专门成立了环日本海经济研究所。其目的是通过开展研究，如收集和提供有关东北亚地区的经济信息，促进该地区和日本各地经济交流，以及促进东北亚经济圈的形成和发展，以促进国际社会发展为宗旨。[1]

## 四 经验启示

日本城市在国际化与对外关系道路上也经过了长时间的摸索，甚至有很多教训和失误。今天我们所看到的日本城市相对有序，多平台、多地域精彩纷呈的发展现状，也是经过长期探索与总结、肯定与坚持、否定与创新而来，且城市国际化随着国际环境风云变化，同世界所有城市一样，日本城市国际化当前也面临许多新的挑战。从过去几十年历程来看，日本城市国际化和对外交往工作的顺利进行与以下几个工作密切相关：

第一，明晰中央与地方的外事权责。地方政府要开展外事活动，权力的授予与限制是首要工作。日本地方外事权可以形容为地方自治权力的延伸，其并不是一开始就由中央政府直接下达授予的，而是在地方发展过程中，逐渐面临各种内外国际化问题，地方运用自治权力采取措施，并积极同中央进行协调的过程，是一种自下而上的权力开发。并且在之后的发展过程中，只要没有违反国家总体外交政策，地方的外事行为都受到默许或者鼓励。这种外事权力分配和行驶方式在应对地方多样性，应对形势多变性方面具有一定优势。

---

[1] "国际交流概要"，新潟县国际交流汇编资料，http://www.pref.niigata.lg.jp/kokusai/1228680074677.html，最后访问日期：2015 年 4 月 20 日。

第二，处理好三个维度关系。地方政府在处理国际化和对外关系过程中，需要处理好三个维度的关系。一是与中央政府的关系，地方政府归口于自治省（后来的总务省）管理，通过自治体国际化协会的沟通与联系，自治省则与外务省等进行平级协调，日本较早厘清了上下关系。二是处理好本地国际化问题，包括地方外国人的权力给予，外来人员的管理与协调。这是与对外活动紧密联系的本地基础，此项工作越深化越成熟，就更便于日本城市与外部世界连接。这也是每一个国际化城市必然要经历的过程。三是与国外地区和城市之间的关系。无论是双边还是多边联系，友好城市模式还是论坛模式，日本地方政府积极活跃于各种平台，就经济、政治、社会文化进行多元外事活动。三个维度中一个是内核，一个是深度，一个是广度，相互协调促进日本地方外事事业。

第三，不断升级交流的内涵。日本城市在交流过程中不断升级内容，深化务实。一开始，日本城市的友好城市交流也仅仅局限于官方的礼节性往来，并无实质合作，到后来向美国等发达国家借鉴大城市建设经验；在对发展中国家的交流过程中，刚开始是物资和金钱方面的直接给予，之后升级到项目制的技术、经济合作层面，直至今天的重视教育与人才培养。尽管日本各地区的优势与资源不同，但在对外交往过程中基本都经历了以上过程。从发达国家吸收引进，通过自身消化选择再向落后地区输出，作为中间关节的日本国家和城市受益良多。这个过程中，其最大的受益或许是整个国民和环境的国际化，当今遍布日本各地社区的日语教学、外语教学机构不胜枚举，外国人服务机构多如牛毛，日本地方的国际化升级确有其先进一面。

日本国际化的经验，对中国友好城市的发展提出了一些参考。

第一，激发地方活力、厘清权责关系。日本地方政府的外事工作的开展，主要压力与动力来自于本地发展的压力。除了地方政府以外，本地的国际交流性社会组织相当发达，几十上百个是正常现象，此外还有很多企业也有对外交流的项目，这是日本地方对外交流活跃的重要原因。自治体国际化协会在地方对外交流中实际上扮演着引导与合作的角色，央地外事权限方面有总务省进行协调。中国各地拥有外事办公室，但实际上在政府中的地位并没有得到相应的重视，其更多服务于所属级别政府，上下垂直关系较弱；全国友协属于人民团体，机构健全完善，但其地方分支往往与外办等交叉设置，扮演亦官亦民角色；同时外交部也有外事管理局协调地方和国务院各部门外事工作。地方国际化发展，权责关系厘清甚为重要。

第二，发展各有特色的地区外事。日本的沿海城市都积极寻找自身区位优势，打造各种各样的平台，双边或多边发展非常活跃，结合本土特点为自身也为国家外交做出重要贡献。中国地域广阔，相邻国家众多，理论上交界地区与城市均可以与相邻国家和地区发展友好关系，这将为"周边是首要"的外交政策提供强劲力量。内陆城市尽管没有近邻国外，但是通过"飞地"关系同样可以搭建远程联系，友好城市实际上就是"飞地"关系的一种。并且，通过地方主导的次国家多边平台在中国具有很大的发展前景，通过完善该层次的平台，国家多边/双边关系——次国家多边/双边关系——社会多边/双边的整体外事模式将更加完善，并将上下协调更好地发展。

第三，国际化的内部深化与外部拓展。当前中国城市的国际化重点在于与外部建立友好联系，促进双方共同发展。随着越来越多的外国人进入中国，外国人在中国的权利与义务关系也需要逐渐受到重视。如当前在北京、广州等城市聚集着大量外国人，其中不乏很多非法居住者，及早有准备地规范他们的权利与义务，将对地方未来的国际化发展奠定基础。尽管中国人口众多，也没有像日本这样鼓励外来人口，但完善的国际化城市甚至世界城市，一定是一个对外来人口同样包容和有规范的城市。

第四，实践与研究齐头并进。日本在地方国际化发展过程中，非常重视理论与实践共同发展。地方各类社会组织中就包含着许多研究会，这些研究会综合社会和地方、高校和政府的资源，对本地的国际化经验进行总结，对国际化过程进行探析，对国际化前景进行预测，形成了诸多珍贵的研究资料，同时也很好地保存了城市国际化道路的宝贵经历和经验。中国地方政府的外办等机构，实际上做了非常多的工作，但没有得到很好的整理与总结，且往往随着人事变动很难被延续下来。地方国际化研究的兴起与发展，是国际化过程中不可或缺的部分。

日本地方自治体国际化发展多年，给世人展现出了相当出色的成绩，其中有许多值得中国等后发国家学习的经验和警惕的教训。中国的城市数量远远多于日本，差异性和复杂性也远远大于日本城市，相较于日本城市建设的成熟与稳固，中国城市拥有更多可以挖掘的潜力，对全球化时代瞬息万变也具有较好的适应性。中国需要深刻挖掘自身制度优势、深度理解自身国情民情、准确把握国际环境变化，才是自身国际化发展能够成功的关键。

# 第八章　金砖国家：中央政府与地方政府

**摘　要：** 金砖国家地方政府外交既有共性也有差异。金砖国家地方政府外交的形式灵活多样，且往往组合使用多种形式。经济和文化差异导致各国地方政府外交的侧重点不同。中国地方政府外交主要是发展国际友好城市；巴西地方政府以区域一体化来推动地方政府外交；印度地方政府更注重与国际组织进行合作；南非地方政府注重边境合作和地区论坛等。金砖国家地方政府外交的特点包括：第一，聚焦在经济领域，但同时呈现出全方位、多层次、宽领域的特点。第二，虽然起步较晚，但发展较快。金砖国家地方政府外交对中国的借鉴意义在于：与国际组织加强更广泛和深入的接触，并以全球或地区组织为平台，搭建地方政府外交的全球或地区网络。

## 一　金砖国家城市对外交往概况

在威斯特伐利亚体系确立的主权原则盛行时期，除了国家以外，国际关系中基本没有其他行为体活动的空间，诸如城市和地区等次国家行为体（sub-state actor/sub-national actor）[①] 被限定在国内领域。从20世纪80年代开始，全球化与地区一体化进程为城市和地区政府参与外事活动创造了有利条件。次国家行为体积极发展对外关系，并在各类问题上参与到国

---

[①]　考虑到nation与state之间的区别，学术上正确的用法应该是sub-state actor。但在笔者查阅的相关文献中，并未将两者做出严格区分，都是可接受用法。

际、国家和次国家等多个层次的合作成为世界政治的一种趋势。安全、发展、经济、文化、网络互联等推动城市将国际活动置于城市议程中。①

2001年，美国高盛公司首席经济师吉姆·奥尼尔（Jim O'Neill）首次提出"金砖四国"这一概念，最初指中国、俄罗斯、印度、巴西四个成长前景看好的新兴市场国家。此后，四国举行了系列会谈并建立了峰会机制，并拓展为国际政治实体。2010年12月，正式吸收南非加入机制，改称为"金砖国家"（BRICS）。从全球层次来看，地区融合与全球化的深入发展，国家与非国家行为体之间的互动逐步增多，金砖国家的地区政府和城市也越来越多地参与到全球层次的互动中。从国家层次来看，俄罗斯、印度、巴西和南非都是联邦制国家，尽管外事权力为中央政府专属，地方和城市并没有发展自己对外关系的权力。但大多联邦宪法还是给予各州和地方在教育、文化、经济发展等方面参与国际合作的权利。中国是单一制国家，不会对外事权力做出划分，但也间接允许各省市在国家政策框架下与外国同级实体发展外事关系。城市外交作为国家外交的补充和延伸，一旦与国家立场冲突，城市外交相关活动即可撤销。另外，金砖五国作为新兴市场大国，经济发展程度越高，地区融入全球经济的程度就越高，在城市外交方面表现也就越积极。金砖五国都是陆海兼备的国家，与多国共享国际边界，都有很强的意愿去发展外部关系。五国虽然同为新兴国家，但由于各国政治体制、宪法与法律规定、历史经验与文化等方面的不同，五国城市外交的兴起与发展也呈现出较大差异。

## （一）巴西

巴西城市外交的发展是国内国际两种因素作用的结果。"冷战"结束带来了诸如非国家行为体的发展、多元化的政治认同和以国家为中心的政治秩序的变化，与此同时，巴西实行了新的外部和内部经济一体化模式，政治和公民社会的再民主化进程，1988年新的宪法制度规定了巴西联邦的分权架构。世界秩序的结构性变化和巴西国内政治经济转型，使得20世纪90年代以来巴西城市外交现象从数量上和质量上都有了很大幅度的提升。

1822年，巴西脱离葡萄牙的殖民统治而独立，建立了君主立宪国家。

---

① "City diplomacy: A new alternative to branding," Novermber 1, 2013, http://placesbrands.com/city-diplomacy-a-new-alternative-to-branding/，最后访问日期：2015年5月12日。

1889 年，巴西军事领导人发动政变成立巴西共和国，结束了君主立宪制。1891 年，共和国颁布了第一部宪法，巴西共和体制正式建立。1891 年，宪章直接从美国的联邦体系中寻找灵感，既赋予了中央政府权力，也保留了各州的权力使其能高度自治，但联邦政府仍旧通过干预极大地控制各州。再加上地方各州在财政上都十分依赖中央政府，巴西一直保持着集权化的趋势。20 世纪 80 年代，巴西结束了军事独裁，开始了再民主化进程。新宪法于 1988 年 10 月 5 日生效，中央政府仍旧保留了对几乎所有重大议题的监管权力。新宪法主要变化表现在，其一，组成巴西联邦的实体做出了新的规定，即除了 1 个联邦区和 26 个地方州以外，巴西联邦还包含了第二种地方层次——直辖市。直辖市的自治权更加有限，其既要遵循联邦法律也要遵守所在州的法律。大部分的直辖市都面临着财政困难，在很大程度上依赖联邦和州的资源分配。其二，通过更大力度的税收分配，实现相当大的行政和政治权力的下放。地方政府获得了更大的预算自主权，特别是能够对税收保持实际的控制权，[①] 从而也实现了更高程度的自治。尽管 1988 年宪法向"分权"大步迈进，但这并不意味着巴西是一个分权的联邦制国家，其仍旧是一个高度集权的政治结构。

巴西政治和公民社会再民主化进程的开启，以及新宪法由中央政府向州政府再到城市的"分权"努力，尤其是地方政府的预算自主权，推动了巴西城市外交的发展。巴西的城市外交最初表现在经济领域。在向经济自由主义转型的过程中，中央政府对经济和金融活动干涉的减少，为各州和市政府创造了空间。城市和地方政府通过外交活动寻求国际贷款，并通过给予跨国公司税收鼓励来吸引外资。巴西外交部首先用"联邦外交"来指代和解释地方州与城市参与国际关系。这种关系是从属于外交部，而不是地方政府。随着城市外交逐渐发展并对联邦外交部产生影响，逐渐引发了有关"民族国家管理地区事务能力"的问题。地区和城市在国际互动的过程中可能会偏离中央政府的利益，因此地方和城市在国际领域需要相对独立于其中央政府的更多自由。然而，这种自由需要法律手段使其合法化，即作为在外交政策方面与中央政府分歧活动的非正式生成问题。但在现有的巴西法律体系中对此并未做出明确规定，即并未严格界定各州与城市外

---

① Alberto Diaz-Cayeros, Federalism, *Fiscal Authority, and Centralization in Latin America* (New York: Cambridge University Press, 2006), 210.

事活动的权力和法律认可问题。

国家的宪法语境和政治路径问题可以理解地方政府在城市外交中的作用。[1] 但在巴西的法律体系中,并没有明确提到地方或城市参与国际事务的合法性问题。联邦州和直辖市有一系列与中央政府互补的或独有的责任和义务,但没有法律明确禁止其参与国际活动。巴西宪法第二十一条提到,与其他国家发展关系和参与国际组织是联邦政府的权利和义务。在此问题上,巴西国家议会提出了宪法修正案,认为联邦各州、联邦地区(巴西利亚)和直辖市都应该被宪法赋予与国际伙伴发展技术合作等国际战略和协议的权利。

尽管如此,很多联邦州和直辖市在国际上仍然表现得十分活跃。例如"全国直辖市联盟"(National Confederation of Municipalities,NCM)和"市长国民阵线"(National Front of Mayors,NFM)等国家协会和组织通过组织研讨会和培训班、出版发展国际项目的指导资料,以引导巴西城市的国际活动。联邦政府中的对外联系部(即巴西外交部)于2003年建立了专门管理各州与直辖市外事活动的行政服务,另外还在各州成立了地方办公室。

### (二)俄罗斯

"冷战"时期,俄罗斯地区和城市的活动多被局限在国内范围。20世纪90年代,为打破东西方界限,增进互相理解和建立友谊,俄罗斯地区政府开始建立自己的"国际关系",积极参与国际事务。俄罗斯的城市外交大体可分为叶利钦时代和普京-梅德韦杰夫时代两个阶段。叶利钦时代,由于次国家行为体拥有较高的自治权,俄罗斯的城市和地区外交活动非常活跃。此时的城市和地方政府外交是地区生存战略的一部分,同时也是边缘和中心地区竞争的一个附加因素。普京和梅德韦杰夫时代,联邦政府的再集权化导致次国家行为体在国际舞台上活动的活跃度降低,但社会经济形势的好转使得城市外交成为一种保证次国家行为体可持续发展以及提升国际形象的手段。因此,地区和城市外交活动也逐渐变得更务实、更加机制化并与联邦政府外交相协调。

---

[1] Carlos R..S. Milani and Maria C. M. Ribeiro, "International Relations and the Paradiplomacy of Brazilian Cities: Crafting the Concept of Local International Management," *Brazilian Administration Review*, Vol. 8, No. 1 (2011): 24.

"冷战"结束后,俄罗斯地方政府将城市外交视作解决其面临的诸多挑战的最好方式,主要表现为边境地区的跨边界合作。俄罗斯有35个地区直接与外国接壤,地区政府不得不去面临这样的事实并努力去解决跨边界问题。例如在巴伦支海地区的跨边界合作就要涉及位于俄罗斯西北部的芬兰和瑞典;靠近里海的俄罗斯南部地区作为输送里海石油的交通要道被卷入全球地缘政治中[1]。在东亚,俄罗斯也面临也与中国、日本和韩国合作的挑战,特别是遥远的北极地区为实行"生存战略"开始大力开展外部活动。苏联解体后,俄罗斯遭遇了经济困难,北极地区几乎被联邦政府所搁置,外部援助和投资是维持生存和发展当地经济的最有效工具。

随着全球化和地区化进程的发展,地区行为体参与国际活动在俄罗斯已经变得非常普遍。特别是当俄罗斯的社会经济情况好转,地区已经将国际合作视作可持续战略的主要部分,而不是一种应急工具。在俄罗斯各地市看来,国际交往不仅是解决地区问题的有效工作,而且应被构建为一项可持续发展战略。通过国际合作,地市可将自身变成投资、旅游和文化活动等极具吸引力场所。但城市外交在俄罗斯的发展也有一些掣肘因素。例如,欧洲四个大城市——伦敦、巴黎、柏林和莫斯科形成了市长会议的机制,但自2007年以来,并没有媒体对此做出相关报道,在网上也无信息可查。据称,这是因为莫斯科市长办公室的变化,新的机制还未提出。由于地区经济发展不平衡、地缘因素、地区实践等方面的原因,俄罗斯各地区和城市发展对外关系的程度有所不同。尽管圣彼得堡是俄罗斯第二大城市,但相比于莫斯科,其城市外交的范围非常有限。其主要原因是低水平的自我管理制约了地方举措。根据俄罗斯宪法的规定,国际事务是由地区和联邦政府联合管辖,但在实际情况中,地区很难将它们的利益传导到国家层面。虽然能在吸引外资和游客方面与莫斯科竞争,但圣彼得堡缺少财政来源和在世界组织中的地位。尽管如此,在俄罗斯与外国的"交换年"项目中仍有城市外交夹杂其中。俄罗斯城市与伙伴国的城市交流主要是为了促进俄罗斯文化、旅游和技术潜力,例如2011年俄罗斯——西班牙交换年、2012/2013年俄罗斯——德国交换年等。但必须承认,尽管双方之间

---

[1] Arbakhan Magomedov, "Aspiiskaya Neft' i Rossiiskie Regiony: Menyayushchayasya Priroda Lokal'nykh Interesov Vdol' Nefteprovoda Tengiz-Novorossiisk (sravnitel'nyi analiz)," *Acta Slavica Iaponica*, Vol. 19 (2002), http://src-h.slav.hokudai.ac.jp/publictn/acta/a-index-e.html, 最后访问日期:2015年5月12日。

有成功的合作伙伴关系，而项目是国家发起并由联邦政府管理实施，地方单位在其中只扮演着传播国家形象的简单角色。

城市和地区政府参与外交在俄罗斯学界存在争议。有些学者认为地区的外部活动可能会出现与中央政府政策不协调、混乱、不可持续的情况。也有学者认为城市外交是全球化进程和次国家、非国家行为日益参与国际事务的"自然结果"。[1] 地区并不是要取代国家，而是从自身利益出发。地区和城市所建立的对外关系应首先视作社会性的、实用性的，而不是"高级政策"或"安全关注"等领域的。其应该是国家外交政策的一部分。[2]

## （三）印度

印度是联邦制国家，印度联邦包括28个邦、6个联邦属地和1个首都直辖区。印度宪法于1950年1月26日生效。尽管联邦主义是该宪法的基本特征，但宪法文本中并未出现"联邦制"一词。1950年宪法赋予了印度联邦政府立法权和行政权，还包括所有的外部主权。[3] 宪法规定联邦政府拥有主要的税收权力，通过国会法案重组联邦的权力，延迟批准州议会法案的权力，解散州政府的权力，甚至考虑到国家利益，议会可以推翻各邦通过的法律。[4] 在外交事务方面宪法规定：首先，为执行印度或印度部分领土与其他国家缔结的任何条约、协定或公约，议会有权力制定任何法律；其次，联邦政府对法律、条约和协定有充分的行政权力；最后，为防止地方州违反联邦政府的法律，宪法规定地方政府的行政权不能违背或侵犯联邦政府的行政权。[5] 印度宪法授予中央政府在外交和国防上专属管辖

---

[1] Alexander Sergunin, "Regions vs. the Center: Their Influence on Russian Foreign Policy," *International Politik*, No. 5 (2002): 29–36.

[2] Beate Wagner, "Twinning: A Transnational Contribution to More International Security," *From Town to Town: Local Actors as Transnational Actors*, ed. Christian Wellmann (Hamburg: LIT Verlag, 1998), 42.

[3] Nalini Kant Jha, "Foreign Policy Making in Frderal States: The India and Canadian Experiences," *India Quarterly: A Journal of International Affairs*, Vol. 55, No. 3–4 (1999): 1–2.

[4] Amitabh Mattoo and Happymon Jacob, "Republic of India," *Foreign Relations in Federal Countries*, ed. Hans Michelmann (McGill-Queen's University Press, 2009), 173–174.

[5] Nalini Kant Jha, "Foreign Policy Making in Frderal States: The India and Canadian Experiences," *India Quarterly: A Journal of International Affairs*, Vol. 55, No. 3–4 (1999): 2.

权（包括参加国际会议、与外国缔结条约和协议等），使得地方州在外交政策的制定和实施中显得微不足道。上议院是由地方各邦和中央直辖区代表组成，虽然其可提出或讨论特定问题以影响外交和国防的立法程序，但中央内阁有实际的政策制定权。即使大多数邦对某一特定的外交政策持相反立场，但中央政府在外事有最高权力，本质上并不受各邦的限制。

印度联邦制也带有中央集权的特点，联邦政府对印度的外交事务有超强的控制权，尤其是在印度民族独立之后的40年，即国大党占统治地位的时期。印度首任总理贾瓦哈拉尔·尼赫鲁（Javāharlāl Nehrū）是印度最有影响力的外交思想家，几乎仅凭一己之力就勾勒出印度独立之后第一个十年的外交政策轮廓。尼赫鲁对外交和国防政策的控制强化了中央政府对外交和国防政策制定的控制，对印度外交政策有着深远的影响。尼赫鲁去世后，英迪拉·甘地（Indira Gandhi，尼赫鲁的女儿）出任印度总理，其对外交政策的继续主导意味着地方各邦几乎无法介入外交事务中。主要表现在各邦不能在海外设立推行其外交政策、经济政策甚至文化政策的办公室或代表处，外国使团在印度地方设立领事馆需要获得中央政府的批准并与其保持联络等。但自1989年以来，印度进入多党联合执政时代。由于经济改革的分权，导致中央集权不断弱化。这种弱化是事实上的而非法律上的，未来还将不断继续下去。[①] 多党联合执政为地区参与外交事务提供了空间，全球化和地区化为地区政府提供了机会。即使在订立国际协议之前仍需得到中央政府的许可，但印度地区政府可以与国际金融组织和机构如世界银行、亚洲开发银行、联合国开发计划署和联合国儿童基金会等直接谈判，签订经济合作与金融借贷的协议。[②] 各邦都认识到中央政府不是能解决各地方财务问题的全能实体，也认识到要在经济全球化时代生存就必须参与竞争、获得投资。[③] 各邦也纷纷派出代表团出访国外，进行地区和城市宣传，争取投资。安德拉邦首席部长钱德拉巴布·奈杜（Chandrababu Naidu）开启了与世界银行谈判以获得贷款的进程。为了争取投资，奈杜出

---

① Amitabh Mattoo and Happymon Jacob, "Republic of India," *Foreign Relations in Federal Countries*, ed. Hans Michelmann (McGill-Queen's University Press, 2009), 169.
② Amitabh Mattoo and Happymon Jacob, "Republic of India," *Foreign Relations in Federal Countries*, ed. Hans Michelmann (McGill-Queen's University Press, 2009), 177.
③ Amitabh Mattoo and Happymon Jacob, "Republic of India," *Foreign Relations in Federal Countries*, ed. Hans Michelmann (McGill-Queen's University Press, 2009), 178.

访多国，如 2002 年 8 月为安德拉邦的维沙卡帕特南经济特区争取投资而出访新加坡。1993 年印度马哈拉施特拉邦政府与美国安然公司签订了建造一个 2000 兆瓦发电厂的协议，印度政府为安然公司提供了金融担保。这是印度独立后地方政府签订的第一个对外协议。之后许多邦政府都与世界银行、亚洲发展银行等国际经济组织和跨国公司签订了协议。

2014 年 5 月，纳伦德拉·莫迪（Narendra Modi）出任印度总理，表示印度将下放外交权力帮助重塑"新印度"。莫迪寻求鼓励与地方的邦级和城市级的对外联系，而这一渠道多为印度的外交政策分析人士所忽略。在莫迪还未当上总理之前，他在担任古吉拉特邦首席部长就致力于让该邦在对外事务中发挥更大作用，尤其是在商贸联系方面。作为该邦的首席部长，莫迪访问了东亚的一些国家，主要是日本和中国，期望吸引富裕的投资者。一年一度的"活力四射的古吉拉特邦峰会"让该邦从世界各地的商界人士那里吸引了大量外国投资。2013 年 8 月，澳大利亚昆士兰州一个代表团与莫迪会晤，加强了与古吉拉特邦的联系。这一联系在莫迪当上总理之后继续加强，莫迪在 11 月于澳大利亚召开的 20 国集团峰会上推动了印度与昆士兰州的关系。印度现在是昆士兰州的第四大出口目的国。

成为印度总理之后，莫迪一直强调地方政府在外交事务中能发挥关键作用，尤其是在经济领域。莫迪认为印度各邦需要走出去，与海外的印度人团体联系。通过海外的印度人建立地方级的联系是莫迪正在努力的更全面和富有创新的外交政策的重要一步。① 在直接外国投资和莫迪提出的"印度制造"运动方面，莫迪一直与各邦的政府合作，调动印度政治的各个层面。这种做法以前是难以想象的，因为印度的中央政府严格控制着外交事务的各个方面，不愿意甚至阻碍地方政府与外国政府联系。莫迪还签订了印度城市瓦拉纳西与日本的东京成为友好城市的协议。签署这类国际城市合作协议对印度来说是新举措，数目也很有限。但是毫无疑问，地方政府在印度外交政策中所起的作用将增加，这将会改变印度的政治和经济格局。2013 年 10 月 23 日，昆明市与印度加尔各答市签署了友好城市关系协议书，正式缔结为友好城市，实现了中印友好城市"零的突破"。

---

① 普南德拉·贾因、特里迪韦什·辛格·迈尼：《莫迪为新印度准备的新外交工具》，瞭望智库网站，2015 年 1 月 2 日，http：//www.lwinst.com/index.php?m=content&c=index&a=show&catid=29&id=2945，最后访问日期：2015 年 4 月 23 日。

## （四）南非

1961年，南非退出英联邦，成立南非共和国。南非白人当局长期在国内以立法和行政手段推行种族歧视和种族隔离制度。1984年国民党执政后，全面推行种族隔离制度，遭到国际社会的谴责和制裁。由于实行种族隔离制度，南非一度被认为是"国际贱民"，大多数国际多边论坛都将南非排除在外，其仅保留了少量的双边关系。实行种族隔离制度和内向型的经济政策使各地区和城市对外交事务表示疑虑。伴随国内政治从种族隔离转向民主，南非在国际舞台上的定位发生了变化。1994年取消种族隔离制度之后，南非迫切需要制定新的外交政策，特别是要恢复由于种族隔离与邻国形成的紧张和敌对关系。因此，南非需要在民主、自由和人权的基础上确立新的宪法。

南非1996年宪法将南非划分成了9个省、262个城市，规定了南非各省相对独立的管理权。尽管宪法并没有明确对外事权力进行划分，但决策者认为外交是国家政府的专属领域。因此，南非的外交决策权多年来都是由中央政府主导。但宪法也间接创造了地方省市参与对外事务的空间。1996年宪法保留了国家政府在外交政策方面的权威，但也允许次国家实体参与到外交政策的制定中去。宪法第231章第2条规定，通过全国省政事务委员会（National Council of Provinces，NCOP），省市有权批准和认可非技术、管理或行政性质的国际协定。尽管南非的法律并没有直接授予地方政府发展外事关系的权利，但南非1996年宪法第三章规定了不同层级的政府相互合作与协调，被作为地方政府参与外事活动的法律依据。也就是说，尽管宪法对次国家行为体参与国际谈判或其他外事活动没有做出明确规定，但宪法要求的和谐与合作仍可以被地方政府用来去支持自身，更大程度地参与到外交事务中去。

1994年之后的南非外交政策主要关注非洲大陆，特别是南部非洲的区域一体化。因此南非的城市外交也首先是从周边国家城市和地区的跨边境合作开始。南非处在非洲大陆南端，北面与津巴布韦、博茨瓦纳两个内陆国家接壤，东北部是莫桑比克和斯威士兰，西北部是纳米比亚，莱索托内嵌于南非领土内。南非的官方语言，如茨瓦纳语、塞索托语、西斯瓦提语等与周边的博茨瓦纳、莱索托、斯威士兰等相同，也为边境城市外交创造了语言便利和文化热点。但南非边境地区与城市的跨边境外交的发展也有一些不利条件。其一，南非周边国家都实行高度中央集权，城市和地区跨边界关系的发展受限于不同法律和行政体系。其二，尽管南非很多边境省份与邻国接壤，但茨瓦纳①仍在南部非洲发展共同体（Southern African Development Community, SADC）的区域一体化机制中起着带头作用。

南非城市外交主要是为了抓住全球化和经济发展的机会，使其社会经济发展受益。这种"发展型城市外交"形成的主要原因是地方省市在外交事务上的权力有限，南非政治体制有较强的向心力以及种族隔离时代结束后南非各省市对社会经济转型的普遍期待等。尽管各省市在外事上也有相对的自治权，有时会破坏国家的国际地位，甚至引起中央政府的不满，但是地方政府仍旧在国家外交政策框架下发展其对外关系，并将自身视作国家外交政策的代理人。② 南非各省都积极参与的非洲发展新型伙伴关系（New Partnership of Africa's Development, NEPAD）、印度巴西南非论坛（India, Brazil, South Africa Forum, IBSA）以及 BRICS 等全球或地区型合作框架，都是南非外交政策的基石。

## 二 金砖国家城市对外交往形式

城市和地区政府为在国际舞台上达到自身发展的目标，可采取的外交手段灵活多样，主要包括与国际伙伴直接达成协议、吸引外资、塑造本地区的良好形象、与国际组织合作、在海外设立代表处、建立国际友好城市、参与次区域安排、充分利用国家外交与联邦基础设施等。③ 中国学者龚铁鹰全面分析了城市外交的三种主要形式：①国际友好城市，②城市间国际组织，③各国城市对外直接交往，如对外经济交往、与国际组织合作、对外文化交流、在海外设立常驻代表处、虚拟空间的交流等。④ 亚历

---

① 原比勒陀尼亚（Pretoria），南非行政首都、中央政府所在地。
② Fritz Ikome Nganje, "Paradiplomacy: A Comparative Analysis of the International Relations of South Africa's Gauteng, North West and Western Cape Provinces," PhD. paper, University of Johannesburg (2012): 228.
③ Alexander Sergunin and Pertti Joenniemi, "Paradiplomacy as a Sustainable Development Strategy: The Case of Russia's Arctic Subnational Actors," *Eurasia Border Review*, Vol. 5, No. 2 (2014): 5–10.
④ 龚铁鹰：《国际关系视野中的城市——地位、功能及政治走向》，《世界经济与政治》2004年第8期。

山大·谢尔古宁（Alexander Sergunin）和柏瑞蒂·约恩涅米（Pertti Joemiemi）则将地区政府外交分为两类，一是直接参与外交活动，即地区政府发展自身的对外关系；二是间接参与外交活动，即通过影响联邦中央政府的对外政策来达到自身对外交往的目的。为了全面分析金砖国家地区政府为发展外交所采取的国际国内行动，笔者将主要通过直接和间接两种形式来分析金砖国家城市外交。同时，金砖国家由于地缘政治、经济、文化和国内法律规定的差异，所采取的形式也表现出不同的侧重和差异。

### （一）直接形式

城市和地区政府外交的直接形式就是地区政府根据地区利益和地区环境自主构建有利于地区发展的双边和多边关系网络。主要是为地区经济发展寻求国际资助、吸引外资、增加出口，进行文化交流，同时宣传地方政府参与国际事务的实践与需要。主要包括缔结国际合作协议、参与国际组织与地区多边合作、建立友好城市关系、城市公共外交、设立海外代表处等。

#### 1. 缔结国际合作协议

缔结国际合作协议是城市和地区政府参与外交活动最直接的表现和最主要的形式，也是地区政府的最高外交等级，无论这些国际协议是否具有正式的法律效力或法定义务。这种国际合作协议一般包括多种形式，如谅解备忘录、双胞（姐妹）城市、意向声明、联合声明、公报以及其他草案或协议。虽然这些协议多少带有探究性、仪式性和模糊性的特点，但一般是在双方首次接触时签订，为发展长期伙伴关系打下基础，又为其他功能领域如经济发展、教育、健康、文化、旅游等的合作提供了框架。许多地方政府和城市将缔结国际协议视作加强能力和提升国际国内声誉的有效工具。

尽管莫斯科反对，但从20世纪90年代初期开始，许多位于俄罗斯边界的次国家行为体开始直接与国外的次国家行为体缔结协议。由于一些协议直接越过莫斯科而签订，导致了联邦政府和地方政府的冲突，最后联邦政府与地方政府达成妥协。尽管缔结国际协定仍被视作联邦政府的特权，但1999年通过的一项特殊的联邦法律对地方政府缔结国际协议做出规定：俄罗斯城市和地方政府签订的对外协议不具有国际协定的同等地位和资格，其缔结对象也必须是同级的地方政府（不能是外国政府），并且必须与外交部进行协商。后苏联时代，俄罗斯北部地区和城市缔结了几百份国际协议。阿尔汉格尔斯克和摩尔曼斯克将其缔约政策逐步强化。目前，阿尔汉格尔斯克联邦已经分别与挪威2省、芬兰2省、白俄罗斯1省和美国1州缔结了合作协议。这些地区不仅允许与国外同级的次国家行为体缔结协议，还被允许与外国政府缔约参与区域性合作。摩尔曼斯克分别与挪威3省、芬兰3省和瑞典1省缔结了双边协议，该地区还是芬兰—俄罗斯政府间多边合作协议的一部分。

南非宪法规定了各省在国际关系中的权限，即其不能作为国际法的主体。因此南非各省市不能缔结有法律约束力的国际协议。虽然这种协议没有法定的义务，但这是南非各省市发展对外关系的最高外交等级，协议往往得到各省市首脑的许可。地方政府也会给出相应的政治和经济承诺。2004年南非西北省与中国河南省签订了关于双方建立合作关系的意向书，这为两省日后的合作奠定了基础。最终两省在2006年签订双方在旅游发展合作上的谅解备忘录，2008年两省又签订了发展伙伴关系和进一步扩大合作领域的议定书。南非各省也越来越多地签订一些部门性或专业问题领域的合作协议，促进投资、旅游发展和农业发展是其主要关注范畴。如西开普敦省的经济发展与旅游部门就与山东省签订了专门的旅游合作协议，两省的教育部门于2007年签订了科学与数学交流的协议。一般性的合作协议有效期较长，甚至是永久有效，但专门领域的合作协议一般有特定的时间表，每3~5年就要进行审查或扩展。

2. 参与国际组织与地区多边合作

为了塑造自身全球行为体的角色，许多地区和城市试图与国际组织发展关系。参与国际组织至少可以从以下来增强城市和地区的国际存在。首先，为地区政府外交提供国际经验。国际组织的多边合作为各地区发展双边合作提供了平台，尤其是与那些没有双边关系的行为体。如南非大部分省份都是英联邦议会协会（Commonwealth Parliamentary Association，CPA）的成员，该协会将前英国殖民地的国家和次国家行为体的立法部门集合起来，各省的立法机关可以接受训练并学习50多个国家同行的经验。出于政治考虑和财政能力限制，显然不可能与其中每个行为体都建立起双边关系。参与多边合作不仅是维护既有双边关系的重要途径，也是建立新双边关系的平台。其次，地方政府通过参与国际组织与多边合作影响国际政策辩论。地区领导人论坛（Regional Leaders Forum，RLF）（巴西圣保罗、中国山东、南非西开普）2002年在南非举行的世界可持续发展峰会（World Summit on Sustainable Development，WSSD）上，地区领导人论坛就提出草案，要求联合国宣布2003～2012年国际可持续发展十年。2004年1月，在慕尼黑举行的世界可持续发展峰会上，RLF发表了"文化对话"宣言，被认为促使联合国教科文组织（UNESCO）通过了国家法律文书来在不断深化的全球化中保护文化多元化。[①] 最后，有利增强地区政府从事国际事务的独立性并扩大地区政府在国际舞台上的空间。例如，俄罗斯地区政府与联合国教科文组织、联合国工业发展组织、欧盟以及北极理事会等发展合作。与国际组织的合作对这些次国家行为体来说尤其重要，使其更加开放地面向世界全球化和地区化进程。

除了参与国际组织外，地方政府还可以通过参与地区合作或区域经济一体化来进行多边合作。如俄罗斯地区政府参与的欧洲地区合作，中国云南省参与的大湄公河次区域合作等。其中区域经济集团化是巴西地方政府外交的重要形式。南方共同市场（MERCOSUR）于1994年成立于墨西哥城，是由阿根廷、巴西、巴拉圭、乌拉圭、委内瑞拉、智利、玻利维亚、哥伦比亚和秘鲁等国的272个城市组成的综合网络，目的是在经济与社会领域增强交流合作与互助。日益倍增的边境政策扩大了地方政府在南方共同市场的代表空间。巴西城市参与的另一个具有代表性的地区一体化组织是世界城市联合会（FMCU），超过80个国家的1400个城市和地区加入这一组织，目标是重视次国家行为体在和平、文化与城市发展方面的作用。另外巴西的城市还与外国城市缔结了很多双边协议，如友好城市协议，促进双方在健康项目、文化和城市共同利益等多个领域进行交流。

### 3. 建立友好城市关系

国际友好城市也被称为"双胞城市"和"姐妹城市"。城市外交在当代的兴起最早就是发源于第一次世界大战后的西欧的姐妹城市运动。因此

---

[①] Final Declaration on the Occasion of the First Conference of the Regional Leaders, Regional Leaders Forum, Munich, 30 – 31 January, 2002; Summary of Decisions of the 2nd Conference of Heads of Government of Partner Region, Regional Leaders Forum, Quebec, 9 – 10 December 2004.

建立友好城市关系是发展城市和地区政府外交的重要形式。友好城市的交往具备以下特点：首先，以文化交流为起点，拓展到教育、技术、经贸等领域的合作。文化与人文交流是城市外交涉及范围最广、对城市影响最深的领域。最初在城市开放程度很低的情况下，人文国际化促进了城市的对外交流。其次，逐渐增强的国际行为能力使得城市具备参与解决全球问题的能力。最后，友好城市交往逐渐从低级政治走向高级政治。近年来，随着友好城市发展的不断深入，一些城市通过友好城市渠道来试图影响中央对外政策。

金砖五国都有建立友好城市关系的实践，其中以中国友好城市的发展最为典型。为了协调友好城市活动并使其机制化，2006年11月俄罗斯创立了"双胞城市协会"（City Twin Association，CTA），共有14个城市加入了该协会。如北部的摩尔曼斯克市有8个国际友好城市，阿尔汉格尔斯克市缔结了12对国际友好城市。近年来，印度也开始建立国际友好城市的尝试，如印度城市瓦拉纳西与日本的东京成为友好城市，孟买、加尔各答分别与中国上海市、昆明市建立友好城市关系。就目前中国城市外交发展状况来看，城市外交在城市层面最主要的互动模式为国际友好城市的缔结；其次才是通过经贸往来、文化交流等方式促进城市建设和发展。

在中国，友好城市是指省、自治区、直辖市及所辖城市与外国省（州、县、大区、道等）、城市之间建立的联谊与合作关系。中国友好城市工作以促进中国城市和外国城市之间的了解和友谊，配合国家整体外交的需要和双边关系的发展，开展双方在经济、科技、文化等方面的交流合作，推动社会繁荣与进步，维护世界和平为宗旨。[1] 中国人民对外友好协会友好城市管理规定中提出中国友好城市的主要目的是"要为我国改革开放和经济建设服务"。[2] 中国的国际友好城市主要分为三类。第一类是经济技术发达、资金雄厚的友好城市。它们主要分布在经济发达国家，是发展高新技术产业和引进外资的重要对象。第二类是互补性很强的双向合作对象。主要是发展中国家的友好城市，这类友好城市，我们既可以"走出去"，又可以"请进来"。第三类是中国城市"走出去"的对象。主要是东

---

[1] 中国人民对外友好协会：《友好城市工作管理规定》，荆门市外事侨务局网站，http://wqj.jingmen.gov.cn/yhwl/2012-09-13/76.html，最后访问日期：2015年5月23日。

[2] 中国人民对外友好协会：《友好城市工作管理规定》，荆门市外事侨务局网站，http://wqj.jingmen.gov.cn/yhwl/2012-09-13/76.html，最后访问日期：2015年5月23日。

南亚、非洲等一些欠发达国家的友好城市，可向这些地区进行产品输出，利用其资源，开拓新的市场。①

友好城市的合作领域主要为经贸领域、科技领域、文化与旅游领域、体育领域和人才教育领域等。友好城市关系的建立一般是以城市行为体为主，还包括省、州之间建立的联谊与合作关系。友好城市发展水平基本与城市经济发展水平基本吻合，即城市经济发展水平越高，友好城市发展水平也就越高。友好城市关系一般与国家间关系发展同步，服务于国家间关系，特别是中国友好城市设立的初衷就是为中国改革开放和经济建设服务。②

### 4. 开展城市公共外交

城市公共外交也就是城市的国际营销和推广，是为了塑造城市和地区积极正面的良好形象，使地区和城市更具竞争力，对投资者和游客更具吸引力。为了吸引外资以及为地区或城市项目提供国内和国际支持，俄罗斯北极次国家行为体发起了相当积极的公关活动。例如举办展览、与姐妹城市举办合作日或合作节、参加国际博览会等。俄罗斯北部的许多地方和城市为外国投资创造了良好的环境。例如，加拿大公司在楚科塔和雅库特投资了矿业，在涅涅茨自治区投资了油田和可再生能源。③ 另外，白令海峡地区将建立一个美国—俄罗斯自然公园来保护该地区的生态多样性。这一计划对严重依赖渔业的当地经济非常重要。地区和城市领导人也为公共外交定期出访。一些地方和城镇还推出面向外国读者的双语期刊和网站。南非豪登省更是在国际上将自己打造成为南非经济的发动机和打开非洲市场的大门，以吸引外资。④

---

① 王立军：《全球化背景下的中国地方政府国际合作》，山东大学博士学位论文，2012，第85页。据中国博士学位论文全文数据库：http：//cdmd.cnki.com.cn/Article/CDMD-10422-1012461520.htm。

② 中国人民对外友好协会：《友好城市工作管理规定》，荆门市外事侨务局网站，http：//wqj.jingmen.gov.cn/yhwl/2012-09-13/76.html，最后访问日期：2015年5月23日。

③ Alexander Sergunin, "International Cooperation as a Means for Russia's Arctic Urban Sustainability Strategy," St. Petersburg State University, https：//www.gwu.edu/-ieresgwu/assets/docs/Sergunin_InternationalCooperation.pdf, 最后访问日期：2015年5月23日。

④ S. Cornelissen, "Entrepreneurial Regions? The Foreign Relations of South African Cities and Provinces," In Full Flight: South African Foreign Policy after Apartheid, ed. W. Carlsnaes and P. Nel (Midrand: Institute for Global Dialogue, 2006), 133-134.

重大国际事件和国际会议是展示地区和城市商业和旅游潜力的窗口。城市，尤其是国际大都市可以通过举办国际会议增强城市软实力。约翰内斯堡 2002 年举办了联合国可持续发展峰会，"不仅展示了南非，更重要的是展示了约翰内斯堡作为全球城市的潜力"。[1] 2008 年北京奥运会和 2010 年上海世博会促进了北京和上海的城市建设，促进两城的社会经济向更加现代化的国际大都市迈进，充分展现了北京和上海商业投资和旅游的潜力。2014 年冬奥会在俄罗斯索契的举办，为索契吸引大量投资，超大规模建设投入有助于索契成为国际旅游胜地。新建基础设施的利用及对整个地区旅游业的刺激作用带动了俄罗斯南部地区的经济的快速增长，甚至对俄罗斯经济的发展产生积极影响。2018 年俄罗斯世界杯在索契举办将会进一步扩大其知名度，促进索契的投资和旅游业发展。

### 5. 国际访问与交流

作为城市外交的直接形式之一，国外访问可以分为外国来访和出访国外。外国来访对金砖国家城市和地区是极为重要的。由于可利用的资源有限，外国来访为其提供一个推销自己、发展潜在伙伴关系和深化既有伙伴关系的低成本高效手段。外国来访分为两种：一是外国伙伴城市官员的工作访问，二是国家元首或政府首脑的礼节性拜会。尽管是一些礼节性的拜会，接待的省市仍可以利用此作为达到进一步发展目标。南非各省市与国外城市的"双胞城市伙伴关系"就是通过这样一些高规格的礼节性访问得到加强。2008 年 3 月，印度尼西亚总统苏西诺访问南非西开普省，提出在开普敦建立图书馆。另外，苏西诺总统的访问还恢复了西开普省与印尼南苏拉威西省 2005 年发起的合作。

城市和地区政府的正式出访往往成本相对较高。金砖国家城市和地区政府的出国访问主要是为了寻求发展援助、寻找出口市场、建立新的伙伴关系或深化既有的伙伴关系等。考察访问的形式为城市和地方政府官员提供学习国外先进管理和发展经验的机会。为了协调各省市之间的外事活动，南非政府采取相关措施使城市外交更有效、更协调。2008 年，南非内阁通过了《加强国际活动协调的措施和方针》，要求各省将其国际活动登

---

[1] S. Cornelissen, "Entrepreneurial Regions? The Foreign Relations of South African Cities and Provinces," *In Full Flight: South African Foreign Policy after Apartheid*, ed. W. Carlsnaes and P. Nel (Midrand: Institute for Global Dialogue, 2006), 145.

记在国际关系咨询论坛的年度事件表上。另外，为了使国外访问收益最大化并减少那些重复的访问活动，还要求各省官员提交其国外访问的详细报告。为增强国外访问的有效性，南非各省已经将这些方针和措施确定为城市外交的行动指南。

除了访问之外，与国内的外国团体交流也是城市外交的低成本手段之一。这种交流并不是与国外进行直接交流，而是与外国政府或组织的官员如外交官或其他外派人员等进行交流。地方政府向外交使节团宣传发展设想，以获得贸易、投资、旅游或其他形式合作的新机会。与外国来访不同，这样的交流可以定期进行。城市和地区政府官员可与外国驻当地领事馆或代表处官员定期会晤协商，共同解决其关注的问题。

6. 设立海外代表处

为了方便与外国进行直接合作，金砖国家城市和地区政府设立了一些海外贸易和文化代表团，或者是在当地接纳外国领事馆和代表处。1995年俄罗斯联邦法律对此做出明确规定，即海外代表处必须由地方和城市自己建立。由于财政原因，几乎没有地方政府能够负担在海外建立代表处的费用。大多数地方和城市依赖联邦政府设立的俄罗斯大使馆、领事馆和贸易代表处来实现其对外政策。同时，为了维持与邻近国家的稳定关系，以及方便市民出游，一些俄罗斯地方和城市热心于在本地区设立外国领事馆和代表处。

城市和地区政府可以通过自主构建双边和多边关系网络直接参与到国际事务中，但并不代表其可完全独立于中央政府进行外交活动。首先，金砖国家都是新兴市场国家，地区经济发展不平衡，可利用资源有限，需要中央政府的支持与合作。金砖国际地区政府在外交活动中与中央政府合作可以利用国家的外交网络和影响力，获得更多的资源和技术支持，发展出带有地方特色的国际合作关系。其次，城市和地区政府往往将其外交活动定义为中央政府外交政策的表现。南非和中国国家外交与城市外交的关系较为类似，[1] 城市外交是国家外交的补充与延伸。印度各邦和巴西各州也是在联邦政府的许可和授权下从事外事活动。尽管俄罗斯实行较为"松散的联邦制"，地方政府外交活动与联

---

[1] Chen Zhimin and Jian Junbo, "Chinese Provinces as Foreign Policy Actors in Africa," SAIIA Occasional Paper, No. 22, Johannesburg: South African Institute for International Affairs (2009), 16.

邦政府外交政策出现冲突，但仍不会完全背离国家的外交政策。最后，城市和地区政府在外交活动中与中央政府合作也能够促进国家外交的发展，塑造正面的国家形象，并丰富其对外关系。在大多数国家，国家官员和政客都是从地方政府开始其政治生涯，[1] 地方可以作为国家双边合作协议的"执行代理"。

### （二）间接形式

城市外交的间接形式就是城市和地区政府并不直接参与到外事活动中，而是通过影响国内立法或国家外交政策的制定来达到自身对外交往的目的，主要包括为城市外交创立立法基础、影响国家外交、利用国家机关施压等形式。

1. 为城市外交创立立法基础

城市和地区政府从事外交活动首先面临的是合法性问题。外交权往往被认为是隶属于中央政府的排他性权利。中国不存在外事权力的分权，城市和地方政府可以在国家政策框架下与外国同级实体发展对外关系；印度虽为联邦制国家，但中央政府对外交事务有着超强的控制权；南非和巴西允许城市和地方政府参与到外交事务中去，但对其外交权力范围并没有做出明确的规定。而这在俄罗斯显得尤其重要。叶利钦时代，地区政府外交处在发展时期，需要合法性。20世纪90年代，地方和城市的宪章和规范性法令的目标就是将次国家行为体对外活动合法化。一些地区或城市的立法与联邦法律发生了冲突。然而，在鼓励国外投资和土地所有权、公共交通和边界基础设施建设、教育和文化合作等方面，地方立法却取得了优先地位。通过建立法律基础，地方发展出自己的对外政策，希望更加独立于莫斯科。到了普金和梅德韦杰夫时代，地方和城市法律逐渐改进，并更加符合联邦法律。另外，俄罗斯、巴西、印度、南非等联邦制国家的地方法律不仅要使地区和城市的对外交往合法化，还要影响联邦立法。例如俄罗斯一些保护外资和特别经济区的地方法律后被联邦议会借鉴起草相关的法律。

---

[1] Chen Zhimin and Jian Junbo, "Chinese Provinces as Foreign Policy Actors in Africa," SAIIA Occasional Paper, No. 22, Johannesburg: South African Institute for International Affairs (2009), 20.

## 2. 影响国家外交

地区政府外交与国家外交是相互补充而不是相互矛盾。金砖国家法律都已经认可和支持城市和地方政府参与国际事务，次国家行为体往往试图影响联邦政府的对外政策。边境地区政府因为地缘和文化优势在两国边境冲突预防和解决中能发挥巨大作用。随着北极地区化的发展，俄罗斯逐渐意识到地区化可以成为解决有关俄罗斯与邻近国家关系的工具。摩尔曼斯克和挪威城市的合作关系有助于莫斯科和奥斯陆在巴伦支海分界问题上达成妥协，阿拉斯加与楚科塔的合作能够缓美俄在白令海划界上的紧张关系。

## 3. 运用联邦机制和国际组织对联邦政府施加压力

联邦议会往往是由各地区代表组成，这就成为地方游说最重要的场所。俄罗斯、印度、巴西、南非四个联邦制国家的地区政府利用联邦议会将地方对外政策利益游说到联邦层次。城市和地区政府也可以通过参与一些国际组织来向联邦政府施压，以实现自身的外交目的。如俄罗斯北部地区参与了巴伦支海地区委员会（Barents Regional Council，BRC），利用该论坛直接与芬兰、挪威和瑞典的邻近地区建立了交往关系。

金砖国家城市与地区政府外交的形式灵活多样，往往是几种形式组合使用。但由于金砖国家之间经济发展、地缘、文化等国情差异，导致其地区政府外交采取的形式的侧重点有所不同。中国城市外交最主要的手段就是发展国际友好城市，以此来发展城市和地区政府之间的经济、文化、科技、教育等方面的合作；巴西主要通过区域经济一体化来发展城市和地区政府外交；印度地区政府外交的主要形式是与世界银行、国际货币基金组织（International Monetary Fund，IMF）等国际金融机构进行谈判并订立经济合作协议，近年来也开始建立友好城市关系；南非邻国众多，各省主要是通过边境合作和地区论坛等形式来发展外交。

# 三 金砖国家城市对外交往功能

城市和地区政府外交可以划分为三个层次。第一层次是经济层面，次国家行为体参与国际事务是出于吸引外资、引入跨国公司和开拓新国际市场的目的。在这一层次上，次国家行为体外交没有明确的政治目的，也不关注文化事务，其主要是全球经济竞争的工具。第二层次是社会文化层面，主要是文化、教育、科学技术、健康以及其他领域的合作。在这一层次，次国家行为体外交包含的范围很广，并不仅仅只局限于经济收益。第三层次是政治层面，次国家行为体发展国际关系促进文化特色、政治自主和它们所代表地区的民族性格，以及试图影响周围地区的行为等。[1] 城市和地区政府外交在这三个层面会有相对应的经济、社会文化和政治功能。其中，城市外交的经济功能主要是促进经济利益、获得发展援助等；社会文化功能主要是促进社会文化各方面的交流等；政治功能主要是出于特殊的政治目的，如解决跨边界问题、全球治理所关注的议题等方面。

## （一）经济功能

城市和地方政府总是希望通过外交活动来达到一系列的经济、政治和社会文化目标。其中城市外交的经济功能最为重要，促进经济利益是大多数地方和城市开展城市外交的首要动机。尤其是金砖国家都为新兴市场国家，在城市外交逐渐发展的20世纪八九十年代，也是金砖国家经济发展的关键时期。城市外交的经济功能主要包括发展贸易、吸引外资、获得发展援助以促进当地经济发展。

种族隔离制度让南非各省，包括像豪登省和西开普敦等较为富裕的省份面临贫困、公共基础设施不足、公共服务不到位、失业等发展问题。为了弥补国内发展资源和能力的不足，南非各省市试图在国际上寻找潜在的贷款援助和发展伙伴。南非各省市将其发展对外关系定位为"发展型外交"，主要是为了解决国内的社会经济挑战，以获得更多的国外发展机会。因此，南非城市外交的两大主要目标就是促进省市的经济利益和发展对外伙伴关系，[2] 其中获得发展援助、促进经济利益是首要。南非各省市通过与美国、欧洲等发达工业化国家的地区政府外交，充分发挥城市外交的经济功能，为当地吸引外资、获得发展援助。因此，南非的城市外交主要是

---

[1] André Lecours, *Political Issues of Paradiplomacy: Lessons from the Developed World* (Netherlands Institute of International Relations "Clingendael", 2008), 2.

[2] Fritz Ikome Nganje, *Paradiplomacy: A Comparative Analysis of the International Relations of South Africa's Gauteng, North West and Western Cape Provinces*, (PhD. paper, University of Johannesburg 2012): 228.

一种功能性的、以发展为导向的实践，各省的做法并没有太大的区别，其面临的共同挑战是改变贫困、落后的境况。

巴西传统的城市外交主要是为了吸引外资，以增加地方和城市的财政能力、增加就业、提升劳动力水平，最终成为跨国经济决策的中心。[1] 受20世纪70年代和80年代的经济危机的影响，巴西政府开始通过各种途径来吸引外资，并努力使地方和城市成为经济决策的中心，让自由贸易成为经济增长的引擎。巴西城市在国际舞台上活动最主要的形式之一就是增加出口，吸引外资在巴西城市间形成一种竞赛。因此，巴西传统城市外交主要是发挥城市外交的经济功能，具体表现在经济和贸易政策方面，增加外国投资、促进出口，其次才是包括科学技术、能源、环境、教育、移民、多边关系和人权等方面。[2]

苏联解体后，俄罗斯遭遇了巨大的经济困难，尤其是俄罗斯北部地区。城市和地区政府外交就成为地区生存战略的一部分，以此获得发展援助和投资来维持生存和发展当地经济。印度外交事务的权力一直牢牢掌握在联邦政府手中，20世纪90年代开始，联邦政府允许地区政府与亚洲开发银行、世界银行、联合国开发计划署谈判及签订金融借贷协议，就是希望充分发挥地方政府外交的经济功能，获得国际发展援助和投资，促进地区经济发展。

## （二）社会文化功能

城市外交的社会文化功能主要是促进地区之间在科技、文化、旅游、体育、人才教育等领域的交流与合作。尽管金砖国家城市外交往往更多地重视其经济功能，将经济利益作优先目标，但不可否认城市和地区在社会文化等方面的对外交流能够为地区和城市创造良好的投资和贸易环境，打造城市名片，提高城市国际知名度，促进当地旅游业的发展，也有利于塑造良好的国家形象。

除经贸合作之外，城市外交的社会文化功能发挥着重要的作用。在科技领域，城市和地方政府注重开展经济技术交流会，企业家代表团互访，

---

[1] Ana Beatriz C. Sangaletti Arthur Luiz V. B. Bagatini Tatiana de Souza Leite Garcia, *Paradiplomacy in Ribeirão Preto* (SP-Brazil), 10 – 11.

[2] RIBEIRO, Maria Clotilde Meirelles. Globalização e novos atores: a paradiplomacia das cidades brasileiras. (Salvador: M. C. M, 2009), 39.

高校及科研机构论坛及共建研究中心，提供技能培训等。如上海市和日本横滨合作举办的"上海－横滨经济技术交流会议"，为扩大双方工业产品的进出口、横滨企业来上海投资发展、提升上海企业的科技水平创造了积极的条件。[1] 文化交流是城市和地区政府外交最主要的形式之一。在文化、旅游交流方面，友好城市举办展览、演出、文化节、艺术团体互访等，如西安结合本地历史文化名城特色，在与其友好城市阿根廷科尔多瓦市以及韩国的庆州市进行交流合作时，邀请其参加"西安国际城墙马拉松比赛"。[2] 举办友谊赛事是城市外交在体育方面活动最主要的形式。如2005年，北京市与马德里市举办双方建立友好城市20周年庆祝活动，其中一项重要内容就是西班牙皇家马德里足球队与北京现代足球队的友谊赛。高校间的合作成为友好城市间在人才教育方面开展交流的主要领域。如武汉市与美国匹兹堡市于1982年建立友好城市关系，在2007年，武汉大学与美国匹兹堡大学共建匹兹堡大学孔子学院，班级数达200多个，参与中文课程的学生达3000余人，被评为全球"先进孔子学院"。[3]

## （三）政治功能

城市外交往往是以促进城市和地区经济社会发展为优先目标。从具体议程看，经贸合作、环境保护、资源开发、医疗卫生、交通建设、文化交流等所谓低级政治领域是城市外交的主要内容。地方政府国际合作议程基本上不涉及国家安全、政治体制等高级政治议程。尽管有些城市接待外国国家领导人员，这也是在中央的授权之下进行，而且地方政府领导成员出访需会晤外国领导人一般也要经过中央政府事前审批。但城市和地方政府外交仍有其政治考量，如一些边境地区和沿边城市，其对外交往活动带有政治战略和安全战略的考量。相比于国家外交，城市外交具有更大的灵活性，国家可以利用这些城市和地方政府外交来进行冲突的预防与解决。

---

[1] 《横滨》，上海市人民政府外事办公室网站，2009年12月7日，http://www.shzgh.org/wsb/node270/node357/u1a14812.html，最后访问日期：2015年5月23日。
[2] 《西安城墙国际马拉松赛，让古城走向世界再现活力》，搜狐体育，2007年9月25日，http://sports.sohu.com/20070925/n252345994.shtml，最后访问日期：2015年5月23日。
[3] 《美国匹兹堡大学孔子学院简介》，武汉大学官方网站，2011年11月1日，http://oir.whu.edu.cn/content/?286.html，最后访问日期：2015年5月23日。

1949年以来，中国逐步解决了与周边国家的边界划分问题，尤其是改革开放以来，维持了周边30多年的总体和平状态。在这一大背景下，"边界和边境的政治、军事属性相应降低，与此同时，边界和边境的经济和人文交流的属性则相应上升。这为中国地方省份与其周边邻国开展跨界次区域合作提供了可能。"[①] 20世纪90年代初，中国进一步扩大了对外边境城市开放，沿边地区的开发开放在许多领域都取得了重大进展。在中国沿边的东北地区，形成了中国、俄罗斯、朝鲜共同参与的图们江区域国际合作开发机制；在西北地区形成了新疆及中亚、欧洲等国参加的中国—亚欧博览会；在西南地区形成了云南、广西及越南、老挝等国共同参加的大湄公河次区域经济合作机制。国家安全与边疆稳定的考量占据沿边地区城市外交效果预期的重要地位。南非城市外交相当大部分也都在边境地区展开。[②] 南非接壤邻国较多，有7个省份与邻国接壤，历史文化因素，不可避免与邻国的接触，不可避免造成一系列边界问题。只有豪登省和西开普省没有在国际边境线上。沿边城市和地方政府与邻国和外交合作有利于跨边界问题的解决，维持边境的安全与稳定。

另外城市和地区政府也可以通过参与全球性组织或建立地区性论坛等来影响全球政策辩论，如气候变化、可持续发展、促进和保护全球文化多元化、全球经济治理等方面，如由巴西圣保罗、中国山东、南非西开普等组成的地区领导人论坛就一直致力于世界可持续发展和世界文化多元化。

总的来看，城市外交有助于城市提高国际化程度、发展国际贸易、刺激创新活力、提高环境质量、吸引高素质人才，同时能够营造多元化的文化氛围、推动城市制度合理化建设，最终促进城市发展，提升城市竞争力。

## 四 金砖国家城市对外交往特点

中国人民对外友好协会会长李小林认为，"城市间政府交流具有直接

---

① 苏长和：《中国地方政府与次区域合作：动力、行为及机制》，《世界经济与政治》2010年第5期。
② I. Duchacek, "Perforated Sovereignties: Towards a Typology of New Actors in International Relations," *Federalism and International Relations*, ed. J. Michelmann and P. Soldatos (Oxford: Clarendon Press, 1990), 20.

高效、领域广阔、互补性强的特点"。[1] 城市外交是国家外交的延伸，具有宪政上的非主权性、战略上的补充性、权力上的有限性、行为上的中介性、职能上的社会性等特征。[2] 除了以上城市外交的固有特征外，相比于欧盟地区，金砖国家的城市外交也表现出独特性。

## （一）中央政府在城市对外交往中的作用

中国的央地关系传统有很强的从上到下的统治力量，在内外事务上皆强调地方对中央的政治服从；而西方联邦制国家的央地关系基本上是平行和网状的相互制约，在内外事务上都关注各自的法律范围。中西两种央地关系传统，铸就了各次国家行为体行为体参与对外关系活动的社会背景和历史基础。是首先考虑政治关系，还是首先考虑法律关系，成为两类传统下次国家行为体参与对外事务主要考虑的问题。这两种央地关系传统，发展出两类地方参与对外关系的模式：央地协力与央地竞合。

央地协力式的地方参与对外关系，其特征是明确的中央政府先行授权。次国家行为体在中央政府授权的范围内，发挥主观能动性参与对外关系发展。这样就由中央政府主动赋予了地方参与对外关系的一个上限，而地方其也明确地认识到自己的国际活动空间来自于中央政府授权。这使在对外关系出现明晰的协力导向性，使中央与地方在对外关系问题上不容易产生冲突。优点是中央政府能够在地方参与对外关系方面收放自如，保证对外政策的一致性和方便地调动地方资源为外交大局服务；地方政府也能够在政策赋予的活动空间内主动寻求国际联系，而不需要在前期或后期向中央政府做出大量论证，以保证自己国际行动的合法性。

中国地方政府参与对外关系的模式就是央地协力式，中央对城市外交的主导作用非常明显。改革开放战略实施之前，中国的主要发展战略是自力更生。在这一阶段，决策者并未将寻求国际资源作为发展的基点之一。随着改革开放，中国开始以经济建设为中心任务。在这一战略背景下，城市外交得以发展。虽然国家鼓励城市对外交往，但只是作为中央政府外交活动的补充，体现中央意志，服务国家利益。

---

[1] 李小林：《论城市外交的重要特征和抓手》，《广州外事》2013 年增刊。
[2] 杨勇：《全球化时代的中国城市外交——以广州为个案的研究》，暨南大学博士学位论文，2007，第 38 ~ 42 页。据中国博士学位论文全文数据库：http：//epub.cnki.net/kns/brief/default_result.aspx。

央地竞合式的地方参与对外关系，其特征是在对外关系中，中央（如联邦政府）被下拉到与地方行为体（如州政府）协商解决事涉及地方对外关系问题的地位。一般而言，竞合模式下，国家的外交权首先由地方行为体赋予中央政府，如首脑外交、对外派驻使节、发放护照等对外表达主权国家利益的权力。但在对外关系问题上，地方行为体保留自己特殊的利益，而且可以主动发展这一利益，这其中产生的问题则由中央与地方协商解决。从一般意义上讲，争吵一番之后的结果是出台相应的法律文件予以规范。在法律框架下达到既保证中央外交权完整，又保证地方行为体拥有对外关系上特殊利益的竞合结果。

金砖国家中的俄罗斯、印度、巴西和南非都属于联邦制国家，从整体上来说，其地方政府参与对外关系的模式带有央地竞合的特点。这一点在俄罗斯表现得十分明显。在俄罗斯城市外交兴起和发展的叶利钦时代，地方的自治程度较高，俄罗斯宪法规定国际事务由地区和联邦政府联合管辖，因此地方政府在国际舞台上十分活跃，甚至出现地方与联邦政府外交政府不协调和混乱的情况。印度的联邦制带有中央集权的特点，宪法赋予联邦政府在外交上的专属权，尤其是在国大党占统治地位时期，地方政府很难参与到外事活动中去。印度进入多党联合执政时代为地方政府外交提供了空间，但其外事活动仍需得到中央政府的许可。莫迪出任印度总理之后，表示将会进一步下放外交权力，鼓励地方政府参与外事活动。在巴西法律体系内，地方政府参与国际事务并没有得到法律的明确认可，但也并未明令禁止。但巴西国家议会认为地方政府也有参与国际事务的权力，联邦政府在地方政府外交中充当了协调者和管理者的角色。南非的外交事务也是由中央政府主导，但宪法规定了不同层级政府之间的合作与协调。与中国中央政府在城市外交中占主导作用不同，俄罗斯、巴西、南非中央政府是地方政府外交的协调者和管理者，印度联邦政府在地方政府外交中的作用也在不断弱化。

### （二）聚焦经贸合作，全方位、多层次拓展

金砖国家城市外交的实践，基于不同的政治法律体系、地缘位置以及历史文化传统等差异，不同国家的城市外交呈现出较大的差异性。但金砖国家同为新兴市场国家，经济发展水平接近，其城市外交聚焦在经济发展相关领域，也呈现出全方位、多层次、多领域的特点。

金砖国家的城市外交首先开始于经济领域。苏联解体后的俄罗斯经历了

严重的经济困难时期，城市外交的首要目的就是获得经济援助，促进当地经济发展。南非结束种族隔离制度之后，各省在发展对外关系时出于经济发展的考虑，将眼光着眼于美国和欧洲等发达国家。中国、巴西和印度也是如此。但是随着全球形势的变化和国内经济形势的好转，除了经济贸易之外，金砖国家城市外交开始向全方位和多层次发展。包括社会文化、科技、教育、健康等领域，甚至有些地方政府的外交活动还带有一定的政治考量。地区政府参与国际组织也不仅仅是为了吸引外资和获得援助，而是希望参与到全球治理所关注的议题中去。

金砖国家城市外交往往兴起于经济相对发达的城市和地区或者是有地缘优势的跨边界地区政府，随着各国经济发展、法律体系的完善以及一些地区的实践经验，金砖国家地区政府都在一定程度上参与到了外交活动中。如俄罗斯城市外交主要是从与瑞典、芬兰等国接壤的边境地带开始，然后逐渐向国内辐射。中国的城市外交是从东南沿海城市开始发展，然后逐步向沿边、沿江等内陆地区和西部地区拓展。总体而言，金砖国家的城市外交已经呈现出全方位和多层次的特点，但主要还是聚焦在经济贸易领域。

### （三）起步晚、发展快

欧洲国家的城市外交兴起于第一次世界大战之后，并兴盛于第二次世界大战之后。金砖国家城市外交大都兴起较晚。"冷战"时期，由于全球对抗的紧张局势，俄罗斯地区和城市的活动多被局限在国内范围。20世纪90年代，俄罗斯城市和地方政府才开始逐步走上国际舞台。印度国大党执政时期，中央政府对外交的超强控制导致地方政府无法参与到外交事务中。1989年之后，印度进入多党联合执政时代，才为城市和地方政府外交提供了空间和支持。20世纪80年代，巴西结束军事独裁，颁布了新宪法，开始了再民主化进程，国内经济开始转型。新宪法的分权努力、国内自由的经济氛围、中央政府对地方政府的干预减少促进巴西城市外交的发展。1994年以前，南非白人当局长期实行种族隔离制度，遭到国际社会的谴责，南非中央政府和地方政府参与国际事务的空间都受到极大挤压。种族隔离制度消除后，南非地方政府才开始从事外交活动。

尽管起步晚，但金砖国家城市外交发展极为迅速。以中国为例，自1973年天津与日本神户建立第一对国际友好城市以来，20世纪70年代中国一共建立了20对国际友好城市关系。到20世纪80年代，已经累计建立了 338 对国际友好城市关系。金砖国家城市外交发展迅速有国际和国内两个方面的原因。首先,"冷战"后,跨国公司的快速发展和非政府组织的大量涌现以及国际上大量低级政治问题的出现,使国际关系中地方层次的重要性增大了。[①] 在这种国际体系的变化中,一些民族国家开始逐步将中央对外交往的部分权力下放给地方城市。如巴西 1988 年的宪法就做出了"分权"的巨大努力,印度新总理莫迪也强调要将外交权力下放。其次,金砖国家在全球经济中的地位不断上升,城市化进程发展迅速。金砖国家经济的发展以及国际地位的提升,为金砖国家城市和地区政府参与国际事务提供了更多的经济支持和外交渠道。金砖国家城市化进程不断发展,北京、上海、莫斯科、圣保罗、开普敦、孟买等金砖国家城市已经逐渐发展成为国际化大都市,在国际舞台中的地位和知名度也不断提高。

总体来看,金砖国家城市外交起步较晚,聚焦于经济贸易领域,但发展迅速,现今金砖国家正在积极拓展全方位、多层次、宽领域的城市外交空间。

## 五 经验启示

金砖国家城市外交的兴起,主要是为了获得自身经济发展,争取经济和技术援助,在外交对象的选择上对北美和欧洲有极大的倾向。尽管与亚洲和非洲也签订了一些合作协议,但重视度不高。全球形势的不断变化改变了这种倾向,包括经济财富从西方转移至东方、南南合作新浪潮的出现、经济危机造成欧美萎靡,各国地方政府对其对外关系进行重新定位。中国经济的增长奇迹以及国际地位的不断提高,使中国成为金砖国家城市外交对象的热门选择,俄罗斯、印度、巴西和南非的地区政府与中国城市和地区的交往日益增多,建立了地区政府合作机制,发展了国际友好城市关系,同时也积极开展多种形式的直接交流。

### (一) 金砖国家与中国地方政府合作机制

地区间合作有利于发展地区和城市间的直接联系,扩大双边合作的地域范围,开发合作新方向。中国分别与俄罗斯、印度、巴西和南非建立了

---

[①] 龚铁鹰:《国际关系视野中的城市——地位、功能及政治走向》,《世界经济与政治》2004 年第 8 期。

多种地区政府合作机制，特别是金砖五国还建立金砖国家友好城市暨地方政府合作论坛。这些交流平台极大地促进了金砖国家地区政府外交的发展与机制化建设。

1. 金砖国家友好城市暨地方政府合作论坛

首届金砖国家友好城市暨地方政府合作论坛于 2011 年 12 月在海南省三亚市举办。论坛以"展望未来，共享繁荣，发展友好城市，推动合作"为主题，围绕粮食安全、金融危机、城市发展与低碳环保、能源战略、文化交融五大专题展开讨论，交流经验、分享成果。论坛发布了《首届金砖国家友好城市暨地方政府合作宣言》，宣告友好城市暨地方政府合作机制成立。宣言确定了每年在金砖国家领导人会晤的轮值国，举办金砖国家友好城市暨地方政府合作论坛。宣言强调加强金砖国家省州及地方间的对话与合作，包括基础设施、社区发展、人居环境、绿色经济、教育交流、文化交融、友好城市和技术转让研发及投资。

2013 年 11 月，第三届金砖国家友好城市暨地方政府合作论坛在南非德班举行，有来自中国、印度、巴西、俄罗斯及东道国南非政府官员、各国相关组织及友好城市代表等共近 200 人出席。论坛以"实现可持续发展"为主题，分别就经济发展、公共服务、城市管理、社会稳定、环境保护五大议题展开讨论。

金砖国家城市和地方政府面对许多共同挑战，包括城市化的加速、移民、居住、食品供应、污染、失业、社会包容等问题，都需要金砖国家地方政府相互协作，共同努力来应对。论坛就是将地方政府所面临的问题摆在了金砖国家共同的议程上，并希望通过交流彼此的经验和合作来寻求具体的解决方式。

城市外交是金砖国家公共外交一个重要的发展方向，"金砖国家友好城市暨地方政府合作论坛"为成员国城市间开诚布公交流意见，提供了非常好的一个平台。相比其他国际组织，金砖国家机制有很多独特的机制，它的领导人与社会各界都有直接的交流，现在又加入了城市友好合作，这将有助于金砖国家合作机制的多方面、多层次发展。

2. 俄罗斯与中国地区政府合作机制

俄罗斯与中国地区政府合作机制主要包括图们江区域国际合作开发机

制与长江中上游地区与俄罗斯伏尔加河沿岸联邦区负责人座谈会等。

1992年，在联合国开发计划署的倡导下，中、俄、朝、韩、蒙五国共同启动了图们江区域合作开发项目。1992年，俄罗斯设立纳霍德卡自由经济区和哈桑自由贸易区，同意建设卡梅绍娃亚至中国珲春的铁路俄方段，并开通卡—珲铁路国际客货联运业务。1995年俄联邦政府再次签署命令，同意在扎鲁比诺港、哈桑港建立海陆联运口岸和中俄共同经济区，并正式宣布毗邻中国珲春的滨海边疆区的哈桑区为自由经济区，加强基础设施建设。除了经济合作之外，图们江区域旅游业发展迅速。以图们江为轴心，以中国珲春、俄罗斯哈桑、朝鲜罗先为目的地的图们江国际旅游区正逐步显现雏形。

长江中上游地区和俄罗斯伏尔加河沿岸联邦区负责人座谈会机制可以上溯到2012年4月，在俄罗斯喀山伏尔加河沿岸联邦区地方领导人和中国有关省市负责人举行座谈会，直到2013年才将合作对象精准定位到长江中上游与伏尔加河沿岸联邦区。两地相隔万里，并不接壤，这在以往国与国之间的经贸合作中并不多见。但中国长江中上游地区和俄罗斯伏尔加河沿岸联邦区经济互补性强，合作潜力巨大，且长江和伏尔加河同为母亲河。两大地区的联姻具有天时地利人和的优势，不仅可促进自身经济社会的繁荣发展，还对深化中俄全面战略协作伙伴关系具有重大意义。

2013年5月，中国国务委员杨洁篪和俄罗斯总统驻伏尔加河沿岸联邦区全权代表巴比奇，在武汉启动了两地区合作机制，签署《长江中上游地区与伏尔加河沿岸联邦区合作的议定书》，由此开创了两国非毗邻地区合作新模式。涉及此项合作的中国长江中上游地区包括：重庆、安徽、江西、湖北、湖南、四川6省市；俄罗斯伏尔加河沿岸联邦区包括：奥伦堡州、奔萨州、基洛夫州、下诺夫哥罗德州、萨马拉州、萨拉托夫州、乌里扬诺夫州、彼尔姆边疆区、莫尔多瓦共和国、鞑靼斯坦共和国、乌德穆尔特共和国、楚瓦什共和国、马里埃尔共和国、巴什科尔托斯坦共和国14州（共和国）。2013年10月，俄罗斯总理梅德韦杰夫访华，中俄总理会晤后发表《联合公报》，明确建立中俄两河流域合作机制，支持进一步深化两地区经贸、投资和人文投资互利合作。

2014年2月，合作工作组第一次会议在重庆召开。长江中上游地区的安徽、江西、湖北、湖南、重庆和四川等地方政府与俄罗斯伏尔加河沿岸联邦区的14个联邦主体参与了会议。两地区建立工作联系机制，制定包含153个投资、人文优先项目的合作规划，开展大规模青年交流等人文活动，积极推动开通直航、互设领事机构等工作。两地区合作从无到有、从小到大，开始进入实质性合作阶段。

3. 印度与中国地区政府合作机制

印度与中国地方政府合作机制主要有中印地方合作论坛与孟中印缅（BCIM）地方政府合作论坛。中国和印度作为世界上人口最多的两个发展中国家，在推动工业化、城镇化等方面内需潜力巨大。中印两国关系的迅速发展也为两国地方政府合作提供了新机遇。首届中印地方合作论坛于2015年5月在北京举行，来自中国的2个直辖市、4个省、4个城市及印方2个邦、4个城市共约180人出席了论坛。出席论坛的中印代表围绕"智慧城市，智慧生活"这一主题，就地方在促进中印建立更加紧密的发展伙伴关系中的作用、可持续城镇化两个议题展开了深入讨论。中印还签署了《关于建立中印地方合作论坛的谅解备忘录》，将两国地方交流机制化。

孟中印缅地区经济合作是在20世纪90年代末期由中国云南学术界提出，并得到印缅孟响应，四国在非常短的时间内就多边合作达成共识。1999年四国在昆明举行了第一次孟中印缅地区经济合作大会，四国代表共同签署了《昆明倡议》，旨在通过各国努力，在平等互利、持续发展、比较优势的原则下加强联系，促进最大可能的经济合作。2000年在印度首都新德里召开了第二次孟中印缅地区经济合作与发展大会，继续就交通、旅游、贸易等领域的合作进行研讨，还提出这一地区经济合作中应注重诸如毒品走私、非法移民等问题等非传统安全的问题。这表明这一地区的合作将会超出经济合作的范围而扩大到其他领域。2002年在孟加拉国首都达卡召开了第三次孟中印缅地区经济合作与发展大会。会议通过的《达卡声明》表明了这次会议在四国合作机制上有了新的突破。与会四方同意正式把孟中印缅地区经济合作与发展会议更名为孟中印缅地区经济合作论坛。至此，四国合作正在形成机制。2004年12月21日，孟中印缅地区经济合作论坛第五次会议在昆明隆重开幕。会议正式签署了《昆明合作声明》等框架性文件，确立了论坛的宗旨、原则、发展方向及合作机制，建立了卓有成效的协商对话渠道，并正式建立了孟中印缅四国合作常设办公机构。以此论坛为平台，中国云南省和印度东北部地区政府展开了交通、贸易、旅游、环境保护、反贫困、文化合作等多方面的合作，启动了"昆明—加尔各答汽车拉力赛"和公路试运输、开通加尔各答—达卡—仰光—昆明空中航线，并建立四国的四方城市间友好关系，即孟加拉国吉大港、中国昆明、印度加尔各答和缅甸曼德勒间四姊妹城市等。

## （二）建立友好城市关系

中国与金砖国家的友好城市交流领域广泛、成果显著，与巴西缔结了54对（见表8-1）、与俄罗斯缔结了114对（见表8-2）、与印度缔结了6对（见表8-3）、与南非缔结了28对（见表8-4）友好城市与省州。

表8-1　中国与巴西国际友好城市

| 中方城市 | 外方城市 | 国别 | 结好时间 | 编号 |
| --- | --- | --- | --- | --- |
| 浙江省 | 巴拉那州 | 巴西 | 1986年6月7日 | 0215-860607-浙-012 |
| 北京市 | 里约热内卢市 | 巴西 | 1986年11月24日 | 0236-861124-京-008 |
| 上海市 | 圣保罗市 | 巴西 | 1988年7月7日 | 0309-880707-沪-020 |
| 四川省 | 伯南布哥州 | 巴西 | 1992年7月31日 | 0419-920731-川-020 |
| 天津市 | 里约热内卢州 | 巴西 | 1995年4月18日 | 0628-950418-津-019 |
| 广西壮族自治区 | 北里约格朗德州 | 巴西 | 1995年11月28日 | 0680-951128-桂-011 |
| 江苏省 | 米那斯州 | 巴西 | 1996年3月27日 | 0696-960327-苏-070 |
| 福州市 | 坎皮纳斯市 | 巴西 | 1996年11月8日 | 0734-961108-闽-023 |
| 江阴市 | 贝洛奥里藏特市 | 巴西 | 1996年11月22日 | 0736-961122-苏-081 |
| 陕西省 | 马托格罗索州 | 巴西 | 1996年12月14日 | 0737-961214-陕-026 |
| 镇江市 | 隆德里纳市 | 巴西 | 1997年6月4日 | 0764-970604-苏-086 |
| 天津市 | 亚马孙州 | 巴西 | 1997年10月20日 | 0791-971020-津-021 |
| 西安市 | 巴西利亚市 | 巴西 | 1997年10月26日 | 0795-971026-陕-029 |
| 河北省 | 戈亚斯州 | 巴西 | 1999年3月24日 | 0890-990324-冀-046 |
| 徐州市 | 奥萨斯库市 | 巴西 | 1999年5月11日 | 0893-990511-苏-116 |
| 蚌埠市 | 巴拉曼萨市 | 巴西 | 1999年7月20日 | 0902-990720-皖-030 |
| 山东省 | 巴伊亚州 | 巴西 | 1999年11月9日 | 0936-991109-鲁-082 |
| 浏阳市 | 贝尔德朗市 | 巴西 | 2000年10月25日 | 1007-001025-湘-033 |
| 福建省 | 赛阿拉州 | 巴西 | 2001年3月6日 | 1022-010306-闽-032 |
| 杭州市 | 库里蒂巴市 | 巴西 | 2001年9月19日 | 1053-010919-浙-053 |
| 湖北省 | 南大河州 | 巴西 | 2001年12月6日 | 1068-011206-鄂-046 |
| 宁波市 | 桑托斯市 | 巴西 | 2002年1月18日 | 1070-010708-浙-055 |

续表

| 中方城市 | 外方城市 | 国别 | 结好时间 | 编号 |
|---|---|---|---|---|
| 河南省 | 圣卡塔林纳州 | 巴西 | 2002年4月19日 | 1080-010809-豫-042 |
| 泰安市 | 永贾伊市 | 巴西 | 2002年11月19日 | 1123-020905-鲁-097 |
| 哈尔滨市 | 萨尔瓦多市 | 巴西 | 2003年4月8日 | 1132-030217-黑-039 |
| 常州市 | 南卡希亚斯市 | 巴西 | 2003年9月28日 | 1148-030930-苏-155 |
| 郑州市 | 若茵维莱市 | 巴西 | 2003年11月17日 | 1170-030423-豫-045 |
| 苏州市 | 阿雷格里港市 | 巴西 | 2004年6月22日 | 1187-040609-苏-159 |
| 甘肃省 | 戈亚斯州 | 巴西 | 2005年4月8日 | 1238-050929-甘-024 |
| 仙桃市 | 新奥里藏特市 | 巴西 | 2005年5月30日 | 1314-021031-鄂-050 |
| 辽宁省 | 里约热内卢州 | 巴西 | 2006年4月10日 | 1328-060106-辽-079 |
| 宜昌市 | 伊瓜苏市 | 巴西 | 2006年7月24日 | 1360-060329-鄂-054 |
| 绍兴市 | 贝伦市 | 巴西 | 2006年10月25日 | 1379-030617-浙-070 |
| 菏泽市 | 哥伦布市 | 巴西 | 2007年4月5日 | 1410-070104-鲁-121 |
| 广东省 | 圣保罗州 | 巴西 | 2007年8月28日 | 1452-070611-粤-078 |
| 焦作市 | 帕辽沙市 | 巴西 | 2007年9月21日 | 1461-071102-豫-057 |
| 广州市 | 累西腓市 | 巴西 | 2007年10月22日 | 1473-060707-粤-080 |
| 南昌市 | 索罗卡巴市 | 巴西 | 2007年10月23日 | 1475-070929-赣-031 |
| 新乡市 | 伊塔亚伊市 | 巴西 | 2008年11月10日 | 1573-050118-豫-069 |
| 亳州市 | 维涅多市 | 巴西 | 2008年12月5日 | 1688-080605-皖-069 |
| 淄博市 | 圣约瑟市 | 巴西 | 2009年6月24日 | 1626-070226-鲁-142 |
| 四川省 | 帕拉州 | 巴西 | 2009年10月15日 | 1652-090929-川-053 |
| 江西省 | 南马托格罗索州 | 巴西 | 2009年10月23日 | 1661-091022-赣-045 |
| 海南省 | 巴拉那州 | 巴西 | 2010年5月13日 | 1705-100513-琼-037 |
| 珠海市 | 维多利亚市 | 巴西 | 2010年6月24日 | 1720-091118-粤-096 |
| 无锡市 | 索罗卡巴市 | 巴西 | 2010年12月18日 | 1761-090923-苏-222 |
| 九江市 | 基玛多斯市 | 巴西 | 2011年2月24日 | 1766-110214-赣-054 |
| 青岛市 | 维拉维利亚市 | 巴西 | 2011年04月19日 | 1772-110408-鲁-149 |
| 济南市 | 波多韦柳市 | 巴西 | 2011年10月13日 | 1826-110919-鲁-151 |
| 平顶山市 | 坎布里乌市 | 巴西 | 2011年11月16日 | 1842-100820-豫-080 |
| 重庆市 | 巴伊亚州 | 巴西 | 2011年12月15日 | 1943-120516-渝-028 |
| 徐州市 | 包索市 | 巴西 | 2012年12月05日 | 1976-120717-苏-253 |
| 南通市 | 圣若泽黑河市 | 巴西 | 2013年5月8日 | 2006-111230-苏-256 |
| 淮北市 | 克里西乌马市 | 巴西 | 2013年10月29日 | 2086-121218-皖 077 |

数据来源：中国国际友好城市联合会网站，数据时间：2015年7月1日。

表8-2　中国与俄罗斯国际友好城市

| 中方城市 | 外方城市 | 国别 | 结好时间 | 编号 |
| --- | --- | --- | --- | --- |
| 上海市 | 圣彼得堡市 | 俄罗斯 | 1988年12月15日 | 0327-881215-沪-021 |
| 内蒙古自治区 | 赤塔州 | 俄罗斯 | 1990年9月11日 | 0354-900911-蒙-003 |
| 吉林省 | 滨海边疆区 | 俄罗斯 | 1990年11月19日 | 0363-901119-吉-010 |
| 哈尔滨市 | 斯维尔德洛夫斯克州 | 俄罗斯 | 1991年4月22日 | 0370-910422-黑-016 |
| 吉林市 | 纳霍德卡市 | 俄罗斯 | 1991年7月16日 | 0376-910716-吉-011 |
| 朝阳市 | 苏尔古特市 | 俄罗斯 | 1992年4月26日 | 0397-920426-辽-039 |
| 白城市 | 巴尔瑙尔市 | 俄罗斯 | 1992年4月30日 | 0398-920430-吉-012 |
| 大庆市 | 秋明市 | 俄罗斯 | 1992年6月24日 | 0408-920624-黑-019 |
| 通化市 | 马加丹市 | 俄罗斯 | 1992年7月1日 | 0411-920701-吉-014 |
| 呼伦贝尔市海拉尔区 | 赤塔市 | 俄罗斯 | 1992年7月12日 | 0413-920712-蒙-005 |
| 鞍山市 | 利佩茨市 | 俄罗斯 | 1992年7月20日 | 0416-920720-辽-040 |
| 河北省 | 列宁格勒州 | 俄罗斯 | 1992年7月30日 | 0418-920730-冀-023 |
| 沈阳市 | 伊尔库茨克市 | 俄罗斯 | 1992年8月12日 | 0422-920812-辽-041 |
| 辽阳市 | 克麦罗沃市 | 俄罗斯 | 1992年8月15日 | 0423-920815-辽-042 |
| 大连市 | 符拉迪沃斯托克市 | 俄罗斯 | 1992年9月10日 | 0426-920910-辽-043 |
| 延吉市 | 南萨哈林斯克市 | 俄罗斯 | 1992年9月22日 | 0431-920922-吉-017 |
| 辽源市 | 切列波韦茨市 | 俄罗斯 | 1992年10月28日 | 0442-921028-吉-018 |
| 牡丹江市 | 乌苏里斯克市 | 俄罗斯 | 1993年4月12日 | 0453-930412-黑-020 |
| 哈尔滨市 | 哈巴罗夫斯克市 | 俄罗斯 | 1993年6月15日 | 0465-930615-黑-021 |
| 满洲里市 | 克拉斯诺卡缅斯克市 | 俄罗斯 | 1993年6月28日 | 0467-930628-蒙-007 |
| 辽宁省 | 新西伯利亚州 | 俄罗斯 | 1993年8月4日 | 0475-930804-辽-048 |
| 衡阳市 | 波多利斯克市 | 俄罗斯 | 1993年9月20日 | 0485-930920-湘-015 |
| 重庆市 | 沃罗涅日市 | 俄罗斯 | 1993年10月20日 | 0501　931020-渝-007 |
| 吉林省 | 伏尔加格勒州 | 俄罗斯 | 1993年12月8日 | 0517-931208-吉-023 |
| 吉林市 | 伏尔加格勒市 | 俄罗斯 | 1994年2月22日 | 0523-940222-吉-024 |
| 辽宁省 | 伊尔库茨克州 | 俄罗斯 | 1994年3月30日 | 0531-940330-辽-052 |
| 佳木斯市 | 阿穆尔河畔共青城市 | 俄罗斯 | 1994年6月11日 | 0550-940611-黑-024 |
| 营口市 | 特维尔市 | 俄罗斯 | 1994年6月26日 | 0553-940626-辽-053 |
| 太原市 | 塞克特夫卡尔市 | 俄罗斯 | 1994年9月1日 | 0564-940901-晋-015 |
| 济南市 | 下诺夫哥罗德市 | 俄罗斯 | 1994年9月23日 | 0574-940923-鲁-047 |
| 黑龙江省 | 阿穆尔州 | 俄罗斯 | 1995年5月14日 | 0637-950514-黑-027 |
| 北京市 | 莫斯科市 | 俄罗斯 | 1995年5月16日 | 0639-950516-京-024 |
| 黑龙江省 | 哈巴罗夫斯克边疆区 | 俄罗斯 | 1995年5月19日 | 0640-950519-黑-028 |
| 锦州市 | 安加尔斯克市 | 俄罗斯 | 1995年7月15日 | 0647-950715-辽-060 |
| 淄博市 | 诺夫哥罗德市 | 俄罗斯 | 1995年11月12日 | 0674-951112-鲁-056 |
| 太原市 | 萨拉托夫市 | 俄罗斯 | 1995年12月8日 | 0690-951208-晋-019 |

续表

| 中方城市 | 外方城市 | 国别 | 结好时间 | 编号 |
|---|---|---|---|---|
| 威海市 | 索契市 | 俄罗斯 | 1996年10月18日 | 0727-961018-鲁-063 |
| 河南省 | 萨马拉州 | 俄罗斯 | 1997年3月19日 | 0744-970319-豫-026 |
| 广西壮族自治区 | 沃罗涅日州 | 俄罗斯 | 1997年12月16日 | 0813-971216-桂-016 |
| 连云港市 | 伏尔加斯基市 | 俄罗斯 | 1997年12月18日 | 0814-971218-苏-094 |
| 徐州市 | 梁赞市 | 俄罗斯 | 1998年5月13日 | 0832-980513-苏-099 |
| 兰州市 | 奔萨市 | 俄罗斯 | 1998年9月20日 | 0855-980920-甘-012 |
| 黑河市 | 克拉斯诺亚尔斯克市 | 俄罗斯 | 1999年8月19日 | 0908-990819-黑-033 |
| 江苏省 | 莫斯科州 | 俄罗斯 | 1999年8月20日 | 0909-990820-苏-119 |
| 新疆维吾尔自治区 | 阿尔泰边疆区 | 俄罗斯 | 1999年8月22日 | 0910-990822-新-007 |
| 满洲里市 | 赤塔市 | 俄罗斯 | 1999年9月28日 | 0920-990928-蒙-012 |
| 塔城市 | 鲁布佐夫斯克市 | 俄罗斯 | 2000年2月24日 | 0946-000224-新-010 |
| 洛阳市 | 陶里亚蒂市 | 俄罗斯 | 2000年4月25日 | 0954-000425-豫-033 |
| 陕西省 | 卡卢加州 | 俄罗斯 | 2000年8月8日 | 0972-000808-陕-033 |
| 长春市 | 乌兰乌德市 | 俄罗斯 | 2000年9月27日 | 0978-000927-吉-041 |
| 平顶山市 | 塞兹兰市 | 俄罗斯 | 2000年11月28日 | 1018-001128-豫-037 |
| 呼和浩特市 | 乌兰乌德市 | 俄罗斯 | 2000年12月6日 | 1019-001206-蒙-014 |
| 山西省 | 乌里扬诺夫斯克州 | 俄罗斯 | 2001年7月17日 | 1047-010717-晋-023 |
| 襄阳市 | 科斯特罗马州 | 俄罗斯 | 2001年11月1日 | 1061-011101-鄂-045 |
| 郑州市 | 萨马拉市 | 俄罗斯 | 2002年4月11日 | 1494-000818-豫-061 |
| 西宁市 | 伊热夫斯克市 | 俄罗斯 | 2002年6月13日 | 1090-011016-青-004 |
| 广州市 | 叶卡捷琳堡市 | 俄罗斯 | 2002年7月10日 | 1093-020409-粤-053 |
| 湖北省 | 萨拉托夫州 | 俄罗斯 | 2002年12月4日 | 1125-990920-鄂-047 |
| 淮安市 | 圣彼得堡市科尔宾诺区 | 俄罗斯 | 2003年9月8日 | 1587-021121-苏-196 |
| 杭州市 | 喀山市 | 俄罗斯 | 2003年10月16日 | 1155-031016-浙-060 |
| 鹤岗市 | 比罗比詹市 | 俄罗斯 | 2003年11月17日 | 1230-031117-黑-044 |
| 七台河市 | 阿尔乔姆市 | 俄罗斯 | 2004年9月14日 | 1231-040912-黑-045 |
| 张家港市 | 维亚基马市 | 俄罗斯 | 2004年10月11日 | 1211-040301-苏-160 |
| 拉萨市 | 埃利斯塔市 | 俄罗斯 | 2004年10月27日 | 1217-041027-藏-004 |
| 渝中区 | 弗拉基米尔市 | 俄罗斯 | 2004年11月13日 | 1224-041025-渝-014 |
| 江西省 | 雅罗斯拉夫尔州 | 俄罗斯 | 2005年3月24日 | 1236-050228-赣-020 |
| 盐城市 | 圣彼得堡市彼得格勒区 | 俄罗斯 | 2006年4月13日 | 1329-040330-苏-165 |
| 眉山市 | 莫斯科州克林斯基区 | 俄罗斯 | 2006年5月26日 | 1346-060310-川-048 |
| 哈尔滨市 | 雅库茨克市 | 俄罗斯 | 2007年1月10日 | 1400-060328-黑-049 |
| 湛江市 | 谢尔普霍夫市 | 俄罗斯 | 2007年5月24日 | 1425-070326-粤-076 |
| 昌吉回族自治州 | 巴尔瑙尔市 | 俄罗斯 | 2007年6月4日 | 1430-070522-新-015 |
| 青岛市 | 圣彼得堡市 | 俄罗斯 | 2007年7月16日 | 1440-070801-鲁-125 |

续表

| 中方城市 | 外方城市 | 国别 | 结好时间 | 编号 |
|---|---|---|---|---|
| 淄博市 | 布拉茨克市 | 俄罗斯 | 2007年9月11日 | 1456-070927-鲁-129 |
| 许昌市 | 基涅利市 | 俄罗斯 | 2007年9月19日 | 1459-050518-豫-056 |
| 内蒙古自治区 | 图瓦共和国 | 俄罗斯 | 2007年12月10日 | 1491-060905-蒙-021 |
| 哈尔滨市 | 克拉斯诺达尔市 | 俄罗斯 | 2008年7月28日 | 1531-080319-黑-058 |
| 扬州市 | 巴拉什赫市 | 俄罗斯 | 2008年10月30日 | 1566-081008-苏-192 |
| 山东省 | 鞑靼斯坦共和国 | 俄罗斯 | 2008年12月10日 | 1583-081017-鲁-140 |
| 深圳市 | 萨马拉州 | 俄罗斯 | 2008年12月19日 | 1584-071122-粤-085 |
| 湖南省 | 乌里扬诺夫斯克州 | 俄罗斯 | 2009年5月4日 | 1613-080827-湘-052 |
| 南通市 | 伊尔库茨克区 | 俄罗斯 | 2009年6月14日 | 1623-080805-苏-204 |
| 开封市 | 鄂木斯克市 | 俄罗斯 | 2009年8月3日 | 1635-090629-豫-073 |
| 黑河市 | 布拉戈维申斯克市 | 俄罗斯 | 2009年9月27日 | 1689-091113-黑-062 |
| 黑龙江省 | 犹太自治州 | 俄罗斯 | 2010年5月24日 | 1710-100421-黑-064 |
| 南通市 | 圣彼得堡市莫斯科区 | 俄罗斯 | 2010年9月16日 | 1752-100530-苏-220 |
| 十堰市 | 恩格斯市 | 俄罗斯 | 2010年12月11日 | 1759-101027-鄂-067 |
| 三亚市 | 哈巴罗夫斯克市 | 俄罗斯 | 2011年2月22日 | 1790-081229-琼-041 |
| 江阴市 | 弗拉基米尔市 | 俄罗斯 | 2011年4月2日 | 1818-101115-苏-233 |
| 伊春市 | 比罗比詹市 | 俄罗斯 | 2011年5月18日 | 1819-111111-黑-066 |
| 延边朝鲜族自治州 | 符拉迪沃斯托克市 | 俄罗斯 | 2011年5月18日 | 1778-101227-吉-050 |
| 成都市 | 伏尔加格勒市 | 俄罗斯 | 2011年5月27日 | 1799-110408-川-056 |
| 沈阳市 | 乌法市 | 俄罗斯 | 2011年9月21日 | 1859-100621-辽-081 |
| 克拉玛依市 | 伊斯基季姆市 | 俄罗斯 | 2011年9月22日 | 1855-110817-新-022 |
| 固原市 | 加里宁格勒市 | 俄罗斯 | 2011年9月25日 | 1813-110419-宁-024 |
| 临沧市 | 杜布纳市 | 俄罗斯 | 2011年12月14日 | 1853-110426-云-044 |
| 广州市 | 喀山市 | 俄罗斯 | 2012年7月6日 | 1901-120109-粤-112 |
| 珠海市 | 茹科夫斯基市 | 俄罗斯 | 2012年8月27日 | 1916-120411-粤-116 |
| 上饶市 | 苏兹达里市 | 俄罗斯 | 2012年9月10日 | 1952-120116-赣-062 |
| 淮安市 | 马格尼托哥尔斯克市 | 俄罗斯 | 2012年10月24日 | 1957-120809-苏-251 |
| 广东省 | 哈巴罗夫斯克边疆区 | 俄罗斯 | 2012年11月27日 | 1969-111021-粤-123 |
| 镇江市 | 斯塔夫罗波尔市 | 俄罗斯 | 2012年12月20日 | 1983-121011-苏-254 |
| 沈阳市 | 新西伯利亚市 | 俄罗斯 | 2013年5月29日 | 2013-130510-辽-083 |
| 阜康市 | 别尔茨克市 | 俄罗斯 | 2013年9月25日 | 2090-130815-新-026 |
| 额尔古纳市 | 普里阿尔贡斯克区 | 俄罗斯 | 2013年12月2日 | 2082-130917-蒙-028 |
| 额尔古纳市 | 涅尔琴斯克-扎沃德区 | 俄罗斯 | 2013年12月3日 | 2083-130917-蒙-029 |
| 额尔古纳市 | 红石市 | 俄罗斯 | 2013年12月6日 | 2084-130917-蒙-030 |
| 双鸭山市 | 马加丹市 | 俄罗斯 | 2013年12月12日 | 2105-131126-黑-077 |
| 广东省 | 圣彼得堡市 | 俄罗斯 | 2014年1月13日 | 2092-140110-粤-135 |

续表

| 中方城市 | 外方城市 | 国别 | 结好时间 | 编号 |
|---|---|---|---|---|
| 阿勒泰市 | 新阿尔泰斯克市 | 俄罗斯 | 2014年4月22日 | 2119-140319-新-027 |
| 鸡西市 | 新西伯利亚区 | 俄罗斯 | 2014年7月4日 | 2164-091216-黑-079 |
| 常州市新北区 | 斯塔夫罗波尔市工业区 | 俄罗斯 | 2014年7月23日 | 2134-121228-苏-270 |
| 常州市 | 斯塔夫罗波尔市 | 俄罗斯 | 2014年7月23日 | 2132-121228-苏-269 |
| 安徽省 | 下诺夫哥罗德州 | 俄罗斯 | 2014年7月25日 | 2135-140621-皖-078 |
| 长春市 | 克拉斯诺亚尔斯克市 | 俄罗斯 | 2014年12月1日 | 2178-141128-吉-055 |
| 福州市 | 鄂木斯克市 | 俄罗斯 | 2015年5月18日 | 2290-141014-闽-079 |
| 黑河市 | 雅库茨克市 | 俄罗斯 | 2015年5月22日 | 2222-150226-黑-081 |

数据来源：中国国际友好城市联合会网站，数据时间：2015年7月1日。

表8-3　中国与印度国际友好城市

| 中方城市 | 外方城市 | 国别 | 结好时间 | 编号 |
|---|---|---|---|---|
| 昆明市 | 加尔各答市 | 印度 | 2013年10月23日 | 2061-131105-云-053 |
| 北京市 | 德里邦 | 印度 | 2013年10月23日 | 2062-131119-京-060 |
| 成都市 | 班加罗尔市 | 印度 | 2013年10月23日 | 2060-131105-川-065 |
| 广东省 | 古吉拉特邦 | 印度 | 2014年9月17日 | 2166-140915-粤-147 |
| 广州市 | 艾哈迈达巴德市 | 印度 | 2014年9月17日 | 2167-140915-粤-148 |
| 上海市 | 孟买市 | 印度 | 2014年9月18日 | 2144-141015-沪-071 |
| 敦煌市 | 奥兰加巴德市 | 印度 | 2015年5月15日 | 2231-150526-甘-048 |
| 四川省 | 卡纳塔克邦 | 印度 | 2015年5月15日 | 2221-150520-川-069 |
| 青岛市 | 海德拉巴市 | 印度 | 2015年5月15日 | 2230-150608-鲁-174 |
| 重庆市 | 金奈市 | 印度 | 2015年5月15日 | 2234-150714-渝-035 |

数据来源：中国国际友好城市联合会网站，数据时间：2015年7月1日。

表8-4　中国与南非国际友好城市

| 中方城市 | 外方城市 | 国别 | 结好时间 | 编号 |
|---|---|---|---|---|
| 山东省 | 西开普省 | 南非 | 1998年11月26日 | 0868-981126-鲁-075 |
| 北京市 | 豪登省 | 南非 | 1998年12月6日 | 0874-981206-京-028 |
| 南京市 | 布隆方丹市 | 南非 | 2000年3月22日 | 0951-000322-苏-128 |
| 江苏省 | 自由州省 | 南非 | 2000年6月7日 | 0964-000607-苏-133 |
| 哈尔滨市 | 艾古莱尼市 | 南非 | 2000年7月3日 | 0967-000703-黑-035 |
| 广州市 | 德班市 | 南非 | 2000年7月17日 | 0968-000717-粤-046 |
| 浙江省 | 东开普省 | 南非 | 2000年9月27日 | 0998-000927-浙-050 |
| 安徽省 | 北方省 | 南非 | 2000年10月31日 | 1009-001031-皖-035 |
| 上海市 | 夸祖鲁-纳塔尔省 | 南非 | 2001年5月16日 | 1032-010516-沪-045 |

续表

| 中方城市 | 外方城市 | 国别 | 结好时间 | 编号 |
|---|---|---|---|---|
| 大庆市 | 东伦敦市 | 南非 | 2001年6月14日 | 1040-010614-黑-038 |
| 包头市 | 内尔斯普雷特市 | 南非 | 2002年5月8日 | 1082-010601-蒙-016 |
| 株洲市 | 彼得马里茨堡市 | 南非 | 2002年5月23日 | 1084-020408-湘-037 |
| 淄博市 | 新堡市 | 南非 | 2002年9月16日 | 1107-020923-鲁-095 |
| 四川省 | 普马兰加省 | 南非 | 2002年10月16日 | 1112-010726-川-044 |
| 重庆市 | 普马兰加省 | 南非 | 2002年10月18日 | 1114-021015-渝-010 |
| 湖南省 | 北开普省 | 南非 | 2003年9月11日 | 1145-030520-湘-041 |
| 宁波市 | 曼德拉市 | 南非 | 2003年9月17日 | 1146-021023-浙-058 |
| 杭州市 | 开普敦市 | 南非 | 2005年4月18日 | 1240-050418-浙-063 |
| 苏州市吴江区 | 莫哈林市 | 南非 | 2006年11月14日 | 1381-060916-苏-172 |
| 福建省 | 夸祖鲁-纳塔尔省 | 南非 | 2006年12月13日 | 1392-060412-闽-048 |
| 亳州市 | 维岑堡市 | 南非 | 2007年11月7日 | 1482-070807-皖-060 |
| 河南省 | 西北省 | 南非 | 2008年4月8日 | 1511-061212-豫-065 |
| 湛江市 | 伊莱姆比地区 | 南非 | 2009年10月24日 | 1664-090608-粤-088 |
| 晋城市 | 卡卡杜市 | 南非 | 2010年9月8日 | 1726-091029-晋-032 |
| 河南省 | 林波波省 | 南非 | 2011年6月21日 | 1793-100727-豫-078 |
| 江西省 | 自由州省 | 南非 | 2012年7月19日 | 1922-111115-赣-061 |
| 银川市 | 开普瓦恩兰兹市 | 南非 | 2012年9月9日 | 1951-120904-宁-033 |
| 南昌市 | 新堡市 | 南非 | 2012年11月29日 | 1972-100126-赣-063 |

数据来源：中国国际友好城市联合会网站，数据时间：2015年7月1日。

上海市与圣彼得堡市是中国与俄罗斯缔结的第一对国际友好城市。新中国成立后，在时任苏联驻沪总领事叶里沙维金和双方中苏友好协会的积极促进下，上海与圣彼得堡（时称列宁格勒）开展了两市之间的友好往来。1959年5月25日，经中央批准，两市建立了友好关系，但双方未正式举行结好签字仪式。后因中苏关系恶化，两市于1966年中止交往。1985年10月，苏联最高苏维埃联盟院主席托尔库诺夫访沪时，向时任上海市市长的江泽民提出恢复两市友好关系的愿望。1988年12月，应时任上海市长朱镕基的邀请，列宁格勒苏维埃执委会主席霍德列夫率团访沪。12月15日，朱镕基和霍德列夫在上海锦江小礼堂共同签署《中华人民共和国上海市和苏维埃社会主义共和国联盟列宁格勒市友好关系协议书》。上海市和圣彼得得堡市建立友好城市关系以来，两市高层互访频繁，在经济、贸易、文化、体育等领域开展了交流和合作。

昆明市与加尔各答市是中印第一对国际友好城市。昆明自2008年与加尔各答正式开展友好交往并签署了建立合作关系备忘录，成为中印首对签署合作关系备忘录的城市。两市在文化、旅游、信息产业和教育等领域开展了一系列交往，取得了一定的成效。2013年10月23日，昆明市与印度加尔各答市签署了友好城市关系协议书，正式缔结为友好城市，实现了中印友好城市关系"零突破"。同时签署友好城市协议的还有北京市和德里邦以及成都市和班加罗尔市。2015年莫迪总理访华之际，首届中印地方合作论坛成功举办，四川省和卡纳塔卡邦、重庆市和金奈市、青岛市和海德拉巴市以及敦煌市和奥朗加巴德市签署了第三批中印友好省邦城市协议。友好城市渠道深化中印地方政府在城镇化、城市管理、洁净生活等领域的交流与合作。友好城市是印度的首次尝试，通过与中国的友好城市发展，全面促进印度城市与中国乃至世界各国城市的交流与合作。

虽然俄罗斯、印度、巴西、南非与中国建立国家友好城市起步较晚，但发展迅速，至今四国共计与中国建立了202对友好城市和省州，交流合作领域涉及经贸、能源、汽车与轮船制造、航天、生物制药等多个领域，经贸合作仍是中国与金砖国家发展友好城市关系强大的动力。中国徐州市与巴西包索市即为一例。2011年，徐工集团投资2亿美元在巴西的包索阿莱格莱市建设"徐工集团巴西工业园"项目，该项目"使巴西能够分享中国经济迅速发展所带来的机遇，预计到2014年产值达6亿美元，为当地创造5000个就业岗位，并为徐工集团进入拉美、北美和非洲市场提供了良好的平台"，此举受到包索市政府与广大市民的高度评价。[①] 2012年12月，徐州市与包索市缔结友好城市关系，友好城市关系成为金砖国家城市最有效的合作方式之一。

### （三）其他交流形式

除了地区政府合作机制和友好城市渠道外，俄罗斯、印度、巴西和南非地区政府也与中国城市展开了多种形式的直接交流。

俄中两国有着漫长的边界，这为两国毗邻地区间密切的经济联系创造了天然的有利条件，并且俄罗斯领导人一贯认为中国是其在亚太地区最重

---

[①]《徐工巴西工业园项目落户我友好省州受当地欢迎》，江苏省人民政府外事办公室网站，2011年7月21日，http://www.jsfao.gov.cn/NewsDetail.asp? NewsID = 17059，最后访问日期：2015年5月23日。

要并且最有经济前景的伙伴之一，俄罗斯与中国具有"特殊关系"①。因此中俄地方政府合作的主要方向就是边境地区的经济合作，如中俄首脑会议达成了中国东北老工业基地振兴战略与俄罗斯东部大开发战略衔接互动的共识。

除了传统的经济合作外，中俄边境地区政府也重视社会文化的交流，如中国满洲里与俄罗斯城市"体育外交"。满洲里市是中国最大的沿边贸易口岸，承担着中俄贸易陆路运输量的六成。2012年该市与俄罗斯赤塔市、红石市等地区在冰球、体操、太极拳等9个体育项目上进行交流。满洲里市的"体育外交"已扩展到传统文化。自2011年起，满洲里市与赤塔市已连续举办两届太极拳比赛，不仅当地政府积极倡导"体育外交"，民间也在夏季组成和平火炬接力队，从莫斯科出发奔向中国。②

中国与印度之间也有漫长的边境线，两国地区政府的交流也主要围绕着边境地区的稳定和经济发展展开。由于两国特殊的宗教渊源，中印地区政府外交也带有较强的宗教色彩，如西藏自治区政府每年都要接待印度香客朝圣，印度与西藏城市外交促进了两国宗教交往。

中巴两国虽相距遥远，却关系紧密，不仅同为金砖国家，而且中国是巴西第一大贸易伙伴。然而与快速发展的经贸关系相比，双边文化交流却是"慢板"。随着两国经贸关系的不断加深，双边文化交流也逐渐发展。2015年4月17日，北京国际电影节巴西电影展开幕仪式在北京卢米埃影院举行。这是巴西第一次受邀参加中国最大的电影节——北京国际电影节。2014年9月3~29日，首届"巴西文化月"登陆中国，按下了两国文化交流的快进键。电影、文学、歌舞、展览等50多场活动在北京、上海、重庆等城市同时举办。

金砖国家都是新兴大国，都面临着人口膨胀、交通拥挤、环境污染、气候变化、资源紧缺、城市贫困、文化差异、就业困难等城市化与城市发展问题，这表明金砖国家城市和地区政治之间有着极大的合作需求和潜力。经贸领域仍然是金砖国家地区政府之间合作的聚焦点，除此之外，能

---

① 〔俄〕C. 乌亚纳耶夫：《俄罗斯东部地区发展战略与对华合作》，《俄罗斯学刊》2013年第1期。
② 《中国满洲里与俄罗斯城市"体育外交"热络》，中国新闻网，2013年1月11日，http://www.chinanews.com/ty/2013/01-11/4481683.shtml，最后访问日期：2015年4月23日。

源、交通设施、城市的规划、社会文化产业、农业等都可以成为合作的领域。俄罗斯、印度、巴西与南非地区政府与中国地方之间的交往具有聚焦经贸领域积极向全方位、多层次、宽领域拓展的特点。虽然四国与中国城市交往起步晚,但是发展较快,且已经建立了一些机制化的合作平台。同时,中国与金砖国家城市的交往,在中央政府的主导下进行,始终服务国家总体外交战略,为获取国际资源、宣传中央政策措施、稳定双方中央层面的关系做出积极贡献。

# 第九章　东南亚：国际组织与国际合作

**摘　要：** 自古以来，城市就是人类政治、经济、文化交流通道上的重要节点，是人类文明的集大成之地。东南亚国家城市对外交往的重要特点是通过国际合作，特别是通过与国际组织建立联系，与发达国家的城市合作，解决共同面临的生存与发展问题。本章将探析东南亚国家城市对外交往的主体特点，重点考察"海上丝绸之路"上六个重要节点城市（首都或重要港口城市）的城市外交现状与特点，以期为中国发展同这些城市的合作提供有益的参考。这6个城市分别为：越南的岘港、泰国的曼谷、菲律宾的马尼拉、文莱的斯里巴加湾市、印度尼西亚的巨港、马来西亚的马六甲。

2013年10月3日，中国国家主席习近平在印度尼西亚国会发表题为《携手建设中国－东盟命运共同体》的重要演讲，全面阐述了中国对东盟的睦邻友好政策，同时指出中国愿同东盟国家加强海上合作，共同建设21世纪"海上丝绸之路"。[①] 2014年3月5日，李克强总理在《政府工作报告》中也提出，要抓紧规划建设"丝绸之路经济带"和"21世纪海上丝绸之路"，并推出一批重大支撑项目，加快基础设施互联互通，拓展国际经济基础合作新空间。[②]

---

[①] 《习近平在印尼国会发表演讲：携手建设中国－东盟命运共同体》，新华网，2013年10月3日，http://news.xinhuanet.com/world/2013－10/03/c_117591652.htm，最后访问日期：2014年8月15日。

[②] 《两会授权发布：政府工作报告》2014年3月14日，新华网，http://news.xinhuanet.com/2014－03/14/c_119779247.htm，最后访问日期：2014年8月15日。

历史上的海上丝绸之路发展繁盛于公元8~15世纪，并于郑和下西洋时期达到巅峰，是沟通东西方政治、经济和文化交流的大动脉。东南亚国家地处海上丝绸之路的咽喉要道，在为海上丝绸之路的开辟和繁荣做出重要贡献的同时，海上丝路的发展也对东南亚地区的社会发展产生巨大的影响，东南亚沿海的通商国家基本上都是伴随着东西方海上贸易的发展而登上历史舞台的。[①] 今天，中国提出建设"21世纪海上丝绸之路"，不但是继承古代中国与东南亚各国友好往来的传统，同时也是在构建中国—东盟命运共同体目标下极具建设性意义的具体举措。

自古以来，城市就是人类政治、经济、文化交流通道上的重要节点，是人类文明的集大成者。目前，大力发展与丝路沿线城市的城市外交，将是对中国建设"21世纪海上丝绸之路"倡议的有益补充。

# 一　东南亚国家城市对外交往概况

## （一）交往形式

城市外交具有双边和多边等形式。但综观城市外交的发展史可以发现这样一个特征，城市外交正在经历区域性和全球性的网络化发展，多边城市国际组织在当代城市外交活动中发挥着越来越重要的作用。[②] 在各国城市一对一联系不断加强的同时，越来越多的城市国际组织也随之涌现出来。其中的先驱者是1913年于荷兰成立的地方政府国际联盟（The International Union of Local Authorities，IULA）、1946年成立的双城组织（Town-twinning Organization，TTO）、1951年成立的欧洲地方和地区理事会（The Council of European Municipalities and Regions，CEMR）、1956年成立的国际姐妹城市协会（Sister Cities International，SCI）和1957年成立的联合城镇组织（United Town Organization，UTO）等。1957~1982年，仅出现了一个具有影响力的城市网络组织，即1974年成立的城市发展国际网络（International Network for Urban Development，INUD）。进入20世纪80年代后，城市国际组织的数量大幅增加。仅就可持续发展一个议题而言，跨国

---

① 马勇：《东南亚与海上丝绸之路》，《云南社会科学》2001年第6期，第77页。
② 参见本书第四章相关内容。

城市组织就从1982年的8个增加到了2004年的49个。[1] 2004年成立的世界城市和地方政府联盟（United Cities and Local Governments, UCLG）是其中最具影响力的一个，目前，已有136个国家的城市加入了UCLG。此外，另一个值得注意的动向是，各国的地方政府也积极组成联盟，以集体身份在海外进行自我推广，参加甚或是主持运转国际城市网络组织，实现了国内城市网络与国际城市网络的对接。

网络化的城市国际组织的优势存在于以下三个方面：第一，它拓宽了城市与城市之间的建立联系的交往面。联合国人居署2001年的数据显示，全世界70%的城市都展开了与其他国家城市的国际合作，而其中68%的联系是通过城市网络联盟建立的。[2] 第二，城市国际组织赋予了城市采取集体行动、影响世界政治的能力，强化了城市外交的独立性。第三，城市国际组织实现了参与主体的多元化，为城市同不同组织进行对接、整合资源创造了可能。以IULA为例，其成员不仅包括地方政府，还包括基金会、非政府组织、培训机构、企业等，而UCLG甚至接纳个人成为荣誉会员。另一个例子是总部位于布鲁塞尔的城市联盟（Cities Alliance），其成员既包括某些国家的中央政府（由外交部等部委代表出席），也包括地方政府联盟。类似的平台为城市提供了包括资金和技术在内的各种资源，使城市可以更高的效率在国际舞台上谋求自身利益，同时提升城市在国际舞台上的政治地位。

东南亚国家的城市外交发展也大体反映了这样一个从由双边交往到多边网络化的趋势，城市国际组织为城市外交的发展搭建起了一个日益重要的平台。目前覆盖该地区的主要网络化城市国际组织包括：1987年成立的亚太城市间合作网络（CITYNET），2000年成立的21世纪亚洲大城市网络（Asian Network of Major Cities 21, ANMC21），2000年成立的北九州清洁环境倡议（Kitakyushu Initiative for a Clean Environment, KI）和2001年成立的亚洲清洁空气倡议伙伴（Clean Air Initiative – Asia Partnership, CAIAP）。目前，地区内几个有影响力的城市网络组织多由日、韩主导，东南亚国家还没有建立起自己的城市网络组织。

---

[1] Marco Keiner and Arley Kim, "Transnational City Networks for Sustainability," *European Planning Studies*, Vol. 15（2007）: 1327.

[2] 联合国人居署：《全球化世界中的城市：全球人类住区报告2001》，中国建筑工业出版社，2004，第11页。

就城市外交的发展水平来看，东南亚国家之间呈现出明显的不均衡态势。表9-1以及表9-2总结了东南亚九国（新加坡因其城市国家的特性被排除在外）缔结友好城市以及参加城市网络组织的情况。对表9-1和表9-2进行分析，我们可以得出这样的结论：在城市外交发展水平方面，东南亚九国形成了3个梯队。处于第一梯队的有菲律宾和印度尼西亚两个国家。这两个国家城市外交发展水平较高，两国的地方政府积极发展跨国的双边联系，同时两国参加网络组织的城市数量较多，一些重要组织还在两国设有办事处。处于第二梯队的国家有马来西亚、泰国、越南以及柬埔寨，其中前两国取得的成果又明显优于后两国。处于第三梯队的有文莱、老挝以及缅甸，这三个国家的城市外交基本处于未发展状态，就本文调查的6个城市网络组织而言，文莱和老挝都未参与。

表9-1 东南亚9国缔结"友好城市"情况统计（不完全）

单位：个，对

| 国　　家 | 缔结友好城市关系的地方政府 | 缔结友好城市关系 | 与中国缔结友好城市关系 |
| --- | --- | --- | --- |
| 文　　莱 | 1 | 2 | 1 |
| 柬　埔　寨 | 3 | 19 | 3 |
| 印度尼西亚 | 53 | 269 | 20 |
| 老　　挝 | 2 | 5 | 10 |
| 马来西亚 | 14 | 63 | 10 |
| 缅　　甸 | 3 | 6 | 7 |
| 菲　律　宾 | 40 | 154 | 27 |
| 泰　　国 | 7 | 40 | 30 |
| 越　　南 | 7 | 17 | 32 |

数据来源：根据维基百科数据整理，最后访问时间：2015年7月1日。

### （二）关注共同议题

国际友好城市，起初以促进两国人民感情交流和加强文化纽带为主要功能。20世纪70年代至80年代，出现了以促进经贸发展为目的的友好城市。而作为全球化时代的城市对外交往形式，城市国际组织使得城市可以更好地在国际舞台上谋求社会经济利益，并对一国的外交政策形成有益补

表9-2　东南亚9国参加城市网络组织情况统计

单位：个

| | 区域内组织 | | | | | 区域外组织 |
|---|---|---|---|---|---|---|
| | CITYNET | 21世纪亚洲大城市网络（ANMC21） | 北九州清洁环境倡议（KI） | 亚洲清洁空气倡议伙伴（CAI-ASIA） | 世界城市和地方政府联盟亚太分支（UCLG ASPAC） | 国际地方环境行动理事会（ICLEI） |
| 组织总部 | 首尔 | 东京 | 北九州市 | 巴石市（菲律宾） | 雅加达 | 波恩（马尼拉设有办事处） |
| 文莱 | 0 | 0 | 0 | 0 | 0 | 0 |
| 柬埔寨 | 1 | 0 | 1 | 1 | 1（为国内地区政府联盟） | 0 |
| 印度尼西亚 | 16 | 1 | 8 | 4 | 13（其中5个为国内地区政府联盟） | 8 |
| 老挝 | 0 | 0 | 0 | 0 | 0 | 0 |
| 马来西亚 | 3 | 1 | 1 | 0 | 2 | 0 |
| 缅甸 | 1 | 1 | 1 | 0 | 0 | 0 |
| 菲律宾 | 10 | 1 | 4 | 7 | 4（其中2个为国内地方政府联盟） | 24（其中1个为国内地方政府联盟） |
| 泰国 | 1 | 1 | 3 | 2 | 2（其中1个为国内地方政府联盟） | 3 |
| 越南 | 5 | 1 | 1 | 4 | 2（其中1个为国内地方政府联盟） | 0 |

数据来源：作者根据各组织网站信息统计，数据时间：2014年8月30日。

充。对主要城市国际组织的议题进行分析，我们可以发现，绝大多数城市国际组织强调可持续发展、环境问题和气候变化问题的重要性，为参与城市提供相关的技术、知识以及资金支持，很少有组织单纯强调经济发展、基础设施建设或削减贫困。但从比较研究的视角看，相对于欧洲城市，亚洲城市国际组织更为强调经济发展这样的政策目标。[1]

---

[1] Stefan Niederhafner, "Comparing Functions of Transnational City Networks in Europe and Asia," *Asia European Journal*, Vol. 11 No. 4 (2013): 377-396.

东南亚城市究竟谋求怎样的政治、经济、社会、经济利益？分析东南亚国家城市走向国际舞台的动因，是关系到中国在该地区开展城市外交成败的关键所在。2005 年城市国际组织 CITYNET 在 20 个亚洲国家的 70 个地方政府之中开展了一项调查，并收到了来自 16 个国家的 30 个地方政府的回复。调查结果显示，受访城市普遍认为，现有的城市网络组织在环境（如供水、排水系统、垃圾处理）、教育、健康以及社会文化等议题方面起到了有益作用，而在城市住房、促进就业、基础设施建设、城市财政等议题方面作用有限。[1]

造成这种结果的原因并不是东南亚城市没有改善城市硬件条件的需求，事实上，东南亚很多城市在经济高速发展、乡村人口大量涌入的情势下已不堪重负，其基础设施面临洪灾、停电，以及交通堵塞等严峻挑战，而这方面国际合作的缺乏主要是出于物质资源的紧缺。一方面，在南南城市合作中，合作方均受物质条件的约束，无法为对方城市的发展提供资金支持。另一方面，发达国家也受到金融危机的影响，在南北城市合作中，发达国家城市可以提供的往往是一些城市管理的先进经验和技术。这两方面因素共同造成了这样一个局面，即现有的城市网络组织主要促进了知识的流通，而非直接投资的增加以及援助的输出，这一点是现有城市网络外交的空白。

气候变化及灾害应对也是东南亚城市外交的主要议题之一。东南亚是世界上自然灾害最为严重的地区之一，海啸、洪水、台风、地震等灾害严重挑战着东南亚城市的安全。2004 年的东南亚海啸、2011 年的泰国洪灾、2013 年的台风"海燕"给东南亚城市造成了巨大的损失。因此，在开展城市外交的时候，东南亚城市尤其重视在气候变化以及灾难应对这些议题上的国际合作，并取得了一些成果。比如，2002 年菲律宾的圣佛南多市通过参加由加拿大城镇联盟（Federation of Canadian Municipalities，FCM）主持的"市政伙伴计划"，与加拿大的兰利市达成一个两年项目协议。根据该协议，圣佛南多市将获得由兰利市提供的人员培训等帮助，提高城市在土地规划以及灾难应对方面的能力。[2] 海上丝绸之路沿线城市的城市外交也

---

[1] Bernadia Irawati Tjandradewi and Peter J. Marcotullio, "City – to City Networks: Asian Perspectives on Key Elements and Areas for Success," *Habitat International*, vol. 33 (2009): 165 – 172.

[2] Paul N. Bongers and Douglas McCallum, "City – to – City Cooperation: Issues Arising From Experience, European Urban," 2007 年 2 月 16 日，http://www.eukn.org/E_library/Urban_Policy/City_to_City_Cooperation_Issues_Arising_from_Experience，最后访问日期：2014 年 7 月 25 日。

展现出了这一特点,寻求在气候变化和灾难应对方面的国际支持是这些城市外交活动的主要议题之一。

## 二 节点城市对外交往特点

### (一) 越南:岘港

岘港位于越南中部,面积1283.42平方公里,常住人口约87万,是越南第四大城市。其方圆百公里内有越南的3个世界文化遗产目录,即顺化故都、会安古邑与美山圣地,岘港也因此吸引了大量游客。16世纪中期,会安曾是东南亚最繁华的商业中心,岘港则仅是一个货物中转、船只维修的小港口。到了18世纪早期,岘港逐渐取代会安成为最重要的港口城市,大量大型欧洲货船在此停靠。1889年,法国人在越南境内建立殖民统治,并将岘港重新命名为土伦。1954年,法国殖民统治结束,岘港归属南越政府。1965年,美军登陆岘港,将岘港建成海军、空军基地,岘港的工业在这一时期快速发展。1975年越南统一后,岘港成为广南-岘港省的一部分。[①]

在行政级别方面,1996年岘港正式成为越南的五个直辖市之一。越南现今有64个一级行政单位(包括59个省和5个直辖市),662个二级行政单位(包括25个省辖市、42个郡、59个镇和536个县),以及10776个三级行政单位(包括1181个坊,583个市镇和9012个社)。[②] 岘港作为直辖市下辖8个次级行政单位,包括海州郡、清溪郡、五行山郡、山茶郡、莲沼郡、和荣县、锦丽郡和黄沙岛县。[③] 根据越南宪法,由本地居民选举产生的人民代表大会是越南地方的最高权力机关,地方政府之行政权,由人

---

① Da Nang Portal, "Da Nang," http://en.danang.gov.vn/portal/page/portal/danang/english,最后访问日期:2014年8月5日。
② UCLG, "Country Profiles: Vietnam," http://cities-localgovernments.org/gold/Upload/country_profile/Vietnam.pdf,最后访问日期:2014年7月30日。
③ 中国政府不承认黄沙岛县的合法性。2009年4月28日,外交部发言人姜瑜答记者问时指出,中国对西沙群岛及其附属海域拥有无可争辩的主权,中越对西沙群岛不存在争议,越方任命所谓"黄沙岛县"主席的做法非法和无效。《姜瑜:越南任命所谓"黄沙岛县"主席做法非法无效》,中国新闻网,http://www.chinanews.com/gn/news/2009/04-28/1667035.shtml,最后访问日期:2015年7月1日。

民代表大会委派的人民委员会执行。人民委员会是地方政府的执行机关，负责制定和实施政策，受人民代表大会和上一级国家行政机构领导。

在经济发展方面，2012年上半年的数字显示，岘港工业产值的增速为5.8%，旅游产业发展迅速，营业额增加42%，上半年接待游客超过200万人。根据岘港2020年发展目标，岘港将实现12%~13%的年经济增长目标，届时人均GDP将达到4500~5000美元，城市经济总量将达到全国的2.8%。同时，该城市还将大力发展服务业。到2020年，服务业和工业将分别占岘港经济总量的55.6%和42.8%。其整体目标是，成为越南中部的社会经济中心。[1]

值得一提的是，在环境保护方面，岘港的表现十分突出。岘港是2012年亚太经济合作组织（Asia-Pacific Economic Cooperation，APEC）评选的"20个低碳模范城市"之一。在洛克菲勒基金会评选的"100个恢复力城市挑战"中，岘港位列第33。岘港还是2011年"东盟环境可持续城市"奖项以及联合国人居署2013年"亚洲城市景观奖"的得主。在2020年发展计划中，岘港制定了详细的城市环境发展规划。[2] 到2020年，岘港将确保100%的生活和工业废水得到净化，70%的固体垃圾的循环再生，25%的废水将被重复利用。岘港还计划到2015年实现50.6%的城市绿化和人均3~4平方米的绿化面积，到2020年人均绿化面积将进一步达到9~10平方米。[3]

在对外交往方面，岘港表现得较为活跃。目前岘港已与俄罗斯亚罗斯拉夫尔市，罗马尼亚的蒂米什瓦拉，印度的苏拉特，德国的斯图加特，澳大利亚的南澳大利亚州，老挝的色空省、沙湾拿吉省、沙拉湾省，日本的堺市以及中国的山东省和昆明市缔结了友好关系。同时，岘港也是

---

[1] Major Economic Indicators of Danang City - First 9 Months of 2012, http://www.danang.gov.vn/portal/page/portal/danang/english/Business/Statistics/Major_economic_indicators_of_Danang_city?p_pers_id=&p_folder_id=17227429&p_main_news_id=32385873&p_year_sel=，最后访问日期：2015年11月15日。

[2] Tong Minh, "Da Nang: Taking Advantage of International Opportunities of Sustainable Development," 2014年3月6日, http://www.talkvietnam.com/2014/03/da-nang-taking-advantage-of-international-opportunities-for-sustainable-development/，最后访问日期：2014年8月5日。

[3] Da Nang Portal, "Master Plan on Socio-Economic Development of Danang City toward 2020," http://en.danang.gov.vn/portal/page/portal/danang/english/danang_info/soc，最后访问日期：2014年8月5日。

CITYNET、CAI-ASIA等亚洲城市网络组织的成员。

与此同时,岘港还积极开展同各国政府、政府间组织、非政府组织、以及商业机构的合作。2009年亚洲发展银行倡议建立的"东-西经济走廊"横贯缅甸、泰国、老挝和越南,连接四国境内的高速公路,总长达1450公里,岘港正位于走廊的最东端。根据亚洲发展银行的计划,东-西经济走廊的建立将降低运输成本,强化四国间经济合作与贸易,同时促进农村地区发展。作为走廊沿线较为发达的城市,岘港也积极发挥自身优势,发展同其他走廊沿线地方政府的联系,比如为老挝的沙湾拿吉省提供农业、基建和教育援助,同时为该省学生提供奖学金,此外,岘港还在沙湾拿吉省建立了一家越南语中心以及多家农场。[1]

岘港尤其注重可持续发展方面的国际合作。2013年8月,岘港在世界银行的资助下开启了价值27213.5万美元的"岘港可持续城市发展"项目,项目资金中有20243.5万美元是来自世界银行的国际发展援助,该项目将极大地改善岘港的公共交通和卫生系统,据估计将有40万本地人从中受益。[2] 2009年,岘港与德国国际合作机构(Deutsche Gesellschaft für Internationale Zusammenarbeit, GIZ)达成了"环境与气候友好城市发展"项目的协议,GIZ是德国联邦政府拥有的国际企业。根据该合作协议,岘港将从GIZ获得建设绿色城市的技术、设备、资金援助,具体行动包括,GIZ将协助岘港政府进行气候与环境变化的监控,协助岘港政府收集气候数据等。[3] 2014年2月,GIZ向岘港捐赠了价值20亿越南盾(约合58万人民币)的设备,用于环境监控。[4]

---

[1] Da Nang Portal, "Sister Cities," http://www.danang.gov.vn/portal/page/portal/danang/english/danang_info/sis?p_pers_id=&p_folder_id=16407785&p_main_news_id=29611076&p_year_sel=,最后访问日期:2014年8月1日。

[2] Tong Minh, "Da Nang: Taking Advantage of International Opportunities of Sustainable Development," 2014年3月6日, http://www.talkvietnam.com/2014/03/da-nang-taking-advantage-of-international-opportunities-for-sustainable-development/,最后访问日期:2014年8月15日。

[3] Deutsche Gesellschaft für Internationale Zusammenarbeit, "Environmentally and Climate Friendly Urban Development in Da Nang," http://www.giz.de/en/worldwide/18611.html,最后访问日期:2014年8月5日。

[4] Tong Minh, "Da Nang: Taking Advantage of International Opportunities of Sustainable Development," 2014年3月6日, http://www.talkvietnam.com/2014/03/da-nang-taking-advantage-of-international-opportunities-for-sustainable-development/,最后访问日期:2014年8月5日。

在岘港的国际合作伙伴中，日本占有举足轻重的地位。以岘港政府的门户网站为例，该网站除提供越南语和英语信息之外，还提供日文信息。2004 年 9 月，岘港政府决定在东京设立代表机构。该机构由岘港市政府的国际事务部负责，主要职责包括，在日本提升岘港的城市形象，宣传岘港的发展潜力，对日本市场进行调研，协助两国企业进行投资、贸易，在日本进行旅游推介，以及促进越南尤其是岘港对日本的劳务输出等。①

## （二）泰国：曼谷

曼谷，泰国首都，位于湄南河三角洲，距暹罗湾 40 公里，离入海口 15 公里。全市面积 1568.74 平方公里，都会区面积 7761.50 平方公里，是泰国最大的城市，同时也是泰国政治、经济、贸易、交通、文化、科技、教育、宗教等各方面中心。曼谷市人口约为 830 万，约占泰国人口总数的 12%。

在中央政府与地方政府关系方面，泰国是单一制国家，全国共有 76 个一级行政区，其中包括 75 个府与曼谷首都行政区，每个府都是以其首府命名。府以下又有区、次区、村等行政单位。泰国全国共有 795 个区、7255 个次区和 71864 个村，曼谷下辖 50 个区。② 20 世纪 90 年代后期，泰国中央政府向地方政府放权的进程加快，地方政府的财政权力亦有所加大。不同于其他 75 府府尹的中央政府任命制，曼谷市长通过市民的直接选举产生，任期 4 年。根据 1985 年的曼谷首都行政区法案，通过直接选举产生的市长是曼谷最高行政长官，有权任命 4 名副市长，其权力包括政策制定及政府人员的监管。曼谷人民代表大会是曼谷的立法机构，职责包括制定本地的法令法规，其成员由市民选举产生。③ 2013 年 3 月 3 日，泰国首都曼谷市长素坤潘·帕里巴特拉在选举中获胜，成功获得连任，素坤潘是当时最大反对党民主党的候选人。④

在国际舞台上，曼谷一直是一个非常活跃的城市。诸多重要的政府间

---

① Da Nang Portal, "Danang representative office in Japan," http：//en.danang.gov.vn/portal/page/portal/danang/english/danang_info/admin/rep，最后访问日期：2014 年 8 月 5 日。
② UCLG, "Country Profiles：Vietnam," http：//www.uclg.org/，最后访问日期：2014 年 7 月 30 日。
③ UCLG, "Country Profiles：Vietnam," http：//www.uclg.org/，最后访问日期：2014 年 7 月 30 日。
④ 《泰国反对党候选人获选连任曼谷市长》，新华网，2013 年 3 月 3 日 http：//news.xinhuanet.com/world/2013-03/04/c_124410343.htm，最后访问日期：2013 年 8 月 4 日。

合作组织和非政府组织都在曼谷设有分支。同时，曼谷参加了包括CITYNET、ANMC21、CAI-ASIA、KI、UCLG-ASPAC 在内的区域内城市合作网络。在与其他城市的双边交往方面，曼谷走在了东南亚各城市的前列，已与华盛顿、莫斯科、圣彼得堡、马尼拉、首尔、安卡拉、河内、布里斯班、米兰、利物浦、福冈、布达佩斯、悉尼、珀斯、万象、乌兰巴托，以及北京、天津、重庆和广州等诸多城市结成了友好关系。[1] 值得特别强调的是，2005 年 6 月 30 日，曼谷还与广东省潮州市签署了《发展友好城市关系谅解备忘录》。尽管一边是一国的首都，另一边是地级市，但曼谷和潮州两个城市友好往来历史悠久，目前旅居泰国的潮籍乡亲超过 70 万人，其中八成居住在曼谷，这为两个城市的交往奠定了深厚的基础。[2]

在对外交往中，曼谷市积极利用国际平台为其在发展中遇到的各种问题寻求解决之道。在众多问题中，洪涝灾害是威胁曼谷城市安全的首要因素。曼谷地势低洼，平均海拔仅 2 米左右。有研究显示，由于摩天大楼的不断兴建以及对地下水的过度抽取，曼谷正在以每年 1~1.5 厘米的速度下沉。世界银行的报告认为，2050 年曼谷遭遇洪灾的可能性将增加 4 倍。[3] 曾成功预测了 2004 年东南亚海啸的泰国气象学家史密斯·哈马萨罗加（Smith Dharmasaroja）甚至警告说，如果不采取任何措施，曼谷将在 2030 年沉没。[4] 事实上，2011 年泰国发生的特大洪灾就曾严重破坏了曼谷及其周边五省的工业基地，重创了泰国制造业。据世界银行估计，洪水造成的损失达 450 亿美元。[5]

---

[1] Sister Cities of the World, http：//en.sister-city.info/，最后访问日期：2014 年 7 月 24 日。
[2] 《潮州与曼谷签署发展友好城市关系谅解备忘录》，央广网，2005 年 6 月 30 日 http：//www.cnr.cn/2004news/internal/200506/t20050630_504080039.html，最后访问日期：2014 年 8 月 15 日。
[3] Floods Show What Lies Ahead for Sinking Bangkok, Discovery News, 2011 年 11 月 7 日，http：//news.discovery.com/earth/floods-in-sinking-thailands-future-111107.htm，最后访问日期：2014 年 8 月 6 日。
[4] Bruno Philip, "Bangkok at Risk of Sinking into the Sea," The Guardian, 2011 年 9 月 13 日，http：//www.theguardian.com/environment/2011/sep/06/bangkok-thailand-risks-steadily-sinking，最后访问日期：2015 年 11 月 15 日。
[5] World Bank, "The World Bank Supports Thailand's Post-Floods Recovery Effort," 2011 年 12 月 13 日，http：//www.worldbank.org/en/news/feature/2011/12/13/world-bank-supports-thailands-post-floods-recovery-effort，最后访问日期：2014 年 8 月 13 日。

出于以上原因，在气候变化和灾害处理方面寻求国际合作，是曼谷城市外交的主要议题。以城市网络组织 CITYNET 为例，曼谷参加了该组织的"气候变化"问题小组和"灾难应对"问题小组，却缺席了"基础设施"小组以及"千禧年发展目标"小组（目标包括减少贫困、降低新生儿死亡率等）。① 这一点从一个侧面反映出曼谷在国际合作方面的主要诉求：曼谷较高的经济发展水平决定了与初级基础设施的建设相比，该城市更注重特定方向上的先进经验、设备和资金的引进。2013 年，洛克菲勒基金会宣布出资 1 亿美元，帮助全球 100 座城市打造"恢复力"，曼谷成为首批入选的 33 座城市之一。根据该计划，曼谷将同时成为 100 座具有恢复力城市网络（100 Resilient Cities Network）的成员，并获得网络支持，分享应对自然灾害和灾后重建方面的新知。同时，曼谷还将获得基金会在融资方面的支持，为其恢复重建计划提供资金。②

在控制洪灾方面，泰国同日本的合作尤其引人注目。这种合作关系的建立并非偶然，日本企业在泰国尤其是曼谷周边的工业区有重要投资。2011 年的洪灾中损失最为惨重的也是日本企业，这严重影响了日本投资者的信心。因此，两国在抗洪方面的合作可谓双赢。2013 年 9 月，泰国政府与日本政府就洪水早期预警系统达成一项协议，根据该协议，泰国将把其实时国家灾难预警系统与日本的灾害预警系统进行对接。此外，日本国际协力机构（Japan International Cooperation Agency，JICA）还主持开发了湄南河预警系统，向公众发布湄南河水位的数据。③ 在两国中央政府合作的同时，曼谷也积极发挥其城市外交的作用，服务于国家战略。实际上，早在 1998 年，曼谷就通过同横滨市的合作引进了日本的洪水控制系统。④

---

① CITYNET, http://citynet-ap.org/，最后访问日期：2014 年 8 月 6 日。
② "Bangkok Finds a Place in '100 Resilient Cities'," The Nation, 2013 年 12 月 29 日，http://www.nationmultimedia.com/business/Bangkok-finds-a-place-in-100-Resilient-Cities-30222893.html，最后访问日期：2013 年 8 月 12 日。
③ Japanese Investors Urge Renewal of Thai Flood Prevention Projects, Ooska News, 2014 年 5 月 28 日，https://www.ooskanews.com/story/2014/05/japanese-investors-urge-renewal-thai-flood-prevention-projects_160760，最后访问日期：2014 年 8 月 28 日。
④ Paul N Bongers and Douglas McCallum, "City-to-City Cooperation: Issues Arising From Experience, European Urban," http://www.eukn.org/E_library/Urban_Policy/City_to_City_Cooperation_Issues_Arising_from_Experience，最后访问日期：2014 年 7 月 25 日。

## （三）菲律宾：马尼拉

马尼拉市是菲律宾的首都城市，位于菲律宾最大的岛屿——吕宋岛的东岸，濒临菲律宾最大的港口——马尼拉港。历史上，早在西班牙殖民者登陆马尼拉之前，这一地区就有大量中国和穆斯林商人定居。1976年11月，菲律宾政府决定创立大马尼拉国家首都区。大马尼拉由包括马尼拉市、奎松城市在内的17个地方政府单位（其中3个为自治市，14个为市）构成，面积约为636平方公里，是菲律宾的政治、经济、文化中心。[①] 2010年的数据显示，马尼拉市人口约为165万，而整个大马尼拉人口则达到1185.5万，占全国总人口的12.98%。[②]

菲律宾的地方政府系统可以划分为省、市、自治市以及巴郎盖（Barangay，即村政府）三级。目前菲律宾共有79个省、117个市、1501个自治市、41982个巴郎盖。[③] 根据菲律宾宪法，从省长到巴郎盖首领的所有地方官员皆由选举产生，市级政府官员主要有市长、副市长和市政委员会成员。自20世纪80年代后期以来，菲律宾地方政府的自由度逐渐加强，地方政府机构从国家政府的税收中获得了更大的份额，也有权在必要的时候征收额外的地方税，地方政府甚至可以在自治权受到侵犯时起诉中央政府。创立于1995年的马尼拉大都会发展委员会（Metropolitan Manila Development Authority，MMDA）是大马尼拉国家首都区的政策机构。但根据1991年的地方政府法规，首都区和其他大都会区的创立并不会影响地方政府自治，都会区政策机构的权力仅局限于政策协调方面，都会区内部的市及自治市仍有很大自主权。[④]

大马尼拉国家首都区的经济高度发达。根据2013年的数据，大马尼拉的总产值占菲律宾全国总产值的36.3%。2012年该地区经济实现了7%的

---

[①] 大马尼拉所辖城市列表及网站，见马尼拉城市官方网站，http://www.mmda.gov.ph/mm-council.html，最后访问日期：2014年8月13日。

[②] 2010 Census of Population and Housing：National Capital Region, Philippine Statistics Authority, http://www.census.gov.ph/sites/default/files/attachments/hsd/pressrelease/National%20Capital%20Region.pdf，最后访问日期：2014年8月13日。

[③] Country Profiles：the Philippines, UCLG, http://cities-localgovernments.org/gold/Upload/country_profile/Philippines.pdf，最后访问日期：2015年11月15日。

[④] Country Profiles：the Philippines, UCLG, http://cities-localgovernments.org/gold/Upload/country_profile/Philippines.pdf，最后访问日期：2015年11月15日。

增长率，2013年的增长率更是达到了9.1%。从经济构成来看，服务业在大马尼拉地区经济中的比重超过80%。在所有服务行业中，金融业发展尤其迅速，2012年和2013年的增长率分别为6.8%和12.2%，而交通运输以及仓储业的增长则有放缓的趋势，2012年和2013年的增长率分别为7.7%和4.9%，在服务业继续保持优势地位的同时，大马尼拉的工业实现了飞速发展，2013年的增长速度高达19.7%。其中，制造业的发展尤为引人注目，增速达27.2%。[1]

马尼拉是城市外交的积极实践者。据不完全统计，马尼拉市已经同全世界20余座城市结为友好关系，其中包括中国的广州、北京、上海与沈阳。此外，马尼拉市以及大马尼拉首都区还是国际城市网络组织的参与者，参加的组织包括CITYNET、ANMC21、UCLG－ASPAC等。大马尼拉首都区内的其他城市，如马卡蒂市和曼达卢永市，还是KI等网络组织的成员。

通过国际合作提高城市基础设施水平是菲律宾城市外交中的重要议题。2007年2月，来自23个国家的中央政府和地方政府代表、国际组织代表、投资人齐聚马尼拉，参加了名为"投资亚洲的城市未来"的会议。此次会议后，亚洲发展银行与联邦德国经济合作和发展部（Department of Economic Cooperation and Development of the Federal Republic of Germany, BMZ）共同成立了亚洲城市发展中心（Cities Development Initiative for Asia, CDIA），该组织总部就设在马尼拉。该机构的目标是帮助亚洲中型城市弥合城市基础设施发展规划中的资金不足。2011年，上海市政府成为该机构主要捐助合作方之一，其他捐助合作方还包括瑞典政府、西班牙政府，以及澳大利亚政府。[2]

在马尼拉的所有国际合作伙伴中，日本政府及其附属机构所占的地位尤其引人注目。以交通设施的建设为例，交通拥堵是大马尼拉首都区发展中面临的最大挑战之一，据菲律宾政府估计，大马尼拉的交通拥堵每年给菲律宾经济造成的损失高达30亿美元。[3] 2013年，在菲律宾政府的邀请

---

[1] 2013 Gross Regional Domestic Product, Philippine Statistics Authority, http://www.nscb.gov.ph/grdp/2013/reglHighlights.asp，最后访问日期：2014年7月31日。
[2] 亚洲城市发展中心（Cities Development Initiative for Asia, CDIA），http://cdia.asia/who-we-are/origins-of-cdia/，最后访问日期：2014年8月14日。
[3] Chi Liquicia, "Manila Traffic: The Agony, without the Ecstasy," Latitude News, http://www.latitudenews.com/story/manila-traffic-the-agony-without-the-ecstasy/，最后访问日期：2014年8月14日。

下，日本国际协力机构（Japan International Cooperation Agency，JICA）在大马尼拉开展了为期 10 个月的调查，并为大马尼拉改善交通和其他基础设施制定了长远规划。① 该计划涉及的投资高达 570 亿美元，其中包括市区公路、铁路、地铁、机场、港口的兴建，公交车的升级，以及交通管理水平的提升。计划将于 2030 年完成，并将有效降低贫困人口的出行成本，缓解交通拥堵，同时减少灾害地区的住户和空气污染。② 此外，日本国际协力机构还将进一步协助大马尼拉政府规划城市地铁网络，同时向其提供技术支持，这也得到了菲总统阿基诺三世的高度重视，在城市发展问题上的合作成为促进菲日两国关系发展的重要因素。③

同曼谷一样，大马尼拉也是东南亚受洪灾威胁最为严重的主要城市之一。根据大马尼拉大都会发展委员会发布的信息，大马尼拉有 22 个地区易受洪水侵犯。④ 日本国际协力机构的报告则显示，在大马尼拉，大约有 50 万人居住在高危地区，70 万人居住在中等危险地区。⑤ 建立新城区安置这些处于风险中的居民是大马尼拉未来发展中必须解决的一个问题，同时也是其开展国际合作中的重要议题。

### （四）文莱：斯里巴加湾市

斯里巴加湾市是文莱首都，同时也是文莱第一大城市，人口大约 14 万（全国总人口为 39.3 万），面积 100.36 平方公里（全国总面积 5765 平方

---

① 关于该组织在菲律宾的主要活动，见日本国际协力机构相关介绍，http://www.jica.go.jp/philippine/english/office/topics/news/140328.html，最后访问日期：2014 年 8 月 14 日。

② Jerry E. Esplanada, "Japan Present \$57 - B 'Dream Plan' to Solve Metro Congestion," Filipino Express, 2014 年 4 月 27 日, http://www.filipinoexpress.com/news/1351 - japan - presents - 57 - b - dream - plan - to - solve - metro - congestion, 最后访问日期：2014 年 8 月 14 日。

③ Louis Bacani, "Aquino: Japan Vows Better Study on Metro Manila Subway System," Philstar, 2014 年 6 月 25 日, http://www.philstar.com/nation/2014/06/25/1338868/aquino - japan - vows - better - study - metro - manila - subway - system, 最后访问日期：2014 年 8 月 14 日。

④ "MMDA Identifies 22 Flood Prone Metro Manila Areas," MMDA Press Release, http://asianjournal.com/news/mmda - identifies - 22 - flood - prone - metro - manila - areas/, 最后访问日期：2014 年 7 月 11 日。

⑤ Jerry E. Esplanada, "Japan Present \$57 - B 'Dream Plan' to Solve Metro Congestion," Filipino Express, 2014 年 4 月 27 日, http://www.filipinoexpress.com/news/1351 - japan - presents - 57 - b - dream - plan - to - solve - metro - congestion, 最后访问日期：2014 年 8 月 14 日。

公里)。斯里巴加湾市从 17 世纪起成为文莱首都,原称"文莱城",1970年 10 月 4 日改为现名。文莱自古以来就是东南亚的重要港口,也是海上丝绸之路的重要枢纽,"文莱"一词在梵语中就是"海上贸易者"的意思。[1]历史上,郑和曾两次造访文莱。

文莱分区、乡和村三级。全国被划分为 4 个区:文莱-摩拉、马来奕、都东和淡布隆,斯里巴加湾市位于文莱-摩拉区。根据文莱宪法,区长和乡长均由政府任命,村长则由村民民主选举产生。文莱经济以石油天然气产业为支柱,非油气产业均不发达,主要有制造业、建筑业、金融业及农、林、渔业等。[2] 2014 年文莱 GDP 总额折合为 163.3 亿美元,人均 GDP 折合为 4万美元,其中石油和天然气收入约占 GDP 的 68% 和出口总额的 96%。

随着文莱石油经济的飞速发展,斯里巴加湾市也逐渐成为一个现代化城市,城市化进程不断加快。在基础设施方面,斯里巴加湾市有 93 米长的商业码头,141 米长的供海军和政府船舶使用的泊位和 40 米长的旅客码头。该市的国际机场每周有多个航班直达东盟各国、澳大利亚、中东、欧洲、日本、中国(香港和上海)等国家,2009 年客运量 154 万人次,货运量 1.92 万吨。目前国际机场正在扩建,预计建成后年客流量可提高至 300万人次。[3]

与东南亚其他主要城市相比,斯里巴加湾市的城市外交处于相对落后的阶段,文莱几乎缺席了所有城市网络组织。但难能可贵的是,中国与文莱之间的城市外交却是一枝独秀。2011 年南京与斯里巴加湾市结为友好城市,这是斯里巴加湾市第一次与外国城市结为友好关系。对此,《文莱时报》曾这样写道:"法国的阿尔萨斯、美国的达拉斯、意大利的弗洛伦撒……这些城市和斯里巴加湾市有什么共同之处?这些城市和斯里巴加湾市同属于一个特殊的俱乐部。它们都是中国南京的友好城市。"[4] 其热情溢于言表。

---

[1] 《中国驻汶莱使馆临时代办:"新海丝"建设正逢其时》,中国新闻网,2014 年 8 月 6 日 http://big5.chinanews.com:89/gn/2014/08-06/6466831.shtml,最后访问日期:2014 年 8 月 14 日。

[2] 《文莱概况》,中华人民共和国驻文莱达鲁萨兰国大使馆,2013 年 2 月 24 日,http://www.fmprc.gov.cn/ce/cebn/chn/sbgx/t908060.htm,最后访问日期:2014 年 8 月 14 日。

[3] 《文莱概况》,中华人民共和国驻文莱达鲁萨兰国大使馆,2013 年 2 月 24 日,http://www.fmprc.gov.cn/ce/cebn/chn/sbgx/t908060.htm,最后访问日期:2014 年 8 月 14 日。

[4] "Nanjing, the Sister City of Bandar Seri Begawan," Brunei Times, 2010 年 11 月 28 日 http://www.bt.com.bn/art-culture/2011/11/28/nanjing-sister-city-bandar-seri-begawan,最后访问日期:2014 年 8 月 15 日。

更重要的是，海上丝绸之路使得中国和文莱之间存在深厚的历史渊源。事实上，早在 600 多年前，两国人员就有频繁的接触。1408 年来中国朝贡的文莱国王曾受到明成祖朱棣的热情款待，后因病身故，就葬于南京。为纪念两国的友好往来，海上丝绸之路的起始城市——泉州还将于 2014 年 9 月底同斯里巴加湾市的文莱博物馆联合开展"海上丝绸之路"的专题展览，届时仿制的郑和船队将亮相斯里巴加湾市。可以说，中国同文莱之间的城市外交不仅享有丰厚的文化遗产，同时双方也存在强烈的合作意愿，其前景也必然是光明的。

### （五）印度尼西亚：巨港

巨港位于苏门答腊岛东南部，跨穆西河下游两岸，面积 400.61 平方公里，人口约为 150 万。巨港城市海拔仅 2 米，市内水道纵横，有"水城"之称。巨港历史悠久，公元 7 世纪在此曾出现了东南亚强大的海上王国——室利佛逝，17 世纪荷属东印度公司曾在此开辟贸易商站，建立堡垒。从行政区划来看，印尼共设有 33 个一级地方行政单位（包括 30 个省以及大雅加达首都特区、日惹特区、亚齐特区）。① 巨港是南苏门答腊省首府，下辖 16 个区，107 个次区。

巨港市的经济结构主要有制造业、贸易、旅游、运输和服务业。主要工业有石油、天然气、煤炭和化肥，纺织、木雕、食品、家具、服装等中小型工业和手工业较为发达。农业以种养殖为主，出产棕榈果、咖啡、家畜和水产品。巨港水上交通便利，航运发达，是印度尼西亚第四大商埠，与 70 多个国家和地区有贸易往来。② 近年来，南苏门答腊省的经济快速发展，其地区生产总值在 2008～2011 年之间实现了 5.3% 的平均增速，2010 年人均 GDP 达到 900 美元。③ 这其中，巨港的经济表现尤为突出，2003～2008 年，巨港经济平均增速超过 7%。

---

① 《印尼行政区划》，中华人民共和国驻印度尼西亚大使馆经济商务参赞处，2010 年 1 月 1 日，http://id.mofcom.gov.cn/article/ddgk/zwjingji/201005/20100506903117.shtml，最后访问日期：2014 年 8 月 14 日。

② 《印尼巨港概况》，南博网，http://www.caexpo.com/special/2007Magic_City/ydnxy_jg/Static1.html，最后访问日期：2014 年 8 月 14 日。

③ "Indonesia Provincial Commercial Business Opportunities," Economic Section of the US Embassy in Jakarta, http://photos.state.gov/libraries/indonesia/502679/pdf-etc/Business_Indonesia Economic and Business Opportunity Overview.pdf，最后访问日期：2014 年 8 月 14 日。

2008 年巨港人均 GDP 达到 3300 美元。[1] 世界银行的一项调查结果显示，巨港的经商环境在 20 座印尼城市中排名第三，优于东亚和太平洋国家的平均水平。[2]

在城市外交方面，巨港表现积极。目前，巨港已经与巴塞罗那、釜山、别尔哥罗德、法兰克福、高雄、曼彻斯特、马赛、鹿特丹、圣彼得堡、旧金山、札幌、米兰、威尼斯等 10 余座城市结为友好城市关系。[3] 2002 年，福建省漳州市与巨港正式结为友好城市关系，双方还于 2003 年 9 月签署了《武术项目合作协议书》。[4] 2007 年 10 月印尼驻中国大使苏德拉查赴广西贵港市考察期间，随团考察的印尼巨港市代表又与贵港市签订了友好城市意向协议。[5] 除了城市间双边往来以外，巨港加入的区域内城市网络组织有 CITYNET、CAI‐ASIA 等。

巨港非常重视城市发展中的环境问题。2008 年和 2010 年，该市都被评为是印尼全国最干净的城市。[6] 此外，巨港还是印尼政府选定的三个"可持续交通"示范城市之一。2008 年，巨港市长同其他 10 个亚洲城市的市长就环境问题签署宣言，承诺推行环保的公共交通设施，提倡清洁能源的使用。[7]

在这样的发展目标下，巨港积极通过城市外交的手段寻求国际合作和

---

[1] "Pre‐Feasibility Study in Urban Transport Project Palembang, Indonesia," City Development Initiative for Asia (CDIA), http://www.cdia.asia/wp‐content/uploads/gravity_forms/27/2011/07/Executive_Summary_Palembang_Pre_feasibility_Study_Urban_transport.pdf, 最后访问日期：2014 年 8 月 15 日。

[2] "Indonesia Provincial Commercial Business Opportunities," Economic Section of the US Embassy in Jakart, http://photos.state.gov/libraries/indonesia/502679/pdf‐etc/Business_Indonesia EconomicandBusinessOpportunityOverview.pdf, 最后访问日期：2014 年 8 月 14 日。

[3] "Sister cities of Palembang," Sister Cities of the World, http://en.sistercity.info/sister‐cities/Palembang.html, 最后访问日期：2014 年 7 月 24 日。

[4] 《友好城市简介——印尼巨港市》，福建省人民对外友好协会，2007 年 9 月 28 日，http://www.fjfao.gov.cn/yhxh/yhcs/200709/t20070928_515453.htm，最后访问日期：2014 年 8 月 15 日。

[5] 《印尼驻中国大使苏德拉查先生一行考察贵港市小记》，广西新闻网，2007 年 11 月 7 日，http://www.gxnews.com.cn/staticpages/20071107/newgx4730e4ff‐1284730.shtml，最后访问日期：2014 年 8 月 15 日。

[6] Arientha Primanita, Ismira Lutfia and Ulma Haryanto, "Palembang Wins Nation's Cleanest Major City Award," Jakarta Globe, 2010 年 6 月 9 日，http://www.thejakartaglobe.com/archive/palembang‐wins‐nations‐cleanest‐major‐city‐award/，最后访问日期：2014 年 8 月 15 日。

[7] Adianto P. Simamora, "Batam, Makassar, Palembang Promise Green Transport," The Jakarta Post, 2008 年 11 月 15 日，http://www.thejakartapost.com/news/2008/11/15/batam‐makassar‐palembang‐promise‐green‐transport.html，最后访问日期：2014 年 8 月 15 日。

技术支持。从 2009 年开始，巨港与德国国际合作机构开展了为期 7 年的"可持续城市交通改善项目"。① 该项目涉及快速公交系统的建立、停车位的管理、摩托车的限制使用、人行道的改造等方面。② 2009 年 7 月 27 日，巨港又与首尔就"可持续交通系统"签署合作备忘录。③ 首尔自 2004 年开始对其公交系统进行改革，改革后首尔使用公共交通的民众出现明显上升，目前首尔市民中有 64% 的人选择公共交通。④ 巨港希望通过城市合作引进首尔的先进经验，其代表为此还专程赴首尔考察其快速公交换乘系统。⑤

2010 年巨港市获得了亚洲城市发展中心的支持，合作旨在有效降低巨港城市运输系统的二氧化碳排放量，同时改善城市中低群体的日常出行。在 2010 年 7 月至 2011 年 1 月期间，亚洲城市发展中心投入 42 万美元对巨港的城市交通系统进行了全面调查，对其基础设施投资进行规划设计，并对一至两个重点项目开展了先期可行性分析，同时协助巨港联系潜在投资者。⑥ 根据亚洲城市发展中心的调查报告，目前，巨港在城市发展方面面临的问题还包括，城市基础设施（如桥梁）缺乏，私家汽车数量上升过快，城市贫困人口面临边缘化危险等。⑦ 在这些方面寻求国际先进经验以及合作可能将是巨港城市外交中的主要议题。

---

① 关于项目的主要内容，见 Sustainable Urban Transportation Project（SUTP）网站，http：//www.sutp.org/about-us，最后访问日期：2014 年 8 月 15 日。
② "Sustainable Urban Transportation Improvement Project," GIZ, http：//www.giz.de/en/worldwide/16635.html, 最后访问日期：2014 年 8 月 15 日。
③ "Seoul and Palembang Sign MOC on C2C Cooperation," CITYNET, http：//citynet-ap.org/seoul-and-palembang-sign-moc-on-c2c-cooperation/, 最后访问日期：2014 年 8 月 15 日。
④ 《首尔人上班花 42 分钟，64% 的人选择公共交通》，新华网，2013 年 2 月 9 日，http：//news.xinhuanet.com/world/2013-02/19/c_124360017.htm，最后访问日期：2014 年 8 月 15 日。
⑤ "Seoul and Palembang Sign MOC on C2C Cooperation," CITYNET, http：//citynet-ap.org/seoul-and-palembang-sign-moc-on-c2c-cooperation/, 最后访问日期：2014 年 8 月 15 日。
⑥ "Project Overview：Palembang, Indonesia," CDIA, 2011 年 7 月 http：//www.cdia.asia/wp-content/uploads/gravity_forms/14/2011/07/Palembang-Indonesia.pdf, 最后访问日期：2014 年 8 月 15 日。
⑦ "Pre-Feasibility Study in Urban Transport Project Palembang, Indonesia," CDIA, 2011 年 7 月 27 日，http：//www.cdia.asia/wp-content/uploads/gravity_forms/27/2011/07/Executive_Summary_Palembang_Pre_feasibility_Study_Urban_transport.pdf, 最后访问日期：2014 年 8 月 15 日。

## (六) 马来西亚：马六甲

古城马六甲是马来西亚马六甲州的首府，马六甲州位于马来西亚西海岸，与林美兰、柔佛两州为邻，形状似三角形，两边接陆，一边濒海。马六甲州面积为1650平方公里，人口约为83万，其中马来人占总人口的65.8%，华人26.4，印度人6.2%。[1] 马六甲城面积304.29平方公里，居民近50万。马六甲历史悠久，建于1390年，是海上丝绸之路的必经之地，大量爪哇、印度、阿拉伯和中国商人曾来往于此。1405年，郑和曾到访马六甲，当地至今仍保留纪念这位中国伟大的航海家的"三保山"。从16世纪起，历受葡萄牙、荷兰和英国的殖民统治。[2]

马来西亚是联邦政府体制，共有13个州，包括西马的柔佛、吉打、吉兰丹、马六甲、森美兰、彭亨、槟榔屿、霹雳、玻璃市、雪兰莪、丁加奴以及东马的沙巴、沙捞越。另有首都吉隆坡、纳闽、和布特拉加亚3个联邦直辖区。联邦政府控制了财政、外交、国防、国家内部安全、教育和社会福利等方面，各州政府的权力则集中在土地、水资源的管理以及伊斯兰教问题。

马六甲资源相对匮乏，旅游业是马六甲城的支柱产业，占其GDP的比重超过70%。2011年，马六甲城吸引游客1210万人次，旅游业为政府创造了22亿美元的税收，旅游业从业人员达25000人。[3] 就全州经济来说，制造业的重要性与日俱增。20上世纪70年代以来，马六甲州开始对外开放吸引海外投资者，其经济也已经取得了长足发展。目前该州有23个工业基地，500家来自美国、德国、日本、新加坡和中国台湾地区的公司在此设厂。在大力发展旅游业的同时，马六甲致力于将自己打造为制造业的天堂，设有丹绒吉宁和巴都伯伦丹两个自贸区，进口原材料

---

[1] "Fact and Number," Melaka State Government, http://www.melaka.gov.my/en/tentang-kami/fakta-nombor, 最后访问日期：2014年8月15日。

[2] "Melaka History," Melaka State Government, http://www.melaka.gov.my/en/tentang-kami/sejarah, 最后访问日期：2014年8月15日。

[3] "Twinning for Disaster Risk Reduction," 联合国国际减灾战略（United Nations International Strategy for Disaster Reduction, UNISDR），2012年4月10日，http://www.unisdr.org/archive/26146, 最后访问日期：2014年8月15日。

享受免税待遇。①

马六甲的友好城市包括里斯本、荷兰的霍恩、伊朗的设拉子和赞詹、印尼的佩坎巴鲁、智利的瓦尔帕莱索，以及中国的南京、喀什、扬州、海口（见表9-3）。② 2000年开始，马六甲城每年都会举办"马六甲友好城市国际年会"，并邀请其友好城市的市长和代表出席，以此加强同友好城市之间的联系。到2014年4月为止，该年会已经连续举办了14届。

2008年马六甲被联合国教科文组织列入世界遗产名录，马六甲城市外交中的很多活动也围绕历史文化遗产保护以及促进旅游业发展而展开。2011年5月，马六甲州政府与柬埔寨政府达成合作意向，希望加强两者之间的合作，借鉴柬埔寨在历史文化遗产保护方面的宝贵经验。③ 2013年1月，马六甲城又与柬埔寨的暹粒签署旅游合作协议，承诺促进双方游客互访。④

作为沿海城市，马六甲还面临洪水、山体滑坡等自然灾害的威胁。自2009年以来，马六甲市投入4100万美元用于洪灾治理，然而该项目并没有完全避免大量降雨等极端天气给马六甲造成的影响。有数据显示，2007年1月的洪灾给马六甲所在的Johor-Pahang地区造成了超过6亿美元的损失，受灾人数达13.7万。⑤ 为此，马六甲与世界1014座城市一道加入了联合国国际减灾战略（United Nations International Strategy for Disaster Reduction，UNISDR）的"世界减灾运动"（World Disaster Risk Reduction Campaign，WDRRC），通过该运动分享减灾方面的信息，促进经验交流，同时敦促本国上级政府更加关注地方团体在自然灾害面前的艰难处境。⑥

---

① "Malacca Today," Melaka Net, http://www.melaka.net/melakatoday.htm，最后访问日期：2014年8月15日。
② Sister Cities of the World, http://en.sistercity.info/，最后访问日期：2014年7月24日。
③ "Melaka and Cambodia Forge Cooperation to Restore Heritage Sites," Melakatravel, 2011年5月7日，http://www.melakatravel.com/2011/05/melaka-and-cambodia-forge-cooperation-to-restore-heritage-sites/，最后访问日期：2014年8月15日。
④ "Siem Reap-Melaka Reach Tourism Cooperation Agreement," Cambodia Grand Tour, 2013年1月15日，http://cambodiagrandtour.com/4552/siem-reap-melaka-reach-tourism-cooperation-agreement/，最后访问日期在：2014年8月15日。
⑤ "Twinning for Disaster Risk Reduction," UNISDR, 2012年4月10日，http://www.unisdr.org/archive/26146，最后访问日期：2014年8月15日。
⑥ "Twinning for Disaster Risk Reduction," UNISDR, 2012年4月10日，http://www.unisdr.org/archive/26146，最后访问日期：2014年8月15日。

表 9-3　岘港、曼谷、马尼拉及马六甲与中国结好情况一览表

|  | 中方城市 | 东南亚城市 | 国　别 | 结好时间 |
| --- | --- | --- | --- | --- |
| 1 | 山东省 | 岘港省 | 越南 | 1996 年 4 月 5 日 |
| 2 | 昆明市 | 岘港市 | 越南 | 2015 年 2 月 6 日 |
| 3 | 北京市 | 曼谷市 | 泰国 | 1993 年 5 月 26 日 |
| 4 | 潮州市 | 曼谷市 | 泰国 | 2005 年 11 月 23 日 |
| 5 | 广州市 | 曼谷市 | 泰国 | 2009 年 11 月 13 日 |
| 6 | 重庆市 | 曼谷市 | 泰国 | 2011 年 9 月 26 日 |
| 7 | 上海市 | 大马尼拉市 | 菲律宾 | 1983 年 6 月 15 日 |
| 8 | 广州市 | 马尼拉市 | 菲律宾 | 1982 年 11 月 5 日 |
| 9 | 北京市 | 马尼拉市 | 菲律宾 | 2005 年 11 月 14 日 |
| 10 | 南京市 | 斯里巴加湾市 | 文莱 | 2011 年 11 月 21 日 |
| 11 | 南京市 | 马六甲市 | 马来西亚 | 2008 年 10 月 30 日 |
| 12 | 江苏省 | 马六甲州 | 马来西亚 | 2002 年 9 月 18 日 |
| 13 | 漳州市 | 巨港市 | 印度尼西亚 | 2002 年 9 月 16 日 |

数据来源：中国国际友好城市联合会网站，数据时间：2015 年 7 月 1 日。

## 三　经验启示

上文对东南亚海上丝绸之路节点城市的概况、城市对外交往特点和主要关注议题进行了分析，对于更好地理解这些城市的核心利益，从而促进城市间合作具有重要意义。这 6 座城市的城市对外交往的共同特点是，通过国际合作解决城市发展中遇到的困难。尽管这 6 座城市的经济发展水平有很大差异，但不难发现，这些城市均高度强调"可持续发展"的重要性。实际上，对于环境问题、气候问题的重视和这些城市的特性密切相关，一方面，这些城市中很多是著名的旅游胜地，良好的环境对于旅游业的发展至关重要。另一方面，包括这 6 座城市在内的很多东南亚沿海城市均面临海平面上升和洪涝灾害的严重威胁，气候变化直接关系到这些城市的生存。通过与国际组织建立联系、与发达国家城市和政府开展合作，以及加入国际城市网络组织，这些东南亚城市成功地引进了大量城市管理中的先进经验。

应该说，与发达国家相比，中国城市在促进城市的可持续发展方面较为落后。这也意味着，在同东南亚国家城市交往时，中国城市发展模式的

吸引力并不是很大。很多东南亚城市在发展中遇到的问题，也是中国城市亟待解决的问题。在国际城市网络中，中国更多的是学习者，而非先进经验的传授者。但中国的一个优势在于，中国是一个充满活力的经济体，具有一定资本优势。东南亚城市在推进城市可持续发展的过程中，面临着城市基础设施升级的问题，这也涉及大量的资金投入。而目前的城市网络组织可以提供的支持往往仅局限在技术、信息方面，融资方面的支持则略显不足。因此，我们有理由相信，东南亚城市的市政改造可以成为中国海外投资的一个新方向，中国城市的市政府可以在引领海外投资的过程中起到牵头作用，以私人领域的投资促进城市外交的开展。更重要的是，在参与东南亚城市建设的过程中，中国城市也可以积累城市发展经验，这可谓是城市外交中的双赢。

此外，中国城市在开展城市外交时还应避免"单打独斗"的局面。东南亚一些国家的城市已经开始以集体身份（即国家城市联盟）参与到城市网络中。比如，菲律宾城市联盟（League of Cities of the Philippines，LCP）就代表菲律宾城市加入了很多国际城市网络组织。这种国内城市联盟极大地促进了国际合作信息在国内的传播与流通。

就在东南亚地区开展城市外交而言，日本处于领军地位，其很多做法值得中国借鉴。在日本地方政府的倡议下，日本国自治体国际化协会（Council of Local Authorities for International Relations，CLAIR）于1988年成立。该协会致力于支援日本地方政府的国际交流活动，主要职责包括协助缔结友好城市，向海外介绍日本地方行政、财政制度等，并在纽约、伦敦、巴黎、新加坡、首尔、悉尼以及北京都设有海外事务所。这种机构的设立有效提高了城市外交的专业水平，同时有利于各城市整合外交资源，降低外交成本。

综上所述，城市对外交往正出现由双边交往向多边网络化转型的趋势，无论是区域内还是世界范围内，涌现出了越来越多的城市国际组织，中国城市在开展城市外交的过程中，也应尽快适应这一大趋势，积极加入多边网络化组织中来，而不是止步于传统的双边交往。事实上，城市国际组织越来越成为陌生城市间建立联系的主要渠道。目前，区域内的城市网络组织多由日、韩主导，中国也应认真分析东南亚城市的合作需求，并在此基础上建立、推广由中国主导的城市网络组织。

# 第十章　中亚：国家认同与体制安全

摘　要：　中亚各国城市外交首先服务于体制安全和国家认同，促进中亚地区的国家建设、经济转型和发展。强主权性、象征性和明确的目的性是中亚城市外交的重要特点，突出表现为首都外交、宗教城市外交和能源中心城市外交三种形式。首都在中亚各国城市外交中占据中心位置；宗教城市外交承担着与宗教朝觐、沟通与伊斯兰世界的联系，发明新的象征传统等重要作用；能源中心招商引资的特点较强，并同大国进行博弈，谋求国家和地方利益的最大化。中亚外交的鲜明特征使得其核心功能也集中于旅游、招商引资、国际会议、教育文化和能源建设方面，而在更为广泛的人员往来、资本流动与合作，经济交流和基础设施建设，以及互联互通方面发展较为薄弱。由于这些特点，中国西部边境省特别是新疆与中亚邻国具有较大互补性，加之丝绸之路经济带建设和互联互通合作，将会有力促进中国与中亚地区各城市的多方面交流，实现双赢。

## 一　中亚地区城市对外交往概况

随着苏联的解体，中亚作为一个"地区"（region）而非"地方"（local）走上国际舞台。在中亚研究，最引人瞩目的是中亚各国的国家建设问题。在西方学者看来，中亚五国在 90 年代初期转型过程中面临合法性危机，次国家认同（subnational identity）如地方认同（localized identity）、部族认同（tribal and clan identity）以及族群认同（ethnic group identity）撕扯着中亚国家"共同体建设"。① 其中塔吉克斯坦甚至爆发内战，严重制约着该国的经济和社会发展。1997年内战结束，导致了弱国家、强地区的政治格局。地区势力、部族势力与极端宗教势力相互勾结，对中央的权威性和体制稳定构成严重威胁。吉尔吉斯斯坦独立之初引进西方政治制度框架，被誉为中亚的"民主岛"。但问题在于吉尔吉斯斯坦内部存在剧烈的族群冲突，独立后的两任总统阿斯卡尔·阿卡耶夫和库尔曼别克·巴基耶夫上台后集权并试图支配资源分配过程，但在经济发展中作为不大。② 因此，在西方势力介入和反对派夺权的冲击下，吉尔吉斯斯坦发生两次国家政变（2005年郁金香颜色革命和2010年第二次颜色革命），并多次爆发族群冲突。塔吉两国的体制安全一直受到反对派和地方政治势力的冲击。部分地方甚至组建起对抗中央的势力集团，长期困扰塔吉两国的政治稳定。

相较之下，乌兹别克斯坦和土库曼斯坦在建国初期较为稳定。乌兹别克斯坦和土库曼斯坦在独立初期就确立了强总统制政权，总统掌握国家权力。乌兹别克斯坦和土库曼斯坦宪法明文规定总统兼任政府首脑，直接领导和主持共和国政府工作。③ 土库曼斯坦宪法规定不设共和国政府总理，政府工作直接由总统领导和主持。④ 而哈萨克斯坦在独立之初，议会和总统之间矛盾激化，上层集团进行长达3年的斗争。最终哈总统努尔苏丹·阿比舍维奇·纳扎尔巴耶夫取胜，总统的权力得到加强，成为控制议会驾驭政局的重要力量。2007年哈议会通过宪法修正案，批准总统可以无限期连任，哈萨克斯坦强人总统制通过宪法确立下来。哈萨克斯坦、乌兹别克斯坦和土库曼斯坦三国作为强总统制国家，总统在掌握行政权力的同时，还通过垂直的行政权力巩固对地方行政单位的权威性。⑤ 哈萨克斯坦、乌兹别克斯坦和土库曼斯坦的强总统制的政治结构构成上述3个中亚国家对外关系的政治基础，也确立了3国地方政府参与对外事务的基本框架。

---

① James G. Mellon, "Myth, Legitimacy and Nationalism in Central Asia," *Ethnopolitcs*, Vol. 9, No. 2 (2010): 138-139.
② 薛福岐：《吉尔吉斯斯坦与上海合作组织》，载李进峰主编《上海合作组织发展报告（2013）》，社会科学文献出版社，2013年，第315页。
③ 赵常庆主编《中亚五国概论》，经济日报出版社，1999年版，第72页。
④ 赵常庆主编《中亚五国概论》，经济日报出版社，1999年版，第72页。
⑤ 张友国、林培源：《哈萨克斯坦和新加坡威权政治体制的比较分析及启示》，《北京科技大学学报》（社会科学版），2014年第2期，第107~108页。

强国家建设成为中亚国家一致的目标,而集中力量建立起地方对中央的认同,构建集权化的政府也是当前中亚各国国家建设的重要课题。首都不仅作为中亚各国的政治中心显现出其独特地位,更是维系中亚国家凝聚力、展现各国外交活力的重要政治场域。因此,无论是哈萨克斯坦建立的新首都阿斯塔纳、中亚重要政治和工业中心塔什干,还是迅速发展的工业交通枢纽阿什哈巴德、比什凯克、杜尚别,中亚各国的首都在中亚国家建设和经济发展中承担重要责任,更是中亚各国对外交往的重要平台。首都在中亚不仅意味着权力中心,也是大国在中亚博弈的舞台,是展现中亚政治经济发展前景的晴雨表。中亚各国首都不仅承担着对外宣传的职能,也是中亚各国集权性国家建设和国族建设的基础,其地位不可替代。

与此相应的是,中亚地区进行的伊斯兰化、国际化的实践。新独立的中亚五国有机会享受宗教自由,对极端伊斯兰抱有抵触和恐惧。[1] 对中亚各国政府来说,伊斯兰教是中亚自我识别的重要元素,也是民众日常生活和习俗的核心要素,并在民间对外交往中起到重要作用。阿拉木图、撒马尔罕、布哈拉、希瓦城、塔什干以及费尔干纳谷地这些中亚伊斯兰城市和地区在联结伊斯兰文明与中亚地区中发挥重要作用,甚至成为中亚各国发明新型国家传统的重要政治场域。中亚城市风格中自然嵌入伊斯兰因素,其城市象征和城市艺术具有伊斯兰风格,对外交往特别是民间交往也突出表现为与中东伊斯兰国家的宗教互动。

对中亚各国政府来说,伊斯兰教很大程度上担当了"去俄罗斯化"与"国际化"的先驱,一种将自身从莫斯科获取精神解放的工具,一种剥离作为外国殖民统治标志的斯拉夫文化的门径。[2] 但伊斯兰文化在中亚社会中并不占据主导因素。中亚五国是政教分离的国家,并对伊斯兰政治化始终警惕。"9·11"之后,中亚作为全球反恐的前沿阵地,对伊斯兰极端主义和有组织的犯罪进行严厉打击。

与此同时,大国也在反恐的议题下加强与中亚各国密切交往。对美国来说,中亚极具地缘价值。一是该地区拥有丰富的油气资源;二是中亚地处欧亚内陆与各大国相邻,并与阿拉伯国家和伊朗联系密切;三是全球反

---

[1] Yaacov Ro'I and Alon Wainer, "Muslim identity and Islamic practice in Post-Soviet Central Asia," *Central Asia Survey*, Vol. 28, No. 3 (2009): 303.

[2] 杨成:《去俄罗斯化、在地化与国际化:后苏联时期中亚新独立国家个体与集体身份的生成和巩固路径解析》,《俄罗斯研究》2012年第5期,第94页。

恐的前沿阵地。[①] 在全球反恐名义下，美国对阿富汗塔利班政权的军事打击得到俄罗斯和中亚各国支持，中亚各国纷纷表态对美国开放领空并允许美军使用本国的空军基地。[②] 军事与安全合作成为中亚与美国密切互动的开始。美国在中亚力求削弱俄在该地区的影响力，将其纳入西方体系；开发中亚的油气资源，加强对中亚的基础设施援助；在中亚发展非政府组织和公民社会，采取有针对性的教育文化支持。

中亚的国际化一方面来自美国对中亚的积极投入，另一方面来自上海合作组织框架下的国际合作。上海合作组织的成立旨在解决中国、俄罗斯和中亚国家的边界问题并构建边境地区的军事互信，加强地区安全，鼓励成员国在政治、经贸、科技、文化、能源、交通和环保合作的基础上加强合作。俄罗斯在中亚加强基础设施和能源项目合作，同时也积极支持中亚维护体制安全和建立强力有效政府的努力。俄罗斯除了密切加强与中亚国家的双边关系以外，还谋求与中亚各国构建军事、政治与经济一体化组织，如独立国家联合体（Commonwealth of Inderpendent States，CIS）、独联体集体安全条约组织（CIS Collective Security Treaty Organization，OCST）、欧亚经济共同体（Eurasian Economic Community，EAEC）、欧亚经济联盟（Eurasian Economic Union，EEU）、欧洲联盟（European Union，EU）。而中国与中亚各国在维护边境安全、打击三股势力的基础上，谋求与中亚各国建立起多层次多领域的交往，全面深化各项合作，构建利益－命运共同体。中国与中亚的交往从边境地区逐渐扩展到经济辐射区，双方合作逐渐形成了多成分、多层次、多形式、多渠道、全方位的合作格局。[③] 中国新疆维吾尔自治区与中亚多国建立起密切的经济文化互动，区域合作广泛开展，而内陆各省市与中亚多个城市也建立起友好城市关系。

中亚各国与大国密切交往，加速了中亚地区的国际化和现代化。一些城市迅速发展起来，其中阿拉木图、阿斯塔纳、卡拉干达、塔什干、阿什哈巴德、巴尔坎纳巴德、比什凯克、杜尚别、胡占德成为中亚各国经济、

---

① Mariya Y. Omelicheva, "Combating Terrorism in Central Asia: Explaining Differences in States Responses to Terror," Terrorism and Political Violence, Vol. 19, No. 3（2007）：370.
② 王海霞：《"9·11事件"后美俄在中亚的较量》，《当代世界与社会主义》2002年第3期，第40页。
③ 王海燕：《中国参与中亚区域经济合作的前景》，《俄罗斯东欧中亚市场》2007年第9期，第26页。

政治、宗教、文化和旅游中心，也是中亚地区对外沟通的重要桥梁。作为中亚国际化的先行者，迅猛发展的中亚大城市不仅提升中亚的国际形象和影响力，也成为中亚各国了解世界的重要窗口。城市国际化水平的提升加强了中亚与大国和国际组织之间的联系，也成为中亚国家在大国之间自由穿梭、获取实质利益的重要平台。

## 二 中亚城市对外交往特点

### （一）首都型城市

在苏联时代，中亚地区政治和对外关系的架构基于次国家认同之上。族群、宗教、地区甚至部落影响着中亚地区民众的认同，支配其对外交往。[1] 苏联解体后，中亚各国相继成立，次国家认同与国家认同形成最为重要的分野，少数中亚国家存在地方政府对抗中央权威的问题。国家认同和体制安全成为所有中亚国家关注的核心议题。因此，构造出一个有利于加强中央权威的政治结构，巩固中央对地方的领导地位，强化首都的权力中心职能成为所有中亚国家进行现代国家建设的重要目标。而这种目标是通过中亚国家构建首都核心政治经济功能、加强首都对外交往以提升国际形象并获国际认可的路径来实现的。首都作为巩固国家认同和深化中央-地方垂直领导的政治单元，对中亚各国具有不可估量的意义。哈萨克斯坦、乌兹别克斯坦和土库曼斯坦独立后的对外政策是以首都为核心，按照中央要求的大局出发，克服地区和族群次地区认同，在强总统的领导下实现的。在近20年的发展中，三国首都的地位和能量不断提升，在对外关系中发挥出强劲的影响力。而历经内战的塔吉克斯坦和饱受动荡之苦的吉尔吉斯斯坦在独立后发展出弱中央-强地方的局面。尽管如此，两国依然强力构建首都的权力和对外交往中心地位，试图将其打造成为国家的政治、经济、文化和外交多领域中心的地位。

1. 阿斯塔纳：中亚新的地缘中心

1997年，哈萨克斯坦总统纳扎尔巴耶夫做出决定，将首都从阿拉木图

---

[1] Ji-Eun Lee, "Foreign Policy Formation of Authoritarian States in Central Asia Since 1991," *The Korean Journal of International Studies*, No. 6 (2010): 53.

迁到阿斯塔纳,这在当时引起广泛的争论。纳扎尔巴耶夫的理由主要是从城市发展入手,认为阿拉木图城市边界无法扩展,存在地震和生态恶化的风险。而北部地区人口较为稀疏,适合新建新的哈萨克斯坦政府大楼,并有导向移民的作用。[①] 但随后的媒体报道认为,迁都的主要原因是出于安全角度考虑:避开边境地区,消除城市往昔的暴动记忆。[②] 有中国学者从民族关系入手,认为迁都的主要目的在于改变俄哈民族人口结构失衡,解决三大玉兹间的矛盾。[③] 的确,从实践上看,哈萨克斯坦迁都的重要原因并不在"旧都"的老化,失去政治职能的阿拉木图依然是哈萨克斯坦的经济中心。纳扎尔巴耶夫力排众议迁都,一方面是出于安全考虑(距离边境过近,对哈北部缺乏控制);另一方面则是从维护族群团结并防止北部占多数俄罗斯族群分离运动,维护哈萨克族的主体民族的地位。[④] 除此之外,迁都还有另外一层外交上的考量。从阿拉木图迁都到阿斯塔纳将从地缘上改变哈萨克斯坦外交平台的重心。哈萨克斯坦在对外合作中最为优先的方向是俄罗斯与后苏联空间国家。阿斯塔纳的兴建不仅在地理上更为邻近俄罗斯,同时也减少对俄罗斯族人的分离运动的防范,加强与俄罗斯的相互信任。阿斯塔纳成为哈萨克斯坦与俄罗斯沟通的重要桥梁,也成为中亚的新型政治中心。

在强有力的石油收入的支持下,阿斯塔纳很快崛起,成为一座现代化的、拥有明确国家符号和观光特性的都市,并成为众多欧亚国际组织的驻地。阿斯塔纳与俄罗斯地缘上的邻近拉近了俄罗斯与哈萨克斯坦的关系,两国密切互动参与欧亚地区一体化进程,提升了阿斯塔纳在独联体国家中的地位。同时,距离中亚和中国较近的阿拉木图依然发挥着传统的经济和文化优势,作为哈萨克斯坦的次中心吸引着亚洲国家。地理上的平衡带动外交上对西方、俄罗斯和中国的外交平衡。哈萨克斯坦在强势总统纳扎尔

---

[①] N. Nazarbajew, Kazachstańska droga, Astana, 2007, 289 – 90. Recited from M. Gawęcki, "New Urbanization of the Steppe Astana: A Capital Called the Capital," *Studia Historiae Oeconomicae*, Vol. 31 (2013): 40.

[②] N. Nazarbajew, Kazachstańska droga, Astana, 2007, 289 – 90. Recited from M. Gawęcki, "New Urbanization of the Steppe Astana: A Capital Called the Capital," *Studia Historiae Oeconomicae*, Vol. 31 (2013): 40.

[③] 王乐、张丹华:《哈萨克斯坦国家认同构建路径研究》,《理论月刊》2014年第10期,第186页。

[④] M. Gawęcki, "New Urbanization of the Steppe Astana: A Capital Called the Capital," *Studia Historiae Oeconomicae*, Vol. 31 (2013): 40 – 44.

巴耶夫的领导下，利用现代化大都市阿斯塔纳和传统中心阿拉木图获得了骄人的外交成就。通过多年的努力，2010 年哈萨克斯坦终于成为独联体内首个担任欧安组织轮值主席国的国家；2011 年哈同时担任上合组织、伊斯兰合作组织和集体安全条约组织的轮值主席国；2012 年哈成功举办第四届"传统宗教领袖大会"；持续举办阿斯塔纳经济论坛，申请加入世界贸易组织和经合组织等。[①] 哈萨克斯坦利用一切国际平台，发挥阿斯塔纳作为新首都的现代化和地缘优势，努力营造新型对外关系。

2. 塔什干：争做中亚地区的"首都"

作为中亚最大的城市，乌兹别克斯坦首都塔什干是该国的政治、经济、文化中心和交通枢纽。乌兹别克斯坦 80% 的工业制造业集中于此，其中棉花生产在独联体享有盛名。[②] 乌兹别克斯坦自独立之初就以平稳的经济转型和渐进改革而闻名，并在外交层面上强调独立和平衡。乌兹别克斯坦总统伊斯拉姆·阿卜杜加尼耶维奇·卡里莫夫支持国家管控下的市场经济，从中国、韩国和东南亚吸取改革经验。塔什干成为"乌兹别克式改革"的样板，在贸易自由化、招商引资、制造业升级和商业发展都堪称典范。[③] 塔什干积极进行对外交往，塑造了良好的国际形象。该城市分别与美国的华盛顿、西雅图，德国的柏林，巴基斯坦的卡拉奇，土耳其的伊斯坦布尔和乌克兰的第聂伯罗彼得罗夫斯克建立友好关系。值得注意的是，塔什干市与中国上海也建立了友好城市关系，两市于 1994 年共同签署《上海市和塔什干市关于发展两市友好关系的意向书》。塔什干市在 1998 年和 2004 年在上海举办图片展，并于 2004 年在上海举办两市经贸洽谈会。[④] 塔什干市坚定地支持乌兹别克斯坦中央独立的对外战略，以国家利益为核心，展现出与哈萨克斯坦不同的外交思路。

---

[①] 赵会荣：《哈萨克斯坦与上海合作组织》，转引自李进峰主编《上海合作组织发展报告（2012）》，北京，社会科学文献出版社，2012 年，第 174 页。

[②] 施玉宇：《乌兹别克斯坦首都塔什干》，《俄罗斯东欧中亚市场》2000 年第 12 期，第 59 页。

[③] Martin C. Spechler, *The Political Economy of Reform in Central Asia*, *Uzbekistan Under Authoritarianism* (London: Rouledge Press): 39 – 41.

[④] 参见上海外事网《塔什干市》2009 年 12 月 7 日，网址：http://www.shzgh.org/wsb/node270/node357/u1a14860.html，访问日期：2015 年 5 月 15 日。

塔什干市较为发达的商业（巴扎①）、繁忙的交通和积极的对外开放政策使得塔什干市在中亚邻国阿富汗、塔吉克斯坦和吉尔吉斯斯坦颇具影响力，也彰显了乌兹别克斯坦争做中亚大国的能力。2001年，乌兹别克斯坦加入上海合作组织，并加入美国主导的北约伙伴关系合作计划，与美国以反恐和阿富汗问题为重点进行合作。2002年3月美国与乌兹别克斯坦签署《美乌伙伴关系和合作框架协定》，这被乌兹别克斯坦视为一项重大外交胜利。② 一时之间，塔什干成为中亚地区反恐合作的中心，其国际地位也得到提升。美国对乌兹别克斯坦的扶持以及中乌之间密切合作使塔什干市对大国更具有吸引力和价值。在随后长达十余年的交往中，乌兹别克斯坦以国家利益为核心，在美国与俄罗斯之间采取外交平衡战术，同时积极发展对华关系。大国在乌兹别克斯坦的博弈促进了塔什干市的现代化和国际化。而塔什干市也因为地缘、经济、能源和反恐因素成为处理当前中亚事务极为重要的城市，并在中长期内难被替代。

### 3. 阿什哈巴德：中立国的油气之都

土库曼斯坦首都阿什哈巴德，是中亚另一个政治经济和文化中心。土库曼斯坦于1995年12月成为世界第一个正式记录在案，并得到联合国承认的中立国。③ 土库曼斯坦虽然在地缘上处于中亚西侧，却处于欧亚大陆内部的交通要冲，与中亚、中东、西南亚和部分外高加索和近东国家在内的地区都有联系。与阿富汗和伊朗的接壤，拥有丰富的油气资源的土库曼斯坦在中立之后自然可能成为冲突解决和能源的中心。而阿什哈巴德，按照前土库曼斯坦总统萨帕尔穆拉特·尼亚佐夫的说法，有条件成为亚洲维护和平的中心，为积极解决争端发挥作用。④ 土库曼斯坦同国际社会广泛接触，利用中立国的有利条件，积极参与国际事务，大力发展双边关系与多边合作。⑤

---

① 巴扎，俄语集市之意。
② 曾向红：《美国参与中亚事务的主要途径及其效果研究》，《当代亚太》2013年第4期，第72~73页。
③ 龚猎夫：《积极中立，世代安宁——透视土库曼斯坦的中立政策》，《国际问题研究》2008年第2期，第28页。
④ 龚猎夫：《积极中立，世代安宁——透视土库曼斯坦的中立政策》，第29页。
⑤ 施玉宇：《一九九八年土库曼斯坦的形势、特点及走势》，《东欧中亚研究》1999年第4期，第80页。

土库曼斯坦西部靠近里海，拥有十分丰富的油气资源，也吸引了大批公司前来勘探开采。由于土库曼斯坦油气开发资金不足、技术短缺、出口渠道有限以及国内消费不足等诸多因素，土库曼斯坦自立国之初就确定了对外开放的基本国策。美国、英国、法国、日本与荷兰等公司齐聚阿什哈巴德，参与对油气资源开发的投标、谈判与竞争。① 中国、韩国、阿联酋、马来西亚、英国、印度、奥地利、丹麦和德国等国均参与土库曼斯坦的油气开发。② 有些国家还参与了土库曼斯坦能源管道修建。

在尼亚佐夫总统时期，阿什哈巴德通过中立外交和能源外交与各国进行广泛的互动，积极参与国际组织，发展双边与多边合作。新一任总统库尔班古力·别尔德穆哈梅多夫尝试利用中立国和能源优势期待在对外关系上更有所作为。③ 在新一任总统领导下，阿什哈巴德的城市外交会有更大的发展。

### 4. 比什凯克与杜尚别：脆弱发展的国家之都

与上述三国首都不同的是，吉尔吉斯斯坦首都比什凯克和塔吉克斯坦首都杜尚别在中亚转型20多年的发展中难以凝聚起有效的国家认同。吉尔吉斯斯坦是一个部落特征突出的国家，主体民族——吉尔吉斯人保留完整的父系氏族社会特征和强烈的部落意识。④ 由于部落传统的存在，吉尔吉斯斯坦现代国家机器由部落精英而非国家精英执掌政权，直接导致前吉尔吉斯政权狭隘的集团意识，形成裙带庇护关系。顶层的贪污腐败、精英内耗加上经济停滞、外部势力干涉和三股势力冲击，严重影响吉尔吉斯斯坦体制安全。⑤ 比什凯克市政建设还不完善，非法化商业活动到处可见、失业率和犯罪率也在提升。⑥ 比什凯克的滞后发展和文化颓势使得城市外交

---

① 樊利均：《土库曼斯坦的油气市场》，《俄罗斯中亚东欧市场》1999年第4期，第57页。
② 闫鸿毅、李世群：《浅析土库曼斯坦天然气出口格局及其影响》，《俄罗斯中亚东欧市场》2012年第8期，第29页。
③ James G. Mellon, "Myth, Legitimacy and Nationalism in Central Asia," *Ethnopolitics*, Vol. 9, No. 2 (2010): 146.
④ 史谢虹、吴宏伟：《吉尔吉斯斯坦吉尔吉斯人传统社会探析》，《新疆社师范大学学报》（哲学社会科学版），2014年第2期，第67页。
⑤ 潘光：《吉尔吉斯斯坦动荡：俄美欧的作用，对中国的影响》，《新疆师范大学学报》2010年第4期，第41~42页。
⑥ Moya Flynn, Natalya Kosmarskaya & Guzel Sabirova, "The Place of Memory in Understanding Urban Change in Central Asia: The Cities of Bishkek and Ferghana," *Europ - Asia Studies*, Vol. 66, No. 9 (2014), 1513-1514.

进展缓慢，还没有发挥出首都应有的对外交往的水平，未来发展还具有较大的潜力。

与比什凯克类似，塔吉克斯坦首都杜尚别也面临相似的命运。与吉尔吉斯斯坦相似，塔吉克斯坦也有部族政治。部族与地方结合成为地域集团，影响着塔吉克斯坦的中央权威与体制安全。塔吉克斯坦国内逐渐分化形成5个大的部族集团——北方人、卡特拉金人、库利亚布人、吉萨尔人、帕米尔人。他们在塔吉克斯坦社会变迁中发挥着重要作用。塔吉克内战就可以被看作是各部族集团冲突的结果。[1] 位于塔吉克斯坦西南部平缓地区的杜尚别，与北方州和东部地区由于高山和高原的区隔，难以形成有效管控。杜尚别市在塔吉克斯坦独立初期作为权力中心的地位并没有得到各地区的认同，并面临着北方地区核心城市胡占德市的竞争。[2]

杜尚别市同比什凯克相似，在国家构建过程中处于弱势地位，其权力中心的地位并不稳固。这样的城市在对外交往层面功能有限。两个城市所在的国家也有着体制安全的风险，首都的权力和国家认同的塑造还有漫长的道路。

## （二）宗教中心城市

对生活在中亚地区的民众来说，伊斯兰教是他们日常生活的重要组成部分。苏联的解体造成思想和认同真空，伊斯兰教迅速蔓延，与当地的各种认同混杂在一起，形成中亚新的传统。[3] 在苏联解体初期，中亚五国总人口约为5400万，其中穆斯林就占到了80%。[4] 新独立的中亚国家明确了伊斯兰教在国家中的重要作用，但受历史和国家构建因素的影响，中亚各国受伊斯兰文化影响并不相同。其中，乌兹别克斯坦和塔吉克斯坦受到伊斯兰文化影响较深，而哈萨克斯坦、吉尔吉斯斯坦和土库曼斯坦则影响较小。[5] 中亚各国蓬勃发展的清真寺、宗教组织和宗教学校成为维系中亚与

---

[1] 可参见吴家多《塔吉克人与塔吉克内战》，《民族论坛》1998年第5期。
[2] 孙超：《我们是谁？——塔吉克斯坦的认同政治》，《俄罗斯东欧中亚研究》2014年第1期，第40页。
[3] 常玢：《苏联解体前后的中亚国家伊斯兰教状况》，《俄罗斯东欧中亚研究》2001年第5期，第62页。
[4] 常玢：《苏联解体前后的中亚国家伊斯兰教状况》，《俄罗斯东欧中亚研究》2001年第5期，第62页。
[5] 常玢：《苏联解体前后的中亚国家伊斯兰教状况》，《俄罗斯东欧中亚研究》2001年第5期，第62页。

中东国家以及中亚内部穆斯林友好关系的纽带。但中亚的伊斯兰文化与部族、民族、地区等因素混杂在一起,容易受到泛突厥主义和泛伊斯兰主义的影响,对中亚的体制安全、社会稳定和国家统一带来严重威胁。

中亚的穆斯林已成为影响地区乃至全球安全和稳定的重要因素。当前中亚地区"普通、温和穆斯林信奉者"构成穆斯林的主体。[1] 穆斯林文化和伊斯兰风俗成为中亚城市的独特景观。在中亚各国的城市中,清真寺群是反映一个地区穆斯林力量的重要指标。清真寺[2]是伊斯兰教外在的表现形式和皈依伊斯兰教民众的活动中心。[3] 清真寺反映了伊斯兰教的主要传播途径,并为伊斯兰文化的发展提供舞台。拥有历史悠久以及庞大的清真寺群不仅反映了该城市的伊斯兰教的活跃程度,也反映了穆斯林对当地历史民情与风俗的影响,更能反映该城市对外交往情况。在中亚,除了首都被赋予权力、文化和宗教中心以外,一些重要的宗教都市如布哈拉、撒马尔罕、成为穆斯林朝拜的圣地和重要的宗教中心。

### 1. 哈萨克斯坦:阿拉木图

作为哈萨克斯坦最大的城市,阿拉木图在中亚始终引人注目。阿拉木图位于哈萨克斯坦东南部外伊犁阿拉套山脉脚下,环境清幽。阿拉木图的中央清真寺极其雄丽壮观,也见证了哈萨克斯坦伊斯兰教从复苏到复兴的过程。阿拉木图作为伊斯兰教传播和研究的重镇,自然得到许多国家的支持。在阿拉木图作为哈萨克斯坦首都之时,阿拉木图为伊斯兰教在哈萨克斯坦的兴起做出巨大贡献。《古兰经》在阿拉木图首先以哈萨克语的形式被译介过来。宗教界人士在阿拉木图建立经学院,培养高级神职人员,并派遣大量留学生前往阿拉伯世界深造,培养大批伊斯兰研究人才。中东北非等穆斯林国家,也为哈萨克斯坦伊斯兰教的发展提供实质性的帮助。纳扎尔巴耶夫总统在1993年第一次出访埃及时,埃及方面为哈萨克斯坦提供1000万美元用于建设阿拉木图伊斯兰宗教中心。[4] 土耳其提供伊斯兰高级

---

[1] Yaacov Ro'I and Alon Wainer, "Muslim identity and Islamic practice in Post-Soviet Central Asia," *Central Asian Survey*, Vol. 28, No. 3 (2009): 303.
[2] 清真寺为阿拉伯语"麦斯吉德"的意译,原意为"朝拜之地",也称"礼拜寺"。
[3] 帕哈尔丁·赛福丁、裴红娟、钱树斌:《地缘政治视域下中亚国家清真寺社会功能评析》,《边疆经济与文化》2014年第10期,第47页。
[4] 常玢:《苏联解体前后的中亚国家伊斯兰教状况》,载《俄罗斯东欧中亚研究》,第63页。

教士，直接前往阿拉木图为哈萨克斯坦培养宗教人才。阿拉木图作为哈萨克斯坦的伊斯兰教重镇，在传播和发展伊斯兰文化上做出贡献。

除此之外，阿拉木图也是哈萨克斯坦经济、金融、文化与科技中心。阿拉木图经济体制转轨和金融体制建设向西方靠拢，哈萨克斯坦向世界各国实行经济开放政策，并积极引进外资发展本国经济，相继出台保护外国投资者利益的相关法律。[①] 哈萨克斯坦制定相关的法律规范市场行为赢得外商投资者的好评。在这种政策环境下，阿拉木图州相继与捷克、土耳其、中国等建立经济合作关系。阿拉木图市也因较为专业的劳动力、较强的工业化基础和发达的运输体系而备受赞誉。除此之外，纳扎尔巴耶夫2004年提出将阿拉木图发展成伊斯兰金融中心的经济战略也在有条不紊地实施。根据全球金融指数排名显示，经过数十年的发展，2014年阿拉木图地区金融中心在全球83个国际城市中排到第58名，在亚洲金融城市排名第13名。[②] 哈萨克斯坦总统纳扎尔巴耶夫在第七届阿斯塔纳经济论坛和第二届世界反危机会议全会上声称，阿拉木图具备成为新丝绸之路金融中心的全部条件，并计划2025年在阿拉木图市建立欧亚经济联盟调节金融市场的超国家机构。[③]

除此之外，阿拉木图还是旅游城市，极具观光吸引力。阿拉木图作为国际旅游都市经常举办推介会和展销会，以求扩大世界知名度和影响力。阿拉木图也是众多国际组织和国际会议的举办地，上海合作组织、亚洲相互协作与信任措施会议、欧亚经济共同体、伊斯兰合作组织等众多著名国际机构曾将阿拉木图作为部长级峰会和元首峰会的举办地点，也进一步加强了阿拉木图的对外沟通能力，提升了阿拉木图的国际化水平。

最后，阿拉木图特殊的地理和气候条件使其在体育外交上也发展较快，阿拉木图市政府也积极申办大型比赛项目以提升国际形象。2008年阿拉木图作为北京奥运会火炬接力的第一站使其举世闻名。2014年阿拉木图

---

① 〔哈〕T. 科扎加帕诺夫：《哈萨克斯坦及阿拉木图州的投资环境》，《俄罗斯东欧中亚市场》2001年第9期，第51页。
② 中华人民共和国哈萨克斯坦共和国大使馆经济商务参赞处：《阿拉木图进入全球金融中心指数排名》2014年4月15日，网址：http://kz.mofcom.gov.cn/article/jmxw/201404/20140400550071.shtml，访问日期：2015年5月17日。
③ 中华人民共和国商务部：《哈总统认为阿拉木图市将成为新丝绸之路上的金融中心》2014年5月27日网址：http://www.mofcom.gov.cn/article/i/jyjl/e/201405/20140500602134.shtml，访问日期：2015年5月17日。

和北京争夺举办 2022 年冬奥会的主办权，并耗费巨资建设山地滑雪场，希求提升国际旅游形象。

2. 乌兹别克斯坦：布哈拉

布哈拉位于乌兹别克斯坦西南部，是中亚乌兹别克斯坦布哈拉州首府，中亚著名的古老城市。布哈拉梵文为"修道院"，长期为宗教中心。古代中亚萨曼汗国和布哈拉汗国的首都，长期为伊斯兰教的学术文化中心，有多所伊斯兰高等学府和经文学院坐落于此。现尚存有 140 处富有伊斯兰特色的古建筑物，最著名的是 10 世纪初的伊斯玛仪·萨曼陵墓，它是中亚伊斯兰建筑艺术的代表作。12 世纪所建的卡梁清真寺及旁立的高达 46.3 米的尖塔为该城最高建筑物。此外还有查尔清真寺、拉希姆汗清真寺、谢伊费德丁·布哈尔兹陵墓等。① 许多著名的清真寺坐落于此。在西方学者看来，布哈拉的穆斯林与其他地方穆斯林并不相同，他们在神圣的清真寺中寻求存在感，并躲避时间对"穆斯林性"的消磨。② 在布哈拉，穆斯林会伊斯兰教和穆斯林的意义产生新的理解，突破了伊斯兰与传统、伊斯兰与现代性二分法的认识。③ 布哈拉浓郁伊斯兰风格的藏书、建筑和寻求穆斯林性的朝圣者在此集聚构成一种体验，对伊斯兰的历史、语言、宗教、思想和文化的体验。穆斯林在这里获得一种神圣感和存在感。布哈拉是隐藏全球性资本主义和苏联化现代性的地方，在这里充满现代气息的银行、商业大街和 LED 显示屏反而显得"破败"，布哈拉被宗教的神圣性包围了。④

作为伊斯兰教的圣地和历史旧都，布哈拉成为乌兹别克斯坦着重发展的旅游城市，并成为培养乌兹别克斯坦国家认同和爱国情结的重要场所。布哈拉接受来自全球各地的穆斯林的朝拜，其悠久的历史和丰富的文化一直吸引大量的穆斯林。布哈拉作为历史古城，也接受来自中国、南亚和中

---

① 参见《中国伊斯兰百科全书》之布哈拉：http://www.norislam.com/? action - viewnews - itemid - 6369。
② Maria Louw, "Pursuing 'Muslimness': shrines as sites for moralities in the making in Post - Soviet Bukhara," *Central Asian Survey*, Vol. 25, No. 3 (2006): 320.
③ Maria Louw, "Pursuing 'Muslimness': shrines as sites for moralities in the making in Post - Soviet Bukhara," *Central Asian Survey*, Vol. 25, No. 3 (2006): 321.
④ Maria Louw, "Pursuing 'Muslimness': shrines as sites for moralities in the making in Post - Soviet Bukhara," *Central Asian Survey*, Vol. 25, No. 3 (2006): 322.

亚其他国家的大批游客。宗教朝拜和旅游功能成为布哈拉城市对外交往的重要着眼点。布哈拉还与土库曼斯坦尼萨、梅尔夫、库尼亚-乌尔根奇、塔吉克斯坦杜尚别、胡占德，伊朗的哈马丹、尼沙布尔，阿富汗的巴尔克、德国的波恩、美国的新墨西哥、圣塔菲建立友好城市关系。布哈拉的城市影响力逐渐扩大，作为宗教中心的辐射能量进一步加强。

### 3. 乌兹别克斯坦：撒马尔罕

撒马尔罕位于乌兹别克斯坦东南部，是中亚最为古老的城市之一，历史上丝绸之路的重要枢纽。2007年，乌兹别克斯坦总统伊斯兰·阿卜杜加尼耶维奇·卡里莫夫参加撒马尔罕建城2750周年。与布哈拉不同的是，撒马尔罕以历史之都而著名。这种充满传奇般色彩的城市历经历史沧桑，屡次成为大帝国的首都，其建筑之精巧、艺术之璀璨在中亚城市中占据重要位置。早在《马可·波罗行纪》中，撒马尔罕就被描述成"东方富裕之地"。[①] 这个被称为古代丝绸之路明珠的城市，距离塔什干300公里，交通便利。撒马尔罕的功能类似哈萨克斯坦的阿拉木图，但却拥有非常著名的清真寺群。曾是伊斯兰世界最大的清真寺比比哈努姆清真寺，著名的乌鲁格别克清真寺至今依然发挥着魅力。由于撒马尔罕的历史魅力，1994年撒马尔罕市加入世界旅游组织，1997年起，乌兹别克斯坦总统卡里莫夫在这里亲自倡议举办"东方旋律"国际音乐节，每两年举办一次。国际音乐节顺利举办成为撒马尔罕对外交往的重要渠道，吸引众多世界级音乐家、艺术家和国际组织参与其中。

作为古代丝绸之路的重镇，撒马尔罕一直备受瞩目。随着"一带一路"倡议的出台，撒马尔罕对中国的意义和价值显得尤为突出。2013年底，李克强总理访问乌兹别克斯坦，在李克强和乌兹别克斯坦总理沙夫卡特·米尔济亚耶夫的见证下，西安市市长董军与乌兹别克斯坦撒马尔罕市市长共同签署了《中国陕西省西安市与乌兹别克斯坦撒马尔罕市建立友好城市关系协议书》，双方明确将在经贸、旅游、文化、科技、教育、体育等方面开展交流与合作。[②] 2014年，乌兹别克斯坦第二所孔子学院在撒马

---

[①] Svelana Gorshenina, "Smarkand and its cultural heritage: perceptions and persistence of the Russian colonial construction of monuments," *Central Asian Survey*, Vol. 33, No. 2 (2014): 246.

[②] 陕西传媒网：《西安市与乌兹别克斯坦撒马尔罕结为友好城市》2013年12月1日，网址：http://www.sxdaily.com.cn/n/2013/1201/c266-5285973.html，访问日期：2015年5月18日。

尔罕正式成立，标志着撒马尔罕与中国的友好关系进入新阶段。2014 年 10 月，联合国世界旅游组织会议第 99 次执委会在撒马尔罕举办。撒马尔罕处于中亚地区的历史地理枢纽的位置，其城市外交能量的展现不仅限于宗教领域，在旅游和艺术文化的交流和传播上也做出卓越的贡献。

## （三）能源州城市

中亚拥有丰富的油气资源，被誉为 21 世纪的"能源储备基地"。但能源在中亚的分布并不均衡。根据统计，哈萨克斯坦共有 256 个油气田，其中 223 个富含石油，58 个富含凝析油气[①]，202 个富含天然气。[②] 其中田吉兹油田为哈萨克斯坦陆上最大的油田。而土库曼斯坦是中亚地区天然气储量最为丰富的国家，其天然气储量占到世界总量比例的 9.3%，有中亚的"科威特"之称。其天然气气田主要分布在东部地区的马雷州和卡拉库姆盆地东南部的凹陷地。

乌兹别克斯坦也是中亚重要的能源国家。其石油、天然气、煤炭、铀矿等能源储备也非常丰富，石油产地主要集中在费尔干纳和苏尔汗河区。费尔干纳是乌兹别克斯坦石油勘探开发程度最高和开采石油最早的油气区，至今仍是乌最主要的油气区。[③] 而天然气主要分布在卡拉库姆盆地的查尔米与布哈拉地区，吉萨尔山脉西南部和布哈拉－西瓦油气区，其中布哈拉－希瓦油气区是乌兹别克斯坦天然气的主要供应地。[④]

吉尔吉斯斯坦和塔吉克斯坦油气资源储备较少。吉尔吉斯斯坦的油气主要集中在盆地地区，一块集中在费尔干纳盆地，该地区已经全部被勘探开发，另一块分散在各个盆地。[⑤] 由于储备较少和综合开发成本高等因素，吉尔吉斯斯坦的能源部门并不发达。塔吉克斯坦是个典型的山地

---

[①] 凝析油特点是在地下以气相存在，采出到地面后呈现液态。凝析气是石油在高温高压的条件下溶解在天然气中形成的混合物。

[②] 张清秀：《中欧俄在中亚地区的能源博弈》，硕士学位论文，外交学院国际政治系，2014 年，第 7 页。

[③] 张清秀：《中欧俄在中亚地区的能源博弈》，硕士学位论文，外交学院国际政治系，2014 年，第 7 页。

[④] 张清秀：《中欧俄在中亚地区的能源博弈》，硕士学位论文，外交学院国际政治系，2014 年，第 8 页。

[⑤] 中华人民共和国国土资源部：《吉尔吉斯坦能源简介》2013 年 3 月 28 日，网址：http://www.mlr.gov.cn/zljc/201008/t20100828_754253.htm，访问日期：2015 年 5 月 18 日。

国家，由于内战的影响，经济基础较为薄弱，能源资源匮乏，虽然金属矿产较为丰富，但开发利用程度低。实现能源自给是塔国发展的重要任务。

能源互动构成了中亚多数国家对外交往的核心内容。除了国家层面以外，地方层面在对外交往中也发挥着重要作用。

### 1. 哈萨克斯坦：阿特劳州

阿特劳州位于哈萨克斯坦西北部地区，濒临里海，与俄罗斯阿斯特拉罕州相邻。在哈萨克斯坦各能源州中，阿特劳州石油资源蕴藏量最为丰富，其油气田中94个含石油、53个含天然气、5个含凝析油气，还拥有哈萨克斯坦最大的油田吉兹油田。阿特劳州丰富的石油资源引起大国的注意。与哈萨克保持传统友好关系的俄罗斯集中投资阿特劳州的基础设施，并开发阿特劳州的油气资源和金属矿产。俄罗斯在石油、煤炭深加工、金属冶炼、里海矿物资源开发上投入甚多，并通过外交手段极力防范美国对哈萨克斯坦的经济介入。哈萨克斯坦虽然与俄罗斯保持密切联系，但也希望实现自主发展，与各大国合作共赢。哈萨克斯坦刚建国之时，美国就开始关注阿特劳州的石油资源，并集中于两个方面：一是保护美国石油大亨尽早进入阿特劳州进行石油勘探与开发获得利益。1991年美国谢夫隆石油公司率先获得阿特劳州的田吉兹石油的钻探权，并于1992年与哈萨克斯斯坦各投资50%进行联合开采。① 著名的田齐兹油田由美国能源公司雪佛龙、德士古、埃克森美孚和哈萨克斯坦国家石油公司等公司合资建设而成。至2001年，以西方国家为主的外国直接投资每年达到20亿美元，其中85%的投资进入自然资源领域。② 二是谋求控制石油输送管道的走向。哈萨克斯坦生产的石油80%通过管道运输，海运和铁路运输各占10%。③ 海运主要是从阿特劳港运往巴库。哈萨克斯坦的输油管道主要是从阿特劳州出

---

① 何伟、刘伟丽：《透视美国介入中亚地区的政治经济背景》，《东北财经大学学报》2002年第6期，第23页。
② 王然、邵丽英：《哈萨克斯坦石油工业发展历程以及未来政策走向》，《西安石油大学学报》（社会科学版），2014年第3期，第51页。
③ 黄伟、杨桂荣、张品先：《哈萨克斯坦石油天然气工业发展现状及展望》，《天然气与石油》2015年第2期，第3页。

发，延伸到俄罗斯和中国。①阿特劳州的石油输线管道得到众多大国特别是美国与俄罗斯的关注。两国在中亚能源进行争夺的过程中，竞相投资开发阿特劳州的石油管道建设。但目前俄罗斯在与美国的管道修建争夺战中处于优势。中国作为能源消费大国，也积极参与到阿特劳州石油资源的开采和管道建设之中。2005年中哈石油管道完工，极大地便利哈萨克斯坦的石油向中国出口。这些因素无疑加快了阿特劳州的经济发展，外国企业的资金和技术的引进加快了阿特劳州本土企业的现代化步伐，促进了哈萨克斯坦的能源生产技术的革新。

阿特劳州在发展本国石油开采和炼油工业，积极招商引资，在投资基础设施、建设现代化港口、公路桥和公路等层面不遗余力，成为哈萨克斯坦经济最为发达的地区之一。2014年阿特劳州吸引外资达到全国的18.4%。2014年阿特劳州首府阿特劳市开设投资服务中心，为外商投资提供便利服务。阿特劳州优化投资环境，坚持实施招商引资和开放的经济政策。这些措施提升了阿特劳州和哈萨克斯坦的国际形象，并对阿特劳州的对外交往起到了良好的效果。

### 2. 乌兹别克斯坦：费尔干纳州

乌兹别克斯坦的费尔干纳州位于乌兹别克斯坦的东部地区，费尔干纳盆地的南部。费尔干纳盆地是一个含油气丰富的山间小型盆地，也是中亚地区油气勘探历史上最长的，勘探效益较好的中亚地区山间盆地油气地质特征的典型代表。② 有专家认为：费尔干纳地区具备勘探潜力，老油田内部勘探潜力大，新油田大量存在。③ 根据乌兹别克斯坦文献资料，费尔干纳盆地总的资源量为30多亿吨，探明石油地质储量不足2

---

① 哈萨克斯坦主要输油管道分为四条：第一条为萨马拉管道：从阿特劳（哈萨克斯坦）-萨马拉，总长度为685千米；第二条为CPC管道：田吉兹（哈萨克斯坦）-新罗西斯克（俄罗斯），总长度为1511千米，第三条为中哈石油管道，从阿特劳（哈萨克斯坦）-阿拉山口（中国），总长度为2834千米；最后一条为石油长输干线，从鄂木斯克（俄罗斯）南下哈萨克斯坦到土库曼斯坦的管道。参见黄伟、杨桂荣、张品先《哈萨克斯坦石油天然气工业发展现状及展望》，第3页。
② 朱毅秀、刘洛夫、林畅松：《中亚地区费尔干纳盆地油气特质特征》，《兰州大学学报》（自然科学版），2005年第1期，第30页。
③ 刘传鹏、林承焰、赵玉华、张交东：《费尔干纳盆地油气资源潜力与勘探新领域》，《沉积与特提斯地质》2008年第1期，第101页。

亿吨。[①] 费尔干纳盆地石油勘探手段落后，可获得的资料精度差，有相当的油气储量还未被发现，勘探潜力较大。

但是能源州费尔干纳的发展并不顺利。费尔干纳是中亚最为复杂的地区，可以称之为"中亚的巴尔干"：在地理上有三个中亚国家拥有它——乌兹别克斯坦、塔吉克斯坦和吉尔吉斯斯坦，其中还有一些飞地。[②] 另外，费尔干纳地区民族较多，混在在一起；费尔干纳地区也是穆斯林的聚居地。从政治上看，费尔干纳地区是吉尔吉斯斯坦"颜色革命"兴起的地方，谷地城市奥什和贾拉拉巴德首先掀起叛乱。在经济上，这里人口密集且大多数人生活贫困。同时，这里还是一些恐怖组织——"乌兹别克斯坦伊斯兰运动"、"伊扎布特"和"东突厥斯坦"等的活跃地带。位于各国之间的费尔干纳盆地由于各国实施经济转型的不成功加上吉尔吉斯斯坦、乌兹别克斯坦和塔吉克斯坦三国之间的不信任造成费尔干纳盆地的油气资源无法稳定开采。而1999年兴起的恐怖组织"乌兹别克伊斯兰运动"加剧了费尔干纳州治理的成本。[③] 费尔干纳地区因其复杂的情势成为中亚最不稳定的地区之一。

费尔干纳地区最终被中亚三国（乌兹别克斯坦、吉尔吉斯斯坦和塔吉克斯坦）定位为反恐地带和维护体制安全的重要地域。费尔干纳州的对外交往并不顺利，其国际形象受到影响，也丧失发展的良好机遇。因此，费尔干纳州要摆脱困局，还要长时间的努力。

3. 土库曼斯坦：马雷州

马雷州位于土库曼斯坦南部地区，它不仅是土库曼斯坦的"棉花"生产重镇，也集中了土库曼斯坦大量天然气田。马雷州首府马雷市为土库曼斯坦第四大城市，与土耳其的伊斯坦布尔、沙特阿拉伯的吉达和中国西安结成友好城市。马雷州与天然气输出国建立友好合作关系。马雷州的发展与上述两个能源州发展并不相同。由于土库曼斯坦的中立国地位，马雷州的外商投资集中在油气田和管道的投资和修建上，更多反映的是土库曼斯

---

[①] 刘传鹏、林承焰、赵玉华、张交东：《费尔干纳盆地油气资源潜力与勘探新领域》，第97页。

[②] 苏畅：《费尔干纳纪行》，《俄罗斯中亚东欧市场》2007年1月，第49页。

[③] 陈靖、王鸣野：《费尔干纳的伊斯兰极端主义：产生的原因与可能的影响》，《新疆社会科学》2012年第6期，第82页。

坦要求能源多元化的急迫需求。以"天然气资源立国"土库曼斯坦鼓励伊朗、欧洲、俄罗斯、中国在天然气勘探开发以及管道修建上给予支持。

独立之初，土库曼斯坦的天然气几乎都出口到俄罗斯。为了垄断土库曼斯坦天然气出口，2003年俄罗斯天然气工业股份公司与土国签订了长达25年的天然气合作协议。① 但欧盟为了减少对俄罗斯的天然气供应依赖，与土库曼斯坦合作"纳布科"② 项目，并签订供气协议达成一致。由此土库曼斯坦在欧盟的资金和技术支持下修建东方－西方管道项目。俄意识到事态的严重性，为了进一步拉拢土国，除了在帮助土国进行油气开发以外，还帮助其修建"东方－西方"管道项目等项目。③ 这条天然气管道从马雷州的"沙特雷克"加压站开始修建，横跨马雷州、阿哈尔斯克州和巴尔坎州，终点在巴尔坎州的别列克加压站。这条油气管道将把土库曼斯坦东部的大型天然气田和西部地区连接起来。但最终纳布科项目流产，土政府决定独自出资④。土政府决心将东部气田与里海打通，构建一条东西横贯的"蓝色网"。与此同时，2010年12月，土、阿富汗、巴基斯坦和印度石油部长和亚洲开发银行行长在阿什哈巴德签署《土、阿、巴和印管道政府间协议》和《天然气销售购买协议》，规划修建一条从土库曼斯坦马雷州东部气田，经过坎大哈和巴基斯坦中部城市木尔坦最终到达印度西北城镇法兹卡的输油管道（简称TAPI⑤管道）。尽管困难重重，但四国终于在2012年达成框架协议。

---

① 〔俄〕奥列格·鲁京著，毕明译：《土库曼斯坦与俄罗斯：合作伙伴还是竞争对手？》，《国际石油经济》2010年第6期，第57页。
② "纳布科"天然气项目由欧盟主导和投资，管道全长约3300公里。该管道将产自里海地区的天然气经过土耳其、保加利亚、罗马尼亚和匈牙利四国输送到奥地利，再由奥地利输送到欧盟其他国家。纳布科项目主要目标在于降低欧盟对俄罗斯的能源依赖。但该项目在2013年宣布流产，主要原因在从阿塞拜疆出口到欧洲天然气数量无法让欧洲摆脱对俄罗斯的天然气依赖，结果改道修建跨亚得里亚海管道项目向欧洲输送天然气。
③ "纳布科"天然气项目由欧盟主导和投资，管道全长约3300公里。该管道将产自里海地区的天然气经过土耳其、保加利亚、罗马尼亚和匈牙利四国输送到奥地利，再由奥地利输送到欧盟其他国家。纳布科项目主要目标在于降低欧盟对俄罗斯的能源依赖。但该项目在2013年宣布流产，主要原因在从阿塞拜疆出口到欧洲天然气数量无法让欧洲摆脱对俄罗斯的天然气依赖，结果改道修建跨亚得里亚海管道项目向欧洲输送天然气，第60页。
④ 闫鸿毅、李世群：《浅析土库曼斯坦天然气出口格局及其影响》，《俄罗斯中亚东欧市场》2012年第8期，第32~33页。
⑤ TAPI为土库曼斯坦、阿富汗、巴基斯坦和印度的首字母缩写。

中国政府和企业也参与土库曼斯坦马雷州的油气勘探开发。2007～2009年，中土双方商定，由中石油执行土库曼斯坦境内阿姆河右岸天然气气田开发项目，建设中国-中亚天然气管道。现如今中土天然气管道已经竣工A、B、C线，并筹建D线。2013年9月，由中国石油承建的土库曼斯坦复兴气田南约洛坦年100亿立方米产能建设项目竣工投产。[1] 中石油与土库曼斯坦天然气康采恩签署年增供250亿立方米的天然气购销等协议，并将在未来逐步提升至650亿立方米。[2] 当年9月4日，习近平主席同土库曼斯坦总统一起出席了中土合作建设的"复兴"天然气田一期工程竣工投产仪式。

马雷州的发展展现出土库曼斯坦争取能源出口多样化的努力。马雷州由于丰富的天然气资源获得了世界广泛的关注，而马雷州未来的发展也将由大国之间的权力互动和能源需求决定。俄罗斯、阿富汗、巴基斯坦、印度和中国与马雷州相继建立了能源管道联系，国家之间围绕马雷州能源开发和管道建设的竞争与合作将长久影响马雷州的未来发展。

## 三 经验启示

对中国来说，中亚地区意义非凡。地处东西方交通和经济贸易的要道，历史上的中亚地区是"丝绸之路"的中心。苏联解体以来，中亚各国独立成为中国的周边国家，并成为中国向西交往必须经过的核心地带，其战略价值不言而喻。20年来，中国与中亚各国保持良好的关系，并着力构建利益-命运共同体。中亚独立之初，中国与中亚各国迅速建交，双方在政治、经济、军事和文化等层面构建友好合作关系，并取得了良好的效果。[3] 20世纪90年代中期，中国和俄罗斯、哈萨克斯坦、吉尔吉斯斯坦和塔吉克斯坦四国建立"上海五国"机制，旨在解决苏联遗留下来的历史遗

---

[1] 中国日报：《中石油承建的土库曼斯坦复兴气田南约洛坦项目竣工投产》2013年9月7日，网址：http://www.chinadaily.com.cn/hqgj/jryw/2013-09-06/content_10055234.html，访问日期：2015年5月20日。

[2] 观察者网：《习近平出席复兴天然气田一期工程投产仪式，中国土库曼斯坦共建世界第二气田》2013年9月4日，http://www.guancha.cn/Neighbors/2013_09_04_170413.shtml，2015年5月21日。

[3] 赵常庆主编《中亚五国概论》，第338~344页。

留问题。"上海五国"机制在发展过程中充分体现了中国与中亚地区平等合作、互信互利，不仅维护了地区安全与稳定，同时进一步提升中国与中亚各国之间的友好关系。[①] 2001 年，"上海五国"机制成长为上海合作组织，标志着中国—中亚国家合作进入新阶段。"互利互信，平等协作""尊重多样文明，谋求共同发展"的上海精神逐渐升华，成为中国—中亚国家"利益－命运共同体"的重要机制。中国与中亚各国在发展中逐渐获得共识即维护体制安全，促进安全互信，反对三股势力，加强能源合作，实现经济互补。

随着中国崛起和中亚经济的发展，中国—中亚发展面临难得机遇。2013 年 9 月，习近平主席访问哈萨克斯坦，发表题为《弘扬人民友谊共创美好未来》的重要演讲，在阐述中国—中亚睦邻友好关系的基础上，倡议共同建设"丝绸之路经济带"。经济带将中国—中亚之间的"利益－命运共同体"通过一系列的经济互联互通和地区联系在一起。不难想象，丝绸之路经济带是多个将中国内陆地区与中亚各地区之间通过交通、经贸、基础设施投资、能源互动和项目建设连接起来的呈带状分布的"经济区域"。中亚地区的地区政府与中国地区，特别是边境省（自治区）在丝绸之路经济带中密切联系，将促进中国—中亚资本、人员、商品、服务自由流动。[②] 因此，分析中亚城市（地区）外交与中国城市（地区）对外交往的异同，以及中国地方政府与中亚地区的结好特点，不仅有助于深入理解新丝绸之路经济带的重要战略布局，也有助于促进中国—中亚"命运—利益共同体"的构建。

### （一）特点

中亚各国刚独立不久，各国普遍建立起强总统制度的政治架构。对外交往的主要目的是巩固新生政权，并促进经济体的转型和发展。强主权性是中亚各国城市（地区）对外交往的主要特点。因此，在中央的强力领导下，城市（地区）的对外交往具有更为鲜明的象征性特点和更为明确的目的性，能源互动、宗教朝觐、招商引资的意味较强，首都在整个中亚各国

---

[①] 吴宏伟：《上海合作组织走过十年发展历程》，载吴恩远、吴宏伟主编《上海合作组织发展报告》，社会科学文献出版社，2011，第 12 页。

[②] 杨恕、王术森：《丝绸之路经济带：战略构想及其挑战》，《兰州大学学报》（社会科学版）2014 年第 1 期，第 23 页。

的城市交往中占据着中心地位。由于集权化的强力国家建设和经济体量上的限制，中亚各国的地方对外交往并不频繁。部分宗教中心和能源州（都市）在中亚对外关系中较为突出，但核心的功能也是集中在旅游、招商引资、国际会议、教育文化和能源建设方面，更为广泛的人员互换、资本流动与合作、服务业的合作与发展、经济技术合作和基础设施建设、通信互联网的互联互通和公共外交上却没有太大进展。

由于中亚各国的具体国情不同，其地方政府对外交往的力度和积极性也有所不同。治理较为卓越的哈萨克斯坦，城市（地方政府）在对外关系上则较为主动，多数州能够发挥出各自的特色实现积极的对外交流。乌兹别克斯坦对外政策的外向型特征明显，对俄关系时好时坏，对美关系较为暧昧，而对华则显得非常友好。乌兹别克斯坦外交独立自主决定了其城市对外关系上较为积极，特别是一些重要的旅游城市和宗教中心，显现出较为强烈的交往愿望。弱中央政权的吉尔吉斯斯坦和塔吉克斯坦，由于其本身国家治理能力较弱，导致地方政权无法有效地展开对外交往。而土库曼斯坦的地缘位置、中立国的特征和能源立国的倾向使得土国的地方政府对外交往显示出一种"能源中心"的特性。除了阿什哈巴德以外，土库曼斯坦的地方政府的特征并不明显，各地区之间的差异也因为沙漠地形而难以辨识。这无疑加剧了土库曼斯坦对外交往的难度。

与中亚各国相比，中国城市的对外交往积极、主动，旨在获取先进的城市管理经验、招商引资、加强经贸合作和促进科技文化交流，特别是随着2007年中国中亚友好协会在北京成立，中国各地对中亚的认识和交往进入一个新阶段。[1]

自苏联解体至今，中国与哈萨克斯坦已结成10对友好城市（州），与乌兹别克斯坦已结成4对友好城市（州），与吉尔吉斯斯坦已结成12对友好城市（州），与塔吉克斯坦已结成4对友好城市（州），与土库曼斯坦已结成3对友好城市（州）（见表10-1）。[2]

---

[1] 尹树广、王芳：《中国中亚友好协会在京成立》，《人民日报》2007年12月19日，第3版。
[2] 根据中国国际友好城市联合会统计得出，参见网址：http://www.cifca.org.cn/Web/YouChengTongJi.aspx，访问日期：2015年5月21日。

表 10-1 中亚各国与中国友好城市结好情况一览

单位：对

| 友好地区 \ 国家 | 哈萨克斯坦 | 乌兹别克斯坦 | 吉尔吉斯斯坦 | 塔吉克斯坦 | 土库曼斯坦 |
| --- | --- | --- | --- | --- | --- |
| 新疆 | 5 | 0 | 3 | 2 | 0 |
| 甘肃 | 2 | 0 | 1 | 0 | 1 |
| 陕西 | 1 | 1 | 2 | 0 | 1 |
| 其他城市（省份） | 北京市 海南省 | 湖南省 株洲市 上海市 | 湖北省 银川市 焦作市 濮阳市 宁夏回族自治区 连云港 | 福建省 厦门市 | 日照市 |

资料来源：根据中国国际城市友好联合会网站，数据时间：2015年7月1日。

根据中国国际友好城市联合会统计，中国西北边疆地区与中亚各国交往较为密切，特别是新疆、甘肃和陕西3个省（自治区），与中亚各国建立起密切的联系。这一方面反映出作为周边的中亚对中国边疆的辐射力，另一方面也可以看到中国边疆在与中亚各国友好互动中所做出的贡献。

## （二）案例：新疆维吾尔自治区

中国新疆维吾尔自治区地处西北边陲，与中亚接壤，在经济层面与中亚各国有众多相似点。第一，资源丰富。新疆在油气资源、金属资源和非金属资源储藏丰富，经济结构以能源开采勘探、加工和提炼为主。这也是新疆和中亚各国地区合作的重点。第二，产业结构较为类似，都有产业和技术升级的迫切需求。新疆地区的农业主要以棉花、粮食等经济作物大规模种植，畜牧业和果蔬产业开拓潜力巨大，产业开拓的潜力巨大。制造业发展上，新疆主要集中于建材、纺织、化工和食品领域，产业延展和深化的潜力具备。新疆的服务业虽初具规模，但发展并不完善。考虑到后发优势，前景较为广阔。第三，基础设施建设发展迅速，高科技领域较为薄弱，还有很大的提升空间。

新疆的地缘和经济领域的特殊性决定了新疆与中亚地区地方政府的交往拥有先天的优势。第二亚欧大陆桥贯通新疆，既连接国内重大城市，又连接整个中亚与欧洲。① 新疆的公路、铁路均实现了与中亚各国的联运。截至 2014 年底,新疆累计开通通往周边国际道路运输线路 107 条,线路数量和里程长度居全国第一,中亚各国占其中的比重最大。民航已经全面向中亚各国开通。

除了交通便利以外,新疆共有 9 个面向中亚五国开放的一类口岸。其中面向哈萨克斯坦的阿拉山口口岸过境量最大,连续 7 年成为全国过货量第二大陆路口岸。② 新疆与中亚的能源合作也在不断发展。2006 年 7 月 11 日,中哈石油管道正式开通,全长 2800 千米,截至 2014 年已经输送原油 5000 多万吨。③ 中国中亚天然气管道是世界上最长的输气管道,自 2010 年开通以来已经向中国输送天然气超过 600 多亿平方米。此外,新疆还通过举办展会来提升地区影响和国际形象。自 1992 年起,首届乌鲁木齐边境地方经济贸易洽谈会(乌洽会)举办至今已经 19 届。乌洽会的举办为中亚国家了解新疆提供了较好的平台,中亚各国也将自己的项目推介到乌洽会上,进一步丰富新疆与中亚各国的经贸往来与互动。

新疆与中亚在多个领域具备合作空间,其交往更多侧重于能源和经贸层面。而新疆的对外交往呈现"外交搭台,企业唱戏"的特点。其中,新疆与中亚各地方合作层次、范围和领域以及合作的级别也越来越高。从表 10-1 可见,新疆与多数中亚国家有结对的友好城市。其中,新疆与哈萨克斯坦合作层次最高。较为著名的中哈石油管道就是从哈萨克斯坦的阿特劳州直通新疆的独山子石化公司;中哈霍尔果斯国际边境合作中心就位于新疆伊犁哈萨克自治州和哈萨克斯坦阿拉木图州之间。新疆与乌兹别克斯坦和土库曼斯坦也围绕着能源管道建设进行广泛而有力的合作。

上海合作组织框架下的中国与中亚各国的合作也惠及了新疆与中亚地区政府间的合作。中国"西进"战略提出和落实也需要新疆在与中亚各国合作发挥较大的作用。④ 2002 年,上合组织第一届投资论坛对多领域合作

---

① 新疆维吾尔自治区统计局课题组:《新疆开拓中亚及周边国家市场研究(下)》,《新疆财经》2006 年第 1 期,第 5 页。
② 王月:《经济全球化背景下新疆地域经济发展研究》,硕士学位论文,新疆师范大学马克思主义学院,2010,第 36 页。
③ 杨恕、王术森:《丝绸之路经济带:战略构想及其挑战》,第 26 页。
④ 连雪君:《上海合作组织在中国"西进"战略中的地位与作用》,载李进峰等主编《上海合作组织发展报告(2013)》,社会科学文献出版社,2013,第 182 页。

达成一致意见,成员国制定协商一致的过境运输政策及建立国际交通走廊的合作正在展开。① 2006年4月,中亚区域经济合作第一次高官会在乌鲁木齐召开,来自多个国家和国际组织的会议代表参会,就中亚和其他各国的能源、交通和贸易进行讨论,制定旨在全面推动合作的"综合行动计划",并开辟新的合作领域等进行磋商。② 如今中亚区域合作部长级会议已经举办13届,有利推动了中国和中亚地区互联互通与经济转型。中亚与中国友好城市如表10-2所示。

表10-2 中亚与中国友好城市

|   | 中方城市 | 中亚城市 | 国别 | 结好时间 |
|---|---|---|---|---|
| 与首都型城市 ||||| 
| 1 | 北京市 | 阿斯塔纳市 | 哈萨克斯坦 | 2006年11月16日 |
| 2 | 上海市 | 塔什干市 | 乌兹别克斯坦 | 1994年12月15日 |
| 3 | 湖南省 | 塔什干州 | 乌兹别克斯坦 | 1993年3月4日 |
| 4 | 兰州市 | 阿什哈巴德市 | 土库曼斯坦 | 1992年5月1日 |
| 5 | 乌鲁木齐市 | 比什凯克市 | 吉尔吉斯斯坦 | 1993年3月4日 |
| 6 | 银川市 | 比什凯克市 | 吉尔吉斯斯坦 | 2000年5月23日 |
| 7 | 乌鲁木齐市 | 杜尚别市 | 塔吉克斯坦 | 1999年9月10日 |
| 8 | 厦门市 | 杜尚别市 | 塔吉克斯坦 | 2013年6月20日 |
| 与宗教中心城市 |||||
| 9 | 乌鲁木齐市 | 阿拉木图市 | 哈萨克斯坦 | 1993年11月17日 |
| 10 | 无 | 布哈拉 | 乌兹别克斯坦 |  |
| 11 | 西安市 | 撒马尔罕市 | 乌兹别克斯坦 | 2013年11月29日 |
| 与能源州城市 |||||
| 12 | 无 | 阿特劳州 | 哈萨克斯坦 |  |
| 13 | 无 | 费尔干纳州 | 乌兹别克斯坦 |  |
| 14 | 无 | 马雷州 | 土库曼斯坦 |  |

数据来源:中国国际友好城市联合会网站,数据时间:2015年7月1日。

2013年,"丝绸之路经济带"倡议的提出,使具备了特殊区位优势、资源优势、政策优势和后发优势的新疆,站在了构建"丝绸之路经济带"

---

① 王月:《经济全球化背景下新疆地域经济发展研究》,第34页。
② 中央政府门户网站:《2006年中亚区域经济合作首次高官会在乌鲁木齐召开》2006年4月17日,网址:http://www.gov.cn/zwjw/2006-04/12/content_251670.htm,访问日期:2015年5月22日。

的最前沿,新疆也因此成为"丝绸之路经济带"重要的战略枢纽和经济带的核心区。[①] 新疆"一核两极"的发展态势,即一个核心城市群(乌鲁木齐、昌吉、石河子城市群)和两个国家级特殊开发区(霍尔果斯和喀什)。构建"丝绸之路经济带",要充分发挥乌昌石城市群的优势经济能量,辐射中国西部和中亚内陆,构建现代化的国际商贸经济带。同时霍尔果斯(伊犁)、喀什作为新疆的两个经济增长极,要加强与中亚国家的边贸互动,提升"丝绸之路经济带"的影响力,促进共同繁荣与发展。

新疆与中亚地区的联系广泛而深入。作为中国与中亚交往的窗口,新疆发挥着不可替代的作用。未来新疆对外事务将集中于丝绸之路经济带的建设,内容将会更丰富、更精彩。

---

[①] 新华每日电讯 7 版:《新疆:打造"丝绸之路经济带"核心区》2015 年 1 月 21 日,网址:http://news.xinhuanet.com/mrdx/2015-01/21/c_133934936.htm,访问日期:2015 年 11 月 13 日。

# 第十一章 中东、拉美与撒哈拉以南非洲：城市化与发展中的城市对外交往

**摘　要：** 随着城市化的深入和城市经济的发展，城市在非洲、中东、拉美的政治、经济、社会、文化等方面发挥着越来越大的作用。随着这些作用的增加，城市作为独立行为体开展对外交往的能力也在不断增强，以友好城市、城市间国际组织等为主要形式的城市外交正在成为这些地区和国家外交领域的一个不可分割的重要组成部分。

## 一　中东地区城市对外交往

中东地区共有16个国家①。其城市历史最早可以追溯到孟菲斯城、巴比伦城等大河流域的古代帝国首都和君士坦丁堡、亚历山大等沿地中海商业城市。在伊斯兰化后，该地区先后出现了大马士革、巴格达、开罗、伊斯坦布尔等中心城市，在很长的一段历史时期中，中东地区的城市化水平远高于欧洲国家，其主要城市在第二次世界大战前集中分布在土耳其、伊朗和东地中海沿岸地区。

### （一）概况

第二次世界大战后，随着殖民体系的崩溃和民族国家的兴起，以及许

---

① 分别为埃及、科威特、沙特、阿曼、阿联酋、巴林、卡塔尔、伊拉克、也门、黎巴嫩、叙利亚、约旦、巴勒斯坦、伊朗、土耳其和以色列。

多国家经济繁荣和石油工业的发展,中东地区城市化进程加速推进,不少国家已成为高度城市化的国家,其中海湾国家发展尤为迅速,科威特和卡塔尔城市人口的比例达98%以上,已成为名副其实的"城市国家"(见表11-1)。2013年,全部阿拉伯国家总人口约3.66亿,城市人口约占总人口的57.8%,整体水平与中国(53.2%)相近。据统计,2011年,中东地区共有24座100万人口以上的城市,其中6座城市人口超过500万,开罗和伊斯坦布尔人口超过1100万。[①]

表11-1 2014年人类发展报告人口趋势统计——中东国家城市人口比例

单位:%

| 国　　家 | 城市人口(占总人口百分比) | 国　　家 | 城市人口(占总人口百分比) |
| --- | --- | --- | --- |
| 以 色 列 | 92 | 土 耳 其 | 73.4 |
| 卡 塔 尔 | 99.1 | 伊 朗 | 69.3 |
| 沙 特 | 82.7 | 约 旦 | 83.2 |
| 阿 联 酋 | 84.9 | 巴勒斯坦 | 74.8 |
| 巴 林 | 88.8 | 埃 及 | 43.8 |
| 科 威 特 | 98.3 | 叙 利 亚 | 56.9 |
| 阿 曼 | 73.9 | 伊 拉 克 | 66.4 |
| 黎 巴 嫩 | 87.5 | 也 门 | 33.5 |

数据来源:联合国开发计划署:《2014年人类发展报告》,第216~219页,http://www.undp.org/content/dam/undp/library/corporate/HDR/2014HDR/HDR-2014-Chinese.pdf,最后访问日期:2015年11月1日。

中东地区近年来城市化发展迅速,根据联合国统计,到2020年,该地区人口将达到4.3亿,其中2.8亿为城市人口。[②] 该地区面临的首要问题是过度城市化给基础设施和公共服务带来的巨大挑战。城市化的速度大大超过工业化的速度,城市化主要是依靠传统的第三产业来推动,甚至是无工业化的城市化,大量农村人口涌入少数大中城市,城市人口过度增长,城市建设的步伐赶不上人口城市化的速度,城市不能为居民提供就业机会

---

① 根据《世界城市化展望2014》的相关数据统计,http://esa.un.org/unpd/wup/highlights/wup2014-highlights.pdf。
② Urban Challenges in the MENA Region, http://web.worldbank.org/WBSITE/EXTERNAL/COUNTRIES/MENAEXT/0,,contentMDK:21962415~pagePK:146736~piPK:146830~theSitePK:25629900.html,最后访问日期:2015年7月1日。

和必要的生活条件,农村人口迁移之后没有实现相应的职业转换,造成严重的"城市病"。另一个关键挑战是该地区的移民总数达2100万,占总人口的6.1%。[1] 大量移民的涌入加快了城市化进程,同时也造成了诸多挑战。移民改变了所在国的人口结构,从而形成人口结构上的安全问题;在一定程度上影响着本国人才的培养,引发隐性的失业问题;多元背景的移民群体成为导致社会动乱的因素,冲击本土文化。[2]

与此同时,中东地区城市化发展差异化明显,主要依靠资源驱动达到了较高的城镇化水平和较高收入水平的国家,以沙特、伊朗等石油生产国为代表。这些国家依赖本国的资源禀赋,特别是石油资源实现了"以产业的非平衡发展为特征"的快速工业化和城市化,在较短时期内达到了较高的城市化水平。而其他部分国家仍然处于缓慢发展的阶段,工业化和社会发展水平相对较低,更多地由贫困人口在城市过度聚集推动城市化率达到较高水平,与拉美、非洲等地相似。中东国家长期存在的城乡经济、区域经济以及城市经济内部的二元结构是中东城市边缘群体产生的原因。除了过度城市化导致经济结构的二元化趋势明显以外,城市人口过分集中于超级或者大城市,工业化和城市化脱节,城市化水平和城市分布差异明显、发展程度悬殊也是中东城市化的几大特点。

### (二)案例:土耳其与黎巴嫩

尽管存在诸多问题,但随着城市化的深入和城市经济的发展,城市在中东地区的政治、经济、社会、文化等方面发挥了越来越大的作用。具体到中国和中东地区国家友好城市关系方面,本节所涉及的16个地区国家中的10个已同中国建有友好城市关系,其中土耳其和以色列同中国的友好城市关系数量最多(同为23对),埃及是同中国友好城市数量最多的阿拉伯国家(16对)(见表11-2)。将中国和美国在这些中东国家的友好城市进行对比可以发现一些共性:以色列和土耳其非常重视发展友好城市关系;阿拉伯国家整体对友好城市关系发展重视不够;友好城市这一概念对于海湾地区阿拉伯国家尚未正式提上日程。

---

[1] 根据联合国人居署《中东北非城市状态2014》的相关数据统计,见 UN - HABITAT, State of the World's Cites: Trends in Middle East & North Africa 2014. https://sustainable-development.un.org/content/documents/745habitat.pdf,最后访问日期:2015年11月1日。
[2] 王京烈:《论海湾六国移民和人口结构安全》,《西亚非洲》1999年第二期。

表 11-2　中国、美国与部分中东地区国家友好城市数量统计对比

单位：对

| 国　　家 | 友好城市数量 ||
| --- | --- | --- |
|  | 美国 | 中国 |
| 以色列 | 48 | 23 |
| 土耳其 | 14 | 23 |
| 巴勒斯坦 | 6 | 无 |
| 埃及 | 6 | 16 |
| 伊拉克 | 6 | 无 |
| 约旦 | 4 | 1 |
| 黎巴嫩 | 2 | 无 |
| 阿联酋 | 1 | 2 |
| 伊朗 | 1 | 8 |
| 科威特 | 无 | 2 |
| 叙利亚 | 无 | 2 |
| 也门 | 无 | 2 |
| 卡塔尔 | 无 | 1 |

Sister cities international, http://www.sister-cities.org/about-sister-cities-international，最后访问日期：2015 年 7 月 1 日。

本节选择土耳其、黎巴嫩为案例，主要基于以下几方面考虑：

首先，文化影响。尽管面积和人口相比相去甚远，但黎巴嫩和土耳其都是中东地区具有影响力的文化大国。中东地区的许多高等学府的教授、学者和新闻机构的记者、主持人有很大比例是黎巴嫩人，在文化和传媒领域，黎巴嫩有着重要外溢影响。此外，还有不少黎巴嫩人在海湾国家餐饮酒店和金融服务业中担任高级职位，北京多家高级连锁酒店的管理层就曾有多名黎巴嫩高管。

其次，特殊地位。作为北约军事同盟成员的土耳其不但在中东地区有着重要政治、经济和军事地位，同时与中亚地区有着民族、宗教和文化上的复杂联系，也是整个伊斯兰世界具有影响力的大国，这一影响力随着土耳其经济的不断发展逐步增长，很多伊斯兰教国家都在追捧"土耳其模式"。

认识和研究黎巴嫩和土耳其，特别是从大众层面加深两国的友好交往

和相互理解，发展城市外交，有助于营造有利于中国内政外交的国际环境，实现国家利益的最大化。

1. 黎巴嫩

黎巴嫩位于亚洲西南部地中海东岸。东、北部毗邻叙利亚，南临巴勒斯坦、以色列，西濒地中海，国土 10452 平方公里，2013 年人口数据约 588 万人，其中绝大多数为阿拉伯人。阿拉伯语是黎巴嫩的官方语言，通用法语、英语。居民 54%信奉伊斯兰教，主要是什叶派、逊尼派和德鲁兹派；46%信奉基督教，主要有马龙派、希腊东正教、罗马天主教和亚美尼亚东正教等。[①] 首都贝鲁特人口约 200 万，面积 18 平方公里，为省级行政单位，世界知名的人力资源管理咨询公司美世咨询 2010 年的研究显示，贝鲁特是中东消费水平第四高的城市，在中上等收入国家中排第 15 位。[②]

黎巴嫩宪法规定其为独立、统一和主权完整的议会民主共和国，具有阿拉伯属性。总统由议会选举产生，任期 6 年，在特殊情况下可执行为期 3 年的延任一次。议会实行一院制，现有 128 个议席，议席按教派间协商后的比例分配，议员由普选产生，任期四年。议会主要职能是制定法律、修改宪法、选举总统、批准总理和阁员人选及审议国家财政预算和对外条约及协定。

黎巴嫩主要参照法国组建地方政府架构，后根据自身情况进行了一定调整。目前，黎巴嫩中央政府以下的行政区域分为 3 个层级：省、区、市。2003 年后，黎全国分为贝鲁特（贝鲁特）、北方（的黎波里）、南方（赛达）、黎巴嫩山区（巴布达）、贝卡（扎赫拉）、阿卡尔、巴尔贝克—赫尔梅勒、纳巴蒂耶 8 个省，省下共设 25 个区，区下设市（镇）。黎巴嫩法律规定，市政委员会（相当于我国的市政府）是黎地方行政管理机构，具有决策权和执行权，财政独立，接受中央政府监督和审计，是黎地方分权的唯一形式，兼具社会和经济职能。委员会负责公共卫生事务、市政建设、

---

① 黎巴嫩国家概况，中华人民共和国外交部网站，http：//www. fmprc. gov. cn/web/gjhdq_676201/gj_676203/yz_676205/1206_676668/1206x0_676670/，最后访问日期：2015 年 7 月 1 日。

② Beirut ranked 4th most expensive Mideast city, The Daily Star, http：//www. dailystar. com. lb//Business/Lebanon/2011/Jul - 18/143912 - beirut - ranked - 4th - most - expensive - mideast - city. ashx#axzz2OabZIz8Z，2011 - 07 - 18，最后访问日期：2015 年 7 月 1 日。

公共安全、道路规划、垃圾处理、道路清理等各方面公共事务。① 委员会根据所在地区选民人数不同，由 5～24 名委员组成。委员根据多数原则通过直选产生，委员会主席由委员选举产生，直接代表黎普通民众的利益和诉求，负责制定预算、管理委员会财产及资源、安排支出、地方公共安全（警察部门）、发放建筑许可等。首都贝鲁特人口众多，故该市政委员会由最多的 24 名委员组成，贝鲁特市政委员会主席是首都地区行政长官，并根据相关法律规定还享有超出上述范围的行政权力。

黎巴嫩地处中东核心地带，国土面积较小，时常受到各种政治风暴侵袭，但每次都能从各种纷争中得以幸存，黎地方政府、地方自治在这当中发挥了重要作用。黎巴嫩驻华大使法里德·阿布德在谈话中表示，人民最清楚自己想要什么，所以有能力做出正确选择。在黎巴嫩，所有人都一致同意：建立健全了地方自治体系后的黎巴嫩比以前更好了。从这一角度出发，推动中黎地方政府合作，相互借鉴和分享管理和发展经验将有利于改善和提升中黎地方治理和发展，同时也将助力国家间关系的进一步巩固。

黎巴嫩耶赫马尔－沙吉夫市政委员会主席卡希姆·阿里格撰文指出，黎巴嫩的不少城市都在同世界不同城市建立的友好城市关系中有所收获，但双边交往的水平还不太高，成果还需要大量耐心和沟通协调工作，需要从不同的政府层面交换想法和意见，这往往需要若干年的时间。②

综合各方数据显示，黎巴嫩目前同世界上 31 个国家的 68 个城市建有友好城市关系，其中首都贝鲁特同 35 个城市建有友好城市关系，当中不乏柏林、雅典、迪拜、伊斯坦布尔、洛杉矶、莫斯科、里昂、马赛等世界名城。但遗憾的是，目前黎巴嫩尚未同中国建有友好城市关系，发展中黎城市外交仍需大量基础性工作。

此外值得一提的是发展中黎城市外交的重要纽带——黎巴嫩裔美国医生马海德。马海德是中黎关系中载入史册的人物，他于 1937 年到达延安，同年加入中国共产党并长期担任毛泽东主席保健医生，1949 年成为中华人民共和国第一个拥有外国血统的中国公民。1950 年，他被任命为卫生部顾问，后曾任第五届全国政协委员，第六、七届全国政协常委，中国麻风病

---

① بلديات اللبنانية，http://www.localiban.org/spip.php?rubrique470，最后访问日期：2015 年 7 月 1 日。

② التوأمة في إطار التنمية والتعاون: قضية，http://www.amal-baladi.org/essaydetails.php?eid=55&cid=55，最后访问日期：2015 年 7 月 1 日。

防治中心主任等职，1988 年逝于北京。发展中黎城市外交，特别是精心设计陕西延安和马海德故乡哈马纳的结好及双方务实合作的展开，使中黎城市外交惠及双方民众。

## 2. 土耳其

土耳其地跨亚、欧两洲，濒地中海、爱琴海、马尔马拉海和黑海，国土面积 78.36 万平方公里，其中 97% 位于亚洲的小亚细亚半岛，3% 位于欧洲的巴尔干半岛。2014 年的人口为 7562 万，土耳其族占 80% 以上，库尔德族约占 15%；城市人口为 4970 多万，占总人口的 70.5%。土耳其语为官方语言。99% 的居民信奉伊斯兰教，其中 85% 属逊尼派，其余为什叶派（阿拉维派）；少数人信仰基督教和犹太教。① 伊斯坦布尔是土耳其最大城市和港口，也是土耳其的文化、经济和金融中心，亦是欧洲最繁华的国际大都市之一。伊斯坦布尔人口约 941 万，面积约 5343 平方公里。市长由共和国总统任命，是伊斯坦布尔市的行政长官和伊斯坦布尔省的省长。君士坦丁大帝时期，该城市以罗马为模式将城市组成 14 个区，现划分为 12 个市区，每个市区有一个区长。②

土耳其宪法规定：土耳其为民族、民主、政教分离和实行法制的国家。大国民议会为最高立法机构。实行普遍直接选举，18 岁及以上公民享有选举权。只有超过全国选票 10% 的政党才可拥有议会席位。大国民议会共 550 个席位，议员根据各省人口比例经大选产生，任期 5 年。在土耳其，中央政府授权地方行政机构推行法制和履行财税义务。目前，土耳其中央政府以下的行政区域分为 4 个层级：区、省、市、村，全国共分为 34 个区、81 个省、约 600 个县、3.6 万多村。

土耳其法律规定，市级行政体系包括市议会、市政委员会和市长。市议会由大众选举产生，其规模依据人口确定，负责批准直辖市的年度预算、与公共事务相关的计划和项目、城市规划，以及决定税收和各种商品的关税率。市政委员会由市长、各市政部门首脑以及市议会中部分议员组

---

① 土耳其国家概况，中华人民共和国外交部网站，http://www.fmprc.gov.cn/web/gjhdq_676201/gj_676203/yz_676205/1206_676956/1206x0_676958/，最后访问日期：2015 年 11 月 10 日。

② Istanbul, Turkey, Europe and Asia，http://www.city-data.com/world-cities/Istanbul.html，最后访问日期：2015 年 7 月 1 日。

成。它负责设定交通关税、核定物价、制定罚款金额以及决定聘用、解雇和提拔市政公务员。市长是城市的行政首长，由市议会选举，五年一届。市议会成员由等比例代表系统选举产生，市长则由简单多数选举产生。①

大城市往往拥有多个城市区，每个区作为独立选区，在区范围内选举自己的市长和市政委员会成员。每一个土耳其公民都拥有被选举为国会议员的权利，而公民必须在某一具体区域居住多于6个月时间，才具有被选举为市长和市议员的权利。

伊斯坦布尔市分成三个大区：位于欧洲的旧城区和贝依奥卢商业区，以及位于亚洲的于斯屈达尔区。市长由共和国总统任命，是伊斯坦布尔市的行政长官和伊斯坦布尔省的省长，君士坦丁大帝以罗马为模式将城市组成14个区，现又划分为12个市区，每个市区有一个区长。

在土耳其，伊斯坦布尔的特殊性不言自明。在漫长的历史中，伊斯坦布尔曾经是罗马帝国、拜占庭帝国、拉丁帝国、奥斯曼帝国与土耳其建国初期的首都。2010年，伊斯坦布尔当选为欧洲文化之都和2012年欧洲体育之都。伊斯坦布尔市的对外关系办公室负责国际交流事务，目前已与全球67个城市结为友好城市，其中包括上海、西安、里约热内卢、首尔、柏林、休士顿、开罗和墨西哥城。同时，伊斯坦布尔也是主要国际非政府组织和联合国系统在城市发展领域的活跃成员。由于其外交活跃性，伊斯坦布尔极大地增加了其国际知名度。

商业推广和经济发展是伊斯坦布尔城市外交的重心。该市将自身定位为伊斯坦布尔商会和其他小型商业组织天然的合作伙伴，竭力通过城市外交推动商贸活动。首先，伊斯坦布尔市通过世界范围内的城市网络发展商业伙伴关系：它与全球其他大都市广泛合作，和纽约、伦敦等国际大都市都签订了经济合作协议；市政府常常组织该市商会进行海外商务考察；为了效仿墨尔本市在中国天津设立代表办公室，伊斯坦布尔也正在考虑在海外设立代表处。其次，市政府非常愿意为外国投资者提供本地支持和咨询服务，并积极倡导土耳其国民议会设立关于外国投资和国际合作的支持性法律框架。② 此

---

① Public Administration Country Profile：Republic of Turkey，UN DPADM，February 2004，http：//www.unpan.org/DPADM/ProductsServices/ThematicPortals/PublicAdministration CountryProfiles/tabid/677/Default.aspx，最后访问日期：2015年7月1日。

② City Diplomacy and Istanbul，01 August 2013，Turkish Review，http：//www.turkishreview.org/reports/city - diplomacy - and - istanbul_ 540566，最后访问日期：2015年7月1日。

外，伊斯坦布尔还在国际发展合作方面积极开展活动。该市与其他城市分享准备和应对自然灾害的经验，伊市政府和商会还帮助了埃塞俄比亚在全国范围内修筑水井。

2013年10月4日，伊斯坦布尔市长卡迪尔·托普巴什当选为亚洲市长论坛和世界城市与地方政府联盟主席，值得注意的是，托普巴什同时也是土耳其城市联盟的主席，值得注意的是，与托普巴什市长同期当选为世界城市与地方政府联盟联合主席的还有中国广州市市长张广宁。鉴于伊斯坦布尔市目前的国际化倾向，中国城市应尽量利用双方共同参与的国际组织平台开展城市交往。

此外，中土两国都拥有绵长的历史和灿烂的文明，双方也同为古代陆上丝绸之路的重要贸易国。中国政府可扶持地方城市搭建区域或世界范围内的次国家平台，吸引土耳其城市参与商贸、旅游、文化等特色活动。同时，中国城市应积极参加土耳其城市主办的地区城市活动，发挥土耳其在西亚东欧地区的地理枢纽作用，拓展中国城市与土耳其周边国家的友好关系。

### （三）与中东城市交往工作的启示

2008年布鲁金斯学会报告称，中东人口年轻化显著，63%以上的人口不到29岁，城市化率达到4%，紧随非洲位居第二。所以这种人口趋势和城市化走向也意味着更大的挑战。该报告称，越来越多的年轻人对于发达的商业或者国际品牌并不感冒，反倒是生存技能、资源（有房有信用）和便于融入现代经济的必要支持让年轻人望而却步。这种城市化率提高并不意味着城市生活质量的同步改变。在未来中东城市化建设方面，经济、技术、文化和城市安全等将会是比较重要的方面。而地方政府不仅需要在硬件设施上投资，更不应该忽略了软实力的建设，给年轻人提供更多的机会和行为思想方面的空间。

综观中东城市的文化特点和城市外交近年来的发展历程，以下两个现象值得重视。

第一，尊重中东国家文化传统。对于大多数中国人来说，对中东地区的了解大多源自新闻报道中的战争和动乱，人们关注这一地区时更多也是看到地区的混乱与无序。然而，中东地区和中国一样，拥有悠久的历史文化传统。因此，在实现中国同中东地区城市外交关系的发展时，更多关注人们的日常生活习惯、现有政治制度和宗教信仰习俗，使双方从彼此的发展经验中获益，这是开展与中东国家城市友好交往的目的所在。

第二，尊重中东国家的政治现实。沙特是本地区重要的政治、军事大国，城市化程度高，其他海湾国家如阿联酋和卡塔尔也拥有像迪拜、多哈这样的新兴名城。以沙特为代表的海湾君主制国家权力高度集中，一切有关外事事务按照法律规定均须统一经外交部办理，城市在外事事务方面的权限十分有限；迪拜、多哈这样的海湾国家城市实为"城市国家"，无法明确划分城市和国家在外交事务的职权。因此，在部分中东国家地方市政当局自治权不足的情况下，我们不应强求发展超过其权限的城市交往关系。

## 二 拉美地区城市对外交往

拉美地区即拉丁美洲，是一个政治地理概念，通常指美国以南的美洲地区，包括墨西哥、中美洲、加勒比地区和南美洲。具体而言，包括34个国家和地区：墨西哥、危地马拉、洪都拉斯、萨尔瓦多、尼加拉瓜、哥斯达黎加、巴拿马、古巴、海地、多米尼克、牙买加、特立尼达和多巴哥、巴巴多斯、格林纳达、多米尼加、圣卢西亚、圣文森特和格林纳丁斯、巴哈马、圭亚那、法属圭亚那、苏里南、委内瑞拉、哥伦比亚、巴西、厄瓜多尔、秘鲁、圣基茨和尼维斯、玻利维亚、智利、阿根廷、巴拉圭、乌拉圭、伯利兹、安提瓜和巴布达。以西班牙语、葡萄牙语为代表的拉丁语种在该地区占主要官方语言地位：加勒比国家和少数中南美国家以英语为官方语言，巴西为葡萄牙语，其余国家通行西班牙语。

中国已成为拉美第二大贸易伙伴和第三大投资来源国，中拉贸易已从2000年的126亿美元上升至2013年的2616亿美元[①]，增幅逾20倍。2014年，宣布建立"平等互利、共同发展的中拉全面合作伙伴关系"、建设"中国—拉共体论坛"等均证明了中国国家外交对拉美的投射力度和拉美在当今世界格局中日趋重要的战略地位。

---

① 《中拉关系的新里程碑——习近平拉美之行重要成果解读》，新华网，2014年7月24日，网址：http://news.xinhuanet.com/world/2014-07/24/c_1111790065.htm，最后访问日期：2015年8月10日。

## （一）拉美城市化与城市对外交往

早在15世纪哥伦布发现美洲大陆、西葡殖民者踏足神秘的拉美地区之前，在印第安和阿兹台克等诸多古老文明的光辉照耀下，拉美地区已有"城市"出现。欧陆殖民者的到来，启蒙了拉美真正意义上的城市化。1804年，海地率先独立，掀起拉美国家独立浪潮，拉美城市得到进一步发展。在第二次世界大战之后，一些拉美国家实行进口替代工业化的发展战略使工业布局高度集中，驱使城市人口迅速膨胀，城市化率在20世纪60年代初超过50%，1975年超过60%，1990年超过70%，2013年达到80%。其中，南美洲地区更是高达84%[①]。2014年人类发展报告人口趋势统计如表11-3。

表11-3  2014年人类发展报告人口趋势统计（拉美地区）

单位：%

| 2013年人类发展指数排名 | 国　　家 | 城市人口（占总人口百分比） |
| --- | --- | --- |
| 41 | 智　利 | 84.9 |
| 44 | 古　巴 | 75.1 |
| 49 | 阿根廷 | 92.8 |
| 50 | 乌拉圭 | 92.7 |
| 65 | 巴拿马 | 76.5 |
| 67 | 委内瑞拉 | 93.9 |
| 68 | 哥斯达黎加 | 65.6 |
| 71 | 墨西哥 | 78.7 |
| 79 | 巴　西 | 85.2 |
| 82 | 秘　鲁 | 77.9 |
| 98 | 哥伦比亚 | 75.8 |
| 98 | 厄瓜多尔 | 68.6 |
| 102 | 多米尼加 | 70.8 |
| 111 | 巴拉圭 | 63.0 |
| 113 | 玻利维亚 | 67.7 |
| 115 | 萨尔瓦多 | 65.8 |
| 125 | 危地马拉 | 50.7 |
| 129 | 洪都拉斯 | 53.3 |
| 132 | 尼加拉瓜 | 58.1 |

《2014年人类发展报告》，联合国开发计划署，2014年7月24日，联合国网站，http://www.un.org/zh/development/hdr/2014/，第228~230页，最后访问日期：2015年8月10日。

---

[①] 吴白乙主编《拉美黄皮书——拉丁美洲和加勒比发展报告（2013~2014）》，社会科学文献出版社，2014，第367页。

拉美人口近6亿[1]，其中约80%（4.7亿）居住在城市，城市化程度仅次于北美地区[2]，超过许多发达国家。通过选取各国人类发展指数排名和城市人口占总人口比重数据分析可见，尽管拉美各国的发展指数排名仅处于世界各国中段，但拉美国家城市化水平已臻世界前列。拉美城市化水平与人类发展指数排名脱钩，城市化发展始终存在是否与其社会经济发展水平相适应的问题。这种城市化水平低于经济发展水平被学界称为"过度城市化"[3]，而很多拉美国家则身陷"中等收入陷阱"不可自拔。

过度城市化给拉美的现代城市发展带来许多问题，诸如急速城市化中的极端贫困化，失业问题严重，贫富差距不断拉大：拉美仍是世界上贫困化程度和贫困发生率最高的地区之一，目前仍有1/3的人口生活在贫困线以下[4]。贫困失业导致社会治安混乱不堪，城市资源和环境承载力不能立即接纳所有新晋城市人口[5]，积重难返的局面给拉美各国中央和地方政府的社会治理能力提出了严重挑战。拉美"城市病"的凸显表明合理的城市化应建立在可持续发展的基础上，城市化进程务必趋利避害，规划在前。

虽然拉美坐拥近邻美国和长期受美发展影响等区位和社会优势，友好城市概念亦较早进入拉美，但受限于拉美和世界其他大陆相距遥远和自身发展水平不高，拉美城市外交活动相对滞后，仅个别国家和地区较为积极。总体而论，拉美城市外交活跃程度低，除与美国以外的其他地区城市交往较少，且多数国家缺乏统一的具有代表性的地方城市组织，各国间亦未建立完善的多边城市组织和联合对外交往体系。

## （二）拉美城市对外交往特点

①拉美各国城市与美国开展城市交往最为积极。以当前拉美城市开

---

[1] 徐世澄：《拉美过快城市化负面效应待解》，《人民论坛》2013年第4期。
[2] United Nations Department of Economic and Social Affairs, 2014 revision of the World Urbanization Prospects, 10 July 2014, New York, https://www.un.org/development/desa/publications/2014-revision-world-urbanization-prospects.html，最后访问日期：2015年11月9日。
[3] Josef Gugler, "Over urbanization reconsidered," ed., *The Urbanization of The Third World* (New York: Oxford University Press, 1988), 288.
[4] 吴白乙主编《拉美黄皮书——拉丁美洲和加勒比发展报告（2013~2014）》，社会科学文献出版社，2014，第367页。
[5] 程洪、陈朝娟：《论20世纪拉美城市化进程及其对中国的启示》，《拉丁美洲研究》2006年4月。

展对外交往应用最为普遍的友好城市模式为例,截至 2014 年 10 月,紧邻美国的墨西哥与美国结好 188 对友好城市,巴西与美国结好 29 对友好城市,尼加拉瓜与美国结好 17 对友好城市,阿根廷与美国结好 15 对友好城市,因数十年的经济封锁而和美国关系紧张的古巴也同美国 10 座城市建立了友好城市关系。拉美各国和美国已建立的友好城市数量占美国对外建立友好城市总数的 10%,但却占拉美各国建立友好城市总数的 35% 以上[1]。

②拉美城市对外交往偏重原宗主国和移民来源国城市。因历史上拉美各国受西班牙和葡萄牙殖民统治,而两国均为世界较发达国家,双边政治、人种、语言、文化相近,拉美各国和两原宗主国地方城市间的联系具有天然优势。以阿根廷为例,西班牙是其原宗主国,意大利是其最大移民来源国,阿根廷共有 122 对国际友好城市,其中西意两国友好城市即达 27 对[2]。

③拉美各国同亚洲城市交往主要以中国和日本为主。拉美国家作为发展中国家群体,在城市外交活动的数十年间,对各阶段出现的新兴国家城市均有所侧重。日本和中国亦对同拉美各大国城市外交格外重视。例如在巴西数百对友好城市中,中国和日本分别以 54 对和 50 对友好城市数量遥遥领先亚洲其他国家和地区。

④拉美城市对外交往体系建设不完善。目前仅有个别拉美国家建立全国性地方对外交流合作组织,多边城市组织有美洲和加勒比友好城市协会 (Asociación de Ciudades Hermanas de América A. C.),此类机构在各国以独立私营社会组织形式活动,缺乏国家层面统筹部署,亦未纳入总体外交体系,生存形态更似商业机构。究其原因,一是国家外交战略中给予城市外交重视不足;二是多数国家治理体系普遍参照美国制度,地方自治权力偏大,多采取派团外访和商贸、文化艺术等直接交往形式,只对在任地方行政领导政绩负责,延续性较差,无法形成推动城市外交的合力。

在中拉城市交流和合作方面,截至 2015 年 7 月,中国拉美间共建立了 159 对友好城市(省州),其中友好城市 85 对,友好省州 74 对。友好

---

[1] About Sister Cities International, Sister Cities International web, http://sister-cities.org/about-sister-cities-international,最后访问日期:2015 年 8 月。
[2] List of twin towns and sister cities in Argentina, http://www.mrecic.gov.ar/portal/seree/dirfe/hermanamientos2.html,最后访问日期:2015 年 8 月 10 日。

城市已成为中拉地方和城市交流合作的主要渠道。表 11 – 4 为具体分布情况①。

表 11 – 4　中国与拉美各国友好城市数量统计

单位：对

| 国　　家 | 友好城市 | 友好省州 | 合计 |
| --- | --- | --- | --- |
| 秘　　鲁 | 1 | 2 | 3 |
| 墨 西 哥 | 18 | 11 | 29 |
| 阿 根 廷 | 8 | 14 | 22 |
| 巴　　西 | 33 | 21 | 54 |
| 乌 拉 圭 | 2 | 2 | 4 |
| 厄瓜多尔 | 6 | 6 | 12 |
| 玻利维亚 | 2 | 0 | 2 |
| 古　　巴 | 0 | 5 | 5 |
| 苏 里 南 | 1 | 0 | 1 |
| 哥伦比亚 | 1 | 1 | 2 |
| 委内瑞拉 | 0 | 4 | 4 |
| 圭 亚 那 | 2 | 0 | 2 |
| 巴 拿 马 | 1 | 0 | 1 |
| 牙 买 加 | 2 | 0 | 2 |
| 智　　利 | 6 | 7 | 13 |
| 哥斯达黎加 | 1 | 1 | 2 |
| 格林纳达 | 1 | 0 | 1 |
| 总　　计 | 85 | 74 | 159 |

数据来源：中国国际友好城市联合会网站，截至 2015 年 7 月 1 日。

1983 年，中国北京和秘鲁首都利马结成中拉间第一对友好城市，揭开中拉城市外交的序幕。总体而言，中拉城市外交起步较早，前期发展速度缓慢。进入 21 世纪后，发展提速，交往和合作广度、深度均有提升。但和世界其他地区相比，中拉城市外交处于落后状态。

中拉城市外交面临最大挑战是如何促成实质性合作项目，以惠及各自

---

① 数据来自中国国际友好城市联合会网站，http：//www.cifca.org.cn/Web/SearchByZhou.aspx? zhouID = 4&zhouName = % c3% c0% d6% de，最后访问日期：2015 年 8 月 10 日。

发展。广州市主推世界城市和地方政府组织（UCLG）事务，与同为 UCLG 联合主席的厄瓜多尔基多市结好，借助广交会平台大幅增加对厄进出口额；青岛市则利用自身海洋产业优势，组织企业在友好城市秘鲁卡亚俄市投产海藻加工厂和冶炼厂。这些植根于不同交流合作内容的友好城市交往，紧紧联系各地的产业特点和优势领域，各具特点，做到了互助互补，共同发展。

### （三）案例：智利

选择智利为案例，主要基于以下考虑。首先，智利政治环境稳定，民主制度成熟，社会经济繁荣，市场自由开放，投资环境较好，基础设施完备，国民素质普遍较高，综合国力和国际信用均为拉美之首，被视为拉美社会经济发展样板。其次，近年来，智利有效规避超强地震侵害和成功营救被困矿工等事件，展现了智利"准发达国家"[①] 的综合国力，大大提升了智利的国际形象和声誉。智利矿藏资源丰富，铜储量、产量和出口量均为世界第一，工矿、农林渔牧业发达，发展条件与拉美各国相似，发展成果被视为拉美未来可行方向。最后，智利地方和中央治理结构在拉美各国中具有普遍性和代表性，其城市外交的发展亦能展现拉美城市外交的发展趋向。

智利共和国位于南美洲西南部。海岸线总长约 1 万公里，是世界上最狭长的国家，南北长 4352 公里，东西宽 96.8~362.3 公里。国土面积 756715 平方公里，总人口 1756 万（2013 年），白人和印欧混血种人占 88.92%，印第安人占 11.08%。官方语言为西班牙语。首都圣地亚哥，人口 706.96 万（2013 年）。

智利现行宪法于 1981 年 3 月 11 日生效。宪法规定，总统是国家元首和政府首脑。2005 年修宪将总统任期改为 4 年。智利国会实行参、众两院制。全国共分为 15 个大区，除首都圣地亚哥大区特例以 RM 编号外，大区按从北到南罗马数字编号，大区下设 54 个省和 346 个市。大区主席和省长由总统直接任命，市长由公民直接选举产生，任期 4 年，可连任。

---

[①] 《2015 年智利将成为发达国家》，中华人民共和国商务部网站，2010 年 10 月 8 日，http://www.mofcom.gov.cn/aarticle/i/jyjl/l/201010/20101007175432.html，最后访问日期：2015 年 8 月 10 日。

据 1980 年智利宪法，市为最基层地方行政区划单位（相当于我国的县区级行政单位），市政府是与其配套的行政管理机构。应当指出，为了便于地方自治管理，智利的市一级地方政府首长均由普选产生，并不纳入中央政府实施管理的地方行政序列。通常市一级政府拥有辖区范围内规划、市政、安全、卫生、公共服务等行政管理权，财政独立，但必须接受中央政府的监察和审计。

若干市组成省（相当于我国的地级市建制）。省长由总统直接任命，为辖区范围内最高行政长官。首都圣地亚哥区域有圣地亚哥省之名，但实际上并无省政府和省长，只有圣地亚哥大都市的行政建制，即圣地亚哥市政府（同省级）和市长。

若干省组成智利地方行政体系中最大的行政单位——大区（相当于我国省、自治区、直辖市一级）。大区主席亦受总统直接任命，为总统最信任的政治人物。除内政部、国防部和外交部以外的国家部委均在大区一级设立分支，并设大区部委专员以辅佐大区主席。大区行政管理体系由大区主席和大区委员会组成，每四年进行大区委员直接选举[1]。

在为数众多的拉美国家之中，重视国际地方交流合作、开展城市外交成果斐然的，当属智利和墨西哥。此两国中央政府均对地方城市对外交往持积极支持立场，分别在本国外交部体制内（墨西哥）或在本国外交部支持下成立全国性的地方城市对外交往组织（智利），积极推动城市外交的开展。

智利城市协会（Asociación Chilena de Municipalidades）成立于 1993 年，以推动智利城市进行国际交流与合作为协会宗旨，目前成员包括全国 345 个市中的 333 个。各市自愿加入协会，但须经市议会批准。该协会领导层通过会内选举产生，现任主席马伊布市市长克里斯蒂安·维托利。该协会在组织、人事等各方面和智利外交部联系密切，故协会公信力和执行力十分突出。

从 20 世纪 80 年代起，地方国际合作就已成为国际合作中逐步稳定的交往模式，不同国家城市和地区间的直接交往合作构建了真正意义上的地方城市外交。智利城市协会正是在这一背景下诞生，下设技术委员会，保

---

[1] Ana María, *Organización territorial de Chile*, *Munual de Geografía de Chile* (Santiago: Editorial Andrés Bello, 1998), 39.

障国际合作，协会在智利地方城市对外交往中发挥了不可替代的作用。

在智利国家层面如智利外交部、地方组织如智利城市协会的支持和各地方省市的对外交往职能驱动下，智利已和除非洲以外的各大洲国家缔结逾150对官方友好城市。城市外交使智利受益良多，其签订的自由贸易协定数量名列世界前茅，被视为全球最开放经济体之一。

但是，智利城市外交仍面临两大挑战[①]：一是如何在城市化中进一步推进城市的国际化进程；二是努力在与世界其他城市合作中寻找新的利益契合点。智利城市十分注重务实合作，在促进生产性投资等国际合作中促进城市全面可持续发展。

智利城市外交概况具有以下突出特点。

第一，城市外交是智利国家外交战略的重要组成部分。智利虽为较为松散的中央集权国家，且近年来的行政改革有向地方分权的趋势，但智利中央政府全权负责制定全国性的外交政策，并视城市外交为代表智利国家主体开展的外交活动，故以智利外交部为主管部门的智利中央政府对城市外交工作统一协调管理。智利外交部扶持建立智利城市协会，并鼓励地方城市和发达国家和新兴经济体城市积极交往，既配合国家总体外交部署，又共享世界资源，因地制宜助力本地发展。

第二，现有交往对象以美国和以巴西、阿根廷等为代表的拉美邻国城市为主。智利作为拉美民主先锋，在1973年"皮诺切特政变"后，政治、社会和经济发展积极向美国靠拢，因此在城市外交早期，其与美国城市结好友好城数量颇多；此外，智利国家外交政策重视发展睦邻友好关系，重点发展同过去社会经济发展程度高于智利水平的巴西和阿根廷等拉美大国关系，以国家外交为指向的城市外交亦有此倾向，与此两国所建立之友好城市占总数的30%以上。尽管在城市外交活动中，智利城市均以地方建制独立运行，但国家机构和国家外交政策对其影响很大。

第三，推动经贸和投资合作是智利城市外交活动重心。智利城市均结合自身发展特点和优势，选择开展城市外交的对象，并以实施经贸合作和实现互相投资为主导，积极利用城市外交创造发展机会。智利经济以矿产、农林畜牧和产品制造加工为支柱，中央和地方治理体系均高度重视各

---

[①] 智利城市协会：《首届中国智利友好城市论坛智方工作纲领》2013年5月27日，圣地亚哥会议资料。

地经济产业发展；又因国土狭长，不利于本国南北地区交往，却拥有一万多公里的全球最长海岸线，天然有利于发展对外交流合作。多年城市外交经验证明，以经贸和投资为驱动力的城市外交活动往往最具活力，最为健康持久，民众亦获益最深。

智利是第一个同中国建交的南美洲国家，也是第一个就中国加入世界贸易组织与中国签署双边协议、承认中国完全市场经济地位、与中国签署双边自由贸易协定的拉美国家[1]。目前，中国已成为智利在全球第一大贸易伙伴和第一大出口目的地国。

中国与智利的友好城市交往始于1995年，截至2015年7月，双方已建立13对友好城市（省区）关系[2]（见表11-5）。

表11-5 中国与智利的友好城市统计

| 中方城市 | 外方城市 | 国别 | 结好时间 | 编号 |
| --- | --- | --- | --- | --- |
| 铜陵市 | 安托法加斯塔市 | 智利 | 1995年11月28日 | 0685-951128-皖-023 |
| 青岛市 | 蒙特港市 | 智利 | 1999年8月17日 | 0907-990817-鲁-081 |
| 上海市 | 瓦尔帕莱索市 | 智利 | 2001年7月10日 | 1046-010710-沪-047 |
| 甘肃省 | 第六大区 | 智利 | 2005年4月4日 | 1237-050325-甘-023 |
| 台州市 | 伊基克市 | 智利 | 2005年7月7日 | 1262-050119-浙-064 |
| 辽宁省 | 瓦尔帕莱索大区 | 智利 | 2005年12月6日 | 1309-051219-辽-078 |
| 哈尔滨市 | 蓬塔阿雷纳斯市 | 智利 | 2007年6月18日 | 1433-070404-黑-052 |
| 北京市 | 首都大区 | 智利 | 2007年8月6日 | 1448-060928-京-047 |
| 广东省 | 瓦尔帕莱索大区 | 智利 | 2007年8月23日 | 1451-050802-粤-077 |
| 河南省 | 科金博区 | 智利 | 2007年11月1日 | 1481-070626-豫-059 |
| 萍乡市 | 科皮亚波市 | 智利 | 2008年1月17日 | 1595-070611-赣-040 |
| 云南省 | 大河区 | 智利 | 2012年4月1日 | 1891-120319-云-045 |
| 青岛市崂山区 | 希望省 | 智利 | 2012年11月21日 | 1965-121130-鲁-156 |

资料来源：中国国际友好城市联合会网站，截至2015年7月1日。

---

[1] 中国同智利的关系，中华人民共和国外交部网站，http://www.fmprc.gov.cn/web/gjhdq_676201/gj_676203/nmz_680924/1206_681216/sbgx_681220/，最后访问日期：2015年8月10日。

[2] 数据来自中国国际友好城市联合会网站，http://www.cifca.org.cn/Web/SearchByZhou.aspx?guojia=%d6%c7%c0%fb，最后访问日期：2015年8月10日。

从表 11-5 中不难发现，和智利建立友好城市（省区）关系的中国城市主要集中在中国中东部，西部仅有甘肃省和云南省。2000 年以后中智间迎来一波缔结友好城市（省区）关系高潮；在 2012 年后，没有建立新的友好城市；在现有结好城市（省区）中，基本按照两国对等的行政区划单元进行友好交往。

尽管中智两国在 2012 年后没有新增友好城市，但两国仍在不断推动中智城市外交。2014 年 5 月，主题为"地方合作与资源整合：中智合作双边关系发展的新挑战"的首届中国智利友好城市论坛在智利首都圣地亚哥召开[1]。中智两国中央、地方和工商学界逾 200 人与会交流。智利城市协会宣布将设立"智中委员会"，倡议将"城市外交"纳入亚太经合组织（APEC）峰会的工作框架。

### （四）与拉美城市交往工作的启示

邓小平曾经说过，21 世纪也会出现一个"拉美世纪"[2]。多样化发展的拉美地区将在数十年内释放出更大的人力、市场和资源优势，城市（省州）是经济社会发展中最为活跃和相对自由的交流体，广泛和拉美开展城市外交，前景广阔。以智利综观拉美，可从以下几方面提升城市外交工作。

第一，积极完善中央层面城市外交统筹领导，探索中央地方联动形式，激发地方对拉美城市外交的积极性，配合国家总体外交战略，部署城市对外友好交往工作。

第二，统筹协调对拉美的战略研究，为中拉城市外交提供智力支持。拉美研究在中国方兴未艾，但是研究成果在数量、深度、广度上，尚有相当差距，互相认知水平偏低、国别国情研究缺乏。探索战略研究的统筹协调，建立对拉美研究的"大数据库"，整合资源，分类部署，研析新方向，共享新成果。

第三，创新交往形式，实现全面交流合作。立足双边人民需求，探索

---

[1] Noticia, 2014-05-27, http://www.achm.cl/Noticias/noticia27052014.html, 最后访问日期：2015 年 9 月 9 日。

[2] 《中国领导人的拉美情谊》，中国共产党新闻网，2014 年 7 月 14 日，http://cpc.people.com.cn/n/2014/0714/c64387-25275433.html，最后访问日期：2015 年 11 月 9 日。

在文化（文学）、新能源技术、新型城镇管理等领域交流合作。提升双边合作层次水准，使城市外交成为双边战略伙伴关系的稳定支撑，树立国际合作楷模，优化国际形象。

第四，构建双边和多边论坛机制，注入实质性内容，逐步创立中拉城市外交品牌。中央主导、地方参与的区域性多边平台在中国对外交流过程中发挥的作用和能量不可小视。首届中智友好城市论坛是创举，应努力办好第二届论坛。以此为突破口，打造其他双边论坛，以期建立中拉多边友好城市合作机制。结合各地优势，注入实质性内容，使中拉城市外交迈入双边和多边发展齐头并进的新阶段。

拉美是未来世界发展的有力支撑点之一。对拉美的城市外交工作将为实现共同发展增添新动力，更是中拉战略伙伴关系建设不可或缺的组成部分和"中国—拉共体论坛"的坚实基础。建成对拉美双边和多边立体型城市外交体系，不仅提高友好城市的数量，更能提升务实合作的质量和实效。

## 三 撒哈拉以南非洲城市对外交往

### （一）概况

撒哈拉以南非洲共有47个国家，[1] 其城市的历史最早可追溯到殖民统治之前的摩加迪沙、马林迪等东非城邦城市和廷巴克图、杰内等西非商业城市，后经殖民统治时期和独立后两个阶段的发展，目前已进入快速城市化时期。据统计，2011年，撒哈拉以南非洲共有41个100万人口以上的城市，[2] 其中卢安达和金沙萨超过500万人，拉格斯超过1000万人。2014

---

[1] 分别为埃塞俄比亚、安哥拉、贝宁、博茨瓦纳、布基纳法索、布隆迪、赤道几内亚、多哥、厄立特里亚、佛得角、冈比亚、刚果（布）、刚果（金）、吉布提、几内亚、几内亚比绍、加纳、加蓬、津巴布韦、喀麦隆、科摩罗、科特迪瓦、肯尼亚、莱索托、利比里亚、卢旺达、马达加斯加、马拉维、马里、毛里求斯、毛里塔尼亚、莫桑比克、纳米比亚、南非、尼日尔、尼日利亚、塞拉利昂、塞内加尔、塞舌尔、圣多美和普林西比、斯威士兰、索马里、坦桑尼亚、乌干达、赞比亚、乍得和中非。

[2] 根据联合国人居署《非洲城市状态2014》的相关数据统计，见 UN‐HABITAT, The State of African Cites 2014, 103, 150, 194, 225。

年，撒哈拉以南非洲的城市人口共有 3.46 亿人。[1]

撒哈拉以南非洲近年来城市化发展迅速，但也存在一些问题，其基本情况如下：城市化水平低，2014 年仅为 37%，[2] 其中布隆迪和马拉维等国还不足 20%；[3] 发展速度快，以 2010~2015 年为例，城市化年均增长率为 1.4%，超过世界平均数的 0.9%，更远超发达地区的 0.3%；[4] 发展不平衡，从地区看，东部非洲仅为 25%，南部非洲达到 61%；从国别看，布隆迪仅为 12%，加蓬则高达 87%；[5] 从一国内部来看，首位城市现象突出，如洛美和阿斯马拉的人口分别占到了多哥和厄立特里亚全国人口的 64% 和 58%；[6] 过度城市化导致贫民窟、贫富分化、基础设施不足、环境恶化，甚至粮食短缺等问题日益严重；缺乏有效的城市化策略与城市治理方针，尤其是由于受政党政治和财政收入的影响，包括市政府在内的地方政府权力不足。

## （二）现状

撒哈拉以南非洲的城市外交始于 20 世纪 70 年代，初期主要采取缔结姐妹城市的方式，以发达国家，尤其是前殖民宗主国为主要交往对象。2000 年之后，随着全球化的深入，世界政治经济格局的变迁，尤其是城市化的深入发展和城市问题的日益突出，撒哈拉以南非洲的城市，一方面加强了相互间以及与发展中国家，尤其是以中国为代表的新兴经济体的交往；另一方面，建立了姐妹城市、多边城市组织、城市间国际会议和对外直接交往等全方位、多层次的城市外交体系。

### 1. 姐妹城市

姐妹城市是撒哈拉以南非洲城市开展对外交往最早和最为普遍的形式，但

---

[1] Department of Economic and Social Affairs, UN, *World Urbanization Prospects* 2014 *Revision* (highlights): 20.

[2] Department of Economic and Social Affairs, UN, *World Urbanization Prospects* 2014 *Revision* (highlights): 7.

[3] Department of Economic and Social Affairs, UN, *World Urbanization Prospects* 2014 *Revision* (highlights): 8.

[4] Department of Economic and Social Affairs, UN, *World Urbanization Prospects* 2014 *Revision* (highlights): 9.

[5] Department of Economic and Social Affairs, UN, *World Urbanization Prospects* 2014 *Revision* (highlights): 20-21.

[6] UN-HABITAT, The State of African Cities 2008, 95, 104.

截至目前,对于撒哈拉以南非洲各国缔结姐妹城市的具体情况,尚没有权威统计数据。网络资料对撒哈拉以南非洲31个国家的统计数据显示,目前共缔结有姐妹城市224对。[1] 但这份名单并没有涵盖所有已经缔结的姐妹城市。以达喀尔和内罗毕为例,该统计均只列出了一个姐妹城市,但二者的实际数量分别为9个和7个。另据美国姐妹城市国际（Sister Cities International, SCI）的统计,目前仅美国就与撒哈拉以南非洲共结成了137对姐妹城市。[2] 由此可见,撒哈拉以南非洲姐妹城市的实际数量要远远高于224对。

尽管如此,网络数据仍为我们提供了基本的分析框架,结合其他资料,至少可以得出如下论断：首先,洲内姐妹城市的数量低于洲外姐妹城市的数量,以缔结姐妹城市数量较多的德班为例,该市共有17对姐妹城市,但非洲城市只有3个,这说明非洲城市间的交往还需要进一步加深；[3] 其次,姐妹城市的缔结仍偏向发达国家和前殖民宗主国,如肯尼亚5个城市的5个姐妹城市,4个位于美国,1个位于英国。[4] 卢安达的16个姐妹城市,仅葡萄牙和巴西就占据了6个。[5] 再次,日益重视与发展中国家,尤其是新兴经济体的城市发展关系,以中国为例,从1982年长沙和布拉柴维尔建立第一对友好城市后,直到2000年才结成24对友好城市。2000年之后,友好城市的数量迅速增加到93对。[6] 最后,相较于世界其他国家和地区,撒哈拉以南非洲缔结友好城市的数量仍然相对较少,以美国的姐妹城市为例,非洲仅占美国姐妹城市总量的8%,仅高于大洋洲的2%,远远落后于亚洲和欧洲的36%和33%。[7]

---

[1] List of twin towns and sister cities in Africa, http://en.wikipedia.org/wiki/List_of_twin_towns_and_sister_cities_in_Africa, 最后访问日期：2015年7月1日。

[2] Sister Cities International, 2014 Membership Directory, 3, https://user-2221582232.cld.bz/Sister-Cities-International-2014-Membership-Directory#5/z., 最后访问日期：2015年7月1日。

[3] List of twin towns and sister cities in Africa, http://en.wikipedia.org/wiki/List_of_twin_towns_and_sister_cities_in_Africa., 最后访问日期：2015年7月1日。

[4] Ibid.

[5] Luanda, http://en.wikipedia.org/wiki/Luanda#Twin_towns_.E2.80.93_Sister_cities., 最后访问日期：2015年7月1日。

[6] 中国国际友好城市联合会网站, http://www.cifca.org.cn/Web/SearchByZhou.aspx?zhouID=3&zhouName=%b7%c7%d6%de, 最后访问日期：2015年7月1日。

[7] Sister Cities International, 2014 Membership Directory, 3. https://user-2221582232.cld.bz/Sister-Cities-International-2014-Membership-Directory#6/z, 最后访问日期：2015年7月。

## 2. 多边城市组织

多边城市组织是各国城市相互交往的重要平台,[①] 撒哈拉以南非洲的城市也不例外。一方面,各国的城市均积极参加世界性的多边城市组织,另一方面,它们组建了众多自己的组织,既协调相互间的关系,又作为整体对外交往的平台。撒哈拉以南非洲目前建立的多边城市组织主要包括非洲全球姐妹城市基金会(Africa Global Sister Cities Foundation,AGSCF)、东部非洲姐妹城市协会(Eastern Africa Sister Cities,EASC)、城市发展伙伴计划(Municipal Development Partnership,MDP)、东部非洲地方政府论坛(The East African Local Government Forum,EALGF)、东部非洲地方政府协会(East African Local Government Association,EALGA)和非洲食品安全城市网络(The African Food Security Urban Network,AFSUN)等。在这些组织中,最为重要和活跃的是非洲全球姐妹城市基金会和城市发展伙伴计划组织。

非洲全球姐妹城基金会,2003年在国际姐妹城协会的倡议下创建,总部位于加纳的阿克拉,目前有26个成员国,主要为西部非洲国家。该组织是一个非营利性、非政府的市民外交网络,宗旨为创建、增强和促进非洲各国之间和非洲与世界其他地区之间的姐妹城市伙伴关系,主要任务为与成员国基金会、城市和地区议会等共同履行国际姐妹城协会的使命,为非洲国家友好城市开展项目与活动提供有效的指导和帮助,促进非洲国家的和平稳定,增进世界各民族与文化间的友谊、理解与合作。[②]

城市发展伙伴计划,1991年5月创建,旨在改进撒哈拉以南非洲地方政府的执政能力、促进地方分权进程和改善地方社区人民的生活水平。该组织目前有两个区域办事处:一是位于贝宁科托努的西部和中部非洲办事处;二是位于津巴布韦哈拉雷的东部和南部非洲办事处。这两个办事处既相互独立又紧密合作,其中东部和南非非洲办事处更为活跃,其主要活动包括:2001年与世界银行合作开创了非洲地方政府行动论坛(Africa Local Government Action Forum,ALGAF);先后在2006年和2012年制定了《2006~2016年战略计划》和《2010-2012年伙伴计划》等文件;建立了

---

[①] 龚铁鹰:《国际关系视野中的城市:地位、功能及政治走向》,《世界经济与政治》2008年第8期,第37~42页。

[②] 全球非洲姐妹城基金会,中国国际友好城市联合会网站,http://www.cifca.org.cn/Web/Details.aspx?id=2484,最后访问日期:2015年7月1日。

培训地方政府官员和其他相关人员的虚拟校园；并与非洲城市和地方政府联合组织南部非洲办事处和东部非洲地方政府协会合作，开设了增强地方政府协会游说、建议与沟通能力的培训课程。[1]

此外，非洲在整个大陆层面也建立了城市和地方政府间的组织，其中最为重要的有两个，一是非洲城市和地方政府联合组织（United Cities and Local Government of Africa，UCLGA），由非洲地方政府联盟（African Union of Local Authorities，AULA）、非洲城镇联盟（the Union des Villes Africaines）和非洲都市联盟（Africa Chapter of the Unao dos Ciudades y CapitaesLusofono Africana）合并而成，总部位于摩洛哥的拉巴特，是非洲地方政府的保护伞组织，成员主要为非洲各国地方政府的全国性协会，在东部非洲、中部非洲、西部非洲和南部非洲均建有办事处；[2] 二是全非分权与地方政府部长会议（All Africa Minister Conference on Decentralization and Local Government，AAMCDLG），其于2003年12月在喀麦隆的雅温得建立，为非盟框架内关于地方政府的专门委员会，成员为各国负责地方分权、地方政府和地方发展的部长，宗旨为巩固民主和提高人民的生活水平。[3]

3. 城市间国际会议

2000年以来，撒哈拉以南非洲开始注重通过城市间国际会议的方式，对城市所面临的问题和解决对策进行探讨和研究。在这方面，撒哈拉以南非洲主要通过三种方式进行，一是积极参加国际多边城市组织的会议，在会上表达自己的观点和诉求；二是区域内多边国际组织自己召开会议，如非洲全球姐妹城市基金会在2010年先后举办了两次会议，主题分别为"非洲的酋长/地方政府与青年领导人"和"非洲的农业经营与食品和营养的青年会议"；三是直接举办城市间国际会议，如非洲城市峰会（Africities Summit）、未来城市非洲峰会（Future Cities Africa Summit）、非洲城市基础设施峰会（African Urban Infrastructure Summit）和姐妹城市非洲移民天主

---

[1] 城市发展伙伴计划东部和南部非洲办事处网站，http://www.mdpafrica.org.zw/，最后访问日期：2015年7月1日。

[2] 非洲城市和地方政府联合组织网站，http://www.afriquelocale.org/en/，最后访问日期：2015年7月1日。

[3] 全非分权与地方政府部长会议网站，http://www.amcod.info/en/，最后访问日期：2015年7月1日。

教峰会（Twin Cities African Immigrant Catholic Summit）等。

在上述国际会议中，最为重要的是非洲城市峰会。该峰会从1998年开始举办，后每三年召开一次，至今已举办6届，除第五届在北非摩洛哥的马拉喀什举行外，其他五届均在撒哈拉以南非洲举行，分别为科特迪瓦的阿比让、纳米比亚的温得和克、喀麦隆的雅温得、肯尼亚的内罗毕和塞内加尔的达喀尔。峰会现设政治委员会、执行委员会和行动委员会，负责日常事务性工作，参会人员主要包括非洲各国负责地方事务的部长，地方政府官员，市民社会、专业组织和工会代表，学者和研究人员，以及国际社会的代表等。从历届峰会主题来看，其主要致力于增强地方政府的地位和作用，以及解决城市化、城市可持续发展等问题。[1] 目前来看，有些国家已经因峰会而采取了行动，如2009年肯尼亚批准专项资金，为低收入居民建造约20万套低成本住房，并承诺为至少20个贫民窟修建必要的基础设施。[2]

### 4. 对外直接交往

除以上三种形式之外，撒哈拉以南非洲的城市还采取了各种对外直接交往形式，如以吸引投资和建立自由贸易区等为主要形式的对外经济交往，以在海外设立常设代表处和利用所在城市的外国使馆和国际组织总部等形式开展对外政治交往，[3] 以赴国外举办文艺演出和雕塑展等方式开展对外文化交往。撒哈拉以南非洲城市与国际组织间的合作也日益紧密，如2009年底，联合国人居署宣布推出一个新项目，旨在提高非洲城市居民对气候变化问题的认识，以便制定适当的缓解和适应计划，撒哈拉以南非洲五个城市，即肯尼亚的蒙巴萨、卢旺达的基加利、塞内加尔的圣路易斯、纳米比亚的鲸湾港和布基纳法索的博博迪乌拉索参加了这一项目。[4] 此外，组织举办大型国际会议和体育赛事等也成为撒哈拉以南非洲城市开展对外直接交往的重要形式，如2010年6~7月在南非9个城市举办的足球世界杯和2011年11月的德班气候大会，均成为城市对外直接交往的盛事。

---

[1] 非洲城市峰会网站，http://www.africites.org/an，最后访问日期：2015年7月1日。
[2] 张忠祥：《非洲城市化：中非合作的新机遇》，《亚非纵横》2011年第5期，第46页。
[3] 如肯尼亚首都内罗毕为联合国环境规划署和联合国人居署的总部，亚的斯亚贝巴为联合国非洲经济委员会总部。
[4] 联合国人居署网站，http://cn.unhabitat.org/content.asp?cid=7657&catid=234&typeid=6&subMenuId=0，最后访问日期：2015年7月1日。

## （三）特点

综观撒哈拉以南非洲城市外交近年来的发展历程，有以下三个方面的主要特征。

### 1. 注重实效，着力解决快速城市化过程中所产生的问题

城市化对于撒哈拉以南非洲而言，既是机遇又是挑战。一方面，城市化给撒哈拉以南非洲各国的经济发展和人民生活水平的提高等带来了前所未有的机遇，但另一方面，城市化也带来了贫民窟、贫富分化、基础设施不足、粮食短缺和环境恶化等诸多问题，如果这些问题得不到有效解决，撒哈拉以南非洲只能长期维持有增长而无发展的局面。撒哈拉以南非洲各国无疑早就洞悉了这一局面，并在开展城市对外交往的过程中，着力强调这些问题的解决，如在对外直接交往的过程中，将经济交往放在首位，加大招商引资的力度，以非洲省、市长与中国省、市长对话为例，他们每次在举行对话时，都会带上企业代表，以便为进一步开展经贸投资合作铺平道路。[①] 多边城市组织和城市峰会也将解决这些问题作为宗旨和目标，有些甚至直接以此命名，如非洲食品安全城市网络，非洲基础设施峰会等。

### 2. 将加强城市/地方政府的自治权作为重中之重

综观撒哈拉以南非洲的城市/地方政府的管理，一般采取中央、州/省和地方三级管理的方式，但相对于世界其他地区，尤其是发达国家实行中央与地方分权，地方自治权相对较大的情况，由于受政党政治和财政收入等方面的影响，除了乌干达、南非和赞比亚等少数几个国家的市政当局拥有较大的自治权外，其他国家的分权程度明显不够，市政当局的权力明显不足。[②] 随着城市化的快速发展，这种权力不足严重限制了城市发展经济和解决快速城市化所带来的问题的能力。为了增加市政当局和地方政府的

---

[①] 《冯佐库：搭建中非地方政府交流平台促民间交往》，北京周报网，2014年3月7日，http://www.beijingreview.com.cn/zt/txt/2014 - 03/07/content_ 603355.htm，最后访问日期：2015年7月1日。

[②] 参见 UN - HABITAT, The State of African Cites 2010, 37。UN - HABITAT 在此采用了联合国根据地方分权程度的不同而设定的三个概念，即权力分散（Deconcentration）、授权（Delegation）和权力转移（Devolution），可参见世界银行网站，http://www1.worldbank.org/publicsector/decentralization/admin.htm，最后访问日期：2015年7月1日。

自治权，撒哈拉以南非洲主要进行了四个方面的努力：一是各国相继建立了国家层面的地方政府协会；二是建立了区域性的地方政府间的组织，如东部非洲地方政府论坛和东部非洲地方政府协会；三是积极参加全洲性地方政府间组织，尤其是非洲城市和地方政府联合组织和全非分权与地方政府部长会议的活动；四是将地方分权作为城市间国际会议的重要议题和有关城市问题研究的重要领域。随着民主政治的进一步成熟和城市经济的进一步发展，撒哈拉以南非洲城市的权利和执政能力将会大幅提高。

### 3. 注重实践与研究的相互作用

撒哈拉以南非洲在开展城市外交的过程中，日渐注重实践与研究并重，力求二者相互影响，相互促进，具体表现在以下三个方面：首先，各类城市间组织在推进城市外交的过程中，日渐注重理论层面的研究，以全非分权与地方政府部长会议为例，其先后就"市民社会参与与非政府行为体""财政自主、各级政府财政平等与权力转移""权力分散与人力资源""性别与地方治理"等出版了一系列研究成果；[1] 其次，不但已有的高校、研究机构和智库加强了对城市化和城市外交等课题的研究，还专门成立了以城市为主要研究对象的学术机构，如开普敦大学的非洲城市研究中心，作为一个跨学科的研究与教学机构，该中心主要致力于研究非洲城市化进程的可持续发展问题，目前已经发表了大量有一定影响力的研究报告；[2] 最后，一些著名的研究机构甚至参与到多边城市组织的创建中来，如 2011 年 8 月，肯尼亚著名研究机构跨区域经济网络（Inter Region Economic Network）与美国姐妹城市国际签署谅解备忘录，成立了东部非洲姐妹城市协会。[3]

### （四）与非洲城市交往工作的启示

撒哈拉以南非洲城市与中国交往始于 1982 年长沙和布拉柴维尔建立的友好城市，至 2014 年 7 月，双方共缔结友好城市 93 对，其中最多的为南

---

[1] All Africa Ministerial Conference on Decentralization and Local Development（AMCOO），http：//www.amcod.info/en/，最后访问日期：2015 年 8 月 10 日。
[2] 参见非洲城市研究中心网站，http：//www.africancentreforcities.net/，最后访问日期：2015 年 8 月 10 日。
[3] Eastern Africa Sister Cities, The African Executive, http：//www.africanexecutive.com/modules/magazine/articles.php?article=6368&magazine=373，最后访问日期：2015 年 8 月 10 日。

非，共有 28 对。① 从 1982～2012 年，友好城市一直是中国与撒哈拉以南非洲城市间交往的主要形式。除此之外，其他重要的城市间交往还包括举办了 4 次非洲地方政府官员培训班，并在中国和非洲轮流举办了 9 届双边地方政府合作研讨会。②

2012 年 8 月在北京召开的首届中非地方政府合作论坛标志着中国与撒哈拉以南非洲城市间的交往开始进入新的历史时期。根据《首届中非地方政府合作论坛北京宣言》，中非地方政府合作论坛将"在中非合作论坛框架内，在平等互利、共同发展的原则下，全面推进中非地方政府交流与合作"。论坛成立常设机构理事会和秘书处，并决定每两年召开一次大会，以求实现机制化。此外，论坛还决定举办各层面和类型的对话、论坛和研讨会，为非洲城市建设提供支持和帮助，推动中非工商企业界加强交流与合作，以及设立"中非地方交流基金"等；相继举办两届中非省市长对话会，一届中国—东非共同体（东共体）国家省市长对话会，两届中坦省市长对话会和一届中肯省市长对话会，就地方政府务实合作和经贸往来等进行磋商和交流。③

尽管第二届中非地方政府合作论坛因云南鲁甸地震而推迟，但中国与撒哈拉以南非洲城市以该论坛为框架，以友好城市为主要形式的城市外交模式已日渐成熟。未来如何更好地开展中非城市间的交往，结合对撒哈拉以南非洲城市外交的分析，提出三点建议。

1. 帮助非洲解决快速城市化过程中所产生的问题

解决快速城市化所产生的问题是当前非洲城市外交的重中之重。中国的城市在城市化与城市发展中积累了丰富的经验与教训，相比较非洲城市，中国的城市在调动资金和人才方面有着较大的优势。因此在双方合作

---

① 中国非洲国际友好城市检索结果，中国国际友好城市联合会网站，http://www.cifca.org.cn/Web/SearchByZhou.aspx? zhouID = 3&zhouName = % b7% c7% d6% de，最后访问日期，2015 年 8 月 10 日。
② 《专访："我们的工作就是牵线搭桥"——访中国人民对外友好协会会长李小林》，新华网，2012 年 12 月 1 日，http://news.xinhuanet.com/politics/2012 - 12/01/c_ 113870786. htm，最后访问日期：2015 年 8 月 10 日。
③ 《首届中非地方政府合作论坛北京宣言》，中非地方政府合作论坛网站，http://www.capfa.org.cn/，中国人民对外友好协会网站，http://www.cpaffc.org.cn/content/details25 - 22767. html，最后访问日期：2015 年 8 月 10 日。

中，调动整合相关资源，着力帮助非洲城市在制定合理的城市发展规划、完善城市基础建设、改造贫民窟和解决粮食安全等问题上做好工作。

2. 加强与非洲多边城市组织间的合作

多边城市组织在非洲城市外交中正发挥着越来越重要的作用，已日渐成为非洲城市联合解决快速城市化所产生的问题，实现地方自治和经济发展的重要平台。从当前中国与非洲的城市外交看，仍主要以友好城市和各种类型的论坛、对话会、研讨会为主，与其多边城市组织间的交往，尤其是经常性和制度化的联系与合作仍有所欠缺。反观美国在非洲的做法，非洲全球姐妹城基金会和东部非洲姐妹城市协会，都是在其支持下建立的，这无疑有助于其在地区层面向多国施加影响。

3. 将中国与非洲城市间的交往战略提升

随着非洲城市化的深入发展，城市在各国政治、经济、社会、文化等层面势必将会发挥越来越重要的作用，由此从城市外交的角度开展与非洲国家的交往无疑将会收到事半功倍的成效。长期以来，中国一直将与非洲城市间的交往纳入民间外交的范畴，直到2014年5月习近平主席在中国国际友好协会暨中国人民对外友好协会成立60周年纪念活动上的讲话中，首次将城市外交与民间外交和公共外交相并列提出，城市外交由此作为独立的外交范畴进入政策层面，必将对促成中非城市友好交往起到重要推动作用。

# 案例研究篇

**提　要**

在全国首次广泛征集城市对外交往案例的基础上，充分考虑国别分布、国内地域分布、结好特点、友城特色以及对未来友好城市工作的启示，从83个案例中精选出20个案例首次系统公布。"五缘"——地缘、俗缘、语缘、情缘、机缘贯串其中。为使案例具有故事性、可读性、知识性、启发性，其行文格式和风格与前两部分明显不同。

# 案例1　首对友城　开启先河

——天津市与神户市

摘　要：　天津市与日本神户市是周恩来总理亲自搭桥建立的中国第一对国际友好城市，既开启了中日地方政府间相互往来、友好合作的历史，也从此开创了新中国成立后中国与国外城市结好的先河。

关键词：　周恩来　宫崎辰雄　鸟居幸雄　天津港　燕京轮

---

**基　本　情　况**

中　　国：天津市
日　　本：兵库县　　神户市（英文：Kobe）
结好时间：1973年6月24日
结好渊源：1972年，神户市市长宫崎辰雄率日中友好青少年游泳代表团访华期间，受到了周恩来总理的亲切接见。会见中，针对宫崎辰雄市长提出希望与中国的港口城市缔结友好城市一事，周恩来总理推荐了天津市与神户市结好。
结好特点：天津市与神户市，地理相近，地位相似，均为港口城市。两市从实际出发，发挥各自优势，走出了一条具有特色的国际友好城市发展之路。

---

大江歌罢掉头东，

邃密群科济世穷。

面壁十年图破壁，

难酬蹈海亦英雄。

1919年4月中旬，一个樱花盛开的季节，在将这首写于两年前的诗作《大江歌罢掉头东》抄赠予南开同学张鸿诰后，21岁的周恩来由日本神户登船,"返国图他兴"。

再次回到熟悉的母校南开大学,周恩来上岸的港口正是天津市。从神户市到天津市,无人可知这位年轻人在客轮上有着怎样的心情和思考。回国后不久,他便投入轰轰烈烈的"五四运动",开始了一个伟大的马克思主义者的革命征程。

54年后,正是因为他,这两座相隔千里的城市牵手架起了一座友谊之桥。1973年6月24日,渤海之滨的天津市和濑户内海之畔的神户市正式结为友好城市。此时,那位年轻人已经是中国国家总理。

天津市与神户市的结好,不仅开创了新中国成立后中国与外国城市结好之先河,也为中日两国民间交往史谱写了新的篇章。此后的40多年,两座城市开展了全方位交流与合作,取得了丰硕成果,成为中外友好城市交往的典范。

**周总理亲架友谊桥**

中国与日本一衣带水。千百年来,两国交往的历史源远流长,而天津市与神户市的友好往来则要追溯到20世纪70年代初。当时,中国体育在国际上受到排斥,而长期坚持对华友好的日本神户市市长宫崎辰雄亲自率领日中友好青少年游泳团访华。

1972年9月29日,中日关系揭开了具有划时代意义的一页,周恩来总理和日本国总理大臣田中角荣在北京签署了《中华人民共和国政府和日本国政府联合声明》,实现了中日邦交正常化。

10月11日晚上,中日青少年游泳友谊赛在北京体育馆举行。周恩来总理亲自出席观看比赛。在比赛休息时,周总理亲切会见了神户市市长宫崎辰雄。

"神户港常有中国船停泊,我想在岸上找个地方,使中国船员可以上岸住宿或休息。"宫崎辰雄市长向周恩来总理谈了自己的想法。

"天津港有许多日本船过来,也有许多船到日本去。我在1919年离开日本就是经神户回到天津的,已经53年了。"周总理回忆起往事,接着说:"可以商量一下怎么合作好一些。"

宫崎辰雄市长希望神户市与上海市或天津市结为姐妹城市。周总理询问了神户的一些情况后说:"天津正在建设新港,是很好的港口。"示意神户市可与天津市结为友好城市。

天津市，天子经过的渡口；神户市，神仙穿行的大门。"天""神"之合，仿佛是一种"天意"。

那次会见后，周总理对时任中日友好协会会长廖承志说，姐妹城市这种称呼可以改一下，否则，谁是姐姐，谁是妹妹呢？不如叫友好城市，更能体现城市间的平等。接着，廖承志会长与宫崎辰雄市长进行会谈并具体磋商。

1973年5月2日，廖承志率中日友好协会代表团访问日本，同时带去了一份"友好的礼物"。在神户市举行的招待会上，中方宣布天津市接受了神户市的友好建议，决定与神户市建立友好城市关系。

同年6月24日，天津市人民礼堂，由宫崎辰雄市长率领的神户市友好代表团和1900名天津市民欢聚一堂，庆贺两市正式结为友好城市。

天津市与神户市的结好具有开创性的意义，不仅是中日间第一对友好城市，也是中国同国外缔结的第一对友好城市。

在天津市与神户市建立友好城市后的7年时间里，中国一直未建立新的友好城市关系。那些年，中国处于"文化大革命"时期，对外交往少。因此，友好城市成为对外交往的重要渠道。

因为天津市与神户市的关系，日本成为当时天津市领导出访的主要国家。1974年4月27日至5月14日，时任天津市革命委员会副主任赵武成率天津市友好代表团首次访问日本神户市；1975年6月13日至27日，时任天津市革命委员会主任解学恭率友好代表团一行20人再次访问神户市。

就在高层领导的互访与接触中，两市形成了5年小庆，10年大庆的交流机制。

1983年10月，在天津市和神户市结为友好城市10周年庆祝大会上，神户市市长宫崎辰雄被天津市政府授予"天津市荣誉市民"称号。这是天津市，也是中国向外国友人授予的第一个"荣誉市民"称号。

消息发出后，在日本新闻界引起强烈反响。日本各大报刊分别以"中国的第一个荣誉市民""令人高兴的荣誉市民称号"等醒目标题做了报道。报道中说，"'荣誉市民'的含义很深刻，它是向长期为日中友好做出成绩的老朋友表示敬意而赠送的。"

因为这份友好交往的情谊，时任天津市市长李瑞环在与宫崎辰雄交谈中坦率地说出了当时天津港的情况："天津港任务繁重，压船问题很多。

神户港在全世界是比较有名的,我们希望请神户港派一些专家来参与天津港的管理和改造。"

作为天津市新任"荣誉市民",宫崎辰雄笑着回答:"我们是友好城市,帮助天津港建设是我们应该做的,为天津港派专家没有问题,我们可以把港口改造、管理方面的专利全部转让给你们,使天津港改变面貌。"

**港口合作　海上桥梁**

在结好10周年时,两市市长的会晤为天津港和神户港的合作迈出了重要一步——第一个外国港口顾问团来到了天津。

1984年3月1日,两市政府正式签署了《关于神户市协助天津港进行管理和建设协议书》,并向神户港湾局局长鸟居幸雄颁发了担任天津港最高顾问的聘书。

"看来命运已经把我们拴在一条船上了。"李瑞环对鸟居幸雄说:"船翻了,你掉到水里,我也就掉到水里啦。不过,我对合作充满信心。"

听了这番信任而诚恳的话,鸟居幸雄激动地说:"只要我们齐心协力,努力工作,'天津号'这艘巨轮一定会乘风破浪、一往无前。"

这位日本著名的港口专家是这样说的,他和顾问团的专家们也是这样做的。

1984年4月,神户港口顾问团到达天津市后,立刻深入码头、货场、仓库、锚地、船闸、围堰、防波堤,进行测量、观察、座谈,努力掌握第一手资料。他们常常因为计算与分析工作到深夜,他们跑遍了天津港的每一个角落,深入铁路、公路、外贸、内海航运等30多个部门进行调研。

鸟居幸雄一行针对天津港存在的问题,提出解决方案,制定改造措施,规划出了一份天津港长远发展蓝图。经过双方共同努力,天津港有效地解决了压港、压船问题,从而进入了长足发展阶段。

作为改革试点,天津港也于1984年6月在全国第一个实行了"双重领导,天津为主"的港口管理体制,为中国港口管理体制的全面改革奠定了基础。

今天,天津港货物运输繁忙,对外贸易发展迅速,已成为中国北方最大的综合性港口,货物吞吐量排名世界第4位,同世界上180多个国家和地区的 500 多个港口建立了贸易往来。

在从天津港出发的多条航线中，有一条特殊的航线——天津·神户海上航线，它的开通为两个友好城市之间架起了一座海上友谊桥梁。

1989 年 3 月，在时任天津市市长李瑞环和神户市市长宫崎辰雄亲自倡导下，中日联合投资成立了天津津神客货轮船有限公司，并投资 2500 万美元建造了豪华国际客货轮"燕京号"，经营往返中国天津市与日本神户市的客货运输业务，自此改写了天津市没有国际客运班轮的历史。

次年 3 月 16 日，"燕京号"从神户市航驶向天津市，这座金色的海上桥梁揭开了天津市与神户市友好交往史新的一页。

在"燕京号"这块"流动的国土"上，一支由 10 余名年轻漂亮姑娘组成的特殊团队——"燕京号"客运部乘务组，成为天津市至神户市 1000 多海里航程上的一道靓丽、别样的风景线。这群自称"海姐"的姑娘们，不仅为"燕京号"赢得了中外游客的广泛赞誉，也为天津市与神户市人民之间的友谊注入了新的活力。

与此同时，天津港也利用发展邮轮经济的优势，积极协助神户港创新两港合作的新模式。2012 年，以天津港为母港的皇家加勒比邮轮挂靠神户港，成为有史以来停靠神户港的最大邮轮，不仅有力推动了神户市邮轮产业的发展，也为扩大两市港口间邮轮航线的合作创造了有利条件。

**友好城市发展的一面镜子**

天津市与神户市友好城市的发展历史，是友好城市服务国家总体外交战略和促进地方经济社会发展的缩影，堪称中外友好城市的典范。

结好以来，两市政府充分发挥主导作用，每逢"五"逢"十"，双方都会精心策划，共同举办一系列结好纪念活动，并形成固定的交流机制。神户市还于 1985 年在天津市设立了代表处，专门负责日常沟通联络工作。

近年来，两市的社区合作成为借助友好城市交流机制，服务社会发展的范例。

为有效提高天津市社区工作者水平，2008 年，在两市结好 35 周年之际，经与神户市商议，由天津市社区工作者组成的市民代表团访问神户市，学习交流社区管理经验。当时，天津市组织社区工作者代表出访，在天津市乃至全国都属首例。

代表团中的 100 名社区工作者都是从天津市 1400 个社区近万名管理者中推选产生出来的。访日期间，他们出席了两市社区建设交流研讨会，考察了神户市防灾福祉社区和专门为老年人、残疾人服务的幸福村等代表性社区，学习了解日本社区在环境保护、社区养老以及防灾自救体系方面的管理经验。

活动结束后，天津市民政局立即组织全市各区县开展"做友好使者，创和谐社区"活动，对照日本社区先进经验，查找本区县社区管理中存在的问题，制定改进措施，包括对 350 个旧社区进行全面治理；为近 800 个社区配置救灾应急工具箱；提高居委会成员的生活补贴标准和社区办公经费标准。

同年，作为北京奥运会协办城市，天津市在城市美化方面也得到了神户市政府的大力支持，积极打造"美丽天津"。

除了政府主导、积极规划外，两市基层各界通过丰富多彩的人文交流活动，促进市民不断加深情感交流，特别是在两市友好城市关系的大背景下，双方各领域基层单位纷纷建立了诸如友好港口、友好学校、友好电台、友好医院等对口交流关系，扩大了各界基层人员往来，拓宽了市民参与友好城市交流的渠道。

40 余年的交往历史，增进了人民之间的友好情谊。近些年来，两市间友好援助持续不断。每当一方遇到困难和灾难时，另一方都会最大限度地提供帮助。

2008 年，中国汶川地区发生特大地震后，神户市小学生自发亲手制作了写满鼓励话语的巨幅手帕赠送给受灾地区的小伙伴；同年，神户市爆发甲型 H1N1 流感疫情，天津市迅速做出反应，捐赠了预防流感口罩 20 万只。

在风景秀丽的神户六甲山上，有一座神户森林植物园。这里植物种类繁多，林茂葱郁，芳草如茵，著名的"天津森林"就坐落在这里。在一公顷开阔地上栽满了天津市赠送的喜马拉雅冷杉、青杆、华山落叶松。在森林中的一座"友谊碑"，则是用神户六甲山的花岗石和天津蓟县盘山的叠层石共同建筑而成的，它象征着天津市与神户市两市人民之间的友谊，屹立挺拔，坚如磐石。

## 结好进程中的主要成果

| | |
|---|---|
| 1973 年 6 月 24 日 | 天津市与神户市签署《天津市和神户市建立友好城市关系协议书》,两市结为中日间第一对友好城市,由此开创了中国与国外城市结好的先河 |
| 1981 年 3 月 | 大熊猫第一次作为友好使者参加日本神户市人工岛博览会,吸引了 1000 多万日本人前来观看,在日本关西地区掀起了"熊猫热" |
| 1983 年 3 月 | 天津市授予神户市前市长宫崎辰雄"天津市荣誉市民"称号,这是中国第一次授予外国友人"荣誉市民"称号 |
| 1984 年 3 月 | 经中国国务院批准,天津市聘请中国第一个友好城市外国顾问团——日本神户港口顾问团,帮助解决天津港压港压船问题 |
| 1984 年 8 月 | 神户市第一家日式酒吧——"神户之海"在天津市开业,成为中国第一家日式酒吧 |
| 1989 年 10 月 | 为纪念天津市与神户市结为友好城市 15 周年,神户市出资 1 亿日元在天津水上公园建设"神户园",成为中国国内第一个日式庭园 |
| 1990 年 3 月 | 天津市与神户市间第一条定期客货班轮——"燕京号"通航 |
| 1993 年 3 月 | 为庆祝两市结好 20 周年,天津市向神户市赠送仿古建筑"连翼亭"和"百龙嬉水"大理石浮雕 |
| 1998 年 7 月 | 神户市市长笹山幸俊、副议长武贞健治率代表团一行 180 人到访天津市,参加两市结好 25 周年纪念活动。时任中共中央政治局常委、全国政协主席李瑞环会见了代表团主要成员。两市市长共同签署了《中国天津市·日本国神户市缔结友好城市关系 25 周年宣言书》 |
| 2008 年 5 月 | 天津市市长黄兴国率市政府代表团访问日本神户市,与神户市市长矢田立郎共同签署《天津市与神户市开展节能环保合作备忘录》,为两市深入开展节能环保合作提供了机制保障 |
| 2012 年 7 月 | 中央电视台《城市 1 对 1》专题节目,宣传天津市与神户市友好城市交往的特色和成果 |
| 2013 年 8 月 | 为庆祝两市结好 40 周年,神户市市长矢田立郎和副议长崎元祐治率代表团一行 90 人到访天津市,双方就加强两市友好关系、深化务实合作交换意见,并签署《天津市与神户市缔结友好城市关系 40 周年宣言书》 |

## 启　示

一个在渤海之滨,一个在濑户内海,天津市与神户市开创了中国国际友好城市的先河。在服务国家总体外交大局的同时,本着友好务实原则，继承传统又勇于突破，表现出了地方外事工作的特色与优势——从港口建设到经贸合作，从灾难互助到城市建设，尤其是两市间的社区合作更是将友好与情谊落实到了人民心间。在中日交往的岁月里，天津市与神户市这对友好城市的发展格外彰显出生命力，使友好城市交往成为中日两国民间交流与地方合作的重要途径，对中国探索友好城市发展道路具有重要启示和借鉴意义。

# 案例2　拥有同一片蓝天

——大连市与北九州市

摘　要：二十世纪下半叶，中国和日本的两座城市，大连市与北九州市，相继进入工业化发展时代。相近的地理位置，相同的环境问题，将两座城市连在一起。为了那一片共同的蓝天，大连市在分享北九州市环境治理经验的基础上，成功地走出了一条绿色工业化的发展道路。

关键词：　主题式合作　环境保护　星空之城　循环城市

---

基　本　情　况

中　　　国：辽宁省　大连市
日　　　本：福冈县　北九州市（英文：Kitakyushu）
结好时间：1979年5月1日
结好渊源：两座城市地理环境相似，产业结构相似，发展历程相似，在中日友好的大环境下结为友好城市，成为辽宁省第一对国际友好城市。
结好特点："机缘"——在两市丰富多元的交往中，环境保护合作成为亮点。大连市借鉴北九州市在环境保护方面的经验和技术，走出了一条绿色工业化的发展道路，成为友好城市主题式合作的典范。

---

2001年6月5日，意大利都灵市，联合国环境规划署举办的"全球环境500佳"颁奖大会正在这里举行。来自全世界多个城市的政府代表齐集一堂，中国人的面孔第一次出现在这里。

联合国环境规划署副执行主任沙夫卡特·卡卡海尔先生正在宣读颁奖词，"作为一座老工业城市，近些年来，大连市成功地进行了工业污染物治理和产业结构调整，实施了污染企业的搬迁改造，同时大力开展植树造林绿化活动,在保护生态方面起到了示范作用。大连市环境建设的成功经验,应该在中国及世界各地得以分享和推广。"

时任大连市市长李永金走上领奖台,郑重地接过了那珍贵的奖状并向台下挥手致意。台下,大连的友好城市北九州市的代表正向他鼓掌祝贺。

很少有人知道,大连市获此殊荣,与北九州市有着不解之缘。这个来之不易的奖状,正是两座友好城市主题式合作的结晶。

**重生,赢回星空的北九州**

北九州市,位于日本九州地区北部,是日本重要的滨海重工业城市。正是由于这个特殊的身份,20世纪五六十年代,作为日本四大工业区之一的北九州市曾经烟囱林立。"七色云雾"遮天蔽日,临近的洞海湾严重污染,一度成为生物绝迹的"死海",被列为"公害聚集区",居民因哮喘疾病叫苦不迭,西方媒体甚至将北九州城市污染问题称之为"环境噩梦"。

面对已无退路的严重污染,北九州市的市民积极行动起来。他们自发成立环境保护组织,利用各种宣传方式吸引全社会关注。在民众的大力呼吁下,政府、企业和民众同心协力开始了全面治理行动。北九州市的环境保护意识开启了全日本环境保护革命,直接促使日本在1967年通过了第一部环境基本法《公害对策基本法》。长达20多年的不懈努力和各种环保举措的集中实施,曾经被称为"七色云雾"的北九州市,终于在1987年被日本国家环境厅选为"星空之城"。1988年,日本政府在北九州市召开第一届"星空之城、蓝天之城国际会议"。1990年,北九州市成为第一个获得联合国环境规划署"全球环境500佳"称号的日本城市。

时任北九州市市长末吉兴一深有感触,认为北九州走的是典型的"先污染后治理"的工业化发展道路,消耗了太多的经济成本,给当地市民健康造成了难以挽回的损害。如果在公害发生前就加以治理,损失会小得多。在环境保护方面,北九州市有教训,也有经验,希望别的城市不要再重复它走过的老路。

与北九州市一衣带水的大连市,正借中国改革开放的春风,大力发展重工业产业。北九州市"度劫重生"的故事给大连市政府和市民极大的触动。他山之石可以攻玉,同处环黄海经济圈的两座城市,大连市和北九州市在环境保护方面的密切合作由此拉开了大幕。

### 取经，以友为鉴的大连市

作为中国北方一个具有突出兼容并蓄精神的港口城市，大连市有着非常丰富优秀的历史文化传统。大连人善于学习，常以博大开放包容的心态，学习接受外来优秀事物。

大连市与日本在历史和人文上颇有渊源。在中日邦交正常化的时代背景下，大连市与北九州市于1979年5月1日正式缔结友好城市关系。截至2015年7月1日，大连已与7个国家的9座城市（地区）结为友好城市。在这9座友好城市中，日本北九州市最早结好，关系最为密切，两市的友好合作最富有成果，也最具有特点。

刚刚走上改革开放之路的中国，曾把日本当成一个现代化榜样。大连市作为中国第一批沿海开放城市，在向日本学习时，具有天时、地利与人和的优势。北九州市经济发展与城市建设的经验与教训，正可为大连所借鉴。

大连市长期以来以重工业闻名。如果说东北是中国的重工业基地，那么大连市可以说是"重中之重"。在相当长的时间里，石油化工、船舶、机车、重型机械一直是大连市最具传统优势的产业。但是，落后的生产工艺、老化的设备和不合理的工业布局，给大连市的空气、土壤和饮水带来了严重的影响。

北九州市的发展道路让大连市开始思考"工业化"的环境成本问题，其结论是肯定的：必须避免"先污染后治理"的发展路径，必须提早谋划前瞻性、创新性的产业革新和环境保护举措，从根本上解决工业化过程中的环境污染问题。

就这样，大连市在与北九州市缔结友好城市关系伊始，率先启动了环境保护方面的交流与合作。以邀请日本3位环境保护领域专家到大连市进行"公害管理"讲座为契机，两市正式拉开了环境保护合作的序幕。

1996年，北九州市组织实施"大连环境示范区"开发调查项目，一份《建设"大连环境示范区"开发调查报告书》为大连市绘制了环境保护10年发展规划蓝图。

1997年，两市启动了中日第一批环境合作"示范城市"建设项目。经过北九州市在日本国内的申请和争取，大连市优先得到了约合1亿美元的日元贷款以及日本国际协力机构赠送的价值3000万元人民币的环保设备，用于重点推进企业的技术改造及城市污水处理设施的建设。

通过资金投入和不懈治理，到 1999 年底，大连市的环保基础设施得到了明显完善，老旧企业清洁生产和技术改造合作成果显著，建成 5 座城市污水处理厂，生活污水处理率达 70%，生活垃圾基本实现了无害化处理，产业废物安全处置场也陆续建成投入使用，而且还建成了 9 个自然保护区。大连市空气质量、海域环境质量和噪声污染状况均得到明显改善。

同时，通过与大连市的环境保护合作，北九州市自身的环境保护技术也不断提高，如存在大气中的污染物 $CO_2$ 由 1965 年的 0.06ppm 下降至 0.01ppm；SPM（悬浮物浓度）由 0.06ppm 下降到 0.045ppm；城市污水处理率达 90% 以上；水污染治理达标率 99.5%；垃圾无害化处理率达 80% 以上。

两座友好城市以环境保护为中心的主题式合作成果得到了世界的肯定和认可。2001 年 6 月 1 日，联合国环境规划署向全世界发布"全球环境 500 佳"名单，大连市榜上有名，成为中国第一个被联合国环境规划署授予这一称号的城市。巧合的是，当年北九州市也曾是第一个取得这一称号的日本城市。2001 年，为了表彰北九州市前市长末吉兴一为中日环境合作和大连环境改善做出的突出贡献，中国国家外国专家局授予他"友谊奖"。

### 升级，从"生态工业园"到"循环城市"

一个现代化的城市，仅仅有洁净的水和空气是远远不够的，它必须同时具有充满生机的经济。21 世纪，两座城市在经济发展上有了更加密切的合作，进入了一个新的合作发展阶段——环保产业化。

2009 年 11 月 1 日，对于大连市与北九州市来说，这又是一个具有里程碑式的日子。这一天，两座城市签署了《大连市与北九州市关于中日循环城市项目大连生态工业园区（静脉产业类）合作备忘录》。北九州市承诺：充分利用北九州市在构建循环型城市方面的先进经验，协助大连市开展循环城市建设。

在日本，将废弃物转化为再生资源的行业形象地比喻为"静脉产业"，即完成了一个从工业生产、消费到再生产的循环过程，同时也被称为"循环城市建设"。北九州市在循环城市建设的标志性成果是"北九州生态工业园"。作为日本第一个生态园区项目，它是日本乃至全球最完善的生态循环工业园区之一。北九州市依托完善的日本环境法律法规体系和独特的地方环境保护产业振兴政策，着力环境保护技术开发及商业化利用，将生态工业园打造成为产学研一体化、废物零排放的资源循环基地。

这种发展模式为大连市提供了全新的发展样板。大连市将目光聚焦到了前景广阔的循环经济产业上，并开始全面推进"大连生态工业园"的建设。具有丰富生态工业园区规划经营经验的北九州市和拥有广阔循环经济产业资源的大连市再次携手。

在"大连生态工业园"的规划阶段和园区建设现场，到处可见北九州市环保产业专家的身影。与此同时，大连市也多次派出专家学者和技术骨干赴北九州市实地考察，学习交流。

在中日双方环保产业专家的共同努力下，通过引入北九州市先进理念，"大连生态工业园"以高起点规划、高起点建设的态势进入了快速推进期。为了给园区提供充分的政策支持，大连市正式颁布了《大连市循环经济促进条例》和《关于推进大连市再生资源回收体系建设的实施意见》。在全市范围内，全面开展再生资源回收体系建设，并加强再生资源的安全监管和全面利用；同时投资近23亿元，启动建设再生资源拆解区、低碳经济产业区、物流运营服务区、行政监管区、研发孵化功能区、商务三产金融保险生活服务区、环保设施及基础设施运营服务区等七大功能区，在道路、专用进出通道、水电、管网、绿化、远程监控等方面积极比对日本标准，并充分预留可持续发展的空间和潜力。"大连生态工业园"通过了中国环境保护部、海关总署、国家质量监督检验检疫总局的联合验收，成为东北地区唯一正式通过该验收的再生资源示范园区。

大连市与北九州市在环境保护产业方面的合作，使大连市成为中日先进技术的先试区、先行区和先导区，在中国乃至东北亚地区具有重要的示范和辐射作用。大连市还积极努力推动由大连市一极带动辽宁沿海一线、环渤海一圈、中国一面、中日韩一域的环保水平的提升。2004年，由中日韩10个重要城市参加的"东亚经济推进机构环境分会"正式成立，并推选大连市作为中国干事城市。

2013年5月，中国国家发展与改革委员会、外交部、财政部联合发文同意大连市循环产业经济区即"大连生态工业园"开展"中日韩循环经济示范基地建设前期工作"，使之成为全国仅有的三个园区之一。为了继续推动"大连生态工业园"的建设，2013年8月，大连市与北九州市又签署了《大连市与北九州市关于大连循环产业经济区合作备忘录》，在循环经济发展与构建低碳化社会方面展开全方位合作。

两市决策层的高度重视,百姓的共同参与,企业界的积极对接,使大连市与北九州市走出了一条以环境保护作为支点的全方位友好城市合作之路——环境保护合作成为改善生态环境的"加速器",提升环境保护理念的"扩音器",中日两国关系的"减震器"。时任中国驻日本大使王毅评价大连市与北九州市的友好城市关系"堪称中日间友好城市交流的典范"。

### 结好进程中的主要成果

| | |
|---|---|
| 1979年5月1日 | 时任大连市市长崔荣汉与北九州市市长谷伍平于北九州市签署《关于中华人民共和国旅大市和日本国北九州市结为友好城市的议定书》,两市正式结好,并成为辽宁省第一对国际友好城市 |
| 1988年5月 | 大连市与北九州市的第一个合资企业,大连冈野阀门厂,在大连市举行开业典礼 |
| 1991年7月 | 北九州市设立"北九州市驻大连经济·文化事务所",后更名为"北九州市驻大连经济事务所" |
| 1993年10月 | 北九州市组织讲师团,就环境保护主题为大连市600多名中高层技术管理人员培训授课 |
| 1996年10月 | 大连市在北九州市成立"大连市人民政府驻西日本经济贸易事务所" |
| 1996年 | 为期4年的"大连环境示范区"开发调查项目启动,最终形成《建设"大连环境示范区"开发调查报告书》 |
| 2001年6月 | 在北九州市的推荐下,大连市被联合国环境规划署授予"全球环境500佳"称号 |
| 2004年11月 | "东亚经济推进机构环境分会"成立,大连市被推选为中国干事城市 |
| 2008年11月 | 北九州市将"北九州环境大奖"首次颁发给日本以外的城市,大连市获此殊荣 |
| 2009年11月 | 中日循环型城市项目——大连市与北九州市《生态工业示范园区(静脉产业类)合作备忘录》签署 |
| 2013年8月10日 | 大连市与北九州市又签署《大连市与北九州市关于大连循环产业经济区合作备忘录》 |

### 启　示

大连市与北九州市均立足于各自城市特点,相互借鉴学习,分享发展经验,逐步推进并形成了以城市环境保护为主题的友好城市合作模式,由此达到优势互补、互利共赢之效果。正是这种主题合作模式,使大连与北九州友好城市合作模式可持续,且凸显合作发展的强大生命力。

# 案例3 改革开放36年的缩影

## ——广东省与新南威尔士州

**摘　要：** 1979年，改革开放的春风吹遍中国大地。作为改革开放的前沿，广东省率先打开"窗户"，看见世界。1979年9月，时任广东省革命委员会主任习仲勋与时任澳大利亚新南威尔士州州长内维尔·兰恩以互换信件的形式，正式确定了广东省与新州的友好关系。新州是广东省在国外的第一个友好省州。这一信件的往来，开启了两省州长达36年的友谊之旅，而"友好搭台，经济唱戏"的理念，延展到了文化民生的方方面面，成为新中国改革开放36年的最佳缩影。

**关键词：** 马克林　改革开放　习仲勋　内维尔·兰恩　经济唱戏

---

### 基 本 情 况

中　　国：广东省
澳大利亚：新南威尔士州（英文：New South Wales，简称"新州"）
结好时间：1979年9月1日
结好渊源：改革开放伊始，作为中国改革开放的前沿，广东省迫切需要打开一扇通往世界的窗口；澳洲第一州，新南威尔士州，同为经济大州，与广东省形成了资源互补的"天作之合"。
结好特点："情缘"和"机缘"——两省州的友谊几乎与改革开放同龄，36年愈见亲密，从"友好搭台，经济唱戏"，延伸到教育、文化、旅游、体育全方位合作，不仅久长，而且深沉。

---

1964年，一位25岁的澳大利亚青年人，从英国剑桥大学毕业。他没有留在自己的国家工作，而是和妻子一道不远万里来到中国任教。1966年

他离开中国，6 年后中国与澳大利亚正式建立外交关系。此后的半个世纪里，他 60 多次访华，在亲历中国发展进步的同时，孜孜不倦地向澳大利亚和世界介绍中国。

他就是马克林教授，一个出生于悉尼的 76 岁老人。2014 年 11 月 17 日，习近平主席在澳大利亚联邦议会发表题为《携手追寻中澳发展梦想并肩实现地区繁荣稳定》的演讲时专门提到他的故事，并对包括马克林教授在内的为中澳友好做出贡献的众多澳大利亚人表示"诚挚的谢意"。

中澳之间的友谊源远流长，有很多像马克林这样的朋友辛勤耕耘，用心开拓！

1979 年 6 月，澳大利亚新南威尔士州（以下简称"新州"）财政部长杰克·伦肖应中国外交学会的邀请访华。受州长内维尔·兰恩委托，伦肖带来了新州率先与广东省缔结友好城市愿望的消息。时任广东省革命委员会主任习仲勋、副省长黄静波与伦肖部长在广州举行会谈并达成初步协议。当年 9 月，习仲勋与兰恩州长以互换信件的形式正式确定了广东省与新州之间的友好城市关系。

一位使者，一封信件，开启了两省州 36 年的友谊之旅。这段情谊，也成为中国改革开放、走向世界之旅的缩影。

**从广东到新州，开启友好交往之路**

年近九旬的雷奕祥至今仍珍藏着一枚特殊的纪念勋章，勋章的正面写着："为纪念广东省与新南威尔士州结成友好省州及习主任访问澳大利亚 1979。"这枚勋章是 1979 年习仲勋率团到访悉尼时，雷奕祥作为澳华公会代表获赠的，如今已经整整过去了 36 年。

在中央文献出版社出版的《习仲勋传》下卷中，详细地记载了当年访问澳大利亚的那段历史细节。

1979 年 11 月 22 日，为增进友谊，发展合作，时任广东省革命委员会主任习仲勋率领广东省友好代表团对新州进行近半个月的友好访问。此次出访澳洲有一项重要的任务，那就是学习发达国家的先进经验，搞好广东的社会主义"四化"建设。

为迎接习仲勋一行的到来，兰恩州长专门在澳大利亚新州首府悉尼举办了一场盛大的欢迎宴会。

"我们两省州的友谊不是在今天开始的。很久以前，中澳两国人民就早有往来，许多广东人民移居到新南威尔士州和澳大利亚其他地区，同澳大利亚人民结成了深厚的友谊。我们代表团这次对贵州的访问，对于增进中澳两国人民业已存在的传统友谊和发展两省州之间的友好合作关系，必将取得卓有成效的效果。"习仲勋在宴会上发表致辞，并与200多名政府官员和各界人士见面，介绍广东情况，表达增进友谊、促进合作的愿望。

接下来的10多天里，习仲勋一行处处留心学习澳大利亚的先进经验。他们在悉尼、纽卡斯尔等海滨城市和新州北部、中西部、南部的一些城市和农村，都留下了足迹；他们还访问了澳大利亚首都堪培拉和维多利亚州的首府墨尔本，深入政府机关、工厂、港口、码头、医院、学校、市场和科研机构考察。

在堪培拉，习仲勋拜会了两个重要人物，一个是澳大利亚联邦总督泽尔曼·考恩，一个是副总理道格·安东尼。就在几年前，考恩曾和夫人一起访问中国，"到的第一个城市就是广州，但只在机场逗留了一会儿就飞往上海了。"考恩回忆起那次中国之行仍心有遗憾。习仲勋当即向他发出邀请："我会在广州接待您。"

这次出访澳大利亚，除了不断接触和观察新鲜事物，习仲勋还了解到国外在经济管理方面的先进经验，"资本主义国家的机构小，人员少，工作开始后没一个闲人。他们的计划管理委员会，下边出了乱子才干涉，平时不干涉。这种领导结构值得学习。"习仲勋还发现澳洲人非常重视科学精神，各行业都讲科学规划和经济效益；农业科研不只是在研究室，出成果后立即到农村推广；重视有效利用外资。这些都是正处在改革开放前沿的广东可以学习和借鉴的经验。

12月4日和5日，习仲勋和兰恩分别举行了两次会谈。习仲勋感谢兰恩的邀请和热情接待，此行"看到和学到了许多东西""我们是高兴而来，满意而归"。

习仲勋的澳大利亚之行为广东和澳洲双方发展友谊，促进经济、文化合作交流开拓了广阔的前景。双方同意在经济、贸易以及科学、教育、文化艺术和卫生等方面进行交流合作。

**从经济到人文，两地协同全面发展**

广东省与新州的友好关系，不仅是中澳关系的缩影，也是中国36年改革开放的缩影。

改革开放初期，广东省乃至中国都急需引进国外先进技术和设备。与新州的结好，无疑为当时渠道不畅、信息不灵的广东省开启了一扇通往外部世界的大门。两省州之间以经济建设为基础，将合作逐渐扩大到教育、文化、旅游等人文领域。

广东是中国的经济大省，而新州号称"澳洲第一州"，经济总量最大且最具活力。两省州都是经济强省，广东是中国的制造业大省，而新州资源丰富，两省州经济互补性强，合作前景广阔。

1983年，广东省与新州建立"联合经济委员会"。最初是每年，后定为隔年或根据需要分别在广州和悉尼举行联合经济会议，商讨并确定双方年度交流与合作计划，为两地企业界人士寻求商机搭建了一个开放的交流平台。

双方经贸合作在双方政府的推动下不断取得新的突破。2005年11月8日，时任广东省省委书记张德江率团出访澳大利亚，出席"2005中国广东·澳大利亚经济技术贸易合作交流会"，共签署50亿美元的合同，是新州历史上举办的规模最大的经贸活动。按照约定，双方延续轮流举办联合经济会议模式。

2009年10月25日至28日，在两省州结好30周年之际，时任广东省省长黄华华率广东省政府代表团访问新州，出席"第23次广东·新州联合经济会议"和"2009粤港·澳大利亚经济技术贸易合作交流会"。访问期间，双方共签约项目及贸易合同金额达62.32亿美元，其中吸引外资金额30多亿美元。

2014年9月，广东省省长朱小丹率广东省政府代表团访问新州，出席"第25次广东·新州联合经济会议"。

两地合作不仅限于经济领域，在教育、科研领域也开展了卓有成效的交流合作。

2007年11月20日，广东教育国际交流协会与新南威尔士州大学校长委员会签订了《高等教育和科研合作协议》，旨在促进广东与新州友好省州之间所属院校在教学、科研、学术和管理方面的深入合作。

中山大学与悉尼大学在广州联合举办前沿知识论坛，联合建立"中山大学·悉尼大学中澳中医药研究中心""中澳眼科视光学联合研发中心"，两地高校积极开展联合培养、合作科研、师生互访等交流合作项目，包括广东省科技干部管理学院与悉尼理工学院联合办学;广东高级技能培训集团与新州卧龙岗大学工程学院联合办学等。

**与改革开放同步前行**

以心相交者,成其久远。

尽管一直没有正式结好协议,但两省州友好交往的步伐从来未曾停止。自1979年广东省与新州结好以来,双方高层互访频繁,人民之间友谊深厚。36年间,在经贸、文化、体育、旅游甚至司法、社会保障等各领域开展了卓有成效的交流与合作,取得了丰硕成果,为广东与其他友好省州发展友好关系,开展互利合作起到了示范作用。

2014年11月,习近平主席出席在悉尼举行的"首届中澳省州负责人论坛"时专门提到了这对友好城市,他说,我曾长期在中国地方工作,深知地方领导人责任之重、工作之不易,也深知地方交流对两国关系的重要促进作用。地方是两国合作最基层、最务实的层面,是两国合作成果惠及民生的最前沿。根深则本固,中澳关系发展需要扎根地方、依靠地方、惠及地方。

新州是广东第一对友好省州,也是广东所有友好省州关系中最活跃、最有成效的友好城市关系。两省州之间的友谊与中国改革开放同龄,也是这场变革的缩影,展示出这场变革对神州大地所产生的深远影响。

改革开放的36年是中国走向世界、融入世界的精彩历程。广东省与新州交往的36年,正是伴随着中国改革开放日趋深入而结出的硕果,并为两地人民带来了实实在在的实惠。两省州的合作和友谊历经了36载岁月洗礼而醇厚芬芳,并将继续为双方的共同发展开启更加美好的未来。

**结好进程中的主要成果**

| | |
|---|---|
| 1979年9月 | 时任广东省革命委员会主任习仲勋与新南威尔士州州长内维尔·兰恩以互换信件的方式,确定广东省和新南威尔士州友好省州关系 |
| 1983年9月 | 广东省与新南威尔士州建立"联合经济委员会" |
| 1999年4月 | 澳大利亚开放,成为广东公民自费出境旅游目的地 |
| 2002年11月 | 时任广东省省长卢瑞华率广东省政府代表团出访澳大利亚,与时任新南威尔士州州长鲍勃·卡尔签署《第19次广东省·新南威尔士州联合经济会议联合声明》 |

续表

| | |
|---|---|
| 2005 年 11 月 | 时任广东省省委书记张德江率团出访澳大利亚,并在悉尼主持"2005 中国广东·澳大利亚经济技术贸易合作交流会",共签署 50 亿美元的合同 |
| 2009 年 10 月 | 在两省州结好 30 周年之际,时任广东省省长黄华华率广东省政府代表团访问新州,出席"第 23 次广东·新州联合经济会议"和"2009 粤港·澳大利亚经济技术贸易交流会" |
| 2011 年 7 月 | 新州州长巴里·奥法雷尔率团出席在广州举行的"第 24 次广东·新州联合经济会议" |
| 2012 年 9 月 | 广东省教育厅与澳大利亚新州教育与社区部在广州签署合作谅解备忘录,为两地教育交流奠定了基础 |
| 2014 年 9 月 | 广东省省长朱小丹率广东省政府代表团访问新州,出席"第 25 次广东·新州联合经济会议" |

## 启 示

一个省的开放,打开了通向世界的窗口,通过引进先进技术、设备和管理理念,带动了整个省经济文化的全面发展;一个国家的开放,更是走向世界、融入国际社会、提升国际地位的必由之路。作为改革开放的桥头堡,广东省的开放,尤其是与国外城市之间的友好往来更是见证了中国改革开放的进程。更值得一提的是,在没有正式结好协议的情况下,广东省和新州共同携手走过了 36 年,这既是国际友好城市发展的特例,也表明两省州之间的情缘是友好省州务实合作最重要的纽带。

# 案例4 鹅掌楸 千秋苍翠
## ——南京市与圣路易斯市

摘　要： 鹅掌楸下，两个神交已久的城市，在历史的机缘下牵手，结为中美之间第一对友好城市。在漫长的岁月里，用彼此的真诚，超越傲慢与偏见，促进友谊与合作。

关键词： 孙中山　华盛顿大学　詹姆斯·康威　斯坦利·史培德　鹅掌楸

基　本　情　况

中　　国：江苏省　南京市
美　　国：密苏里州　圣路易斯市（英文：Saint-Louis）
结好时间：1979年11月2日
结好渊源：同为大型港口城市，均临世界著名江河；都属古城，历史悠久；都有重要的科研、汽车、化工中心；且气候特点相近，这一切表明两城具备了结好的基础。
结好特点："机缘"和"情缘"——从"革命的先行者"孙中山开始，两地情结生生不息。圣路易斯的华盛顿大学最早开设了中国研究课程，使圣路易斯人很早对中国就有了深入的了解和认知。中美第一对友好城市，经受国际风云变幻的考验、漫长岁月的洗礼，36年彼此坦诚相对。文化交流，经济互助，新闻互动，刷新着城市交往的一项项新纪录。

1904年，一场别开生面的"世博会"在美国密苏里州的圣路易斯市举办。这是新大陆公开向世界展示财富资本与科技实力的一次盛会。

这一届"世博会"，无论是展馆数量还是娱乐设施都规模空前，8个精彩纷呈的主题展馆，让那些梦想成为中产阶级的人们流连忘返。在参观的人群中，一个身材矮小、面貌清秀的东方人显得格外不同。他望着展馆里川流不息的人群，没有参与任何一场热烈的讨论。但是在展览结束后，他却发出这样的感慨："此会为新球开辟以来的一大会。"

在他的心中，不仅赞叹这个建国仅有 127 年的新大陆蓬勃发展的速度和激情，更萌生着强烈的学习愿望。这个人就是孙中山，但是此刻，他的身份却是满清政府的通缉犯，被迫漂洋过海，为起义再度筹集经费。据说也就是在这个时候，他完成了影响深远的英文著作《中国问题之真解决》。

第二年夏天，孙中山回国成立中国同盟会。6 年后，他领导辛亥革命，结束了两千多年的帝制。1912 年 1 月 1 日，孙中山效仿美国宪法和美国政治体制，在南京就任中华民国临时大总统。

### 圣路易斯市，古老又年轻

位于密苏里州东部城市的圣路易斯市，曾是美国第 4 大城市。一条蜿蜒流长的密西西比河，将城市分成了东、西两部分。作为城市象征的高达 192 米的圣路易斯大拱门，就是为纪念建国早期那些不屈不挠的拓荒者而建造的。

20 世纪末的美国圣路易斯市，相比罗马、雅典和伦敦等历史悠久的西方城市，非常年轻。但是对于建国 200 多年的美国来说，它已经进入"成人期"了——既遵循本土传统，又尊重其他国家源远流长的文明历史。

博大精深的中华文明，很早以前就是圣路易斯学者感兴趣的研究领域。20 世纪 60 年代初，斯坦利·史培德博士在圣路易斯中学创办中文语言课程；建立于 1853 年的华盛顿大学，是美国历史上建校较早的优秀私立大学，先后有 22 位诺贝尔奖得主在这里工作、研究、生活，然而还在中美关系处于"冷战"时期，这里就开设了太平天国史和中国现代史课程。

1972 年 2 月 21 日，美国总统理查德·尼克松访华，确立了中美两国在未来发展友谊的可能性。从此，两个对立了长达 30 年之久的国家，打开大门，开始交往。

随着中美两国非官方接触逐步增多，经贸、教育和文化的交流不断升级，两国人民都意识到建立正式外交关系的必要性和可行性。1978 年，圣路易斯市正式向中国提出了建立友好城市的愿望。

但是此刻一个问题出现了，圣路易斯市该选择哪个中国城市做朋友呢？

圣路易斯市市长詹姆斯·康威想到了中国10多个城市。但是，这些城市要么是经济发展方向与圣路易斯市缺乏交集，要么就是气候特点差异较大。就在他深感抉择困惑之时，多年来一直致力于中美两国文化交流的圣路易斯华盛顿大学亚洲和近东语言系主任斯坦利·史培德教授，向市长提出了一个选择方向：南京市。

史培德教授的理由非常简单，那就是圣路易斯市和南京市有很多的相似点：都是大型港口城市；都滨临世界著名的大江大河；都有属于自己的故事、自己的历史；都是重要的科研中心和汽车、化学工业中心；甚至连气候特点也极其相近。这两个城市有交流的起点，有共同的渊源，也有彼此合作的基础。当然，另一个重要因素，那就是被中国人称为"革命先行者"的孙中山，曾经在圣路易斯市学习、筹款、撰写革命著作。圣路易斯市是他民主革命生涯最重要的驿站。

这个提议，让康威市长陷入了深思……

## 划时代的牵手

1979年1月1日，当全世界人民都在辞旧迎新之时，一场划时代的隔空握手在远隔重洋的两个国家发生。这一天，《中华人民共和国和美利坚合众国关于建立外交关系的联合公报》发表，中国与美国正式建立外交关系。由此，两个国家开始了交往，领导人开始了互动，民众也告别了不相往来的历史。

同样是这一年，康威市长经过深思熟虑后，决定采纳史培德教授的建议。1979年初，他给时任南京市"革委会"主任储江写了一封长信，详细介绍圣路易斯市经济、文化、地理等基本情况，概括了两市的共同点，表达希望尽快与南京市结为友好城市的愿望。

中国方面为这个建议深感兴奋。在邓小平、李先念、姬鹏飞等高层领导人的亲自指示下，南京市向美方表达了积极的态度。1979年6月，受南京市政府邀请，一个美国访华团抵达南京市。

这个代表团的团长卡佛先生是康威市长的好友。在参观了南京城的整体风貌后，他向南京市政府再次转达了真诚结好的愿望。

同年7月21日至24日，圣路易斯市的华盛顿大学、密苏里大学、国际学院联合访华团一行20人访问南京市。史培德教授作为访问团的一员，带着康威市长的嘱托，开始与南京市政府讨论建立友好城市的具体事宜。

在讨论中，史培德教授还特意谈到台湾问题。他说："我们是希望与中华人民共和国的南京市建立友好城市关系，没有和台湾的任何城市有官方联系，这一问题詹姆斯·康威市长和友好城市筹备委员会的每个成员都很明确。台湾是中华人民共和国的一个省，我们希望中国人民自己解决这个问题，使台湾这个富有的省回归你们祖国的怀抱。"

就在史培德教授返回美国之后，两市即将结好的消息迅速在圣路易斯市传开。圣路易斯市的5家电视台和所有报纸都对此消息做了重点报道。在1979年10月10日出版的《全球民主党人报》中，以"我们新的友好城市"为题，向美国人民介绍了南京市的情况。

10月24日，圣路易斯市政府在圣路易斯大学举行了由各界著名人士和华侨代表800多人参加的群众大会。当主持人宣布南京市和圣路易斯市即将结为姐妹城市时，全场报以经久不息的热烈掌声，许多人甚至流下了激动的泪水。

在以后的一段时间里，有关南京市的照片不断刊登在圣路易斯市的各种报纸上。不少工厂、学校、文艺团体、植物园、图书馆都纷纷写信给康威市长，表达对南京市的兴趣。许多人们在社交场合谈论着与南京市对口单位建立关系的愿望。一时间，在圣路易斯市的各个阶层，掀起了一股"南京热"。

1979年11月2日，在南京市人民大会堂，时任南京市市长储江和远道而来的康威市长，将各自的名字郑重地签写在《中国南京市与美国圣路易斯市关于建立友好城市关系的协议书》上，中美第一对友好城市诞生了！各界代表3000多人共同见证了这一历史时刻。

当两人双手紧紧握在一起时，康威市长向人们发表了这样的感慨："世界上什么城市有这样优秀和勇敢的人民？南京！什么城市有这样古老和丰富的文化？南京！什么地方的大桥能造得这样好？南京！"而当他被人们问到中国哪座城市将第一个实现四个现代化时，他依然坚定地回答："南京！南京！"

随后，康威市长说："137年前，清政府和英国签订了一个南京条约，夺走了中国的自由。今天，我们在南京签订的是一个完全平等和促进友谊的南京条约，我愿它永世长存！"

## 友谊地久天长

南京，古老的金陵城，历史上著名的六朝古都，也是一个在近代饱受沧桑的悲情城市，每一块砖瓦下，都沉淀着一段刻骨铭心的历史。

来自大洋彼岸的客人们，自然不会错过触摸历史的机会。

在短短的几天时间里，这些美国朋友们来到向往已久的南京长江大桥、中山植物园、灵谷寺、中山陵、梅园新村纪念馆、南京博物院和中国人自主建立的第一个天文机构——紫金山天文台；他们还参观了南京无线电厂、南京化学工业公司等企业；最后，应客人们的要求，南京市政府还安排客人们参观瑞金新村住宅区、走访市民家庭。

当所有游览活动结束后，代表团对这里淳朴的民风和深厚的底蕴感到惊讶，也对南京人民在现代化建设中所取得的成果表示赞赏。最后，他们以朋友的名义，坦率地向南京市提出了他们的建议。

代表团成员，贝尔塞尔副市长坦率地说："在参观电影机械厂时，看到这个厂的设备和产品依旧停留在40年代的水平，看上去比较落后，但发展空间很大，我们可以帮助改造。"

艾默生电气公司总裁莫埃格莱尔在参观南京无线电厂后诚恳地提出："这是我看过的中国无线电厂中比较先进的一个工厂，但还不够。这个厂的产品比国际上先进水平要落后4～5年。但经过改进，可以大大减低成本，提高质量。"

代表团还对未来两市开展友好活动包括在文化、教育、体育等方面的交流合作提出了许多具体建议。

美国人的直率和热情，让南京方面非常感动，他们深切感受到了"朋友"的含义。也许只有朋友，才会毫不忌讳地提出批评建议，毫无保留地倾囊相助。

新闻媒体包括《人民日报》《新华日报》和各电台、电视台均对美国朋友们的来访作了专题报道。南京与圣路易斯结为友好城市，成为南京市家喻户晓的喜事。

访问即将结束，美方代表团深刻体会到一句中国俗语的内涵，"光阴似箭"，美好的时光总是短暂的。

"我们一踏上南京的土地，就如同置身于友谊的海洋。"艾默生电气公司总裁莫埃格莱尔说出了代表团成员的共同感受。

"满月高挂南京夜，金光照进我们心；紫金山头香风吹，树叶摇动呼欢迎；此刻阳光照拱门，光辉金色桥一座；桥上菊花红玫瑰，万朵来自金陵城。"这是康威市长在庆祝晚宴上的一首赋诗，将这段来之不易的友情推向了高潮。

第二年，即 1980 年 5 月，南京市友好代表团应邀首次访问圣路易斯市。从此以后，两市互访不断。南京，成为圣路易斯人心目中中国形象的缩影；圣路易斯，在南京人民印象中，成为最具美国精神的城市代表。

**鹅掌楸　千秋苍翠**

36 年过去了，当年的握手成为永恒。

尽管国际政治风云变幻，中美关系在曲折中前行，但源于 36 年前的那次握手，南京市与圣路易斯市的友好合作始终稳步发展。

36 年间，两市在对方城市举办画展、摄影展、文物展；互派合唱团、乐团、钢琴家、爵士音乐家交流演出；

36 年间，圣路易斯市赠送给南京市一套完整的儿童乐园设施，而南京市在圣路易斯市建造了一座中国古典风格的园林——友宁园；

36 年间，圣路易斯地区教育委员会每年都利用暑假组织教师来南京考察访问，交流教学经验，请高校教师讲授中国传统与文化，增进对中国的了解。密苏里大学与南京大学合作开办国际工商管理硕士项目；密苏里大学为南京市公务员举办培训班并安排学员到圣路易斯市政府实习，使学员对美国地方政府运行机制有了切身体会；

36 年间，世界知名的密苏里植物园与南京中山植物园结成了友好植物园，并在大型科研项目《中国植物志》的编撰工作中深入合作。

与别的友好城市不同的是，南京市和圣路易斯市之间还有一项极其坦诚的交流合作项目，这就是新闻机构的交流切磋机制。在圣路易斯市影响最大、日发行量 60 万份的《圣路易斯邮报》记者多次来南京市采访。2000 年，该报与《南京日报》记者连续详细报道彼此在当地的所见所闻。这一交流项目开创了中国城市地方媒体与国外友好城市主流媒体深入交流的先例。

36 年，作为中美第一对友好城市，两市共同开创了中美友好城市交往的起点，共同承载着过去的丰硕成果和对未来的美好希冀。

南京玄武湖，紫金山脚下的著名城市公园，风景怡人。花开时节，粉红色的樱洲灿烂炫目；盛夏时分，绿色的菱洲满目空灵。五洲春晓、古塔斜阳、西堤秋月、古墙明镜等景观映照着金陵城里的晨曦黄昏，春夏秋冬。这里历来就是文人雅客赋诗题词、抒情咏志的好场所。从1979年开始，玄武湖又增添了一道美丽的风景，这就是湖畔深处4株披挂彩带的鹅掌楸。它们是南京和圣路易斯在缔结友好城市协议后，两城朋友们怀着共同的愿景，在湖畔栽种的友谊树。

鹅掌楸是一个古老的树种，现在世界上只剩中国、美国两个亚种。南京林业大学的专家们孜孜不倦地实验了40多年，将同属木兰科的中国鹅掌楸"母本"与美国鹅掌楸"父亲"杂交而成鹅掌楸，集各自优点，树姿美观，抗病性强，是友好合作的象征，成为名副其实的中美友谊树。

36年来，鹅掌楸，根植于大地，沐浴阳光中，千秋苍翠，直到永远。

## 结好进程中的主要成果

| | |
|---|---|
| 1979年初 | 圣路易斯市市长詹姆斯·康威先生致信时任南京市革委会主任储江，表达与南京市结为友好城市的愿望 |
| 1979年6月 | 圣路易斯代表团访问南京 |
| 1979年11月1日至5日 | 圣路易斯市市长詹姆斯·康威夫妇、贝尔塞尔副市长、斯坦利·史培德教授、艾默生电气公司等著名企业总裁一行8人访问南京市 |
| 1979年11月2日 | 南京市与圣路易斯市签署《中国南京市与美国圣路易斯市关于建立友好城市关系的协议书》，正式缔结友好城市，成为中美之间的第一对友好城市 |
| 1980年5月 | 南京市友好代表团首次访问圣路易斯市 |
| 1980年 | 圣路易斯市密苏里植物园与中山植物园结成友好植物园 |
| 1992年 | 美国普瑞纳公司在南京开办第一家合资企业 |
| 2000年3月 | 《圣路易斯邮报》与《南京日报》派记者建立互访机制 |
| 2005年9月 | 密苏里大学与南京大学合作开办国际工商管理硕士项目正式启动 |
| 2006年12月 | 艾默生电气公司在亚洲唯一的过程控制流量技术生产基地落户南京 |
| 2012年9月 | 圣路易斯市获得中国国际友好城市联合会颁发的"对华友好城市交流合作奖" |
| 2014年3月 | 中国人民对外友好协会与美国国际姐妹城市协会在美国首都华盛顿共同举办2014年中美友好城市大会，庆祝中美友好城市交往35周年。南京市和圣路易斯市获得"中美友好城市长期合作奖" |

## 启　示

南京市与圣路易斯市均在各自国家历史进程中扮演过重要角色。两市的结好更为中美两国友好交往开启了崭新的篇章。作为第一对中美友好城市，南京市与圣路易斯市通过民间意向推动官方立项，再由官方建立正式渠道，拉动民间各领域交流合作，为国际友好城市的发展树立了一个可学习借鉴的典范。

# 案例5　文化缘　中法情

## ——成都市与蒙彼利埃市

摘　要： 成都市与法国蒙彼利埃市是中法两国之间第一对友好城市。两座城市在友好城市建设、商务合作、民间往来、文化交流各个方面密切配合，为中法两国关系的健康发展起到了积极的推动作用。

关键词： 成都小学　蒙彼利埃小学　乔治·弗雷什　海伦娜·芒德鲁　蒙彼利埃之家

---

**基　本　情　况**

中　　国：四川省　成都市
法　　国：朗格多克－鲁西永大区　蒙彼利埃市（英文：Montpellier）
结好时间：1981年6月22日
结好渊源：文化交流牵手成都市与蒙彼利埃市，促成远隔千里的中法之间第一对友好城市。
结好特点：顺应中法关系发展的"机缘"，以"文化缘"为抓手，成都市（简称"蓉"）与蒙彼利埃市优势互补，彼此对各自文化与生活方式的认同为双方建立友好城市关系奠定了坚实的人文基础。

---

"我想去中国！"

"我想看熊猫！"

教室内，天真可爱的法国小朋友们正在练习中文，一个个争相举手发言。

这一幕发生在法国蒙彼利埃市的一个小学校里。它坐落在一个宁静的小区旁，远远就可以看见"成都"两个汉字高高地写在学校的大门上。与蒙彼利埃市其他学校不同的是，这所小学将中文作为一门必修课，面向学校 7 岁以上的孩子开设。

这就是法国蒙彼利埃市著名的"成都小学"，2013 年建成，是法国第一所以中国城市命名的学校。

一年后，"蒙彼利埃小学"也在千里之外的成都落成。这所同样由蒙彼利埃市"成都小学"的设计师设计的学校，和远在法国蒙彼利埃市的"成都小学"成为"孪生姐妹"。两所学校外观风格完全一致，同以中法双语授课。

"这两所姊妹学校将成为见证蓉蒙友谊的永恒象征！"蒙彼利埃前市长海伦娜·芒德鲁这样说。

这两所"姊妹学校"是中法交流史上首对以对方城市名命名的学校，她们的建成是两市合作的重要成果之一。自 1981 年成都市与蒙彼利埃市缔结友好城市关系以来，两市经过 30 多年的精诚合作，在文化、教育、医疗、经贸等领域取得了丰硕的交流成果，堪称中法地方政府合作的典范。

## 中法第一对友好城市

蒙彼利埃市，位于法国南部地中海沿岸，因全年温暖干燥，又几乎没有雨雪天气而被称为"阳光之城"。而作为法国的第八大城市，蒙彼利埃市也是法国西南部最重要的商业和工业中心。

就是这样一座城市，与千里之外的"天府之国"，成都市，有着源远流长的文化交往历史。早在 100 多年前，著名的川籍作家、《死水微澜》的作者李劼人就曾在蒙彼利埃市留学。在蒙彼利埃市生活的两年多时间里，他一边读书一边给成都的报社写通讯，还大量翻译法国文学作品，包括莫泊桑、福楼拜、左拉、都德、罗曼·罗兰等一系列法国文学大师的著作，这为成都人乃至中国人认识、了解法国打开了一扇窗户。

而这两座城之间的友谊则是从 1981 年真正开始。当年 6 月，时任成都市市长米建书一行 6 人，应法国蒙彼利埃市长乔治·弗雷什的邀请，前往蒙彼利埃市进行友好访问。

"那是改革开放后父亲第一次去法国，代表成都市与蒙彼利埃市缔结友好城市关系。"米建书的小女儿米瑞蓉至今仍记得 30 多年前的那段往事。她回忆说，父亲那时的出差补贴很少，但他又实在想给家里的孩子们带些浪漫的纪念品回来。"哥哥姐姐们收到的礼物是小徽章，但我拿到的是一件淡黄色的猎装！"原来，米建书特地去逛了二手市场，给小女儿淘来这件来自时尚之都的礼品，"竖领、收腰、大摆"，米瑞蓉沉浸在当年的回忆之中。

这次法国之行，米建书不仅为儿女们带回了浪漫的纪念品，也为成都市领回了一个友好的"姊妹"。

当月22日，成都市与法国蒙彼利埃市结为国际友好城市，米建书和蒙彼利埃市长乔治·弗雷什共同在《中华人民共和国成都市与法兰西共和国蒙彼利埃市缔结国际友好城市关系协议书》上签下了名字。议定书中指出："双方同意通过加强我们两城市间的友好往来，进行经济、科学技术、教育、卫生、城市建设等方面的交流与合作，不断增进两市人民的相互了解和友谊，为中法两国友好事业的发展做出新贡献而努力。"

自那时起，蒙彼利埃市成为成都市的第一个国际友好城市。更值得一提的是，这也是中法之间的第一对友好城市。

和很多友好城市一样，成都市和蒙彼利埃市的结好，不仅两座城市气质契合，更是顺应了时代的要求。

作为第一个正式与中国建立外交关系的西方大国，中法关系友好的大背景为城市间开展交流合作奠定了坚实的基础。同时，作为西方现代文明的重要代表，法国在工业、科技、管理诸多领域均有独家之长，这为成都市乃至中国西部巨大的市场提供了广阔的合作空间。而成都市在调整产业结构、加快转变经济发展方式、推动城镇化发展进程的道路上所遇到的种种问题与挑战，不少恰是法国经历过的，而法国的经验与教训正是成都市求知若渴之处。

更为重要的是，彼此对各自的文化和生活方式的认同为双方合作奠定了良好的人文基础。

法国人对成都灿烂的古蜀文明、三国文化心生向往，而成都市民对法国悠久的历史、先进的技术、别致的生活崇尚有加。法国的咖啡馆文化与成都市的茶馆文化遥相呼应，双方的美食文化相得益彰，这一切均呈现出一种休闲、浪漫的生活方式，而法国社会崇尚多元文化与成都开放包容的城市精神更是不谋而合。

基于以上内因与外因的共同作用，成都市和蒙彼利埃市成为中法两国建交后的第一对友好城市。双方在政府与民间方方面面的深度合作中受益匪浅，扛起了中法友谊、深度合作的旗帜。

就在两市结好后的第 4 年，1985 年 10 月，应蒙彼利埃市市长乔治·弗雷什的邀请，以时任成都市市长胡懋洲为团长的成都市政府代表团一行 5 人赴蒙彼利埃市参加该市建市 1000 周年纪念活动并进行友好访问。

为了使蒙彼利埃市市民更好地了解中国，增进法中人民友谊，蒙彼利埃市市长精选了中国 20 世纪 30～80 年代拍摄的精品名片，举办"中国电影周"，并在开幕式上放映了成都"峨眉电影制片厂"拍摄的《红衣少女》。

蒙彼利埃市还将城郊新建的一个能居住三四千人的新区中的一条主要街道命名为"成都街"，新建的学校命为"成都学校"，连接街道的广场命名为"成都广场"。

### 两座城市都是"家"

"一个星期 4 节课，每节课 45 分钟，除了教中文外，还介绍中国文化。这门课程我们将会坚持下去。"蒙彼利埃市的"成都小学"校长卡特琳娜·佩尔介绍说。

她所说的这所与众不同的"成都小学"于 2013 年 9 月建成开课。作为当地公立学校，接受 3～12 岁的孩子，共有 11 个班，每个班 30 人。自"姊妹学校"成都的"蒙彼利埃小学"建成开课后，卡特琳娜·佩尔与远在成都的"蒙彼利埃市小学"校长开始了频繁的互动交流，"我们尽可能多的交流经验，希望两地的孩子们有更多的交流，在当地就可以原汁原味地学习到对方的语言文化。"

正如最初设想的那样，蒙彼利埃市的"成都小学"和成都市的"蒙彼利埃小学"这对"姊妹学校"的课程中，都加入了中法语言、中法文化的元素。

前蒙彼利埃市市长海伦娜·芒德鲁是这两所"姊妹学校"的主要推动者。在 2014 年 3 月访蓉期间，她还承诺：离任后，将继续推动两市友好交流合作。

如今，芒德鲁已经是成都市的"荣誉市民"了。

在成都市，还有蒙彼利埃市市民的另一个"家"，那就是"蒙彼利埃之家"。

自 2006 年成立以来，"蒙彼利埃之家"一直都得到芒德鲁的大力支持，一方面为成都市民提供了一个可以阅读法国原版书籍并获取蒙彼利埃市相关资讯的场所，同时也成为在成都生活的法国人获取各种咨询服务的温馨的"家"，包括举办法国电影展映、美术展览等。

"成都的'蒙彼利埃之家'是成都人接触和了解法国文化的窗口，也是两座城市之间实现沟通与交流的桥梁。"成都市"蒙彼利埃之家"负责人刘婧鸿这样说道。

2008年，汶川大地震后，成都市"蒙彼利埃之家"就变成了法国记者的交流中心。刘婧鸿说，"当时收到的第一笔国际援助就是来自一位在成都旅游的蒙彼利埃市民。之后，蒙彼利埃市政府及其周边地区捐赠50万欧元，用以修建两所学校并重建灾区的一个村庄。"

"每次到成都，都有回家的感觉。"蒙彼利埃市副市长罗伯特·考特常常这么说。

而在千里之外的蒙彼利埃市，人民也能看到许多成都元素。

走进蒙彼利埃市政府国际关系部所在的小院，道路中央镶嵌着醒目的大理石标志牌，上面两个白色汉字"成都"格外显眼，这是蒙彼利埃市为纪念与成都市结为友好城市而专门制作，在市政大厅的墙壁上还悬挂着显示成都时间的大钟。

**友好城市助推全面合作**

在谈及成都市与蒙彼利埃市的友好城市关系时，芒德鲁这样憧憬："成都是一座令人惊叹的城市，与蒙彼利埃的合作将不仅限于教育和贸易之类的传统领域，未来将实现更多领域的合作。"

芒德鲁第一次率政府代表团来成都市访问是在2004年9月。当时，她刚当选蒙彼利埃市市长。一上任，芒德鲁就强调要全面开展两个城市多领域的合作，还提议在两市之间互设代表机构。

一年后，2005年，芒德鲁第二次访蓉，出席第二届中法市长圆桌会议，就进一步加强两市经济、文化、教育、医药卫生等多领域合作提出了积极的建议。2006年，她第三次到访成都市，两市签订了《成都市－蒙彼利埃市5年交流合作计划备忘录》，确定在医学、药物研发、教育文化、企业项目以及稀有动物保护等方面展开实质性合作。

在"姊妹学校"的基础上，双方为中小学生长期开设基础性语言培训项目——"拉伯雷课堂"和"中文国际课程班"，分别教授法语和中文。目前，成都市有9所中小学、蒙彼利埃市有6所中小学分别开设上述课程。

两市之间的文化交流丰富多彩,包括"第三只眼-友谊井""蒙彼利埃中国当代艺术双年展""成都法国南部文化体验日",蒙彼利埃红酒文化推广平台等。

在体育方面,在蒙彼利埃市的大力推荐下,成都市成功申办2014~2016国际极限运动会,使成都人民在自己家门口就可以感受世界第二大极限运动赛事。

在卫生领域,建成"成都-蒙彼利埃糖尿病和老年痴呆症医学研究中心",蒙彼利埃大学医疗中心积极将胰岛细胞移植技术、胰岛素泵遥测治疗及老年痴呆症药物干预治疗方面所取得的重大成果用于该研究中心。

成都与蒙彼利埃的友好交往,以点带面,全面深入,尤其是在2006年后,随着法国驻蓉总领事馆的设立,合作领域不断拓展,合作层面不断提升,呈现出蓬勃发展态势。

由于成都在中国西部开发的重要战略地位以及成都与蒙彼利埃友好交往开创了中法地方政府合作的先河,法国外交部和法国驻华使馆高度重视这一成果,多次安排法国高访团到访成都。

成都市和蒙彼利埃市的友好交往已经迈进第34个年头,中法两国之间的友谊进入第51个年头。两国越来越多的年轻人在形式各异的文化交流活动中,感受彼此的文化,学习彼此的语言,了解彼此的生活方式。"文化缘"牵手成都与蒙彼利埃,书写着中法两国人民的友谊。

### 结好进程中的主要成果

| | |
|---|---|
| 1981年6月22日 | 成都市与蒙彼利埃市签署《中华人民共和国成都市与法兰西共和国蒙彼利埃市缔结国际友好城市关系协议书》,成为中法第一对友好城市 |
| 1995年10月 | 时任成都市副市长何绍华率成都市经贸代表团赴法国蒙彼利埃市参加该市第47届国际博览会,主要展出旅游、轻工、蜀绣等具有成都特色的产品,受到了蒙彼利埃市民的欢迎 |
| 2004年2月 | 在法国巴黎举办第一届中法市长圆桌会议 |
| 2005年6月 | 时任成都市副市长朱志宏赴法国蒙彼利埃市参加第一届"中国当代艺术展",并为成都-蒙彼利埃"友谊井"揭幕 |
| 2007年10月 | 在成都"蒙彼利埃之家"的积极推动下,成都市卫生局与蒙彼利埃市医学院(欧洲最古老的医学院)合作开设欧洲第一个中医大学教育 |
| 2008年 | "5·12"汶川大地震后,成都"蒙彼利埃之家"成为法国记者的交流中心 |

续表

| 2013年9月 | 蒙彼利埃市"成都小学"成立 |
| --- | --- |
| 2013年底 | "成都-蒙彼利埃糖尿病和老年痴呆症医学研究中心"建成 |
| 2014年10月21日 | 成都市"蒙彼利埃小学"成立 |

## 启 示

作为中法两国第一对友好城市,成都市与蒙彼利埃市以"文化缘"为抓手,充分利用两市经济互补、文化认同的优势,将友好城市合作从文化、贸易逐步延展到教育、医疗诸多领域,深入民间,深化友情。成都市与蒙彼利埃市的友好交往既受益于中法友好的大环境,同时也通过友好城市载体,整合资源,使友好城市成为打造国际化大都市的助推器。

# 案例6　情缘留住永恒的记忆

## ——河北省与艾奥瓦州

摘　要：1985年5月,一位年轻人率领河北省石家庄地区玉米种植及加工代表团访问美国艾奥瓦州。那时,艾奥瓦州的人们未必会想到面前这位年轻人,时任正定县委书记的习近平,日后会成为中国国家主席。河北省与艾奥瓦州走过了31年友好城市历程,时间考验了人民的友谊,也收获了累累硕果。

关键词：习近平　特里·布兰斯塔德　萨拉·兰蒂

---

### 基　本　情　况

中　　国：河北省
美　　国：艾奥瓦州（英文：Iowa）
结好时间：1983年7月22日
结好渊源：两个农业大省州,长达30余年的绵长友谊。
结好特点："情缘"——长达30余年的友谊,成为中美友好的一段佳话。从政府到人民,两省州之间建立了深厚的友谊,全方位合作硕果累累。

---

马斯卡廷,一个素有"美国粮仓"之称的艾奥瓦州小镇,坐落在密西西比河畔,被人们称作"珍珠之城"。让这里的人民非常骄傲的是,著名作家马克·吐温曾经在这里短暂居住,并在其著作《密西西比河上的生活》中描写道："马斯卡廷的日落是我见过的最美的日落景观。"

1985年5月,一个来自中国河北省的农业代表团到这里考察。他们此行的目的是学习美国先进的农业和畜牧业技术。当时,带领代表团的正是时任河北省正定县县委书记习近平。这次远行不仅开拓了与艾奥瓦州农畜牧业合作的领域,年轻热情的习近平也与小镇人民结下了深厚的友谊。

时光荏苒,2012年2月,时隔27年,习近平在成为中国国家副主席后第一次访问美国,他没有忘记马斯卡廷的老朋友。访美期间,他专程来到艾奥瓦州的"珍珠之城"马斯卡廷小镇。巧合的是,当年的州长特里·布兰斯塔德也在2011年再次当选为该州州长。同年6月,习近平邀请"老朋友"布兰斯塔德一行访问河北。一来一往,跨越27年,河北省和艾奥瓦州之间的情谊,随着时间的洗礼愈醇愈厚。

2013年10月16日,习近平主席为河北省与艾奥瓦州结好30周年纪念活动发来贺信,称赞两省州之间的交往是"中美地方务实合作的典范"。

## 农业为缘,情系30年

1983年7月,时任河北省省长张曙光访问美国艾奥瓦州,与特里·布兰斯塔德州长签署了《中国河北省-美国艾奥瓦州缔结友好省州关系协议书》,艾奥瓦州成为河北省的首个国际友好省州。

两年后,时任正定县县委书记习近平率领石家庄地区玉米种植及加工代表团,远赴艾奥瓦州学习先进农业和畜牧业技术。直到今天,前艾奥瓦州友好省州委员会主席、美国友人萨拉·兰蒂依然记得那个温文尔雅的年轻中国人,"当时我们对他的背景一无所知,就像对待其他人那样对待他。"

那时,习近平被安排在德沃切克夫妇家中,就住在孩子们的房间里,墙上还挂着《星球大战》的海报。"习近平非常绅士,彬彬有礼,常提出一些很好的问题。一天,他兴致很高,我开着敞篷车带他去兜风,他觉得非常有趣。"兰蒂回忆道。

尽管这个农业代表团在马斯卡廷只停留了3天时间,但是这座美国乡村小镇的热情好客却给中国客人留下了深刻难忘的印象。

让兰蒂感到惊讶的是,时隔27年,习近平在2012年再次来到马斯卡廷,与老朋友们一起回忆当年访问时的趣事。看着17位重聚在一起的老朋友,习近平感慨地说:"阔别27年,这次再回到马斯卡廷,当年的印象又重新浮现,见到你们我感到非常亲切,你们给我的印象如此深刻,可能是你们无法体会的，因为你们是我见到的第一批美国人，我对美国的第一印象来自你们。对我来说，你们就是美国。"这次故地重游后，习近平向他马斯卡廷的老朋友们发出了访问中国的邀请。

同年6月，习近平的老朋友，艾奥瓦州州长特里·布兰斯塔德率领艾州友好人士代表团访问河北省。在北京会见老朋友时，习近平说："人民交往是两国关系发展的基础，是建设中美合作伙伴关系、探索新型大国关系之路的重要组成部分，是推动中美关系发展的不竭动力。"

2013年，河北省与艾奥瓦州结好30周年。在习近平主席的亲切关怀下，两省州以互办友好活动周的形式分别在河北省和艾奥瓦州举办纪念活动。10月16日，习近平主席为河北省与艾奥瓦州结好30周年纪念活动专门发来贺信，称赞"河北省和艾奥瓦州结好30年来，各领域合作取得了重要进展，为两地人民带来实实在在的好处，成为中美地方务实合作的典范。"

### 确立合作机制，结出累累硕果

自结好伊始，河北省与艾奥瓦州政府领导对两省州友好关系予以高度重视，双方高层领导加强互访，促进交流合作。河北省先后有包括省委书记、省长在内的8位省级领导访问艾奥瓦州，艾奥瓦州先后有5位州长、副州长访问河北省。

为高效开展联络工作，两省州在政府主导下，从1983年起建立了长期联络合作机制。

受河北省人民政府和艾奥瓦州政府委托，河北省人民政府外事办公室和艾奥瓦州友好委员会作为官方指定机构，负责两省州的联络和日常事务。每年12月，双方共同协商探讨下一年度交流与合作内容，确定工作重点，制定项目实施方案。河北省外办和艾奥瓦州友好委员会定期向河北省政府、艾奥瓦州政府汇报工作情况、项目进展以及下一步工作计划，两省州政府根据汇报情况对重要事项以及合作项目做出决策。

30多年来，两省州之间的联络沟通方式从当年的信函、电报、传真变成现在的电话会议、视频会议、电子邮件，河北省外办和艾奥瓦州友好委员会的工作人员更换了一批又一批，但高效、便捷、畅通的沟通联络机制始终延续。正是有这一高效的联络合作机制保驾护航，31年的友谊之树不断结出累累硕果。

同为农业大省，河北省与艾奥瓦州在经贸合作上显得格外密切。近年来，廊坊三河汇福粮油集团每年向艾奥瓦州购买10亿美元大豆；河北北粮农业集团有限公司与艾奥瓦州海兰国际有限公司共同投资12亿元人民币，在唐山芦台建设规模为400万只蛋鸡的养鸡场；河北华裕家禽育种有限公司与海兰国际有限公司在邯郸合资建设中国最大的蛋鸡种鸡场项目，其中外方投资1亿欧元。在2013年10月"河北省友好活动周"期间，河北省与艾奥瓦州共签订20项投资合作协议，总投资额达15亿美元。

为增进两省人才交流，河北师范大学、河北经贸大学与艾奥瓦州瑞克大学建立友好学校关系。到目前为止，艾奥瓦州瑞克大学先后派遣117名毕业生到河北省院校任教，有效缓解了河北省大中专院校及高中外教短缺问题。

除经济上的密切合作和教育上的互助互补，两省州之间的文化体育交流也丰富多彩。在艾奥瓦州友好委员会的大力支持下，河北省文化厅组织京剧、杂技、民间舞等艺术团体赴艾奥瓦州演出；河北省体育局与艾奥瓦州足球协会共同举办河北女足和保定一中女足与艾奥瓦州高中女足友谊赛，并邀请艾奥瓦州摔跤教练访问河北，参与指导和培训工作；两省州电视台先后互派摄制组录制"河北农业"、"河北旅游"、"美丽的艾奥瓦"和"艾奥瓦州农业博览会纪录片"等专题节目。

### 政府引导，推动民间"老朋友串门"

"你一定不会忘记，曾经的小镇经历。如今你重回故地，小镇充满了笑语。朋友期待相聚，人民渴望友谊。世界呼唤和平，地球憧憬美丽。那是情，那是缘，情缘留住永恒的记忆。"

2013年10月，在河北省与艾奥瓦州结好30周年纪念活动上，中美两国少年儿童用中文唱响了同一首歌——《情缘留住永恒的记忆》。这首歌由兰蒂女士提议创作，中国人民对外友好协会会长李小林和中国国际友好城市联合会原秘书长李利国联合作词。那一刻，优美的歌声和旋律打动了所有在场的人们，很多老朋友眼中噙满了泪水，两省州之间友好往来的一幕幕在人们的眼前重现。

善良淳朴的河北人民总是用真诚而隆重的方式欢迎来自小镇的美国朋友，习近平主席的"老朋友"、75岁高龄的萨拉·兰蒂女士常常感动地说："我爱中国，更爱河北。我们来到河北，就像是回家了。"

2013 年 10 月,萨拉·兰蒂女士被中国人民对外友好协会授予"人民友好使者"称号。

国之交在于民相亲,民相亲在于心相通。

在双方政府的积极引导和鼓励下,河北省与艾奥瓦州的民间友好往来非常活跃,两省州人民始终保持密切联系,成为常来常往的"老朋友"。河北省与艾奥瓦州一致认为,在习近平主席的关怀和推动下,两省州人民的友谊与合作达到了 30 多年来的最好时期。

如今,河北省与艾奥瓦州的友好交往进入第 32 个年头,两省州人民将继续承载"中美地方务实合作的典范"的荣誉,珍惜这份 32 年的"情缘",不断努力,为两省州共同繁荣发展,为两国人民世代友好做出新的贡献。

### 结好进程中的主要成果

| | |
|---|---|
| 1983 年 7 月 22 日 | 时任河北省省长张曙光赴美国艾奥瓦州访问,与时任艾奥瓦州州长特里·布兰斯塔德在得梅因签署了《中国河北省——美国艾奥瓦州缔结友好省州关系协议书》 |
| 1985 年 5 月 | 时任正定县委书记习近平率领石家庄地区玉米种植及加工代表团访问艾奥瓦州 |
| 1985 年 8 月 8 日 | 石家庄市与艾奥瓦州得梅因市结为友好城市 |
| 1988 年 5 月开始 | 河北省外办与艾奥瓦州布纳维斯塔大学共同实施长期教育培训交流项目 |
| 1995 年 11 月 8 日 | 邯郸市与艾奥瓦州杜布克市结为友好城市 |
| 1997 年 6 月 16 日 | 唐山市与艾奥瓦州锡达拉皮兹市结为友好城市 |
| 2012 年 9 月 | 艾奥瓦州被中国人民对外友好协会授予"对华友好城市交流合作奖" |
| 2013 年 1 月 | 河北省省长张庆伟和美国艾奥瓦州州长特里·布兰斯塔德向对方人民互致新年贺信,拉开了河北省与艾奥瓦州结好 30 周年纪念活动的序幕 |
| 2013 年 4 月 1 日 | 正定县与奥瓦州马斯卡廷市结为友好市县 |
| 2013 年 4 月 15 日至 20 日 | 河北省与美国艾奥瓦州结好 30 周年纪念活动暨艾奥瓦州友好活动周在河北省举行。艾奥瓦州州长特里·布兰斯塔德率 43 人组成的代表团,先后访问保定、石家庄、承德,举办两省州结好 30 周年纪念座谈会和经贸、教育对口洽谈等活动 |
| 2013 年 10 月 19 日至 23 日 | 河北省与美国艾奥瓦州结好 30 周年纪念活动暨河北省友好活动周在美国艾奥瓦州举行。河北省市组织 22 个代表团共计 172 人访问艾奥瓦州,共签订 20 项投资合作协议,总投资额达 15 亿美元,推动双方友好合作进入了一个新的阶段 |

续表

| | |
|---|---|
| 2014 年 3 月 | 在美国华盛顿召开的中美友好城市大会上,河北省与艾奥瓦州被授予"中美友好城市长期合作奖" |
| 2014 年 11 月 | 河北省被中国人民对外友好协会、中国国际友好城市联合会授予"国际友好城市特别贡献奖" |
| 2015 年 4 月 | 习近平主席的"老朋友"、艾奥瓦州友好人士德沃切克夫妇一行访问河北省,省长张庆伟等省领导会见代表团 |

## 启 示

两个省州之间的交往,需要不断学习交流,加强相互了解,这样才能共同进步。河北省与艾奥瓦州 30 多年的友好交往受益于双方政府创建新型高效的联络合作机制,同时紧紧依托两地民间绵长深厚的情谊基础。河北省和艾奥瓦州之间的友谊因"情"而起,携"情"发展,用"情"谱写未来美好篇章。

# 案例7　培训为抓手　合作显真情

## ——浙江省与石荷州

**摘　要：** 石荷州是浙江省在欧洲建立的第一个正式友好省州。结好前，双方在高校交流合作与专业技术培训方面已经建立了良好的合作；结好后，双方继续以培训为抓手，形成了以"互助培训"为特色的友好城市关系。

**关键词：** 巴舍尔　专业技术培训　中小企业　互助培训　全方位合作

---

### 基 本 情 况

中　　　国：浙江省
德　　　国：石勒苏益格-荷尔斯泰因州（英文：Schleswig-Holstein，简称"石荷州"）
结好时间：1986年4月20日
结好渊源：浙江省与石荷州都拥有大量的中小企业，经济发展模式具有相互借鉴之处，加之两地在结好之前就开展了内容丰富的专职业技术培训，而培训成为桥梁，使石荷州自然成为浙江省在欧洲建立的第一个正式友好省州。
结好特点："机缘"——浙江省与德国石荷州的友好省州关系始于专业技术培训，最终繁荣在经济全方位合作之中。

---

　　石荷州，全称石勒苏益格-荷尔斯泰因州，是德国最北面的一个州，独特的地理位置让它处于整个欧盟极具活力的大汉堡经济区内。

　　1985年1月底，时任浙江省省长薛驹随同时任国务委员、经贸部长陈慕华出访联邦德国，希望发掘中德在经贸领域深层次合作机会。这次的旅行不仅拓宽了经济合作的途径，更为浙江省带回了一份持续几十年的深厚友谊。

德国的石荷州乌韦·巴舍尔州长邀请中国代表团一行顺道访问石荷州。交谈中，巴舍尔州长了解到浙江省与石荷州在专业技术培训方面的合作已经生根发芽，而位于中国东部的浙江省是中国改革开放的前沿。考虑到浙江省未来发展的无限潜力，特别是双方在中小企业发展及自主创业创新方面的相似性，巴舍尔州长认为，如果浙江省能与石荷州结为友好城市，那也可谓是"门当户对"。

1986年4月20日，在浙江杭州"水光潋滟晴方好"之时，薛驹省长和巴舍尔州长在杭州签署了《中华人民共和国浙江省和德意志联邦共和国石勒苏益格－荷尔斯泰因州缔结友好省州关系协议书》，从此石荷州便成为浙江省在欧洲最为密切的伙伴之一。

### 结好伊始，专业技术培训牵线搭桥

在浙江省和石荷州正式建立友好省州关系前，双方在高校之间已经开展了丰富多彩的培训交流活动。借正式建立友好省州关系，石荷州基尔大学与浙江农业大学、浙江医科大学、杭州大学，吕贝克医科大学与浙江医科大学分别签署校际友好合作协议书，从而加速了双方专业技术培训的合作进程，形成了以"互助培训"为主的特色关系。

根据浙江省的需要，石荷州为其专业技术人员举办有针对性的培训，涉及企业管理、环保、卫生医疗、风力能源、危机治理、海洋经济、水管理、现代农业等各个方面，培训人数早已达到了成百上千的数量。

石荷州托尔斯滕·阿尔比希州长说，他将致力于把友好关系深入推进到公民当中。他的目标主要锁定在三类人，即企业家、科技人员、年轻人。针对企业家，石荷州与浙江省在企业管理、危机治理等方面有着深入的交流；针对科技人员，石荷州为浙江省提供了多数量、高质量的技术培训；而针对年轻人，阿尔比希州长推动建立了浙江省与石荷州的"千校结好"项目。

"千校"计划的目的在于为双方学生提供到对方学校接受进修培训的机会。以浙江大学为例，该校现在已有超过300多位学生赴石荷州大学学习与培训；与此同时，基尔大学也选派优秀学生到浙江大学攻读"中国学"硕士专业。此外，双方大学和技术院校师生互访、交流活动更是不计其数，蓬勃开展。

**优势拓展，遍及多领域的培训项目**

石荷州是欧洲最具吸引力的经济区之一。在德国，它有无可比拟的地理优势，是进入西欧、北欧、东欧市场的一条捷径。借助良好的区位条件，石荷州的朝阳企业发展非常迅速，其环保能源、医药技术、电子技术以及生物技术领域在世界市场上均占有重要地位。凭借强大的技术实力，石荷州为浙江省提供了内容更加丰富的培训项目，同时也为自己打造了更为优秀的合作伙伴。

作为德国著名的风力能源州，石荷州的风能利用技术一直处于世界领先地位。为了借友好省州优势，推进新能源利用，浙江省从石荷州引进了一批风力发电机组。但是在风力能源利用上，浙江省缺乏人才。石荷州及时向浙江省伸出了援手，在浙江省连续开办风力能源培训班，不仅向浙江省参训技术人员传授风力发电知识，还邀请他们赴德国实地考察。

石荷州还有针对性地在浙江省举办"急救医疗和救护服务"专题培训。培训内容不仅包括德国急救医疗组织结构和管理方式介绍，还邀请参训人员实地到石荷州各大医院急救门诊和重症监护病房参观，同时还观摩车祸事故急救演习、工厂事故急救演习、海陆空救护演习。参训人员不仅从中感受到德国人严谨认真的工作作风，更感受到作为友好省州的石荷州对浙江省的热心支持。

根据两省州农业发展与食品经济的特点，石荷州还对浙江省进行现代农业专题培训，向浙江省介绍德国先进的现代农业管理方式、尖端的现代农业运作技术和规范的食品安全体系。

在拓宽培训领域的同时，浙江省和石荷州没有放松在教育领域的交流。2012年，浙江大学与基尔大学签署建立战略伙伴关系合作协议。浙江大学海洋系、光华法学院分别与基尔大学跨学科海洋学中心、法学院签署了院际合作协议。2014年，浙江科技学院与石荷州应用科技大学共同创办中德工程师学院。德国卓越工程师培养模式是世界工程教育领域的成功模式之一，也是"德国制造"领先全球的重要原因之一。石荷州应用科技大学在培养应用型技术人才方面具有自己独特的方法，因此，中德工程师学院确定办学宗旨就是要引进和借鉴德国应用科学大学在培养卓越工程师方面的优质教育方法，为中、德两国经济发展培养大量卓越的工程技术人才，将中德工程师学院打造成培养卓越工程师的摇篮。

除了长期的培训项目外，石荷州还根据双方实际情况，积极开展专题培训，包括"企业危机管理""石荷州食品经济网络优势""石荷州海洋经济""石荷州水管理"等。这些不同的培训项目不仅为浙江省提供了一个学习石荷州先进技术经验的机会，也为双方全方位合作提供了平台。

**情感升温，全方位合作项目遍地开花**

伴随培训交流而来的是势头强劲的经贸往来，经济合作已经成为浙江省与石荷州的重点合作领域。

为了给双方企业提供更多的实地咨询和援助，石荷州于1995年专门设立了石荷州经济技术促进中心驻杭州办事处，为有志于开拓德国市场但又不熟悉当地文化和政策的浙江企业提供起步扶持。目前已有近20家石荷州企业到浙江省落户经营，30多家浙江企业落户石荷州，约有60多家石荷州公司来浙江采购。

自1999年起，浙江省人民政府每年都会举办中国浙江投资贸易洽谈会（简称：浙洽会）。石荷州经济技术促进中心驻杭州办事处每年都会在浙洽会上设立展位，促进更多的经贸合作。正是由于石荷州经济技术促进中心不遗余力地穿针引线，浙江省与石荷州的企业关系越来越近，双方合作越来越多。

浙江省与石荷州的企业之所以能够达成如此多的合作，与双方企业构成状况相似分不开。石荷州的中小企业多，占全部企业的99%，浙江省的情况与之十分相似。对于热衷海外投资并购的浙江企业来说，石荷州好比是一块磁铁；同样对于急切开拓海外市场的石荷州企业来说，浙江具有强大的吸引力。在相互引力作用下，双方的经济合作得到了纵深发展，双方的经济发展模式也逐渐得到了优化。

2016年，浙江省与石荷州将迎来结好30周年纪念。回顾这30年的发展历程，两省州从专业技术培训开始，逐步拓展到了经贸合作，并通过双方高层领导互访，双方企业积极合作，相关部门通力配合，使友好省州关系不断结出累累硕果。

### 结好进程中的主要成果

| | |
|---|---|
| 1986年4月20日 | 浙江省与石荷州签署《中华人民共和国浙江省和德意志联邦共和国石勒苏益格-荷尔斯泰因州缔结友好省州关系协议书》，两省州正式结好，石荷州成为浙江省在欧洲的第一对正式友好城市 |
| 1993年3月 | 浙江省与石荷州签订《友好合作备忘录》。双方就人才交流和培训以及在交通运输、机械制造和医疗器械等方面达成合作意向 |
| 1995年9月 | 两省州建立经济促进委员会，每两年召开一次会议，以制定两省州交流活动的框架内容 |
| 1995年 | 石荷州经济技术促进中心在杭州设立办事处。目前已有近20家石荷州企业到我省落户经营，30多家浙江企业落户石荷州 |
| 1996年10月 | 两省州经济促进委员会成立暨第一次全体会议召开 |
| 1999年12月 | 石荷州"德国环保技术合作联络处"（德方称"环境信息中心"）在杭成立 |
| 2002年11月 | 两省州签署了《浙江省与石荷州医疗卫生合作备忘录》，双方的医院以及医学院校开展人员互访以及学术交流活动 |
| 2006年9月 | 为庆祝两省州结好20周年，浙江省在石荷州首府基尔举办"美丽浙江·彩蝶女乐"专场民乐演出 |
| 2012年9月 | 时任浙江省委副书记李强访问石荷州，为石荷州前州长卡斯滕森颁授"浙江省荣誉公民"称号 |
| 2014年9月 | 浙江省副省长梁黎明率团访问石荷州，探讨共同设立德国工业园 |

### 启 示

友好省州的建立旨在推动双方多领域的交流合作。符合双方特点、结合双方优势的交流与合作，更能有效推动友好关系的深入发展。浙江省与石荷州正是根据自身发展需求和特点，创造以各类专业技术培训为特色的友好城市关系，最终收获了经贸合作的累累硕果。

# 案例8 "红色通道"的延续
## ——满洲里市与红石市

摘　要： 20世纪初,俄罗斯在中国东北修建了著名的"中东铁路"。从那时起,作为"中东铁路"起点的满洲里便与俄罗斯结下了不解之缘——一部红色中国的历史,为满洲里市与俄罗斯克拉斯诺卡缅斯克市(译称:红石市)结为友好城市奠定了坚实的基础。今天,在新的历史条件下,两个城市正在共同书写友好交往的新篇章。

关键词： 红色通道　立体化交往体系　友谊之家　定期会晤机制

---

**基　本　情　况**

中　　国：内蒙古自治区　满洲里市
俄 罗 斯：后贝加尔边疆区　克拉斯诺卡缅斯克市(英文:Krasnokamensk,译称"红石市")
结好时间：1993年6月28日
结好渊源：满洲里市与红石市共同拥有一段红色的历史。
结好特点：借"地缘"优势和历史"机缘"(红色记忆),通过友好城市的定期会晤机制,积极推动两市经济互补、文化交流。

---

2013年3月23日,中共中央总书记、国家主席习近平在莫斯科出席中国共产党第六次全国代表大会纪念馆建馆启动仪式。他饱含深情地说:"85年前,在中国人民饱受磨难的时候,在中国革命最艰难的关头,来自中国各地的140多名中共代表,为了国家和民族的前途命运,在俄罗斯人民和国际组织帮助下,冒着生命危险,冲破重重险阻,远涉万里来到莫斯科,召开了中共六大。中共六大在党的建设和发展、在中国革命和中国人

民解放事业征程中发挥了重要作用。这是中共历史上唯一一次在境外召开的全国代表大会，它是中俄两国人民深厚友谊的重要象征，我们要铭记历史，继承和发扬中俄传统友谊，促进两国世代友好。"

习近平主席的讲话，把一段鲜为人知的尘封历史揭示出来，而满洲里在这段红色中国的历史以及中苏交往历史上所发挥的关键作用，也再一次展现在世人面前。

**"红色通道"**

1928年5月的一天，满洲里火车站，一辆从中东铁路哈尔滨站开来的火车冒着腾腾蒸汽，随着一声长鸣，缓缓地停了下来。嘈杂的人流从各个车厢涌了出来，一个器宇轩昂的珠宝商人提着皮包从车上走了下来，坐进一辆早已在那里等候的马车，马车夫是一位俄罗斯人。过了一会，又有一女一男从火车上下来，坐上了另一辆马车。赶车的俄国人扬起鞭子，马车沿着草原小路，迅速地向国境线驶去。出了国门，他们受到了早已等在那里的一群苏联人的热情接待。

那位打扮成珠宝商人的男子，就是中共早期领导人周恩来；跟着过来的一女一男，则分别是邓颖超和李立三，3人都是赴莫斯科参加中共六大的代表。

很多人都知道，满洲里市是中国最大的陆路口岸城市，是欧亚陆路大通道上的重要枢纽，素有连接欧亚的"大陆桥"之称。但很少有人知道，在20世纪二三十年代，它还是一条连通中国共产党和共产国际"红色通道"中国境内的起点。从1920年到1937年，中国共产党的早期领导人，包括陈独秀、李大钊等，都是从这里出发，经过现在的红石市前往莫斯科，寻求救国救民的真理。而1928年召开的中共六大，则是这条"红色通道"上一个重要里程碑式的事件。

距满洲里市85公里的俄罗斯红石市，则是这条红色交通线上俄罗斯境内的终点。1945年8月9日凌晨，苏联红军从这里出发进入中国，在满洲里与日本关东军展开激战，帮助中国人民解放了满洲里。为了纪念在战斗中牺牲的苏联红军，满洲里市人民政府于1945年11月在这里修建了苏联红军烈士公墓和红军烈士纪念塔。多年以来，每到世界反法西斯战争胜利纪念日，都会有红石市的苏联老红军来到这里，祭奠缅怀把鲜血洒在这块土地上的战友们。

值得一提的是，1949年12月9日，毛泽东出访苏联，走的也正是这条"红色通道"——从满洲里出发，经现在的红石市抵达莫斯科。

2014年，红石市市长戈尔曼·科洛夫在接受《中国城市报》记者采访时深情地说："红石市与满洲里市同是历史之城，兄弟之城，二战中苏联和中国都为彼此付出过巨大的流血牺牲，这段共同的历史为两市的友谊奠定了良好的基础。"

### 扩大交往通道

1989年春夏之交，处于中国东北疆的额尔古纳河冰冻的河水正在慢慢融化，作为中苏两国的界河，两岸的人们已经感受到冰河解冻和春天来临的气息。

20世纪60年代，中苏两国关系紧张，满洲里通往红石市的这条通道中断了，双方经贸合作几乎为零。在满洲里市，只有铁路、国际联邮和边防军与苏方的往来还未间断。29年后，中苏关系恢复正常化，这两座有着共同历史的城市再次向对方发出友好的召唤。

1991年5月，满洲里市人民对外友好协会代表团一行10人赴俄罗斯红石市，就两市缔结友好城市关系举行了第一次会议，并签署了会议纪要，为两市结为友好城市奠定了基础。

1993年6月28日，时任满洲里市市长、满洲里市人民对外友好协会会长的祝广凯与红石市市长彼谢尔斯基·谢尔盖在满洲里市签署了《中华人民共和国满洲里市与俄罗斯联邦克拉斯诺卡缅斯克（红石）市缔结友好城市关系协议书》，两市正式结为友好城市。

30年，弹指一挥间，中俄两国的政治、经济和社会面貌都发生了巨大的变化。满洲里市与红石市，这两个毗邻的边境城市再次携手，开始用一种崭新的目光审视对方，寻找新的合作方式。

满洲里市是一座"一眼望俄蒙，鸡鸣闻三国"的边境城市，有着独特的地缘优势、交通优势、资源优势和投资优势。改革开放以来，满洲里市充分发挥亚欧陆路大通道的综合优势，经济社会实现跨越发展，形成了国际贸易、跨境旅游、进出口加工、能源开发等口岸特色产业。满洲里，一座小城，却磅礴大气；一座边城，却充满朝气；一座富裕之城，却没有浮躁之气；一座中国的城市，却融汇了不同国家的文化。

位于俄罗斯西伯利亚的后贝加尔边疆区，红石市距离满洲里140公里，有着优美的自然环境。草场保护、草原绿化及市政服务多次在全俄罗斯城市比赛中获得第一名；农业地位重要，有"后贝加尔粮仓"的美誉；新兴的矿业城市，具有得天独厚的资源优势，矿业因此成为红石市的城市名片。

红石市与满洲里市拥有相邻的地缘关系、相似的文化背景和广阔的合作空间。随着区域经济一体化的深入发展，中俄战略协作伙伴和睦邻友好关系更加紧密，特别是当满洲里市被中国国务院批准为重点开发开放试验区后，两座城市的协同发展更是前景广阔。

两市的友好交往首先从旅游业开始。两市政府积极挖掘旅游资源的互补性，互换旅游服务及旅游政策信息，推进政府与民间旅游团组互访，开发商务游、生态游、跨国游及自驾游等多种形式的旅游活动，大大推动了两市旅游经济的互助共赢。

一个外地游客来到满洲里市，首先会惊奇地发现这里既有充满俄罗斯风情的城市建筑，也有琳琅满目的俄罗斯食品和工艺品，从各种样式的套娃到沉甸甸的军用望远镜，从伏尔加酒到俄式面包"大列巴"……有的商店招牌居然只写俄文，没有中文。提着大包小包的俄罗斯游客和购物客，操着熟练或半熟练的汉语，拿着计算器与中国商人讨价还价。难怪有人常说，外地人到了满洲里市，以为是到了俄罗斯；而俄罗斯人到了满洲里市，就像回到了自己的家。

满洲里市高度重视深化与红石市的经贸合作，利用红石市拥有丰富铀矿、萤石矿、锰矿、褐煤、石灰石等矿产资源的优势，寻找双方合作突破口。

满洲里市与红石市对两市关系发展有一个明确的定位，即在加强经济与贸易往来的基础上，建立全方位、多层次、宽领域的"立体化交往体系"，包括涵盖教育、体育、文化、新闻信息交流、旅游、经贸、医疗卫生、农业、老战士交流等诸多方面。

2013年7月4日晚8点40分，第12届"中俄蒙国际旅游节"在满洲里市开幕，汇集了具有中俄蒙地方民族特色的文艺节目，美丽热情的俄罗斯姑娘和粗犷豪放的蒙古国小伙子同台载歌载舞，满洲里市这个融合了多元文化的边境小城，将国际文化风采展现得淋漓尽致。通过这种独具特色的活动，不仅深化了两个城市乃至三个国家的文化交流，同时也开发了巨大的市场合作潜力，成为两市"立体化交往体系"的一个形象化体现。

## 通道上的"友谊之家"

"亲爱的达莎：今年8月下旬，我的家乡将举办中俄蒙三国国际旅游节，欢迎你和家人再次来做客……"10岁的张子仪是内蒙古自治区满洲里市三道街小学的四年级学生，这一天下午，她的手指在键盘上轻轻一点，一封热情洋溢的电子邮件从家中飞到了国门对面好朋友达莎的信箱里。

作为一名中国小学生，张子仪身边有很多中国朋友。但她对国门另一端小朋友们的生活感到好奇，渴望能与一位俄罗斯女孩成为朋友。现在，她梦想成真了。

她的愿望是通过"友谊之家"实现的。正是"友谊之家"的牵线搭桥，使张子仪与达莎结识并成为好朋友。

所谓"友谊之家"，就是满洲里市人民对外友好协会2004年12月在红石市设立的代表处。"友谊之家"在服务两市经济项目、文教交流、领导互访等方面开展了大量的协调服务工作，成为满洲里市与红石市进行友好交流与合作的平台，以及红石市开展与中国各毗邻城市友好交往的助手，为两市开展各领域的交流活动架起沟通之桥。

顺畅的友好交流活动，有赖于两市政府间的务实合作，在这方面，满洲里市的工作是可圈可点的。多年来，两市政府致力于友好工作制度化，建立并强化了定期会晤机制与高层互访机制，就两地区共同关心的合作事宜举行会谈，每次会议都要签署会谈纪要及友好交流与合作协议。

满洲里市与红石市之间的友好交往，取得了许多可喜的成就，但这只是一个起点。2014年，俄罗斯红石市市长戈尔曼·科洛夫在参观了满洲里市的发展成就后，回顾两市的友好交往，不无感叹地对中国记者说："满洲里市与红石市作为友好城市全方位的深度交往，有一个令人充满期待的美好愿景……"

## 结好进程中的主要成果

| | |
|---|---|
| 1991年5月 | 满洲里市人民对外友好协会代表团一行10人赴俄罗斯红石市，就两市缔结友好城市关系举行第一次会议，并签署"纪要"，为与红石市结为友好城市奠定了基础 |

续表

| | |
|---|---|
| 1993年6月28日 | 时任满洲里市市长、满洲里市人民对外友好协会会长祝广凯与红石市市长谢尔盖·彼谢尔斯基在满洲里市签署《中华人民共和国满洲里市与俄罗斯联邦克拉斯诺卡缅斯克(红石)市缔结友好城市关系协议书》,两市正式结为友好城市 |
| 2001年7月16日 | 中俄两国签署《中华人民共和国和俄罗斯联邦睦邻友好合作条约》,为两国关系长期稳定发展提供了坚实的法律基础和政治保障,也为满洲里市与红石市的友好城市关系铺平了道路 |
| 2004年12月 | 满洲里市人民对外友好协会在红石市设立代表处,亦称"友谊之家" |
| 2011年9月 | 满洲里市代表团赴红石市进行友好访问,时任满洲里市代市长李才与红石市市长戈尔曼·科洛夫签署《中国满洲里市与俄罗斯红石市2011-2013年友好交流与合作协议》,明确了两年内两市友好交流合作事项 |
| 2014年7月 | 以戈尔曼·科洛夫市长为团长的俄罗斯红石市政府代表团访问满洲里市。时任满洲里市长李才与戈尔曼·科洛夫市长共同签署《中国满洲里市与俄罗斯红石市2014~2016年友好交流与合作协议》,进一步拓展了红石市对华友好交流的新途径 |

## 启　示

友好城市的交往,常常既承载着历史,又要面向未来;既要注重民间交往,又要强化政府互动。"远亲不如近邻",再近的亲戚,不常走动,也会慢慢生疏。家与家、市与市、国与国之间的关系亦为如此。要想使友好关系真正落到实处,建立政府及相关部门间的定期会晤机制,是开展友好城市务实合作的重要保障。

# 案例9　同为首都　互鉴互助

## ——北京市与首尔市

摘　要：1992年，中韩两国正式建交。在两国建交后的第2年，北京便与首尔建立国际友好城市关系。作为各自国家的首都，北京与首尔友好城市关系是中韩睦邻友好关系的缩影，是首都城市合作的典范。两市以友好城市为起点，往来不断密切、交流不断深化，形成了全方位、立体化、宽领域的交往合作格局。

关键词：北京奥运会　北京首尔结好20周年　"北京首尔混委会"

### 基 本 情 况

中　　国：北京市
韩　　国：首尔特别市（英文：Seoul Special City）
结好时间：1993年10月23日
结好渊源：配合两国建交，巩固民间友好，促进合作共赢。
结好特点：同为兼政治、文化、创新中心于一身的首都，北京和首尔有许多相似之处，两城之间在城市治理和发展问题上互鉴互助，为两座城市多层次合作奠定了基础。

首尔，一座历史悠久的古城，和北京一样，它的名称也几经变迁。首尔的旧称有南京、汉阳、汉城等，1945年朝鲜半岛光复后，汉城的英文名字按韩国语固有词发音用SEOUL标记，意为"首都"。2005年，在市政府推动下，汉城的中文译名由使用了600多年的"汉城"改为SEOUL的谐音"首尔"。

2014年3月2日，中央电视台《城市一对一》栏目播放了《古都魅力中国·北京－韩国·首尔》，介绍了这对国际友好城市的缘起和各自特色。节目里展示了一道道北京和首尔小吃，不同的是两地美食的烹制方法，相同的却是都用筷子享用这些令人垂涎欲滴的美味。更让人动心的是，两座城市的古典建筑，处处都充满了共通的东方韵味。

### 友好城市促进民心相通

1992年8月24日，中华人民共和国同大韩民国正式建立大使级外交关系。建交20多年来，在官方外交和民间外交的共同努力下，中韩关系取得长足发展，双方各级各类交流愈益密切深入，民间友好感情不断加强。其中，以北京和首尔为代表的国际友好城市则是中韩友好关系的生动写照。

北京和首尔（时称汉城）在中韩建交后的第2年便结为友好城市。1993年10月23日，汉城市市长李元钟率团到访北京，与时任北京市市长李其炎签署《中华人民共和国北京市和大韩民国汉城市缔结友好城市关系协议》。结好20年来，两市互将对方作为所在国唯一的友好城市和最重要的合作伙伴，在涉及彼此重大利益问题上总是予以对方坚定的支持。

2013年11月2日，为庆祝北京、首尔结为友好城市20周年，中韩双方共同举办的"中国日"庆典活动在首尔历史博物馆拉开帷幕，中国驻韩国大使张鑫森和首尔市市长朴元淳共同为一条中国巨龙点睛。在活动现场，有中国艺术团表演、中国服装展示、中国美食品尝等活动，吸引了众多首尔市民驻足观看和亲身体验。观看表演的首尔市民通过这次活动，感觉与中国更亲近了，也更愿意更多地了解中国文化。

2015年8月，受"中东呼吸综合征"的影响，赴韩旅游人数出现了下滑，作为友好城市，北京向首尔伸出援助之手。一直以来，中国游客都是赴韩旅游的主力军。如何尽快恢复中国赴韩旅游市场成为首尔市最大的难题。北京市市长王安顺在知悉首尔市遇到困难的消息后，专门委派北京市旅游委组织国内11家旅行社负责人赴韩，与首尔市旅游部门对接合作事宜。首尔市市长朴元淳对此深受感动，用"相濡以沫"这四个字来形容北京市和首尔市的友好城市关系。此后，首尔市又在北京市政府的大力支持下，在东城区王府井步行街百货大楼门前，举办了旅游推介活动。北京市组织了20余家媒体对活动进行报道。朴元淳市长与现场观众交流互动，数次动情地感谢北京市的友情支持。

20多年来，两市友好交往的势头越来越强。韩国已成为北京第2大海外游客来源地。2014年，北京市接待韩国入境游客38.7万人次，北京市旅行社组织赴韩国出境旅游73.7万人次，同比增长79.4%。现在，每周有近3万人次搭乘92架航班往返于北京和首尔两地之间。据韩方统计，在北京居住着约6.8万名韩国人，而约26万华人华侨常住首尔。1.72万韩国留学生在北京深造，约6万中国留学生在首尔求学。望京是北京最大的韩国人聚居区，韩语招牌随处可见，北京人在这里可以吃到最正宗的韩国美食，感受到最前沿的韩国流行文化，两国民心在这里不经意间得到交融。

**奥运会助力两城合作**

20世纪70年代，韩国在落后贫穷的基础上实现了经济腾飞，被誉为"汉江奇迹"。以筹备1988年汉城奥运会为契机，韩国对江南地区进行了大规模开发，兴建了完善的基础设施，使江南地区从农田一跃成为韩国最繁华的商业区和最昂贵的住宅区。而奥运会带来的"奥林匹克效应"，更促使韩国经济在"汉江奇迹"的基础上开始新的飞跃——韩国经济由劳动密集型向技术密集型升级转化，这一变化使韩国经济出现了连续10年的高速增长。以首尔为代表的韩国发展经验，值得北京学习借鉴。

2001年7月13日，北京成功成为2008年奥运会主办城市，这将是新中国举办的规模最大的体育盛会。虽然还有数年的准备时间，对于从未举办过如此规模体育赛事的北京来说，压力非常大。首尔作为1988年奥运会主办城市，其成功经验恰好可为北京所用。2007年8月24日，第3届体育电视国际论坛在北京香格里拉饭店隆重举行，来自首尔的朋友——韩国KBS公司代表，在论坛上讲述了他们在1988年作为东道主机构传播奥运信号的经验，给北京奥运筹备工作提供了宝贵的建议，还详细介绍了他们为2008年奥运会转播所做的各项准备，这对北京奥运会转播报道工作如同"雪中送炭"。

北京市依托友好城市平台，与包括首尔在内的16个友好城市开展环境保护、大气污染治理、城市垃圾处理、科技创新、城市安全等重要合作项目。北京市环境保护局与首尔市环境监测部门就城市空气质量检测、空气污染成因分析以及环保扶持政策进行多次深入交流；北京市交通委员会与首尔市交通部门共同探讨特大型城市的交通管理问题。通过合作交流，北京市得到了很多有益的经验指导，为北京市成功举办奥运会打下坚实的基础。

首尔市民也非常关注北京奥运会。北京奥运会期间，首尔电视台向北京派出一支有50多人组成的报道团队，向首尔市民发回赛场报道并介绍北京这座古老城市。2008年北京奥运会开幕前夕，首尔市市长吴世勋在接受《人民日报》记者采访时，表达了对北京奥运会的祝愿。他说："首尔和北京一直保持着良好的关系，今年恰逢双方结为友好城市15周年，全体首尔市民祝愿北京奥运会成功举办。"

2008年8月8日，经过7年的筹备，中国人民在北京向世人呈现了一场令人惊叹的奥运会开幕盛会。整个奥运会期间，中国向全世界展现了开放、自信、成熟的大国形象，北京借奥运会积极倡导奥运精神，向全世界张开双臂，"北京欢迎您！"

**"混委会"推动合作全面升级**

与北京在中国的地位一样，首尔是韩国政治、经济、文化和教育中心。首尔面积仅600多平方公里，人口却超过1000万，是世界上人口密度最高的地区之一，其面积虽不足全国的1%，但国民生产总值占全国1/5。以首尔为中心的"首都圈"占韩国面积的12%，人口近5000万，创造了韩国国民生产总值的七成。清华大学社会科学学院院长李强认为，在城市管理方面，北京和首尔市民都更加倾向于民众参与政策制订的、有东亚文化特色的、更具人文关怀的城市，并且绝大多数北京和首尔市民都认同东亚应当追求自己的发展模式而不是模仿西方。

2013年4月，在北京市与首尔市缔结友好城市20周年之际，北京市和首尔市宣布成立"北京首尔混委会"合作机制，旨在为双方搭建全面、务实、互利的综合性合作交流平台，统筹规划两市友好关系发展，深入挖掘双方在各领域的合作潜力，规划实施两市交流合作项目，促进两市经济社会发展，共同造福双方人民。"混委会"由两市市长担任共同名誉主席，下设秘书处和经济组、文化组、教育组三个工作组，成员单位由北京市12家单位和首尔市15家单位组成。秘书处分别设在北京市政府外事办公室和首尔市国际交流协力官（机构名称），原则上每两年在北京和首尔轮流召开一次"混委会"全体会议。首尔市市长朴元淳表示，"混委会"对于首尔和北京之间建立经常性的交流合作机制具有重要意义。

2013年10月,"混委会"在首尔市召开第一次全体会议,审议通过了2013~2014年合作交流项目清单。"混委会"常设机制成立以来,两市深入挖掘双方互补优势和合作潜力,积极开展贸易投资促进活动,为两市企业搭建了一个便捷高效的合作平台。两市通过"混委会"平台,先后组织了北京－首尔友好交流年、首尔友谊节、中华牌楼展等20余项文化交流活动,吸引双方近30万人次参与,为两市人民搭建了坚实的沟通交流平台,为促进两国人文交流发挥了积极的作用。2014年,北京市旅行社组织赴韩国出境旅游达73.7万人次,占出境人数的18%,比"混委会"成立前增长了160%;北京接待韩国入境游客38.7万人次,占入境游客的9%。两年来,"混委会"先后组织了"北京－首尔青少年体育友好交流大会"、北京友好城市汉语教师培训班等交流活动,约300多人次参加了培训。

2013~2014年,"混委会"双方成员单位通力配合,密切协作,组织实施了近60个合作项目和交流活动,均取得显著效果。"混委会"在深入挖掘两市合作潜力、统筹推进双方各领域合作、促进中韩友好方面显示出有效、有力的助推作用。2014年,北京市在韩国直接投资2380万美元,同比增长528%;2015年前三季度,北京市在韩国直接投资6260万美元,同比增长1654%。韩国在京累计批准设立外商投资企业3040家,实际投资38.1亿美元,占全市的3.8%。北京市在韩国直接投资额1.03亿美元。2014年4月,首尔市长朴元淳访问北京,与北京签署了联合应对PM2.5等大气问题的协议,这是北京市首次与海外城市签署有关大气问题的协议。签署协议后,朴元淳市长向北京市赠送了180多页的首尔市大气质量改善政策建议资料,他表示,"中国在十三五规划中将绿色发展列为重中之重,这样的发展理念跟首尔市制定的未来发展方向一致。绿色发展对于全世界各个城市来说都是十分具有挑战性的课题。"2015年4月,"首尔－北京大气质量改善论坛"举行,并决定从2016年起,除了两城市首都之外,论坛还将邀请韩国、中国、蒙古、日本等国的许多城市参加改善大气质量的研讨,开展更加广阔的国际合作。

2015年11月5日,"混委会"在北京召开第2次全体会议,北京市市长王安顺、首尔市市长朴元淳及"混委会"双方26家成员单位负责人出席会议。会议听取了"混委会"秘书处和经济组、文化组、教育组和拟增设的环保组的工作汇报,审议通过了"混委会"2015~2016年45个合作交流项目，涉及贸易、投资、文化、教育、环保等十大领域。会议决定，"混委会"增设环保组，加强两市在环境保护领域的交流合作，并签署了《关于中华人民共和国北京市与大韩民国首尔特别市关于"北京首尔混委会"增设"环保组"的谅解备忘录》。

百金买屋，千金买邻，好邻居金不换。中韩长期睦邻友好符合两国和两国人民的根本利益，有利于地区乃至世界和平、稳定、发展和繁荣。当前，两国正按照建设"实现共同发展的伙伴、治理地区和平的伙伴、携手振兴亚洲的伙伴、促进世界繁荣的伙伴"的总目标，不断巩固睦邻友好，深化互利合作，建设面向未来的友好合作关系。

### 结好过程中的主要成果

| | |
|---|---|
| 1993 年 10 月 23 日 | 汉城市市长李元钟率团到访北京，与时任北京市市长李其炎签署《中华人民共和国北京市和大韩民国汉城市缔结友好城市关系协议》和《北京市和汉城市 1994 年友好交流项目备忘录》 |
| 1994 年 11 月 | 时任北京市市长李其炎率北京市政府代表团访问汉城，会见汉城市市长崔秉烈，双方签署《北京市和汉城市 1995 年友好交流项目备忘录》 |
| 2003 年 11 月 | 时任汉城市市长李明博率团访问北京，庆祝两市建立友好城市关系 10 周年。时任北京市市委书记刘淇、代市长王岐山分别会见了代表团 |
| 2013 年 4 月 | 首尔市市长朴元淳访问北京，出席在北京举办的"2013 北京首尔友好交流年"首尔周暨开幕活动。北京市市长王安顺同朴元淳市长在国家大剧院共同观看了开幕演出 |
| 2013 年 10 月 | 时任北京市副市长杨晓超率团访问首尔，出席在首尔举办的"2013 北京首尔友好交流年"北京周暨闭幕活动和"北京首尔混委会第一次全体会议" |
| 2015 年 8 月 | 首尔市市长朴元淳访问北京，北京市市长王安顺会见并与朴元淳市长会谈，表示北京市将积极支持首尔市在王府井举办旅游推介活动 |
| 2015 年 11 月 5 日 | 首尔市市长朴元淳访问北京，与北京市市长王安顺共同出席"北京首尔混委会第二次全体会议"，双方签署《关于中华人民共和国北京市与大韩民国首尔特别市关于"北京首尔混委会"增设"环保组"的谅解备忘录》 |

### 启　示

一个是改革开放发展引人注目的中国首都，一个是 20 世纪 80 年代亚洲四小龙的韩国首都，同为国际化大都市的北京和首尔，在发展过程中面临着相似的课题。同为首都，互鉴互助，携手共建美丽、清洁、阳光家园。

# 案例10　海内存知己

## ——岛屿观光政策论坛

摘　要：一场网球赛，开启了两个省道20年友谊的征程；一个构想，开创了史无前例的民间外交模式；一个论坛，连接了欧、亚、非、美四大洲的海洋。这是一个"命运共同体"。有岛屿的地方就有朋友，有天涯的地方就存在知音。

关键词：海洋时代　岛屿观光政策论坛　慎久范　阮崇武　生态省

---

**基　本　情　况**

名　　称：岛屿观光政策论坛（英文：Inter-Islands Tourism Policy Forum）
创立时间：1997年7月24日
创立渊源：由海南省与韩国的济州道、日本的冲绳县、印度尼西亚巴厘省共同倡议发起。
创立特点："地缘"加"机缘"——基于对21世纪成为海洋时代，岛屿区域将发挥重要作用的共识，中、韩、日、印联合发起共创多边地方政府联络机制和区域型旅游合作组织。随着全球化进程的加快，这个组织又打破了创始之初的四方联盟，向世界其他国家著名岛屿延展联合体，实现全球化的产业发展与共赢。

---

中国海南，一个在历史记载中荒蛮和偏僻的地区，曾是祖国辖区荒远的边界。位于岛屿最南端的崖州，是古代四大流放地之一。

由于海峡相隔，新中国成立后的海南一直是游人难到之地。尽管它有美轮美奂的黄金海岸线和人间盛景的"天涯海角"，但是与中国其他海滨城市如珠海、厦门、大连和青岛相比，它并未有机会向世人展示她婀娜多姿的身姿。

直到1988年，海南建省创办经济特区以后，在工农贸发展的基础上，旅游业被确定为一项支柱产业。中国政府开始了一系列对海南旅游的扶持政策，从此点燃了人们对蓝色大海的热情。

也许是沉寂太久的原因，在确立以旅游业为主体的第1年，海南省就以它迷人的风情、夺目的美景、醉人心魄的日出与黄昏迎来了游客高峰。

海南势不可挡的发展潜力与势头，深深吸引了它东边的一个邻居——韩国。

**第一次握手**

1992年，中国与韩国正式建立外交关系，两个历史上一衣带水的国家开始了密切的走动。1993年，51岁的慎久范出任韩国济州道知事，对于济州道未来的发展，他一直有着自己的想法。

济州道是一个以济州岛和附近岛屿组成的行政区，是韩国行政区划中最小的道。但是，济州岛的人文历史源远流长，旅游业是其支柱产业。汉拿山、火山岛和熔岩洞都是这里著名的景观，也是大韩民国的象征。

以济州道旅游业的发展特点，如果能敞开大门，与周边国家连成一体，将会为当地带来颇丰的收益和良好的声誉。

自海南建省以来，就一直吸引着慎久范的目光，他对这个年轻而充满了勃勃生机的中国省份充满期待。

1993年9月，时任副总理李岚清访问韩国，慎久范正式向中方提出了济州道与海南省结好的建议。这个建议立刻得到了李岚清副总理的赞同，也得到了海南省政府的积极响应。

1994年1月，海南省与济州道达成共识，共同签署了《中华人民共和国海南省同大韩民国济州道建立友好关系会谈备忘录》。1995年10月，时任海南省省委书记、省长阮崇武来到济州道，与慎久范知事一见如故，而且彼此都有一个共同的爱好——打网球。

网球场上，两人就未来的合作进行了毫无保留的探讨。慎久范认真告诉阮崇武："虽然现在海南没有特别完善的基础设施，但是我看了海南的发展思路之后，感觉海南会有很大的发展，前途不可估量。"

几天后，这对网球场上的"球友"在《中华人民共和国海南省与大韩民国济州道缔结友好省道关系协议书》上签下了各自的名字。他们的握手成为当年最有影响力的新闻事件，不仅两个省道的新闻媒体对此大篇幅报道，两个国家的媒体也分别对这一事件进行了浓墨重彩的详述。

## 亚洲友谊延长线

具有长远眼光的慎久范对未来发展的构想没有停留在中韩两国的一省一道上。他认为,21世纪是海洋时代,岛屿将起重要作用。海南岛作为中国第二大岛屿,又是中国最年轻的省份和最大的经济特区,发展空间无限。

与海南岛、济州岛处于同样情况的亚洲岛屿还有日本的冲绳岛和印度尼西亚的巴厘岛。这四个岛屿分别在各自国家的历史和今天的发展中都具有举足轻重的地位。

慎久范想到,如果将济州岛和海南岛的友谊线延长到这两个邻国,未来的发展前途必将锦上添花。

于是,一个前所未有的大胆构想在慎久范心中萌生了:将韩国的济州岛、中国的海南岛、印度尼西亚的巴厘岛和日本的冲绳岛这4个岛联合起来,组建"岛屿观光政策论坛"。这个论坛以海南岛为中心,扩展到亚洲的各个海洋领域。

关于这个构想,慎久范向人们打了一个形象的比喻:"比如卖鞋的商店,如果大家聚在一起来卖的话生意肯定会很火,旅游观光业也是同样的道理。"

当慎久范抛出提议的时候,海南省政府也正在为如何将海南省打造成为中国新兴工业省、热带高效农业基地和度假休闲旅游胜地的战略思路绞尽脑汁,而这个来自老朋友的国际合作橄榄枝恰逢其时:论坛将为年轻的海南省迅速提升国际知名度和影响力,借鉴国际知名旅游目的地的发展经验,共享客源地资源提供绝佳平台。

两省道很快开始对推动论坛进行大量的研究磋商工作。1996年,济州道派出济州大学10人"岛屿观光圈"咨询小组专程赴海南省调研。与此同时,日本和印度尼西亚政府也组织交流团,对论坛的推进做出积极的行动。

经过一年多的筹备,1997年7月24日,时任海南省省长阮崇武、韩国济州道知事慎久范、日本冲绳县知事大田昌秀和印度尼西亚巴厘省省长埃达·巴哥斯·奥卡齐聚济州道,一起宣布"岛屿观光政策论坛"正式成立。

大会上,各方不仅充分肯定四岛之间的互补性与独特性,还以振兴旅游业、促进相互交流合作为共同目标,提出了借助论坛这一多边地方政府联络机制和地区性旅游合作组织,携手共绘海洋岛屿合作的蓝图。

会议通过了《岛屿观光政策论坛创立大会济州宣言》《岛屿观光政策论坛运营纲要》等纲领性文件。四方共同承诺,将为岛屿的发展与世界和平做出贡献。

论坛的成立,是一次前所未有的城市外交创举,它将以往友好城市"一对一"的传统模式彻底升级,形成了第一个友好城市多边交往的合作平台。

**国际合作延长线**

论坛成立后,海南省积极利用论坛平台推动旅游业发展、提升旅游国际化水平。

1999年2月6日,海南省第二届人民代表大会第二次会议颁布《海南省人民代表大会关于建设生态省的决定》,在中国率先提出建设生态省的目标,倡议在未来发展中,尊重社会发展、经济增长和自然生态的内部规律,实施科学发展的蓝图远景。

这一年,当生态省建设的倡议通过后,海南省迎来了建省后发展的黄金期。经过多年的摸索和建设,海南省终于找到了符合自身发展战略的最佳定位。

2000年,第四届岛屿观光论坛在海南举办。海南省结合建设生态省的发展思路,将论坛主题确定为"生态和旅游",呼吁岛屿地区旅游实现可持续发展,将旅游经济效益、社会效益与生态效益完美结合。

这个主题得到了韩国、日本和印度尼西亚的赞同,他们积极配合海南推动一系列合作项目,包括共同出资建立旅游联合网站、组织互往旅游客源、开通地区间航班或航线实现旅游管理和从业人员交流与培训等。

随着全球化进程的加快,海南省敏锐地感到,自论坛创建以来,始终只有4个创始成员,这种格局已经不适应世界发展的新趋势,必须将合作延展到亚洲以外,以更加开放和包容的姿态去拥抱新的机遇与挑战。

历史性的转折发生在2003年第7届论坛大会召开之前,时任海南省省长汪啸风向4个创始国政府发出了关于扩大论坛成员的倡议。紧接着,海南省政府外事办公室一步步开展了对当时已结好的世界各国各地区友好城市的游说和邀请工作。经过近1年的努力,论坛陆续接纳了斯里兰卡南方省、西班牙加纳利自治大区、美国夏威夷州和坦桑尼亚桑给巴尔市4个地缘相近的岛屿地区为论坛成员;随后又接受芬兰奥鲁省、奥地利萨尔茨堡州为论坛永久合作伙伴。

2004年是论坛成立以来历届规模最大的一次盛会。除了4个创始成员,出席大会的地区还包括另外7位新朋友。时任世界旅游组织秘书长弗朗西斯科·弗朗吉阿利发来了贺信，对论坛连年成功举办表示祝贺，对论坛在世界旅游业融合发展中发挥的重要作用表示赞赏，他相信论坛将促进岛屿间的互动和岛屿旅游的发展，推动旅游业成为岛屿经济多样化发展的新动力。

走出东南亚，迈向欧洲，不仅进一步深化了岛屿旅游业在全球范围内的合作和交流机制，也吸引了越来越多岛屿和非岛屿地区关注的目光。

2010年的海南省，迎来了历史上规模最大、规格最高的第14届大会，也迎来了第2次论坛扩容。这次大会，来自14个国家的19个代表团出席了论坛，瑞典公主英格堡·艾丽丝·波基塔亲自率领代表团莅临会议。会上，经海南省推荐，菲律宾宿务省、柬埔寨磅湛省和加拿大爱德华王子岛省3个地区被纳入论坛体系。

2013年，第17届论坛大会在海南省举行，马来西亚槟城州成为论坛正式成员；瑞典哥德兰省成为论坛观察员。

至此，论坛已经发展成为一个拥有15个地区的多边地方政府联络机制，立足亚洲，覆盖欧洲、美洲和非洲。这是一个实力强大的国际论坛，它进一步促进了世界岛屿旅游合作与发展。

2015年，中国提出"21世纪海上丝绸之路"的建设蓝图。历史上，海南由于特殊的地理位置，曾经在海上丝路的形成和发展中起着交通要冲和往来驿站的重要作用。今天，"岛屿观光政策论坛"包括诸多丝路沿线国家，将共同守望这片休戚与共的"命运共同体"，为扬帆"21世纪海上丝绸之路"构筑平台，实现共赢！

**海内存知己**

2015年4月26日，海南省迎来了27岁的生日。对于一个人来说，27岁是年轻的成长期，也是充满了希望和未来的黄金期。而海南在过去的27年里，用一系列辉煌的成绩，书写了自己的成长历史，描绘了自己的锦绣前程。

今天的海南省早已成为游客们的向往地，金融家们的投资热土，世界瞩目的国际旅游岛。在海南省开创的一系列繁荣与奇迹中，始终受到一双眼睛的默默关注，他就是海南省的老朋友慎久范。

2014年，慎久范在接受中国记者采访时说："我一直很想念海南，作为论坛机制的构建者，我希望友好关系不断延续并发挥更大的作用。"当记着问如果再次去海南最大的愿望是什么时，慎久范深思了片刻后，饶有情趣地说："我最希望见到的人是阮崇武省长，最希望做的事情就是再跟他打一次网球。"

## 岛屿观光政策论坛参与方列表

| | | |
|---|---|---|
| 成员 | 创始成员 | 中国海南省（Hainan） |
| | | 韩国济州岛（Jeju） |
| | | 日本冲绳县（Okinawa） |
| | | 印度尼西亚巴厘省（Bali） |
| | 美国夏威夷州（Hawaii） | |
| | 西班牙加纳利自治区（Canary Islands） | |
| | 斯里兰卡南方省（Southern Province） | |
| | 坦桑尼亚桑给巴尔市（Zanzibar） | |
| | 泰国普吉府（Phuket） | |
| | 菲律宾宿务省（Cebu） | |
| | 马来西亚槟城州（Penang） | |
| 观察员 | 加拿大爱德华王子岛省（Prince Edward Island） | |
| | 柬埔寨磅湛省（Kampong Cham） | |
| | 瑞典哥德兰省（Gotland） | |
| 永久合作伙伴 | 芬兰北芬兰地区（原奥鲁省）（Northern Finland） | |
| | 奥地利萨尔茨堡州（Salzburg） | |

## 历届论坛基本情况

| | 时间 | 地点 | 主题 |
|---|---|---|---|
| 第一届 | 1997年7月 | 韩国济州岛 | 成立大会 |
| 第二届 | 1998年7月 | 日本冲绳县 | 岛屿地区如何开发自然和文化相协调的旅游资源 |
| 第三届 | 1999年7月 | 印度尼西亚巴厘省 | 不断充实旅游业的文化环境 |
| 第四届 | 2000年11月 | 中国海南省 | 生态和旅游 |
| 第五届 | 2001年10月 | 韩国济州岛 | 21世纪自治团体（岛屿观光）的展望 |
| 第六届 | 2002年10月 | 日本冲绳县 | 长期停留型旅游（也译为"休闲度假旅游"） |
| 第七届 | 2003年6月 | 印度尼西亚巴厘省 | 以文化和旅游为桥梁，促进世界和平 |
| 第八届 | 2004年11月 | 中国海南省 | 建立岛屿观光促销新型伙伴关系 |
| 第九届 | 2005年11月 | 西班牙加纳利大区 | 岛屿旅游安全 |
| 第十届 | 2006年10月 | 韩国济州道 | 如何将信息技术最大限度地运用于海岛旅游业的发展 |
| 第十一届 | 2007年11月 | 斯里兰卡南方省 | 海洋旅游的开发及市场营销 |

续表

| 第十二届 | 2008年11月 | 日本冲绳县 | 确立岛屿地区旅游业可持续发展观 |
|---|---|---|---|
| 第十三届 | 2009年11月 | 印度尼西亚巴厘省 | 海洋旅游业——发展机遇与环境保护 |
| 第十四届 | 2010年11月 | 中国海南省 | 低碳经济与岛屿旅游 |
| 第十五届 | 2011年9月 | 韩国济州道 | 会奖旅游业与旅游产业发展远景展望 |
| 第十六届 | 2012年11月 | 日本冲绳县 | 岛屿观光地区面对自然灾害时的危机管理 |
| 第十七届 | 2013年11月 | 中国海南省 | 岛屿旅游发展的机遇与挑战——全球化与本土化 |
| 第十八届 | 2014年8月 | 泰国普吉府 | 构建可持续发展的海洋旅游网络 |

## 结好进程中的主要成果

| | |
|---|---|
| 1988年4月26日 | 海南建省成为中国最年轻的省份 |
| 1992年8月24日 | 中华人民共和国与大韩民国正式建立外交关系 |
| 1993年9月 | 李岚清副总理访问韩国,济州道知事慎久范向中方提出济州道与海南省结好建议 |
| 1995年10月 | 时任海南省省委书记、省长阮崇武在济州道与慎久范知事共同签署《中华人民共和国海南省与大韩民国济州道缔结友好省道关系协议书》 |
| 1995年 | 慎久范提出建济州岛、海南岛、冲绳岛和巴厘岛"岛屿观光政策论坛"构想 |
| 1996年 | 济州道派出济州大学10人的"岛屿观光圈"咨询小组赴海南省调研 |
| 1997年7月24日 | 济州岛、海南岛、冲绳岛和巴厘岛共同发起"岛屿观光政策论坛" |
| 1999年3月30日 | 国家环境保护总局正式批准海南省成为中国第一个生态示范省 |
| 2001年10月 | 在济州道召开的第5届论坛上,4个创始成员一致同意在济州道设立秘书处,负责论坛的日常工作 |
| 2003年6月 | 时任海南省省长汪啸风发出了关于扩大论坛成员的倡议 |
| 2004年11月 | 第8届论坛大会,由4个成员发展为11个国家和地区的代表 |
| 2010年11月 | 在第2次机制扩邀下,迎来历史上规模最大、规格最高的第14届论坛大会,包括瑞典公主英格堡·艾丽丝·波基塔在内的14个国家的19个代表团参会 |
| 2012年8月 | 海南省与济州岛秘书处积极推行筹备工作会议制度,在每年年度大会前3个月召集筹备工作会议,就大会议题、拟推动年度合作项目开展先期讨论,以确保大会用最短的会期,取得最好的收效 |
| 2013年11月 | 第17届论坛大会在海南省举行,接纳马来西亚槟城州为论坛正式成员,瑞典哥德兰省为论坛观察员。至此,论坛发展成为一个拥有15个地区的多边地方政府联络机制 |

## 启　示

　　友好城市关系的发展应不拘泥于传统的"一对一"模式,而建立科学有效的运营机制则是可持续发展的必要条件。在多边交往平台的有效推动下,海南省至今发展了26对省级国际友好城市关系,在中国各省、市、区中名列前茅。"岛屿观光政策论坛"创新了友好城市以点带面的合作模式,必将成为推动"21世纪海上丝绸之路"建设的重要平台。

# 案例 11　忠诚的伙伴

## ——哈尔滨市与以色列的"一市对一国"

摘　要：　19世纪末20世纪初，哈尔滨曾是犹太人在东北亚地区最大的聚居中心和精神家园。在这里，犹太人形成了完整的社会体系，同时也为哈尔滨的城市建设做出了特殊贡献。今天，哈尔滨市积极借助这一历史情缘，助力城市的建设与发展。

关键词：　皇山犹太公墓　吉夫阿塔伊姆市　埃胡德·奥尔默特　一市对一国

---

### 基　本　情　况

中　　　国：黑龙江省　哈尔滨市
以　色　列：特拉维夫区　吉夫阿塔伊姆市（英文：Givatayim）
结好时间：1999年9月23日
结好渊源：今天散居在世界各地的犹太人有很多是哈尔滨犹太人及其后裔，他们心中有永远的哈尔滨，哈尔滨也留存着永远的犹太人。
结好特点："情缘"——哈尔滨市借助以色列友好城市资源，积极开拓"一市对一国"的交流合作渠道，创新了国际友好城市的交往模式。

---

哈尔滨市道外区哈同公路6公里处，有一座静谧的墓园。这里的风格与众不同，在墓园的中央位置，一个六角星图案的标志醒目而突出。

2004年6月25日，一向安静的墓园迎来了几位特殊的祭拜者。其中一位正是时任以色列副总理埃胡德·奥尔默特，他和夫人、兄长一起来到这个埋葬着奥尔默特家族五位亲属的地方扫墓。

除了奥尔默特的祖先外，这座占地6532平方米的墓园还埋葬着600余位犹太人，他们都是20世纪初从欧洲逃难至哈尔滨的。这座被当地人称为

"皇山犹太公墓"的地方，始建于 1903 年，至今已有 100 多年的历史，也就伴随了 100 多年的故事……

### 哈尔滨，远东的故乡

故事要从公元 1896 年说起。这一年，在沙皇俄国的经济主张下，一条以哈尔滨为中心，西至满洲里，东至绥芬河的"中东铁路"开始修建。这条全长 2400 公里的铁路，不仅让沙俄的经济触角延伸至远东，也大大改变了哈尔滨的传统格局。当松花江畔初现峥嵘的时候，一群来自西欧各国的特殊的客人纷纷进入哈尔滨，他们大多深目长鼻，身材矮小，肤色不一，携带着不菲的财产。他们就是为逃避欧洲政治迫害而流散至此的犹太人。

第一位来哈尔滨定居的俄籍犹太人叫萨·伊·别尔采里。在以后的 20 年间，陆续有 2 万多名犹太人来到这里，逐渐形成了一个完整的社会体系。中国人用真诚和善良关照着他们。在哈尔滨，没有迫害、没有歧视、没有偏见，有的是"此心安处是吾乡"的归属感。

犹太人借助"中东铁路"的交通优势，在哈尔滨投资创业包括创办学校、教堂、医院、图书馆。他们创立了当时中国第一家啤酒厂、第一家卷烟厂、保险公司、银行和马迭尔大饭店；他们还让哈尔滨的大豆走出国门，远销世界。犹太人开创了哈尔滨的经济奇迹，成为哈尔滨最早走向世界市场的领路人。

犹太人的实业越做越大，社交和商谈需要一个固定的场所，于是位于道里区上游街 23 号的"犹太侨民会所"（今天的"哈尔滨科学宫"）应运而生。100 多年前，这里可能是整个哈尔滨城最热闹的地方，每天不是举办觥筹交错的酒会，就是讨价还价的商会，甚至还有讨论激烈的文化沙龙。这样的场景持续了几十年，一直到 1945 年第二次世界大战结束才渐渐沉寂下来。

反法西斯战争胜利后，西方社会全面解除了对犹太民族的迫害，犹太人从此恢复了名誉、财产和社会地位，他们陆续回到了欧洲家园。但是，漂泊了半个世纪的犹太人从来没有忘记：善良的中国人在他们最困难的时候伸出了援手，帮助他们度过了苦难深重的岁月。

2005 年 11 月，美国前国务卿亨利·基辛格，代表犹太同胞向哈尔滨表达谢意："我是一个犹太人，我非常关注犹太民族的命运。我父母是从德国来到美国的犹太移民。我知道在历史上中国人一直是善待犹太人的……"第二次世界大战前后曾经有 2 万多犹太人为摆脱迫害、歧视而定居哈尔滨,而哈尔滨人民以中华民族特有的博大胸怀善待犹太人的历史,一直是世界人道主义的光彩记录。

今天的哈尔滨,处处可见犹太人当年参与建设这座城市的痕迹,街头风格各异的欧式建筑中,不经意间都会看到带有六角星图案的老房子。这个象征信仰、标志信念的六角星标志,记录着一段已经远去的历史,它同时告诉人们:曾经有一群特殊的人,在这片土地上生活过。

**情缘,撞开心灵之门**

1948 年,以色列宣布独立,建立了世界上唯一一个以犹太民族为主体的国家。这个新兴国家,创新科技在世界领先,工业实力名列世界前茅。

1978 年,中国改革开放。锐意进取的哈尔滨人民在新型工业化的道路上奋步疾行。1999 年 9 月,哈尔滨率先与以色列的"人文名城"吉夫阿塔伊姆市建立了友好城市关系,确定了在未来经济、商贸和文化方面的一系列合作构想。

然而,让人没有想到的是,尽管有着共同愿景和良好合作基础,但是吉夫阿塔伊姆市与哈尔滨在成为友好城市之后的许多年里,两市合作并没有更深层次的发展。

究其原因也很简单,吉夫阿塔伊姆从气候上属于热带地中海型,每年夏季最高温度 37 度。而地处东北亚中心位置的哈尔滨,一年中的许多月份都是寒风呼啸、漫天冰雪。俗话说"亲戚在于走动,朋友在于往来",两个城市气候差别如此之大,不知不觉间降温了人们走动的热情,使大家渐行渐远。

环顾整个城市友好交往工作,其实也充满了难以想见的坎坷和困难。截至 2015 年 7 月 1 日,中国共与 2209 个城市缔结了国际友好城市关系。但是,不少结对城市因为种种原因,常年没有真正建立起经贸、文化和科教方面的合作,久而久之也就进入了交往的"休眠期"。

就在两个城市的关系不温不火、似有可无之际,哈尔滨市政府迅速做出了一个升温友好城市关系的重要决定,那就是注重哈尔滨人与犹太人之间一个世纪的情缘历史。

在无数老哈尔滨人的心里,犹太人是温厚而又善良的邻居。直到今天,他们还在那些保留完好的犹太故居中,清晰地留存着对犹太兄弟最初的印象。而今天生活在以色列的犹太人，也有不少是哈尔滨犹太人的后裔，他们继承了先辈对哈尔滨的眷恋。

在20世纪犹太人饱受迫害纷纷逃往中国的时候，并不只有哈尔滨一座城市接纳过他们。上海，曾是接受犹太人数量最多的城市；青岛，也向犹太人张开热情的双臂。那么哈尔滨，又该如何重续"情缘"？

为了再次激发以色列人的"亲哈"情结，哈尔滨市有关部门首先筹措了230余万元资金，分期分批整修埋葬大批犹太人的"皇山犹太公墓"，并在原有建筑基础上修建了公墓围墙、犹太风格的大门和长廊以及看护用房等。

修缮完成之后，哈尔滨市政府加紧了与时任以色列副总理埃胡德·奥尔默特先生联系，因为奥尔默特的祖父就是一位从俄国迁徙到哈尔滨的犹太人，在他和妻子在哈尔滨去世后，双双都葬在了"皇山犹太公墓"。

在以色列身居要职的奥尔默特，很早以前就希望将祖先的墓地从远东迁回以色列。当他接到哈尔滨市政府的邀请后百感交集。2004年的6月25日，他带着夫人和兄弟一起来到公墓。走进墓地的那一刻，奥尔默特吃惊地看着眼前的一切，无限感慨地对身边的中国朋友说："你们把这里修得这么好，那就让我的亲人永远在这里安息吧。"

祭拜结束后，奥尔默特写下了这样一句话，"我的根实际在中国，中国是我父母出生的地方，我对中国的感情将永远根植于我的心中。"

奥尔默特一家离开后，掀起了一股哈尔滨犹太人后裔前来扫墓的热潮。这座公墓，在冷寂多年之后，迎来了久违的朋友，重新开启了以色列与哈尔滨那扇尘封已久的大门！

2008年5月，一场中以双方商界精英云集的"以色列哈尔滨经济大会"在以色列特拉维夫市召开。以方组织商界名流400多人参加，时任哈尔滨市市委书记杜宇新应邀亲自率领由政府代表和企业代表组成的50人代表团出席大会。

在这次会议上，中以双方不仅举办了城市推介会、企业对接会、企业见面会等一系列务实交流活动，还举办了一场《犹太人在哈尔滨》的图片展。这个图文并茂的展览再次激发了人们对哈尔滨的强烈情感与向往——犹太人心中有永远的哈尔滨，哈尔滨永远都是犹太人在远东的家。

在"以色列哈尔滨经济大会"后短短15个月的时间里，两地经贸合作迅速展开，以色列先后组织近40个大小合作项目前来哈尔滨寻求合作商机。

在这些项目中，最值得一提的是双城米特利农业发展有限公司的奶牛场项目。双城县是哈尔滨的县级市（现为哈尔滨双城区），拥有"全国最大的奶牛养殖基地"，奶牛养殖是该地区的支柱产业。以色列是世界著名的奶业国，奶牛单产全球最高。自从哈尔滨和以色列交往热络以后，双城和以色列在奶业方面的合作逐渐水到渠成。2011年2月，双城市国有独资企业正兴牧业发展有限责任公司，同以色列米特利农业发展有限公司合作成立双城米特利农业发展有限公司。新公司先后建设3个奶牛场，引进大量世界先进技术设备，包括恒温奶牛舍、全自走立式奶牛饲料搅拌机、SCR60型转盘式挤奶机等，大大提高了当地奶牛养殖业的生产管理水平，企业很快成为蜚声国际的行业翘楚。

哈尔滨各企业不断向以色列学习技术，获取经验，引进先进理念，同时推动更多产业"走出去"。今天，不少国际商人来哈尔滨洽谈商务，都常常惊讶地说"从细节上，处处可以看到以色列的身影"。

**手牵手的国际伙伴**

随着两个城市友好合作步伐的加快，哈尔滨这座美丽的东方城市，再次燃起了创新的热情。在一系列令人瞩目的成就让哈尔滨倍感欣慰的同时，也开始认真思考未来的发展方向。哈尔滨与吉夫阿塔伊姆市的交往已经进入了良性循环，双方在经贸和文化领域都有了深度合作。但是以色列并不仅仅只有一个吉夫阿塔伊姆市，对哈尔滨怀有眷顾之情的，也不紧紧只是吉夫阿塔伊姆的人们。在深厚的情感基础上，哈尔滨与以色列的交情，可否不仅拘泥于一座城市？

有了这个构想，哈尔滨随即做出了一个大胆的决定：以吉夫阿塔伊姆市为起点，将友好城市的范围外延，开展哈尔滨与以色列"一市对一国"的新型交往模式。

这是一个前所未有的创新模式。为了不让这个模式仅仅流于形式，哈尔滨可谓"绞尽脑汁"。2008年3月，"以色列哈尔滨商会"在以色列成立，专门聘请了对哈尔滨具有深厚感情的吉夫阿塔伊姆外联委主席约瑟夫·扎尔泽夫斯基担任会长。在扎尔泽夫斯基的积极推动下，哈尔滨和以色列各城市之间开展广泛的经贸和技术交流合作。一个个投资巨大的项目，一场场具有深远意义的商业会谈，在"一市与一国"间不断开展，各种文化交流活动也在这样友好合作的气氛中悄然开启。

从2004年开始，哈尔滨市政府先后出资修缮了以犹太新会堂为代表的一批犹太历史建筑遗迹，形成了具有一定规模的哈尔滨犹太文化旅游资源，让远在异国他乡的犹太人在这座远东城市里感受故乡的温馨。同时，哈尔滨市政府组织编撰反映犹太人在哈尔滨生活的系列书籍，包括《犹太人在哈尔滨》《揭开哈尔滨犹太人历史之谜》，唤起犹太人对哈尔滨这个"第二故乡"的眷恋之情。2009年5月，纪录片《犹太人在哈尔滨》制作完成，它不仅向人们述说了一个世纪前犹太人与哈尔滨的特殊情缘，也让世界更多地了解了哈尔滨的过去和今天。

岁月如梭，往事倥偬。从1999年到2015年，哈尔滨与吉夫阿塔伊姆的交往，创造了发掘利用友好城市资源，促进人文和经贸交流的合作模式。他们之间的交往，也曾经历波折，但是在一场基于历史情缘的外交智慧中，巧妙化解，从此走上了良性循环的交往之路。这条漫长的道路，既承载着人性的光辉，又镌刻着合作的智慧。特别是由友好城市为发端，进而开拓"一市对一国"的交往模式，可谓是城市外交的一大创新，该模式获得"2008年度振兴哈尔滨优秀创意奖"。

2012年3月2日，中国邮政和以色列邮政联合发行了《太平鸟与和平鸽》的邮票，纪念中华人民共和国与以色列建立外交关系20周年。邮票全套2枚，一枚太平鸟，一枚和平鸽，象征着中国和以色列这两个历史悠久的民族对和平的追求和呼唤。

从19世纪末第一个犹太人萨·伊·别尔采里到哈尔滨定居，到今天这套和平主题的邮票发行，中国人和犹太人的坚固友谊经历了漫长岁月的考验，充满了共同交织的命运情感。

关于这两个民族的故事远远没有讲完，或许才刚刚开了一个头……

**结好进程中的主要成果**

| | |
|---|---|
| 1999年9月23日 | 哈尔滨市与吉夫阿塔伊姆用邮寄方式签署了《中国哈尔滨市与以色列吉夫阿塔伊姆市建立友好城市关系协议书》，两市正式结为友好城市 |
| 2007年6月15日 | 吉夫阿塔伊姆市代表团出席"哈尔滨犹太人研讨会"。哈尔滨市政府特聘吉夫阿塔伊姆外联委主席约瑟夫·扎尔泽夫斯基为哈尔滨市名誉经济顾问 |
| 2008年3月 | 借助吉夫阿塔伊姆市对外联络委员会主席约瑟夫·扎尔泽夫斯基的特殊背景，促成"以色列哈尔滨商会"，并由约瑟夫·扎尔泽夫斯基担任会长，推动哈尔滨与以色列各城市之间的经贸和技术交流合作 |

续表

| 2008 年 7 月 | 中文版《犹太的秘密》出版 |
|---|---|
| 2010 年 10 月 | 现代化奶牛养殖项目在黑龙江省双城市落地,该项目利用以色列技术建立 50 个现代化奶牛养殖场 |
| 2011 年 1 月 | "第 2 届以色列哈尔滨经济大会"在哈尔滨召开,双方合作升级 |

## 启 示

哈尔滨市巧妙运用外交智慧,激活了与犹太人的深深"情缘"和与以色列尘封已久的城市记忆,从而促进友好城市交往良性循环;并在此基础上,由最初的"一对一"到后来的"一市对一国",创造性发展了新型交往模式。

# 案例12 "渝新欧"开启合作新征程
## ——重庆市与杜塞尔多夫市

**摘　要：** 重庆市与德国北莱茵－威斯特法伦州首府杜塞尔多夫市自结好以来，经贸先行，厚植友谊，在经贸、物流、科技、会展、文教等领域交流合作多点开花。"渝新欧"国际铁路大通道的开通，重新打通了东西方陆路运输的通道，为重庆市与杜塞尔多夫市的友好城市合作赋予了新的内涵。

**关键词：** 渝新欧铁路　中国节　"比翼亭"　陆上丝绸之路

---

**基　本　情　况**

中　　国：重庆市
德　　国：北莱茵——威斯特法伦州　杜塞尔多夫市（英文：Dusseldorf）
结好时间：2004年7月24日
结好渊源：推动重庆市与杜塞尔多夫市的经贸交流合作，深化双方友谊，联通东西方陆路运输大干线。
结好特点："机缘"加"情缘"——300多年前，德国著名诗人海涅对中国文化、龙腾形象、瓷器、茶道情有独钟；今天，沿着陆上丝绸之路，一条从重庆起始，途径6国的铁路，一直延伸到了万里之外诗人海涅的故乡。11年，两座城走进对方投资兴业，互学互鉴，文化交融，让友谊的种子茁壮成长，根壮叶茂。

---

在现在北京市委党校宽大的绿色庭院中央，有一座小小的墓园，四周被透花砖墙环绕，南墙正中有两扇灰色铁花棂门，墓园中种植着青翠的柏树。其中一块醒目的碑额雕龙花纹的中心，镌有代表天主教会的十字徽记，刻有墓碑主人的名字——汤若望。

1618年4月16日，来自欧洲的22名传教士从葡萄牙里斯本起航东渡，1年后的7月15日，抵达澳门，踏上了中国的土地。在他们中间，有一位出生于德国莱茵河畔、后来在中国生活了47年，历经明、清两个朝代、被康熙皇帝封为"光禄大夫"，官至一品的耶稣会传教士，他就是汤若望。来到中国后，他开始精心研习中国语言文化，入乡随俗，脱下僧袍，换上儒服，住进中式房屋，潜心研究中国经史和伦理，寻找其中东西方文化的融合点。

2014年3月，德国北莱茵－威斯特法伦州（以下简称"北威州"）杜伊斯堡港，中国国家主席习近平访德一行等候在火车站台上。三声锣响后，一列由中国重庆市始发的火车，满载货物，缓缓驶入杜伊斯堡港口。这辆来自万里之外的国际列车，又一次完成了它横贯亚欧大陆的旅程，全程13天，此时，这趟班列已运行3年，累计90多班列，7000多个集装箱，货值超过了35亿美元。这列由习近平主席见证的国际铁路，叫"渝新欧"。习近平主席提出建设"丝绸之路经济带"的倡议，就是秉承共同发展、共同繁荣的理念，联动亚欧两大市场，赋予古丝绸之路新的时代内涵，造福沿途各国人民。中国和德国位于"丝绸之路经济带"两端，是亚欧大陆的两大经济体，也是渝新欧铁路的起点和终点。承载着"丝绸之路经济带"陆路大通道建设的重要使命，重庆市和杜塞尔多夫市借"渝新欧"国际铁路大通道，正在携手谱写合作共赢的新篇章。

400年前，德国传教士来到中国，用时一年半。5年前，"渝新欧"铁路从中国重庆驶入德国杜伊斯堡港，用时13天。穿过漫长的历史足迹，交通的便利压缩了两国时空的距离，连接起欧亚大陆的经济大动脉。

### "渝新欧"，陆上丝绸之路的新通道

"渝新欧"，一条连接欧亚的国际铁路联运线，始自重庆，途经西安、兰州、乌鲁木齐，从新疆阿拉山口出境，经过哈萨克斯坦、俄罗斯、白俄罗斯、波兰，最后到达德国杜伊斯堡，全长11179公里。"渝"指重庆，"新"指新疆阿拉山口，"欧"指欧洲，合称"渝新欧"。它重新打通了东西方陆路运输的通道，又被人们称为"新丝绸之路"。

沿着列车所经之路，沿线的古丝绸之路遗迹尚存，依稀可以想到从前迎来送往的繁荣景象。如今的"渝新欧"见证重庆和沿线各国的发展，成为重新连接这条欧亚路线的纽带。从古代的商旅驼队，到今天的货运列车，时代在变迁，但东西方之间的交流却从未停止。

时光退回到 2004 年 7 月 24 日，重庆市与杜塞尔多夫市友好城市签约仪式上，来自诗人海涅故乡的前杜塞尔多夫市长乔基姆·欧文先生，用诗一般的语言总结了他的签约致辞："我与我的朋友王鸿举先生（时任重庆市长）一起种下了两座城市的友谊种子，或许有一天，这粒种子会长成参天大树。当我们坐在树下，我会想，是的，真不错，我们当年做出了正确的选择。"

是的，真不错，在你来我往中，这颗友谊的种子生了根，发了芽，友谊之树新绿，有了跨山越海、穿过时间的力量。为了给重庆制造的 IT 产品开辟一条快捷的赴欧物流通道，2011 年，"渝新欧"国际铁路大通道正式开通。在"渝新欧"建设的整个过程中，杜塞尔多夫市政府给予许多宝贵支持。现在，只需要 13 天时间，列车就可以从重庆驶入杜伊斯堡，比传统海运节省 30 天，而价格只有空运的 1/5。这条铁路沿着陆上丝绸之路，成为运行时间最早、班次最多、带动性最强的中欧西线班列。

从 2011 年 1 月至 2015 年 8 月，"渝新欧"班列货物运输总量已达约 3 万标箱，进出口贸易额约 100 亿美元，货值占整个经阿拉山口出入境中欧班列的 80% 以上。不过，目前这条铁路还主要是中国到德国的单向运输，为吸引返程货源，重庆市专门在"老朋友"杜塞尔多夫市设立了重庆市政府物流协调办公室驻欧洲联络处。

"渝新欧"目前正酝酿 2016 年在中德之间试运营客运旅游专线。如火如荼的交往，正是两座城市从一开始对彼此选择就十分契合的延续。

**经贸先行，一拍即合**

杜塞尔多夫市位于欧洲莱茵河畔，是德国经济最发达地区北莱茵——威斯特法伦州的首府，城市基础设施完善，四通八达。渝都重庆，作为中国中央直辖市，是长江上游地区重要的经济中心、金融中心和创新中心，中西部水、陆、空综合交通枢纽。

事实上，在重庆市与杜塞尔多夫市正式签订友好城市协定前的 8 年间，两市经贸往来就十分密切。杜塞尔多夫市非常重视中国西部的发展。"杜塞尔多夫向中国敞开大门，没有一个城市比杜更合适中国在欧洲寻求销售市场和平台。"欧文市长不无自豪地说，"我认为中国的未来在西部，而杜塞尔多夫是德国第一个与重庆结好的城市。"无独有偶，重庆市对杜塞尔多夫市的金融、媒体经济、职业培训、制造业特别是机器制造、化工、环保设备和医学设备都充满了兴趣。王鸿举市长直言，"德国是欧洲经济实力最强的国家，德国产品的质量在中国享有极高的声誉，这使我们能够从中获取收益"。双方对建立友好城市的愿景高度一致，展望经济合作前景，彼此一拍即合。

2004年7月24日，重庆市与杜塞尔多夫市签署《中华人民共和国重庆市与德意志联邦共和国杜塞尔多夫市缔结国际友好城市关系协议书》。两市结好的目标，第一是经济交流，让中国企业到杜塞尔多夫市去，德国企业到重庆来；第二是促进旅游业，希望赢得更多的旅游团，让两座城市的市民首选对方作为旅游落脚点。自结好以来，两市交流一直秉持着密切经贸往来的理念，正如2012年，在杜塞尔多夫的"中国重庆周"上，杜塞尔多夫市长迪克·艾博思所言，"2004年杜塞尔多夫与重庆结成友好城市，两市虽远隔万里，要跨越欧亚大陆，但日益频繁的经贸文化往来，将我们紧紧联系在一起。"

2015年1~8月，重庆对德国出口总额达32.6亿美元，进口总额达6亿美元。来自杜塞尔多夫市的德国最大、欧洲第二、世界第三的"麦德龙"零售批发超市集团，德国工业巨头蒂森克虏伯集团先后落户重庆，拥有丰富会展经验的杜塞尔多夫国际博览会也在重庆设立办事处。杜塞尔多夫掀起了"重庆热"，到2015年8月，共有56家德国投资外商企业落户重庆，两市结好的进程稳健，前景无限。

**莱茵河畔的巴渝情**

2015年9月5日，杜塞尔多夫老城中心的市政集市广场格外热闹。远远望去，临时搭起的中国式牌楼异常醒目。广场中心矗立的约翰威廉大公爵青铜骑像，已经淹没在飘扬的大红灯笼中。尽管阴雨连绵，但广场上依然摩肩接踵。重庆长嘴壶茶艺表演，莱茵河畔的风中飘荡着巴渝山城的火锅香……人们穿梭于中国传统民间技艺和美食文化的展台中，驻足在展示着中国绝活儿的舞台前，兴奋地感受着杜塞尔多夫的第五届"中国节"。对于重庆来说，这已经是他们连续4次派艺术家代表团参加在杜塞尔多夫市当地举办的中国节了。从富有巴渝风情的民乐演奏到令人拍案称绝的杂技表演和川剧"变脸"，从作为对外宣传长期阵地的图书捐赠点"重庆之窗"到展现重庆当代艺术最高水平的"情怀与温度"重庆当代艺术展，从精妙绝伦的功夫茶表演到接地气的火锅展示，每年都有新意，每年都充满了浓郁的巴渝情。

杜塞尔多夫与中国的渊源可以追溯到 300 年前。杜塞尔多夫是 19 世纪著名诗人海因里希·海涅的故乡。海涅一直有着深厚的中国情结,对中国文化、龙腾形象、瓷器、茶道非常着迷。中国驻德国大使史明德说,杜塞尔多夫一直在中德友好关系中起着表率作用。1984 年,它与沈阳结为友好城市;2004 年与重庆结好。中国节最初由杜塞尔多夫市政府提出举办,虽然每次只有一天时间,但都能吸引大量游客驻足。杜塞尔多夫市市长办公室国际事务部高级项目经理特蕾莎·莱曼说,2014 年中国节吸引了 3 万多名游客,每年中国节后,市民都会感到"意犹未尽"。"市长办公室每年都会收到很多市民来信,感谢中国节活动让他们了解到多元化的中国,表示希望到中国旅游,希望市政府与中国使领馆举办更多的交流活动,希望了解更多与中国有关的投资信息。"

日益密切的经贸往来,热络的民间互动,在两国人民心中绽放出灿烂的友谊之花。杜塞尔多夫人民爱好和平,勤于理性思考,重视效率与创新,与积极进取、开拓创新的重庆人民形成性格互补。双方对彼此文化的认同为友好合作奠定了厚重的人文基础。

2014 年,中国驻杜塞尔多夫总领馆筹建,重庆市人民政府向总领馆捐建了名为"比翼亭"的中式凉亭,上面题刻着"丝路春融花竞放,莱河日丽燕双飞"。这座具有传统巴渝风格的四角双亭,矗立在莱茵河畔,不仅成为当地的标志景观之一,同时也成为中德文化交流、重庆市与杜塞尔多夫友谊的见证,象征着两市友谊如春花常开不败,两市的合作共赢发展如丽燕比翼齐飞。

### 结好进程中的主要成果

| | |
|---|---|
| 2000 年 5 月 | 德国汉莎航空公司开通重庆至慕尼黑航线。2003 年 4 月 30 日该航线延伸至杜塞尔多夫市 |
| 2001 年 11 月 | 杜塞尔多夫博览会有限公司重庆办事处开业。同年,世界 500 强之一、总部设在杜塞尔多夫的"麦德龙"仓储式超市集团于 2001 年在重庆设立分店 |
| 2004 年 7 月 24 日 | 重庆市与杜塞尔多夫市签署《中华人民共和国重庆市与德意志联邦共和国杜塞尔多夫市缔结国际友好城市关系协议书》 |
| 2005 年 10 月 | 杜塞尔多夫市长乔基姆·欧文率团来渝参加"2005 年亚太城市市长峰会" |

续表

| | |
|---|---|
| 2006 年 10 月 | 杜塞尔多夫海涅研究所与四川外语学院德语系开展交流 |
| 2007 年 6 月 | 杜塞尔多夫舒尔文理中学与巴县中学结为姊妹学校,开展师生交流 |
| 2008 年 4 月 | 欧文市长率团参加了"德中同行"重庆站的活动,并向重庆市受 5·12 地震灾害影响的梁平两所小学捐款 5 万欧元 |
| 2012 年 6 月 | 在德国中国文化年框架下,重庆市艺术团体约 50 人赴杜塞尔多夫,成功举办了重庆文化周系列活动 |
| 2013 年 9 月 | 中共重庆市委常委、宣传部长徐海荣率团访问德国,在杜塞尔多夫举办"感知中国－穿越新丝路渝新欧国际铁路文化行"系列文化经贸交流活动 |
| 2013 年 10 月 | 四川外国语大学德国研究中心成立 |
| 2013 年 11 月 | 世界 500 强之一、总部设在杜塞尔多夫的"麦德龙"仓储式超市集团在重庆北部新区设立第二家分店 |
| 2014 年 5 月 | 重庆市政府物流协调办公室驻欧洲联络处在杜塞尔多夫正式成立 |
| 2014 年 11 月 | 德国杜塞尔多夫市长托马斯·盖泽尔率团来渝访问 |
| 2014 年 11 月 | 杜塞尔多夫市荣获由中国人民对外友好协会、中国国际友好城市联合会颁发的"对华友好城市交流合作奖" |
| 2015 年 1 月 | 为庆祝两市缔结友好城市 10 周年,杜塞尔多夫交响乐团管乐五重奏来渝举办音乐会 |
| 2015 年 5 月 | 重庆市人民政府向中国驻杜塞尔多夫总领馆捐建的名为"比翼亭"的中式凉亭,成为当地的标志景观之一 |

## 启 示

一趟满载货物的列车在群山间呼啸穿行,奔向远方的平原、山地与沙漠,驶上一条横贯亚欧大陆的经济大动脉。承载着张骞、郑和与马可·波罗传奇旅程的丝绸之路,今天又将谱写新的篇章。"一带一路"倡议在这个变革与重塑的伟大时代,更给古老的丝绸之路带来新的外延与内涵,给沿途各国城市带来机遇与未来。经贸先行,以点带面,全面开花。可以期待,"一带一路"框架下推进的中欧铁路联运大通道必将为重庆与杜塞尔多夫友好城市锦上添花。

# 案例 13　一千年的微笑

## ——云南省与暹粒省

摘　要：　诺罗敦·西哈努克亲王，中国人民的老朋友。中国和柬埔寨两国源远流长的友谊，是云南省和暹粒省在 2006 年牵手友好城市的时代背景。通过友好城市平台，柬埔寨农业和文化产业收获了实实在在的成果，中国也由此深化了友谊，获得了荣耀。

关键词：　吴哥文明　诺罗敦·西哈努克亲王　云南-暹粒友好农业科技示范园　吴哥的微笑　《真腊风土记》

---

### 基　本　情　况

中　　国：云南省

柬　埔　寨：暹粒省（英文：Siem Reap）

结好时间：2006 年 4 月 21 日

结好渊源：文化、旅游是两省发展的共同名片，农业是两省发展的共同方向。历史上的好兄弟、好伙伴、好邻居，情谊在"以经促政"的外交智慧中发扬光大。

结好特点："地缘"和"情缘"成为贯彻"立足周边、拓展东盟、开拓南亚、面向世界"的对外工作思路。以农业为切入点，以文化产业为载体，帮助暹粒省提升农业现代化水平，深化务实合作。

---

2000 年，一部由香港导演王家卫执导的文艺影片《花样年华》公映。影片凄美的情绪，怀旧的影调和演员入木三分的表演，让它成为中国文艺电影难以逾越的一个高峰。

电影最后一幕让人回味不止：男子悄悄来到了一个遍布沧桑的石洞前，将所有无法对人倾诉，甚至自己都无法面对的一段情感告诉了这个石洞，让发生在花样年华的故事永远留在了这里。从此，他的秘密，他的灵魂，他的花样记忆，都归于自然，成为永恒。

这个充满哲学意味的取景，就在柬埔寨暹粒省的吴哥古迹内。这个千年不变的遗址，承载了人间的悲情，宽容了人性的弱点，也奠基了信仰的坚石。

### 中国人民的老朋友

说起柬埔寨，人们往往将它与贫乏、动乱和各种悲剧联系在一起。但是这个在今天发展并不突出的国家，在古代却有一段文化繁荣、艺术鼎盛、政治强盛的辉煌历史。

所有这一切都可以在暹粒追寻。

暹粒位于金边以北311公里，距离泰国边界152公里。与喧嚣的金边相比，这里显得安静而又安全。北部圣地吴哥窟，来自古王国遗迹的神秘微笑，一直是全世界旅游者趋之若鹜的目标。这里有许多其他国家已经消失了的文化符号和信仰遗存。

吴哥窟的伟大早已被世界证明。1992年，它被联合国列为世界文化遗产，和中国的万里长城、埃及的金字塔、印度尼西亚的婆罗浮屠并称为"亚洲四大奇迹"。吴哥窟，柬埔寨国家的标志，深深地镌刻在柬埔寨的国旗上。

中柬友谊，更是因为一个柬埔寨皇族政治家而生根开花结果。他就是家喻户晓的诺罗敦·西哈努克亲王。

1955年，周恩来总理与西哈努克亲王在"万隆会议"上初次结识，彼此留下了深刻的印象。

1958年7月19日，中柬正式建交。西哈努克与毛泽东、周恩来、刘少奇等中国老一辈领导人建立了密切的交往关系。

1970年，西哈努克亲王和妻子莫妮可公主一同踏上了北京的土地。此时的他，无论境遇还是身份都很尴尬，因为在不久前柬埔寨发生的宫廷叛乱中，他惨遭罢黜而不得不流亡海外。一路上，西哈努克面容忧郁，神色黯淡。然而当他一踏上北京的土地，见到老朋友周恩来，还有那些向他伸出热情欢迎双手的中国朋友时，他顿时悲愁尽散，展露出了笑容。从此，西哈努克亲王开始了在北京生活的经历，也开始了和中国的故事。

西哈努克亲王虽然已经去世，但他那温和的微笑永远留在中国人民心中。大多数中国人是从西哈努克开始知道柬埔寨，认识吴哥窟的。

当历史进入新世纪，中柬两国延续了半个世纪前的友谊，彼此在政治上高度互信，在经济上深化合作，在国际和地区问题上保持着良好的沟通协作。

由于历史的原因，柬埔寨的发展远比不上其他亚洲邻居，但从来没有放弃过富民强国的追求。

从地理位置上讲，柬埔寨和中国的云南省遥遥相望，而一向注重农业发展的柬埔寨与云南省在发展目标上有着许多相似之处。2004 年，柬埔寨暹粒省通过柬埔寨驻昆明总领事馆，正式向中国云南省提出了缔结友好城市、共促产业发展的愿望。

面对暹粒省的热情召唤，云南省开始认真思考。实际上，从 1990 年开始，云南省和马里的锡卡索、美国的德克萨斯州、意大利的洛迪省、瑞典的布莱金厄省等缔结友好省州，大多地处经济高度发达的国家。而暹粒省的情况，与这些友好省相比差距较大。换言之，与暹粒省建立友好关系，意味着云南省将在未来做出更多的"付出"。但是从另一个角度看，作为传统的鱼米之乡，暹粒省的农业具有自己的特点和优势，如果能在资金和技术上有所支持，发展前景将十分可观。

比较两省的人文风貌，多元少数民族一向是云南省的特色名片。多民族的文化融合，让云南拥有了自己的文化优势。这一切与暹粒省悠久的历史和古老的文明，有着千丝万缕的机缘。

特别是进入新世纪后，中国政府提出"与邻为善、以邻为伴"和"睦邻、安邻、富邻"的周边外交方针，强调要支持周边国家的经济发展，通过"以经促政"的外交智慧，巩固中国与周边国家的政治关系。

云南省，北上相连"丝绸之路经济带"，南下相通"21 世纪海上丝绸之路"，是中国唯一可以同时从陆上沟通东南亚和南亚的省份。独特的区域位置使云南成为"一带一路"建设具有突出地缘优势的省份之一，也成为践行"亲诚惠容"周边外交理念的重要省份。为了配合国家整体外交，营造稳定的周边环境，深交广交多交朋友，云南省决定与暹粒省牵手友好城市。

2006 年 4 月 21 日，时任云南省副省长刘平与暹粒省第一副省长翁恩分别在《中华人民共和国云南省与柬埔寨王国暹粒省缔结友好省关系协议书》上郑重签下了各自的名字，并紧紧握住对方的手。这一天，两省正式缔结友好关系，开启了滇柬友谊的新篇章。

**瓜果飘香　鲜花盛开**

以平原为主的暹粒省，有着丰富的物产，被誉为柬埔寨的"鱼米之乡"。但因为现代化水平不高，无论在产量、规模还是农业技术方面，都处于滞后状态。

2007年4月9日，对暹粒省的人们来说是一个重要的日子。时任云南省农业厅厅长段兴祥和暹粒省农业厅厅长塔奔驰经过友好协商，签署了一份《云南省和暹粒省共建友好农业科技示范园协议》，即云南省农业厅、云南省农业科学院与暹粒省农业厅合作，把云南的优良品种和先进农业种植技术带到暹粒，使农业示范园成为一个引领暹粒农业发展的基地。这一项目成为两省建立友好关系以来最突出的合作项目。随后，兴建"云南-暹粒友好农业科技示范园"。中国专家特意为园区进行精心设计，使园区不仅具有农业技术展示功能，而且还有观光价值。从外观上看，人们常常认为这里是一个美丽的度假村，一片片芒果和椰树随处可见，整齐成荫。

在示范园的作物展示区内，云南省的水稻品种占地面积最大，格外引人注目，包括3个杂交水稻品种，云光14号、云光16号、两优2186。这些优良品种是云南省农业专家经过多次讨论和调研，根据暹粒省气候、土壤特点，专门精心选择并进行改良的品种。

在示范园的作物试种区，香蕉和玉米浸透了云南省农业专家的心血。香蕉和玉米是暹粒省人民重要的收入来源，但由于现代化程度低，这两项作物的产量一直上不去。云南省农业专家协助当地培育出了产量大增的优良品种。

花卉展示区更是让人赏心悦目。这片占地1440平方米的区域，包括云南省农业科学院提供的12种非洲菊和当地16种花卉品种，同时还收集了6种当地的果树和观赏树种。云南省一向以鲜花盛开闻名，花卉种植业也是云南省最大的产业之一。云南省几乎把致富的方法毫无保留的传授给了暹粒省。

示范园带来了巨大的经济效益，使暹粒的水稻产量提高70%，杂交玉米品种产量提高60%。同时，云南省的农业专家们还通过示范园，专门给当地农户示范新技术、新品种、新方法，让暹粒省人民得到具体实惠，并由此带动暹粒省乃至整个柬埔寨的农业大发展。

2010年11月，为了感谢中国农业专家对暹粒省的无私帮助，暹粒省政府对 6 名做出突出贡献的云南省科技人员进行表彰，并以省长名义颁发荣誉证书。

### 吴哥的微笑

吴哥，柬埔寨的灵魂。多年来，它以自己独特的魅力，成为暹粒省独一无二的文化名片。因为吴哥，暹粒迎来了世界各地的客人；因为吴哥，柬埔寨有了自己的特色旅游产业。

尽管吴哥文明吸引了源源不断的游客，但在属于自己的高品质演艺作品方面，吴哥却依旧一片空白。云南省积极帮助暹粒填补这个空白。

2010 年，一台以介绍吴哥窟历史风情为主题的大型舞台演出《吴哥的微笑》在暹粒省吴哥窟正式上演。这台总投资高达 600 万美元，运用吴哥文化元素讲述古代真腊王朝的故事，一经面世，引起巨大轰动，被誉为"柬埔寨鲜活的文化艺术博物馆"。截止到 2014 年，该剧已在吴哥驻演超过 1200 场，接待来自世界 60 多个国家的 70 余万观众，创造产值近 2000 万美元。

同样，这部精心制作的舞台剧也给云南省乃至中国带来了荣耀，因为它是中国国有文艺院团第一个"走出去"定点驻演的项目，也是中国演艺产业在国外定点驻演时间最长的项目。它让中国的艺术创作力，伴随吴哥文化，走向世界。

《吴哥的微笑》不仅取得了舞台上的成功，在经营模式上也展示了诸多闪光点。

位于吴哥会展中心的"微笑餐厅"，以滇菜为主，餐厅总面积 2470 平方米，餐位 800 位，是目前吴哥最大的自助餐厅，也是吴哥最豪华的中餐厅。开办餐厅的起意正是为《吴哥的微笑》而拓展的配套餐饮文化项目。现在，《吴哥的微笑》对于暹粒省的人民来说，不仅仅是一部舞台剧，它的成功出演和长期驻演均为当地创造了大量的就业机会，带动了当地旅游产业的发展，收获了良好的社会效益和丰足的经济效益。

"《吴哥的微笑》集中展示了柬埔寨的历史文化，提升了吴哥窟旅游业的整体品质，成为柬埔寨旅游业中的精品项目，是柬中两国文化旅游交流合作的典范，柬埔寨需要它来宣传辉煌的吴哥文明。《吴哥的微笑》是中柬文化交流与合作的升华，是中柬两国深厚友谊的象征，感谢中国艺术家把吴哥文明形象地搬上舞台，让世界人民欣赏。"这是柬埔寨旅游部部长唐坤的由衷赞美。

《吴哥的微笑》是云南省将自己的文化优势与暹粒省吴哥窟的独特魅力充分融合的一次碰撞，它将文化精品、旅游市场、城市名片相结合，为地方经济发展提供了重要的支撑。

45年前，西哈努克亲王向中国人民展露微笑；9年前，云南省向暹粒省展露微笑；2010年，吴哥向世界展露微笑。中柬两国友谊是一个微笑的故事，永远不会落幕！

### 一千年的微笑

公元1296年，元代周达观远赴真腊，在此地驻留11个月之久。此时的真腊国，正值文明灿烂、国力强盛，佛院寺宇森森林立，东西贸易频繁往来，人民生活安居乐业。这一切深深打动了周达观。回国之后，周达观将他在真腊国的所见所闻，凝结成8500字的书稿，这就是中国文学史上著名的《真腊风土记》，它是世界上第一部，也是唯一一部反映吴哥王朝昌盛的史料。

今天我们再次翻阅《真腊风土记》，人物鲜明呼之欲出，寺院浮雕栩栩如生。这是一篇充满快乐的游记，是一篇渗透着终极思考的散文，也是来自遥远时空的对话。通过它，我们依然能够感受作者那来自一千年前的娓娓道来和从容微笑！

### 结好进程中的主要成果

| | |
|---|---|
| 2006年4月21日 | 云南省和暹粒省正式缔结《中华人民共和国云南省与柬埔寨王国暹粒省缔结友好省关系协议书》 |
| 2007年4月9日 | 云南省和暹粒省正式签署《云南省和暹粒省共建友好农业科技示范园协议》 |
| 2007年4月 | 暹粒省政府对云南省6名做出突出贡献的农业科技人员进行表彰，并以省长名义颁发荣誉证书 |
| 2010年11月 | 云南省农业科学技术研究院与柬埔寨科学研究机构建立友好合作关系 |
| 2010年11月 | 舞台剧《吴哥的微笑》首场演出 |
| 2010年11月28日 | "微笑餐厅"正式开业 |
| 2012年6月 | 《吴哥的微笑》被柬埔寨政府授予"柬埔寨国家旅游服务贡献奖"，这是柬埔寨第一次将这个国家级奖项授予外国投资企业 |
| 2011~2012年度和2013~2014年度 | 《吴哥的微笑》两次被中国国家六部委评为国家文化出口重点项目 |

## 启 示

国际友好城市首先倡导的是友好——平等相处、真诚相待、彼此尊重、互信包容，而增进人民了解和友谊是国际友好城市的出发点，也是落脚点。无论是农业示范园项目的实施，还是特色文化剧目的打造，都充分体现了讲友好、增友谊的愿望。以农业为切入点，以农业科技示范园为载体，发挥地缘优势，立足务实合作，把实实在在惠及普通百姓的农业技术带进暹粒，提高当地农业发展水平，帮助农民增加收入，不图"锦上添花"之虚，但做"雪中送炭"之实，义利兼顾，"授人以渔"。

# 案例14　山水相依　两国一城

## ——河口县与老街市

摘　要：　一条红河，将一片土地分为两国；一座大桥，使两座城市连为一体。河口瑶族自治县（以下简称"河口县"），这个位于云南省东南端的边境小城，与对面的越南社会主义共和国老街省的老街市隔河相望。特殊的"地缘"与"亲缘"使中越边境的这两座城市出现了"两国一城"的奇观。

关键词：　两国一城　村寨结义　口岸贸易

---

基　本　情　况

中　　国：云南省　红河哈尼族彝族自治州　河口瑶族自治县（简称：河口县）
越　　南：老街省　老街市（英文：Lao Cai）
结好时间：2006年6月15日
结好渊源：河口县与老街市山水相连、民族相通、文化相融，自古以来就有着友好交往的历史。
结好特点："地缘"加"亲缘"——一衣带水的两座城市，血缘相近的族群，风俗相似的文化，你中有我、我中有你的经济生活，结为中越两国第一对边境友好城市，并正在谱写从传统"村寨结义"到现代经济一体化的新篇章。

---

云南省河口县与越南老街省老街市山水相连，交往历史源远流长。早在西汉时期，河口县就是内联成都、昆明，外联交趾（越南）的交通枢纽，唐朝时更是路上驿道与红河水道连接的"南方丝绸之路"的第二通道。在中国近代史上，河口县与老街市的交流有着浓墨重彩的一笔。中法战争时期，刘永福领导的黑旗军曾从河口进入老街，勇猛作战，多次获胜，被越南国王授予三宣副提督。而孙中山、黄兴领导的河口起义，更是把老街作为退守的后方……

特殊的地理位置，使河口县与老街市成为中越两国经济文化交流的窗口。

2006年6月15日，在红河州州府蒙自召开的中国云南与越南老街、河内、海防、广宁五省市经济合作协商会上，时任河口县县长邓永和与老街市人民委员会主席黎玉兴在滇越五省领导的见证下，签署《中华人民共和国云南省红河州河口瑶族自治县和越南社会主义共和国老街省老街市建立友好城市关系协议书》，两县市成为中越两国第一对边境结好城市，双边友好交往从此翻开新的一页。

### 友好城市与村寨结义

2013年8月9日，河口县南溪镇政府收到了一封来自越南老街省猛康县曼楼乡谷方村的公函。自从2006年河口县与老街市结为友好城市后，两地乡镇间的公函往来本是很平常的事，然而这一次，越方提出了一个特别的要求，那就是，希望批准老街省猛康县曼楼乡谷方村与河口县南溪镇龙堡村三坪坝小组结为友好村寨。

河口县境内的中越线长193公里。国境线把一个自然地域划成两部分，也把一些自然村寨切分到两个国家。这些村寨自古民族相近，语言相通，互相通婚，日常生活联为一体。历史上，除正式的口岸外，村寨相连的地段可通过山路直接来往。20世纪以来，两国政府出入境管理制度化，一方面规范了两国人民的交往，另一方面也给边民的日常生活带来了一定限制。

作为一个土生土长的河口县地方官，南溪镇镇长金钊对此有着深切的体会。在他管辖的南溪镇，娶越南女人的家庭越来越多。但由于两国出入境管理的限制，亲属往返很不方便。而越南谷方村的村民到南溪镇买农药，先要从越南猛康县来到老街市，再从河口－老街国际口岸出境，再来到河口县的农药店，之后再从口岸出境回去，绕了一个大圈子，既费时又费钱。所以两地村民一直希望双方政府能为他们的自由交往提供政策上的支持，创造便利交往条件。

4天后，河口县外事办公室经上级领导批准，同意了越方的提议。

2013年8月17日，以南溪镇党委副书记、镇长金钊为团长的党政代表团通过112号界碑，来到越南老街省猛康县曼楼乡谷方村参加结好仪式。南溪镇镇长与越南老街省猛康县曼楼乡乡长、两村小组代表分别做了交流发言，就一系列事项达成共识：双方共同维护界碑，不得破坏边界设施，不得改变界河流向；双方加强配合，共同打击走私，买卖毒品，拐卖人口等犯罪行为；解决双方边民在生产生活中的矛盾纠纷，共同宣传和教育双方边民，共建友谊团结边境；双方加强边民互市来往，互助经济发展，提高人民生活水平，共建美丽富饶村寨……中越边境第一对友好村寨就这样产生了。

结好仪式简朴而隆重，对此中越双方创造了一个新的词汇——"村寨结义"。结义是中国传统民间社会的一种现象，中越边境的两地人民用它来称呼两国的村寨结好，正说明"地缘"与"亲缘"的意义所在。

"村寨结义"使河口县与老街市的友好城市交往有了深厚的群众基础，它不仅仅体现在政府宣传文件上，而是实实在在落实到百姓日常生活中。两村结义后，双方村民共同保卫边境环境，共同建设和谐村寨。每到传统佳节，或是婚丧嫁娶活动时，两村村民相互走动、互相慰问、同甘共苦。

由于国情和历史的原因，越南谷方村本来是一个经济发展相对落后的村寨，在种植业与养殖业方面与三平坝小组不可同日而语，他们曾用羡慕的眼光望着界河对岸漂亮的民房。但"村寨结义"后，谷方村的村民慢慢感受到自己生活发生的变化。三平坝小组村民把香蕉和菠萝种植、保鲜、包装技术传授给他们，使谷方村越来越多的农户走上了脱贫致富之路。

值得一提的是，"村寨结义"模式还产生了示范和辐射效应，新的友好村寨和友好屯站不断产生，为中越两国边境的安定团结和共同发展夯实了深厚的群众基础。

**跨国婚姻中的越南新娘**

在河口县的"越南街"，年轻美丽的姑娘阿芳在自家的店铺门前，用简单的汉语招呼顾客。如果不是她自报家门，很少有人会想到她是一位越南新娘。

中国自古便有以"和亲"来加强国与国之间友好关系的历史，不过历史上常常发生在皇族间。只有当普通百姓成为和亲的主体，才可为国家友好奠定坚实的基础。阿芳的故事为我们提供了一个当代和亲的生动案例。

与人们印象中那种传统的戴着尖尖的斗笠羞涩的越南新娘不同，阿芳身上有着一种与城市现代化同时成长起来的练达与从容。

阿芳的丈夫是一位湖南商人，几年前跟着舅舅到越南老街市做生意。当时阿芳也在老街有自己的铺面，专门经营从中国进口的各种鞋类。两家铺面紧靠一起，平时做生意都会相互照应，不懂越南话的丈夫经常会寻求阿芳的帮助。日久生情，两个年轻人建立了恋爱关系，最终组成了一桩跨国婚姻。

阿芳的丈夫对现在的生活非常满意，妻子是他在对岸老街生意的代理，这使他比河口的那些同行更有竞争优势。丈夫主要负责中国方面布料货源和交通运输，妻子阿芳则主要负责收集越南一方的布料需求信息、议定价格及付款方式，并接洽越南商人与丈夫的联系。就这样，一种新型的边境贸易，由一对跨国夫妇共同完成。

阿芳的故事折射了中越两国跨国婚姻的新变化。中国与越南山水相连，自古以来，跨国婚姻并不少见。不过，以往的跨国婚姻主要在相邻的村寨之间，"语缘"与"族缘"起着重要作用。随着河口作为对外开放口岸的日益繁荣，来自中国各地商人与越南老街商户接触的机会越来越多，于是跨国婚姻超越了"语缘"和"族缘"，民族文化迥异的中越两国城市公民慢慢成为跨国婚姻的新成员。阿芳的故事仅仅反映河口与老街日益繁荣的边境贸易的一个侧面。

### 边境口岸的互市贸易

如果不是国境线的分隔，中国的河口县和越南的老街市更像是一个城市的两个区，红河与南溪河两条河流将两地分开，两市最近处不超过二三十米。站在河口口岸的高处纵览全局，我们就会发现，河口与老街相连的地缘，为城市发展蕴含着无限商机。

事实上，这种机缘一百多年前就开始显现了。1903 年，清政府与法国政府签订《滇越铁路章程》，由法国公司修建从昆明到河内的"滇越铁路"。7 年后通车，成为云南省第一条铁路，形成"云南十八怪"之一的"火车不通国内通国外"。"滇越铁路"的开通让云南人见到了西方现代工业文明的曙光，促进了云南的现代化进程。而河口则由于特殊的地理位置，从一个名不见经传的停船码头，很快发展成为中越边境一个重要的口岸，与越南老街的经济互动也翻开了新的篇章。

由于年代太久、设备落伍，"滇越铁路"目前仅保留货运。它就像一个将要退休的老者，把风光让给了年轻的中越公路大桥。

每天清晨，中越公路大桥口岸都是一派熙熙攘攘的繁忙景象。很多越南人推着特制三轮平板车，装满了越南荔枝等农产品，走过中国海关。他们显然已习惯了这种过关方式，在海关人员过来检查的时候甚至都没有停下车子的意思，经过海关人员的简单检查后，他们很快融入河口街道熙熙攘攘的人群里，就像是一把盐溶化在水里。

越南商人的集散地是滨河路上闻名遐迩的"越南街"。这里商铺成行成排，各类商品堆积如山，琳琅满目，数百上千个店铺和摊位形成自然的院落、街巷。"越南街"主要经营越南边民的自家产品和越南的特色食品、衣物、工艺品。双方边民和各路游客终日川流不息，呈现出一派繁荣景象。

自20世纪八九十年代以来，中越两国依次启动了对外开放的步伐，河口县与老街市，本来是一对边缘化的城市，一下子成为对外开放的前沿，双边对外贸易呈现出强劲的互补性优势。

河口市政府看准机缘，大力推动两市的商贸活动。从2001年起，轮流在河口县和老街市举办一年一次的边境经济贸易交易会，为两国企业搭建贸易、投资、交流和合作的平台；2004年7月1日起，河口口岸延长通关时间，实现铁路24小时、公路15小时通关；2004年9月起，河口口岸正式被批准办理落地签证……这一系列便利化措施的出台，为口岸经济的发展创造了优越的政策环境、投资环境和通关环境，使口岸经济在整个县域经济发展中占尽了天时、地利、人和。

如今，作为云南省最大、最繁忙的边境口岸，河口口岸已实现多元化发展的新格局，每天有近万名中越边民穿梭于此，赢得了"南方丝绸之路""小香港"的美誉。

**放眼东盟，走向世界**

口岸开放政策和友好城市的交往给河口县与老街市带来了经济上的共同繁荣，这是中越两国同时对外开放的成果。人们发现，河口县与老街市的互市贸易不仅意味中越两国的经济交流，在一个更大的区域规划中，两县市的经济社会一体化合作有了辐射整个东南亚的可能。

2010年，中国－东盟自由贸易区建成，致力于推动中国－东盟经济一体化进程。这对于中越两国来说，都是一个难得的发展机遇，使河口县和老街市这一对友好城市，在历史提供的机遇中不断寻找新的定位，发现新的合作领域与合作方式。

2014年9月21日,越南河内至老街高速公路通车,至此,昆明-老街-河内-海防经济走廊全线贯通,将中国的西南地区和东南亚、南太平洋国家连为一体。

河口与老街都看到了东南亚经济一体化给各自带来的新的发展机遇,也都共同怀抱着互利共赢的美好愿景。

### 结好进程中的主要成果

| | |
|---|---|
| 1993年5月18日 | 中国河口-越南老街口岸复通,友好城市建设的帷幕拉开 |
| 2000年8月 | 河口县与老街市党政工作会谈,双方提出以口岸为依托,共建"两国一城"的合作愿景。从此,每年一次的两市地方党政代表团工作会晤成为惯例 |
| 2001年 | 河口县与老街市建立轮流举办边境经济贸易交易会的制度,为两国企业搭建贸易、投资、交流和合作的平台 |
| 2004年7月1日 | 河口口岸延长通关时间,实现铁路24小时、公路15小时通关 |
| 2006年6月15日 | 河口县与老街市签署《中华人民共和国云南省红河州河口瑶族自治县和越南社会主义共和国老街省老街市建立友好城市关系协议书》,正式结为友好城市 |
| 2006年12月28日 | 中国河口县打击跨国拐卖妇女儿童犯罪执法合作联络办公室成立,这是中越两国国际警务合作的重要内容之一 |
| 2010年9月 | 老街市荣获由中国人民对外友好协会、中国国际友好城市联合会联合颁发的2008年度和2009年度"对华友好城市交流合作奖" |
| 2013年8月17日 | 中国河口县南溪镇龙堡村委会三平坝小组与越南老街省猛康县曼楼乡谷方村结为友好村寨 |
| 2013年9月25日 | 经云南省公安边防总队批准,云南河口边防检查站与越南老街口岸边防屯结为友好站屯 |
| 2013年12月12日 | 中国河口县桥头乡老卡村和越南老街省猛康县花龙乡罗锅井村结为友好村寨 |
| 2013年12月25日 | 经云南省公安边防总队批准,云南坝洒边防检查站与越南巴刹边防屯结为友好站屯 |

### 启 示

充分利用"地缘""亲缘"的有利条件,积极抓住改革开放提供的新机遇,通过"亲、容、惠、诚",实现边境口岸商贸合作,形成共同繁荣的双赢局面,进而达到"睦邻、友邻、安邻、富邻"之目的。

# 案例15　侨情牵两地　海港连友谊

## ——钦州市和龙仔厝府

摘　要：　一个心系祖国的侨领精英，怀着对祖国的赤诚之心，促成了两个城市的"良缘"。从2007年到2015年，两座城市，两个港口，两地人民，在红棉树的见证下，开创出一片美好未来。这片未来，在真诚的友情互助下，牵手扶持，直到永远！

关键词：　友谊树　封祖超　泰国广西总会　海上丝绸之路

---

### 基　本　情　况

中　　国：广西壮族自治区　钦州市
泰　　国：龙仔厝府（英文：Samut Sakhon）
结好时间：2007年3月12日
结好渊源：由爱国侨领的一次牵线，连接了两座城市的"牵手"与"合作"。
结好特点："机缘"——钦州市与龙仔厝府，均为沿海城市，且临港产业发展迅速，都是著名的海产地、"陶艺之乡""瓜果之乡"……这两个拥有如此之多相似点的城市，天生具有"优势互补"的合作基础。

---

2015年，广西钦州市行政中心南面的梦园广场，一颗迎风摇曳的红棉树已经8岁了。这颗红棉树，被当地的人们称作"友谊树"。每次走到这里，人们都会不自觉地放慢脚步，观察它从一颗小树苗，经过岁月的磨炼，成长为枝繁叶茂的大树。在人们眼中，它的每一点成长，都是一段神圣的历程。

2007年，这颗红棉树被钦州市和泰国龙仔厝府的朋友们一起种下，并在旁边的石头上刻下了"中国钦州·泰国龙仔厝府"这10个别有深意的红字。红棉树和友谊碑至今仍在市政广场的草地上见证着双方的友谊，市民们对它们倍加爱护。

**天涯海角觅知音**

广西钦州市，位于中国西南部的一个港口城市，是大西南最便捷的出海通道。一条蔚蓝色的三娘湾，是它最得天独厚的美丽风景。钦州城的历史可以追溯到2000多年前的西周时期。改革开放后，它借助港口资源优势，积极拓展海外贸易，被视为西南地区最具发展潜力的城市之一。

不过就在2005年，钦州市政府也遇到了一个难题。这个难题，缘于当时在全国掀起的各大城市与海外省、市缔结友好城市的热潮！

大概从20世纪70年代开始，逐渐兴起的友好城市工作，在全国各地如雨后春笋一般蓬勃发展。截至2005年，中外友好城市结好的数量已经达到1272对。这1000多对"国际友好城市"连接着不同国家、不同城市，从民间层面配合国家整体外交，构建起了城市发展的基石。

然而2005年的钦州，在这个遍地开花的时节，依然没有找到自己的合适"朋友"。这样的情况，与钦州自身原因有关。

钦州是一个西南沿海的中等城市，虽然有着悠久的历史和无限可能的未来，但是就知名度而言，它不像大连、青岛正在日益与国际接轨，每年都在吸引许多慕名而来的外国朋友；它也不像珠海、厦门，常常接到来自国际城市主动结好的邀约。

那么在这样的局面下，钦州又该用什么样的方法，为自己寻找一个志趣相投的伙伴呢？

钦州市政府将希望的目光聚集到了一个人身上，他就是时任泰国广西总会主席封祖超。

封祖超，祖籍广西第一侨乡——容县。100多年前，他的爷爷和许多广西老乡远赴海外，开始了一场在泰国的"淘金梦"。但是，由于那时候华人社会地位低下，他们从未过上孜孜以求的富裕生活。

封祖超出生在泰国，在拮据的家庭环境中长大，怀揣"一定要给华人争口气"的梦想。14岁那年，他来到曼谷求学，一面打工，一面读书。为了改变命运，他将"永不低头"作为人生信条。

1975年，封祖超来到澳大利亚悉尼皇家大学攻读旅游专业，获得学士学位。

州的产业报告和一张张关于钦州的风光图片,被源源不断地送到龙仔厝府政府。这些资料开始让龙仔厝府政府认识钦州,也喜欢上了钦州。

2005年6月,一份来自龙仔厝府的出访邀请被送到了钦州市政府。

2005年11月,时任钦州市副市长李彬率团访问泰国。尽管这是初次相见,但两个城市似乎早已有了默契,彼此互不陌生。也就是在这次出访中,2005年11月16日,李彬副市长和龙仔厝府政府签署了《泰国龙仔厝府和中国钦州市缔结友好城市意向书》。2006年6月,钦州市上报了与龙仔厝府结好的请示。4个月后获得书面批复,同意立刻开启与龙仔厝府缔结友好城市的一切程序。

2007年3月12日,春暖花开、春雨绵绵。这是一场喜雨,钦州市与龙仔厝府正式签署《中华人民共和国广西壮族自治区钦州市和泰王国龙仔厝府建立友好城市(府)关系协议书》。

这一天,时任钦州市市长汤世保和泰国龙仔厝府府尹替拉奔·颇不提像一对久别重逢的老朋友,开心寒暄,彼此交流当地产业发展的方向,共同勾画两个城市未来合作的蓝图。从这一天起,钦州市和龙仔厝府不再是两个相隔千里、彼此漠不相识的陌生市府,而是有着共同未来和共同方向的"一家人"。

签字仪式后,汤世保和替拉奔·颇不提在少先队员的引领下,来到钦州市政广场,在毛毛细雨中一同种下了那颗象征友谊的红棉树,并一起为"友谊树"纪念碑揭幕。当"中国钦州·泰国龙仔厝府"这10个鲜红的字迹出现在人们眼前,双方紧紧握手,共同承诺"落地生根"的结好诺言。

汤世保在仪式上致辞,特别向封祖超和泰国广西总会的各位乡贤表示感谢。所有在场的人都无限感慨:从2005年6月两个城市"初识",到11月签署"结好意向书",到2007年正式结好,这对当时国际友好城市工作刚起步的钦州来说,倍感兴奋。

这一切都离不开封祖超的倾力支持。从2005年钦州市首个代表团的"牵手之旅",到后来钦州市党政代表团数次访问,再到2007年3月龙仔厝府及泰国广西总会大型代表团的"契约之行",封祖超和泰国广西总会在双方之间的"牵线搭桥"和促进推动起到了至关重要的作用。

## 常来常往,"缘"长交流

两个城市结好后,其合作也颇有效率,颇显成效。

1978年，封祖超用20万泰铢的启动资本创办了安运旅行社。

1985年，他所从事的空运海运事业蒸蒸日上，终于跻身知名实业家行列。

在几十年的创业生涯中，封祖超始终恪守"诚信"美德，成为泰国华人界中有重要影响力的商界领袖和精英侨领。

2005年，泰国发生海啸，封祖超当即带领泰国广西总会发扬中国人"一方有难，八方支援"的传统，号召分散在泰国各地的广西籍华侨伸出援助之手，短短时间内掀起了一股捐献热潮。这场充满善心与感恩的援助活动吸引了泰国皇室的注目。为了感激他的帮助，泰皇亲赐封祖超一枚"慈善金皇徽章"；同时，他还被授予泰国皇家御林军第二军二等军司令部顾问的职务。2006年12月，封祖超又受聘泰国国务院内政部部长顾问，成为泰国华人界中首个获此殊荣的杰出人物。

功成名就之后，封祖超依然眷恋家乡。自20世纪90代起，他几乎每年都回广西，每次都带回一些产业项目落户广西，并积极为广西企业"走出去"出谋划策，牵线搭桥。

多年的兴衰沉浮，封祖超从未忘记自己从哪里来，也从未停止为提升家乡国际地位四处奔走。

**红棉树下，牵手友好城市**

当封祖超得知钦州这个距离自己故乡容县仅有356千米的城市，渴望在海外寻找一个志同道合的朋友后，立刻同意为钦州当一次牵线的"红娘"。

许多天里，他的脑海中反复浮现出一个泰国城市的名字，龙仔厝府。

龙仔厝府，位于泰国南部泰国湾畔，占地约872平方公里，距离首都曼谷28公里，是曼谷的五个卫星城之一，也是泰国主要渔港之一和最大的海盐生产基地。同时，它拥有泰国最大的海鲜交易市场，在临港工业、海洋产业、渔业、农产品等领域拥有一定优势，也是曼谷主要的延伸城市。

钦州市与龙仔厝府有许多相似之处：一是两个城市都是沿海城市；二是两地临港产业发展迅猛；三是均为著名的海产地、"陶艺之乡""瓜果之乡"。这一切为两座城市结好奠定了基础。

封祖超的提议得到了广西壮族自治区政府的赞同。

封祖超和泰国广西总会开始向龙仔厝府大力推荐钦州，一份份关于钦合作的第一步是从教育合作开始。2005 年，龙仔厝府著名学校三才公学与钦州市互访，希望从钦州选派中文老师到学校教授中文。经钦州市教育局与钦州学院积极推荐，钦州学院中文系选派优秀毕业生到泰国龙仔厝府三才公学中文学校担任中文教师。同时，双方积极开展留学生互派和中文、泰语教师交流项目。

2012 年 7 月，泰国龙仔厝府盛詹府尹、龙仔厝府工业委员会胡一勇主席出席在南宁举行的"2012 广西国际友好城市交流大会"后赴钦州考察。双方积极探讨如何巩固交往成果，并就开展青少年教育交流达成共识。2013 年下半年，在广西壮族自治区侨务办公室的指导下，双方开展华裔青少年寻根夏令营活动。来自龙仔厝府和泰国其他地区的青少年到访钦州，寻根溯源，近距离感受中国文化，与当地同龄人联谊，在两国青少年间建立纽带，传承中泰世代友好情谊。

钦州是岭南著名的荔枝、龙眼、香蕉之乡，火龙果种植发展迅速；而龙仔厝府水果、花卉资源丰富，榴莲、山竹、火龙果均为当地特产，并拥有多个兰花种植基地，且已形成集花卉生产、加工、进出口销售为一体的成熟产业链，成为当地规模可观的支柱产业。同处亚热带的两座市府，积极牵手合作，拓展互利共赢的发展空间。

不过，钦州市最渴望的还是和龙仔厝府建立"港口合作"。然而，在工作推进过程中，钦州市遭遇了不少困扰。尽管钦州有丰富的海洋资源，却因为历史原因，它的海产品加工一直处于初级阶段。而龙仔厝府除了拥有泰国最大的海鲜交易市场，还拥有泰国两家排名前 10 位的大型食品企业，在远洋捕捞和海鲜深加工领域也都有突出优势。两地的产业发展并不平衡，难以找到合作的基点。

为了尽快实现梦寐以求的"港口合作"，钦州市多次组团向龙仔厝府"取经"，不仅积极学习他们先进的技术，也借鉴高端的管理理念。

龙仔厝府对于"好学上进"的钦州表现出了积极热情的姿态。2012 年底，新任泰国广西总会会长李铭如率领泰国企业家代表团专程到访钦州，重点考察钦州港经济技术开发区，表示愿与钦州一起探索在港口航线、港航物流、临港工业的合作突破口。

**海上丝路，再次扬帆**

2013 年 9 月 7 日，中国国家主席习近平在哈萨克斯坦的纳扎尔巴耶夫大学，提出建立"丝绸之路经济带"的战略构想。这条连接古老东西方的贸易走廊，继千年历史之后再次活跃起来。同年10月3日，习近平主席在印度尼西亚国会演讲时又提出建设"21世纪海上丝绸之路"的蓝图。

钦州和龙仔厝府，都属于这条古老的海上丝绸之路。他们的牵手合作，引起国际社会的广泛关注。

2013年，为落实中国和东盟领导人关于"构筑海上互联互通网络"和"开拓海上务实合作"的共识，钦州市积极推动以钦州为基地，建设中国－东盟港口城市合作网络。

2014年10月28日，一条恰逢其时的钦州港－海防－韩国－印尼－泰国－越南（钦州港－海防－厦门－仁川－平泽－雅加达－林查班－胡志明－钦州港外贸集装箱定期班轮航）海运航线正式开通，曼谷林查班至钦州港航行时间由原来的14~15天缩短至6天。这条航线的开通，无疑将有利于钦州与龙仔厝府的海上联系，促进双方尽快缔结国际姐妹港、开通航线和谋划临港产业合作。

如果没有来自龙仔厝府的经验和支持，钦州的海洋产业就不会快速成长，更难以成为东盟合作的中心；如果没有"海上丝绸之路"，两地的"港口合作"就不会有今天的繁荣局面。

正如封祖超10年前预想的那样，钦州和龙仔厝府，从结好的那一刻开始，就一同步入了发展的快车道。"天时、地利、人和"的良好环境，加上两城志同道合，相交默契，实现了各领域，各产业"零磨合，高效率"的合作发展。

从2005年到2015年，两座城市，两个港口，两地人民，在一棵红棉树的见证下，开创出一片美好的未来。他们的牵手见证着一场在海港深处，永恒坚守的真诚友谊！

### 结好进程中的主要成果

| 2005年初 | 钦州市政府委托泰国广西总会主席封祖超先生在海外物色"友好城市" |
| --- | --- |
| 2005年11月16日 | 时任钦州市副市长李彬率团访问泰国龙仔厝府，并签署《泰国龙仔厝府和中国钦州市缔结友好城市意向书》 |
| 2006年6~10月 | 钦州市上报与龙仔厝府结好的请示。4个月后获得书面批复，同意与龙仔厝府启动缔结友好城市的有关程序 |

续表

| | |
|---|---|
| 2007年3月12日 | 时任钦州市市长汤世保和时任龙仔厝府府尹替拉奔·颇不提在钦州市签署了《中华人民共和国广西壮族自治区钦州市和泰王国龙仔厝府建立友好城市(府)关系协议书》 |
| 2012年7月 | 时任泰国龙仔厝府盛詹府尹、龙仔厝府工业委员会胡一勇主席出席在南宁举行的"2012广西国际友好城市交流大会"后赴钦州考察。双方积极探讨如何巩固交往成果,并就开展青少年教育交流达成共识 |
| 2013年下半年 | 钦州市开展华裔青少年寻根夏令营活动 |
| 2012年10月30日 | 新任泰国广西总会会长李铭如率领泰国企业家代表团到访钦州,考察钦州港经济技术开发区,重点探讨与钦州市在港口航线、海航物流、临港工业的合作 |
| 2013年开始 | 龙仔厝府、泰国广西总会积极参与联系协调泰国交通部、港务局等有关部门,共同推动以钦州为基地,建设中国 - 东盟港口城市合作网络。该项目获中国外交部、财政部正式立项,已获中国 - 东盟海上合作基金支持 |
| 2013年9月 | "第10届中国 - 东盟博览会"期间,在龙仔厝府和泰国广西总会积极协助下,泰国林查班港、曼谷港代表出席"中国 - 东盟港口城市合作网络论坛" |
| 2014年10月28日 | 钦州港 - 海防 - 韩国 - 印尼 - 泰国 - 越南(钦州港 - 海防 - 厦门 - 仁川 - 平泽 - 雅加达 - 林查班 - 胡志明 - 钦州港外贸集装箱定期班轮航)海远航线正式开通,曼谷林查班至钦州港航行时间由原来14~15天缩短至6天。该航线的开通,有利于钦州市与龙仔厝府的海上联系,对促进双方尽快缔结国际姐妹港、开通航线和谋划临港产业合作起到积极的推动作用 |
| 2015年5月31日至6月1日 | 泰国龙仔厝府代府尹韦尼·比亚梅唐率企业代表团一行19人到访钦州。钦州市市长唐琮沅会见龙仔厝府代府尹韦尼·比亚梅唐;双方就互派留学生、中泰文教师交流等多项合作达成协议 |

## 启 示

华人侨领的"牵线""搭桥"作用,特别是以其丰富的人脉、渠道、资源和影响力,助力友好城市的结好,常常可以起到事半功倍的效果。

# 案例16　一世纪　三千里

## ——陕西省与江布尔州

**摘　要**：100多年前,中国爆发的一场战争,让一个神秘的军团远走他乡,在异国生根发芽,成为近代史上最独特的少数民族;一场横跨欧亚大陆的学术调研,破解了隐藏在历史深处的谜团,促成了"丝绸之路"上最古老的两个国家省、州之间的忘年情谊。在全球化不断加速的今天,一场源于世纪亲缘、连接古老丝路的城市外交由此展开。

**关键词**：东干族　陕西村　白彦虎　安胡塞　纳扎尔巴耶夫　丝绸之路经济带　中哈苹果友谊园

---

### 基 本 情 况

中　　　国：陕西省
哈萨克斯坦：江布尔州(英文:Dzhambul)
结 好 时 间：2008年4月7日
结 好 渊 源：江布尔州的东干人,100多年前从中国陕西迁徙到中亚的回族义军后代,勤劳坚忍、眷恋故土、自强不息。
结 好 特 点："亲缘"加"语缘"——千里相隔,却有着同样的根脉、同样的语言、同样的文化、同样的愿景。从最初组团探亲,到经济互动、文化交流、高层互访,两地同胞携手谱写丝绸之路新篇章。

---

1992年,哈萨克斯坦东干协会会长安胡塞带着全家人,来到中国陕西省西安市的西城门,三次叩响了西城门的门环。

这是一个特殊的仪式,它无关宗教,无关信仰,只是一个老人在100

多年前的遗嘱。这位老人，曾被迫远离故土，漂泊异乡，在经历了岁月流转的百年沧桑后，他的灵魂终于在故都城门的沉重回响中，返回魂牵梦萦的家园。

直到今天，每一个东干人来到西安，都要走到西城门前，把这里的门环拍三下，完成一场久违的返乡之旅……

### 公元1872年，消失的军团

哈萨克斯坦，东西方文化交汇，世界上最大的内陆国，横跨欧亚两洲，无比辉煌的历史，这一切构成了曾经古老丝绸之路上最重要的节点。虽然人口不多，却汇聚了北半球几乎所有的民族和人种。

2008年春天，当中国因即将举办的奥运盛会而备受瞩目的同时，位于哈萨克斯坦南部的江布尔州，也因为一桩特殊的省州结好引起世界关注。

2008年4月7日，时任陕西省省长袁纯清与江布尔州州长热克森宾签署《中华人民共和国陕西省和哈萨克斯坦共和国江布尔州缔结友好省州关系协议书》，两省州正式结好。而搭建两地友谊桥梁的则是江布尔州的一个小村庄——陕西村，这里的村民大多属于一个独特的族群——东干族。

东干族是中亚最年轻的少数民族，也是世界上最富传奇色彩的民族之一。关于它的故事，要从100多年前在中国发生的一场战争说起……

公元1851年，清朝时期的中国，爆发了太平天国运动。1862年，太平军攻打西安，陕西和甘肃的一部分回民揭竿而起，不久后，烽火燃遍关中。为镇压陕、甘义军，清政府命令湘军将领左宗棠为钦差大臣平定内乱。

在政府军的大举镇压下，陕、甘回民的起义很快失败。1872年，不肯投降的义军在领袖白彦虎的带领下亡命天涯，从此杳无音信。

中国史书上没有明确记载，因此他们的行踪成为中国近代史上一大谜团，也成了中国史学家探秘的主题……

20世纪80年代，一群到吉尔吉斯比什凯克和国内新疆做生意的陕西人在茫茫人海中，发现了几个操着地道"陕西话"的外国人。他们不仅长得像汉人，生活习惯也与中国西部地区相似，但是护照上却清楚地写着：哈萨克斯坦。

这个消息不胫而走，很快吸引了陕西省民族事务部门和外事部门的高度关注。难道这些长着黑头发、黑眼睛，说陕西话的人，就是历史上那个神秘消失的军团的后裔？那么，他们是怎样到达遥远的中亚？又是怎样在异国的土地上生根发芽？陕西省省政府决定就此问题和哈萨克斯坦展开交流。

此时已经成为陕西师范大学历史系教师的王国杰，同样也得知了这个消息，他决定将这个特殊的人群作为自己下一个课题的研究方向。抱着探究真相的目的，他走上了前往中亚，寻找神秘军团后裔的茫茫之路。

按照多年前那份资料中的模糊记载，王国杰在哈萨克斯坦的江布尔州一个被称作"陕西村"的地方，终于看到了一群长着黑头发、黑眼睛，自称是"东干人"的人们。

当"东干人"知道王国杰是来自陕西的学者时，非常热情，他们帮助王国杰找到几位村里年龄最大的人，讲述关于东干人的历史故事。

在这些并不完整的口述中，充满了血与火、仇恨与辛酸、杀伐和征战的苦难历程，然而在王国杰眼里，逐渐浮现出来了一条清晰的线索，他终于找到了那个消失在历史深处的答案……

1872年，陕甘义军遭重创逃往新疆，但左宗棠仍追杀不止。面对清军"杀无赦"的诫令，白彦虎只得冒死带全军翻越雪山，向远离清帝国的疆域走去。在这场跋涉中，老弱妇孺因失足、冻饿、疫病的死者不计其数。1887年12月27日，当白彦虎终于率众出境流亡至沙俄七河省托克马克镇时，原本几万人的队伍，仅剩3314人。

好心的当地人并没有为难这些流浪者，而这些流浪者也诚实地告诉他们，"我们是来自东岸子的人。""东岸子"是当时陕西方言"东边"的意思。当地人用俄语将"东岸子人"拼出了"东干人"的发音，从此他们便成为当地人口中的"东干人"。

一个世纪以来，坚忍不拔的"东干人"在异国的土地上繁衍生息，聚居地跨中亚哈萨克斯坦、吉尔吉斯斯坦、乌兹别克斯坦，成为中亚130多个民族中重要的少数民族。1924年，苏联政府进行民族识别和划界，黄皮肤黑头发的回民群落被登记为"东干族"。

远离故土的"东干族"，从来没有忘记自己的祖国。"东干人之父"白彦虎临终前对后人说：你们回去，一定要把西安西门的门环拍三下，告诉祖先，我回来过。

他的遗言，成为"东干人"共同的约定。白彦虎后代子孙生活的地方，就在今天的哈萨克斯坦江布尔州。

## 百年情缘，梦圆友好城市

20世纪90年代初，陕西师范大学教授王国杰通过对"东干族"历史的挖掘，成为中亚少数民族研究史专家，他的《东干族形成发展史》成为轰动一时的学术著作。

1991年8月，陕西省外事办公室专门派团到哈萨克斯坦江布尔州探访，数千迎接他们的"乡党们"泪流满面，那感人的场面到现在都无法让代表团成员忘却。"乡党们"很快向代表团提出了渴望"回老家"看一看的要求。

他们的心愿在第二年就得到了实现。在陕西省外事部门和民族事务部门的共同组织下，"陕西村"组成了第一个回乡团回乡"寻根"。从这一天起，一批又一批的"东干乡党"开始了频繁"回老家"的路途。

组织和带领乡党和陕西建立联系的人是年轻的"陕西村"村长安胡塞。安胡塞，1961年出生在江布尔州"陕西村"，"东干人之父"白彦虎的第四代后人。从幼年起，他就有一个带领亲人们回乡的愿望。

在一次次"回老家"的途中，东干人的故事，"陕西村"的传奇，让陕西的乡亲们惊奇和感动。在陕西省政府的关怀和帮助下，陕西的乡亲们积极发展和支援"陕西村"的经济活动。

为更好加强两地深层合作，哈萨克斯坦东干协会成立，安胡塞担任主席。从此以后，陕西省与江布尔州的往来更加密切，两地间的经济合作飞速发展。

1996年，"陕西村"从陕西引进制砖机，办起村镇工厂。

1997年，为解决哈萨克斯坦蔬菜短缺的问题，安胡塞又组织从陕西引进温室大棚技术。在中国专家的帮助下，建立起中亚第一家引进温室大棚技术的农庄。在中国已经广泛普及的蘑菇种植技术，传到"陕西村"，继而传遍整个哈萨克斯坦。

2008年，陕西省杨凌农业示范区培育的樱花新品种在江布尔州落户。美丽的东方之花绽放在中亚璀璨的大地上。

"陕西村"与陕西省的跨国互动带动了经济发展，"陕西村"人民的生活也富裕起来。这些变化在哈萨克斯坦国内引起了强烈反响，不仅让国内其他城市羡慕，也吸引了哈萨克斯坦总统纳扎尔巴耶夫的目光。

自1991年苏联解体、中亚各国独立后，哈萨克斯坦有了属于自己的主权、政体和货币，既承受着剧变之后的阵痛与反思，也充满了对未来的希冀和展望。和中亚其他国家一样，哈萨克斯坦在历史新时期不断加强与中国的睦邻友好关系。

1999年4月，纳扎尔巴耶夫总统亲自召见安胡塞，听取了东干协会与陕西各方面的合作情况。最后，他希望安胡塞用"东干乡党"的特殊身份，以与陕西老乡的"亲缘"为基础，在中哈之间架起友谊的桥梁。

2000年4月，安胡塞陪同时任哈萨克斯坦江布尔州州长乌木别托夫到访陕西，与时任陕西省省长程安东会面。安胡塞给程安东带来了纳扎尔巴耶夫总统的问候。这次会面为两省、州之间开展经济、文化交流奠定了基础。

2003年11月，在陕西省政府的协助下，哈萨克斯坦东干协会在西安设立了办事处。

在安胡塞的积极推动下，陕西省和江布尔州的友好交往不断升温。2008年4月7日，陕西省与江布尔州正式缔结友好省州关系，圆了一场"陕西乡党"世纪之梦。一段饱含泪水与欢笑，承载乡愁和劫难的历史，在穿越一个世纪的等待后，终于画上了圆满的句号。

**友好城市亲缘，开启丝路新旅**

多年来，江布尔州和陕西省的友好省州关系，不仅体现了两个国家之间的友好交往，也在无形中延续着古老的丝绸之路神话。

哈萨克斯坦前总理捷列先科在担任总理期间，一直致力于哈中友好关系，曾成功解决了两国边境线的划分问题，为中哈睦邻友好关系奠定了良好基础，也与中国领导人和陕西地方领导人之间建立了深厚的友谊。

作为中国人的老朋友，他多次造访陕西，积极推动陕西企业进入哈萨克斯坦市场，拓宽两国经贸合作。2009年11月，在西安召开的"欧亚经济论坛"上，捷列先科正式当选为理事会筹委会主任委员。

在捷列先科的努力下，大批中国人的身影出现在哈萨克斯坦的城市里。中国企业家们把自己的生产技术和经验，带到了中亚最古老的国家。而哈萨克商人频繁的脚步，也不断踏足中国的土地，不仅成为促进两国贸易合作的交流者，也成为搭建友谊桥梁、促进文化传播的友好使者。

2013年9月7日，在哈萨克斯坦首都阿斯塔纳的纳扎尔巴耶夫大学礼堂里，中国国家主席习近平发表了题为《弘扬人民友谊共创美好未来》的重要演讲。正是在这一次演讲中，习近平主席第一次提出了建设"丝绸之路经济带"的战略构想，第一次向全世界传递了一个明确的信号：丝绸之路，这一古老的东西方贸易走廊，不仅在历史上推动了人类文明的进程，今天依然物阜民丰；而重新开启丝路之旅，必将对未来世界经济产生重要影响，它将成为一条牵动沿线10多个国家，30多亿人口的通往幸福、富裕、和平、共赢之路。

临别之时，纳扎尔巴耶夫总统向习近平主席赠送了一份特殊的礼物——阿拉木图苹果。他对习主席说，阿拉木图在哈萨克斯坦文字中的意思是"苹果之乡"，阿拉木图以盛产苹果而著称。他希望习近平主席把苹果带回北京，祝愿哈中友好合作硕果累累。

无独有偶，陕西也是中国苹果生产第一大省。沿着"丝绸之路"西行，陕西、甘肃、新疆、哈萨克斯坦都是苹果的优生区。苹果是"丝绸之路"沿线地区共同的果实，也是友谊的象征。

2014年，陕西省政府计划以友好城市为载体，联手哈萨克斯坦前总理捷列先科为首的哈萨克斯坦国际一体化基金会，在陕哈两地共建"中哈苹果友谊园"。这个设想是"丝绸之路经济带"上的一个具有深远意义的产业蓝图——中国将携手中亚各国共建苹果产业联盟，让苹果成为"丝绸之路"上的友谊果、致富果、和平果。

### 一世纪，三千里

从中国陕西到哈萨克斯坦江布尔州，全程3300公里。当年白彦虎带着族人向西跋涉，走了几百天的时间；1990年，王国杰坐火车从西安出发，到江布尔州的奥塔尔火车站，用了3天时间；2014年，安胡塞乘坐飞机从哈萨克斯坦的阿拉木图，辗转到西安咸阳国际机场，用了十几个小时。但是，从当年挥泪离别，到今天西城门上的三次叩响，"东干人"在漫长的回家路上，走了整整一个世纪！

从陕西走出去的"东干人"，是中国回族血脉的分支，也是海外华人中最大的回民群体。他们用100多年的民族融合经历，向世界证明了中国人的勤劳、善良和爱好和平的基因。这种无与伦比的民族基因，推动着陕西与江布尔州友好城市的合作关系，正在谱写一曲友好省州合作的典范赞歌。

## 结好进程中的主要成果

| | |
|---|---|
| 1991 年 8 月 | 陕西省外事办公室专门派团到哈萨克斯坦江布尔州探访"陕西村"。第二年,江布尔州"陕西村"第一个代表组团回陕省亲 |
| 1999 年 4 月 | 纳扎尔巴耶夫总统召见哈萨克斯坦东干协会主席安胡塞,听取东干协会与陕西省合作情况汇报 |
| 2000 年 4 月 | 安胡塞陪同江布尔州时任州长乌木别托夫到访陕西,与时任省长程安东会面,为两省开展友好城市合作交流奠定基础 |
| 2003 年 11 月 | 哈萨克斯坦东干协会在西安设立办事处,积极推动陕西省与江布尔州的友好合作 |
| 2004 年 5 月 | 安胡塞随纳扎尔巴耶夫总统访华,双方政府建立企业家合作委员会 |
| 2005 年 11 月 | 哈萨克斯坦前总理捷列先科和外交部副部长沙基罗夫在西安出席"欧亚经济论坛"时,表示积极支持江布尔州与陕西省建立友好省州关系 |
| 2007 年 12 月 | 哈萨克斯坦首座孔子学院在阿斯塔纳的欧亚大学落成 |
| 2008 年 4 月 7 日 | 陕西省与江布尔州签署《中华人民共和国陕西省和哈萨克斯坦江布尔州缔结友好省州关系协议书》,正式结为友好省州 |
| 2009 年 11 月 | 捷列先科在中国访问期间,得知"5·12"大地震致陕西凤县的小学严重受损,决定由哈萨克斯坦国际一体化基金会捐资 40 万元人民币重建学校。重建的红花铺小学于 2010 年 9 月开学,被命名为"中国-哈萨克斯坦友谊小学"。捷列先科被授予凤县红花铺小学荣誉校长称号 |
| 2013 年 9 月 | 习近平主席访问哈萨克斯坦期间,专门接见了安胡塞等在哈华人与华侨领袖,鼓励他们继续为中哈友谊尽心尽力 |
| 2014 年 3 月 | 中哈政府计划在陕西和哈萨克斯坦两地共建多个"中哈苹果友谊园" |

### 启 示

血浓于水的民族亲缘,不仅可以消除两个民族之间的历史隔阂,也可以成为推动合作发展、互助繁荣、和谐和平的重要动力。陕西省与江布尔州的友好省州合作关系,为正在开启的"丝绸之路经济带"既奠定了坚实的亲缘基础,又将注入新的合作活力。

# 案例17　守望同一片海

## ——山东省与京畿道"友好城市联合体"

**摘　要：** 两个早有渊源和深交的地区，彼此交集甚广，合作甚多，也曾开展过多方面和深层次交流。但是一个划时代的构想，将朋友和朋友，朋友的朋友，进行了实力雄厚的资源整合，成为共同的朋友。2009年，一个人口众多，资源广泛的强大"命运共同体"，在双方的共识下建立起来。这是一场了不起的友谊结盟，也是新时期外交智慧的创新体现。

**关键词：** 朋友圈　金文洙　山东·京畿友好城市联合体

---

### 基　本　情　况

中　　国：山东省
韩　　国：京畿道（英语：Kyonggi-Do）
结好时间：2009年12月11日
结好渊源：一省一道，历史交往悠久，鸡犬相闻，在新时期的合作中，实现了资源整合、友好城市联合，跨海对接的"命运共同体"。
结好特点："地缘"——共同的历史渊源，共同的经济基础，共同的合作平台，17对对口城市，规模庞大的命运共同体，前所未有的友好城市联合体。

---

京畿，一个在现代汉语中已经罕见的用语，但在唐代的史书中，它被广泛使用，主要用来形容对国家政治、经济具有非凡意义的一块区域——位于国之中央的都城。

京畿道，西临黄海、北望朝鲜，经济实力雄厚，尖端产业聚集。电子、汽车、化工、食品等各种产业发展均衡。它集中了韩国30%的制造业企业，34%的科研开发投资和40%的科技人才，三星电子、LG电子、海力士、起亚汽车等著名企业的生产基地均云集于此。可以说，京畿道就是韩国一个重要的经济发展命脉，这里的兴衰成败、起落浮沉，都将深深影响着整个国家。

**携手"朋友圈"**

如果说韩国是一条腾飞的小龙，那么京畿道就是助推腾飞的关键地区之一。京畿道共包括29个市，2个郡，各具特点。水原市是首尔卫星城，也是2002年世界杯主办城市之一；安养市是首尔最大的工业卫星城，设有韩国最大电影制片厂；富川市是首尔西部地区商业和工业中心及尖端半导体产业基地；议政府市是京义铁路线的要站；高阳市是世界十大活力城市之一，先后举办过10次世界花博会……

京畿道在这些城市的助力下，开放、包容、多元，充满了活力和创新意识。

而这一次，京畿道又将目光投向了中国的山东。

2007年5月，时任京畿道知事金文洙访问山东，向山东省政府提出了一个搭建"山东·京畿友好城市联合体"交流共享平台的建议。

山东与韩国隔海相望，地缘相近，气候特点相似，在各自国家均处于重要位置。早在1990年，中韩两国建交之前，山东省与韩国就开展了广泛的民间交流，并开通了威海至仁川的海上航线。

而早在2000年4月24日，时任京畿道知事的林昌烈率团到访山东，与时任山东省省长李春亭共同签署了《山东省与京畿道关于开展省道间友好交流、合作的会议纪要》，开始了两地之间的交流合作。

此时在山东的许多城市，都吸引了大批来自京畿道的韩国人常年居住。约6200多家韩国企业在山东发展，19万韩国人常驻山东。山东美丽的海滨城市青岛，设有规模巨大的韩国城，韩国人的教堂，韩国人教育机构。

伴随着双方高层领导频繁互访，经贸旅游交流活跃，山东省内的济南、淄博、潍坊、威海、德州、聊城、莱芜、滨州等城市分别与水原、广州、安养、富川、始兴、光明、抱川、高阳等市建立了国际友好城市或友好合作关系。两个地区之间早已形成了一个密切合作的联合体。

2007年，金文洙再次提议正式建立"山东·京畿友好城市联合体"设想。实际上，综观整个中国城市外交的发展进程，大多是像南京市与美国圣路易斯市这样的"一对一"城市，或者也有较为少见的像哈尔滨市与以色列这样的"一市对一国"模式。而像山东省和京畿道这样由省道政府牵头，双方各17个城市建立对口交流关系，形成了省市两级共享互动的综合交流平台，还从未有过。

不过，金文洙的这个提议却让山东省领导非常高兴，因为这不仅是一个友好城市模式的创新，而且可以把分散的局部优势转变为叠加的综合优势，在资源集约利用的基础上实现可持续发展，为山东省和京畿道的未来发展创造更加广阔的愿景。

2008年5月29日，金文洙知事率京畿道12个城市市长访问山东，在青岛市与时任山东省省长姜大明签署了《关于成立山东·京畿友好城市联合体的协议书》。山东省17市的市长共同出席了签字仪式，见证了这一历史时刻。

第二年的12月11日，姜大明省长回访京畿道，与金文洙知事共同签署了《中华人民共和国山东省与大韩民国京畿道建立友好省道关系协议书》，将山东省17市均纳入友好城市联合体框架范围内。

2011年8月24日，京畿道知事金文洙率京畿道17市的政界、经济界、学术界、媒体界代表共160余人访问山东，出席了在济南举办的首届"山东·京畿友好城市联合体大会"。

从这一天起，一个前所未有的省道联合体正式成立，它包括中、韩两国34个城市，共计10,762.7万人，面积19.2万平方公里，成为一个规模庞大，史无前例的"朋友圈"。

"我们认为，在经济全球化和区域经济一体化不断深化以及中韩两国关系全面持续发展的当今时代，山东省和京畿道作为两国重要的地方区域，立足中韩两国长期以来建立的友好合作关系，共同构建资源共享的友好城市联合体平台，是中韩友好城市交流的一项创新，必将为发展两国次区域交流发挥积极作用……我们承诺，在山东·京畿友好城市联合体的框架下，务实创新，深化交流，扩大合作，共同推进山东省和京畿道的繁荣发展，为两省道人民增添更多福祉。"这段话，来自《2011山东·京畿友好城市联合体共同宣言》（以下简称《宣言》），它不仅确定了两个地区未来发展的方向，也是来自朋友之间的一个承诺。

**激情岁月**

这个强大的"友好城市联合体"很快就展现了异乎寻常的实力，开始了一段合作与促进的激情岁月！

为培养具有国际化思维和全球视野的人才，2012年，山东省与京畿道共同提出成立"山东·京畿高校合作联盟"的倡议。这个倡议是由双方政府牵头主导的联盟机制，整合了各自辖区内的高校资源，成为开展交流合作的纽带。联盟成立后，山东理工大学、山东师范大学、齐鲁工业大学、临沂大学等山东高校与京畿大学、汉阳大学等10所京畿道高校立即开展了交换生项目、学生交流、教师互派、学位生联合培养、合作办学等项目。在京畿道政府的支持下，"外国留学生代表研讨会""留学生说明会"等活动为山东省在京畿道的留学生提供了学习、生活、就业等便利条件。

今天，这些在京畿道学习和生活的中国留学生，不少已经成为韩国各大机构的精英人才。他们的未来也早已和这片异国土地紧紧相连。

省道交流离不开智力支持，也离不开学术研究人员的出谋划策。为加强山东省与京畿道在学术领域与智库交流，2003年，时任山东省省委书记张高丽访问京畿道，与孙鹤圭知事签署了《中华人民共和国山东省与大韩民国京畿道关于加强交流合作的会谈纪要》，商定由京畿开发研究院与山东省社会科学院每年定期举办两省道发展论坛，为省道发展建言献策。

自2011年《宣言》发布后，两省道政府将发展论坛纳入了联合体框架内，积极围绕中韩自贸区建设研究、山东省与京畿道经济发展新趋势、中韩海上铁路轮渡方案运行研究、老龄产业合作发展战略研究等两省道共同关注的课题和产业及领域进行研究探讨，为推动两省道经济社会发展、探索可持续发展合作模式建言献策。

伴随学术交流和研究合作的加强，两地之间各个城市的合作关系也不失时机地升级了，在联合体大会召开前，山东省的济南、淄博、潍坊、威海、日照、莱芜、德州、聊城、滨州、菏泽10个城市就与京畿道的城市建立友好城市或友好合作关系。联合体大会召开时，山东省与京畿道又分别为青岛、枣庄、东营、烟台、济宁、泰安、临沂7个市指定了对口交流城市。

17对中韩友好城市，34对对口城市，1亿人口，一个共同构建合作共赢的联合体。

**磨合与反思**

17对各具特色的友好城市，在缔结友好关系后，根据本地实际，积极开展一系列友好交往活动，例如淄博市与广州市建立了应急互动机制；光明市为聊城市先天性心脏病患儿进行免费手术；金浦市在菏泽市设立蔬菜基地；济南市和水原市定期联合举办"中韩书法交流展"；聊城市与光明市开展杂技团、合唱团交流演出活动；淄博市邀请广州市参加"中国（淄博）国际陶瓷博览会"；烟台市邀请安山市参加"烟台国际葡萄酒节"；潍坊市邀请安养市参加"潍坊国际风筝节""寿光蔬菜博览会"；泰安市邀请龙仁市参加"泰山国际登山节"；临沂市邀请军浦市参加"中国（临沂）国际商贸物流博览会"，等等。

同时，济南市和水原市、淄博市和广州市、东营市和杨州市、威海市和富川市、德州市和始兴市、聊城市和光明市、滨州市和高阳市、菏泽市和金浦市之间开展了公务员互派交流项目。德州市和始兴市之间的小学、高中、大学均开展了不同层次的交流项目。此外，济南、淄博、枣庄、东营、烟台、潍坊、威海、莱芜、临沂、聊城、菏泽11个城市与对口城市开展了丰富多彩的青少年交流项目。

多年的交流互动给山东省和京畿道的许多城市带来了变化，山东沿海城市都成为许多京畿道人的"第二故乡"。这些地方有专门为韩国人规划的居住区，有为保证他们生活而提供的一系列配套设施。在山东，吃韩餐、学韩语、了解韩国文化已经成为一种时尚；而京畿道也为来自山东的经济项目提供了许多政策优惠。

各个层面、各个领域的交流与互动，让这个强大的联合体结出了累累硕果。

然而，就在两地活动不断增多，合作项目陆续展开的同时，这个规模庞大的联合体也出现了一些问题。

青岛市是山东半岛最具特色的城市，从20世纪80年代开始，青岛的工业发展就取得了瞩目的成就，成为山东省内经济发展最快、旅游资源最好、文化底蕴最深厚的一个城市。与青岛结好的国际城市包括日本的下关、美国的长滩、英国的南安普顿、瑞典的哥德堡等。这些城市都是经济高度发达的城市，在城市属性上与青岛可谓门当户对。当省道联合体确立后，与青岛结对的京畿道城市是城南市。城南市，尽管在近20年京畿道繁荣经济商圈带动下，成为发展速度较快的韩国城市之一。但无论从城市规模、经济体量还有产业发展，都与青岛存在一定差距，由此产生了一些问题。

归根结底，友好城市应该建立在对口、合适、有所交集并有共同未来的基础上。如果单纯为构建庞大联合体，而忽视务实需求，也可能对城市与城市之间的发展造成沟通鸿沟。

尽管存在一些小问题，"山东·京畿友好城市联合体"依然是中韩友好城市交流的一项创新，凝聚了双方的智慧和努力。直到今天，它的建立依然对中国乃至世界友好城市的发展，树立了一个可为借鉴的模式和典范。

"山东·京畿友好城市联合体"对口城市一览表

| 序号 | 山东城市 | 对口城市 | 结好时间 | 结好类型 |
| --- | --- | --- | --- | --- |
| 1 | 济南市 | 水原市 | 1993年10月27日 | 友好城市 |
| 2 | 潍坊市 | 安养市 | 1995年4月20日 | 友好城市 |
| 3 | 威海市 | 富川市 | 2000年7月1日 | 友好合作关系 |
| 4 | 日照市 | 平泽市 | 2002年7月11日 | 友好合作关系 |
| 5 | 淄博市 | 广州市 | 2003年12月05日 | 友好城市 |
| 6 | 聊城市 | 光明市 | 2005年5月3日 | 友好合作关系 |
| 7 | 德州市 | 始兴市 | 2005年5月18日 | 友好城市 |
| 8 | 莱芜市 | 抱川市 | 2005年6月28日 | 友好合作关系 |
| 9 | 菏泽市 | 金浦市 | 2005年6月28日 | 友好城市 |
| 10 | 滨州市 | 高阳市 | 2006年4月28日 | 友好城市 |
| 11 | 泰安市 | 龙仁市 | 2009年3月19日 | 友好合作关系 |
| 12 | 烟台市 | 安山市 | 2009年6月30日 | 友好合作关系 |
| 13 | 东营市 | 杨州市 | 2010年11月8日 | 友好合作关系 |
| 14 | 青岛市 | 城南市 | 2011年8月24日 | 对口城市 |
| 15 | 枣庄市 | 杨平郡 | 2011年8月24日 | 对口城市 |
| 16 | 济宁市 | 华城市 | 2011年8月24日 | 对口城市 |
| 17 | 临沂市 | 军浦市 | 2012年3月23日 | 友好城市 |

数据统计：截至2015年1月。

## 结好进程中的主要成果

| | |
|---|---|
| 2000 年 4 月 24 日 | 时任京畿道知事林昌烈率团访问山东,与时任山东省省长李春亭签署了《山东省与京畿道关于开展省道间友好交流、合作的会议纪要》,开始了两地之间的交流合作 |
| 2003 年 10 月 27 日 | 时任山东省省委书记张高丽访问京畿道,与孙鹤圭知事签署了《中华人民共和国山东省与大韩民国京畿道关于加强交流合作的会谈纪要》 |
| 2007 年 5 月 | 金文洙访问山东,首次提出成立友好城市联合体的构想 |
| 2008 年 5 月 29 日 | 金文洙知事率京畿道 12 个城市市长问山东,在青岛市与时任山东省省长姜大明签署了成立《山东·京畿友好城市联合体协议书》,山东省 17 市的市长和京畿道 12 市的市长共同出席了签字仪式 |
| 2009 年 12 月 11 日 | 时任山东省省长姜大明访问京畿道。在访问期间签署了《中华人民共和国山东省与大韩民国京畿道缔结友好省道关系协议书》,标志着友好省道关系正式建立 |
| 2011 年 8 月 24 日 | 京畿道知事金文洙率京畿道 17 市政府、经济界、学术界、媒体界代表团共 160 余人访问山东 |
| 2011 年 8 月 25 日 | 首届"山东·京畿友好城市联合体大会",通过《2011 山东·京畿友好城市联合体大会共同宣言》 |
| 2012 年 7 月 30 日 | 山东省与京畿道共同提出成立"山东·京畿高校合作联盟"的倡议 |
| 2012 年 10 月 24 日 | 京畿道副知事崔胜大率京畿道内 12 所高校的校长、副校长及代表共 30 多人访问山东省,两省道共有 39 所高校 86 名代表出席首届"山东·京畿高校合作联盟大会" |
| 2013 年 11 月 6 日 | 第 2 届"山东·京畿高校合作联盟大会"在京畿道举办 |
| 2014 年 10 月 30 日 | 第 3 届"山东·京畿高校合作联盟大会"在山东省召开 |

## 启 示

友好城市联合体改变了传统"一对一"友好城市模式,将"一对一"发展为"一对多"和"多对多"资源共享的叠加模式,起到资源集约利用之目的。"山东·京畿友好城市联合体"不仅标志着山东省和京畿道的交流合作迈上了新的台阶,也对全国地方友好城市交往提出了积极创新的思路。

# 案例 18　永远的丰碑

## ——芷江县与松鹤市

摘　要：　70多年前，一支来自美国的空军队伍——飞虎队，入驻湖南芷江。在烽火连天的战争岁月，他们与中国人民结下了超越生死的跨国情缘。今天，两个远隔重洋的中美城市，因为特殊的"飞虎情缘"，引发情感共鸣，为城市建设、发展和中美友谊再谱新章。

关键词：　飞虎队　罗伯特·霍伊尔·阿普切奇　哈里斯·布莱克　中国·芷江国际和平文化节

---

**基　本　情　况**

中　　国：湖南省　怀化市　芷江侗族自治县（简称：芷江县）
美　　国：北卡罗来纳州　莫尔郡　松鹤市（英文：Village of Pinehurst）
结好时间：2010年9月7日
结好渊源：芷江县与松鹤市都有着"飞虎"情缘，热爱和平，向往和平。
结好特点："情缘"——以飞虎情缘为线索，重视合作的互补性，结合两地经济社会发展特点，突出"和平主题"。

---

　　2013年2月15日，一场别开生面的音乐演出在美国北卡罗来纳州莫尔郡松鹤市中学礼堂举行。中国中央民族乐团的6位演奏家向美国朋友们献上了动听的中国民乐。白发苍苍的时任北卡罗来纳州众议长哈里斯·布莱克先生亲临现场，为音乐会发表了热情洋溢的演讲。

　　这场音乐会是为纪念一名美国飞行员专门举办的。这名飞行员，二战期间来华帮助中国人民抗击日本侵略者，在一场空战中不幸牺牲，年仅21

岁。他的遗体被安葬在中国湖南省的桂东县，湖南老乡们为感激这位保卫了中国人民的"美国的儿子"，为他举行过隆重的葬礼，并一直为他守墓。直至2006年，在他牺牲61年后，才通过DNA验明身份。他叫罗伯特·霍伊尔·阿普切奇，来自美国北卡罗来纳州莫尔郡，是一名远赴东方战场的"飞虎队"队员。

### "飞虎"情缘连接两座城市

湖南省怀化市的芷江侗族自治县，是一个山水柔美、风光宜人的南方小镇。历史上，这里因侗戏、傩堂戏和芦笙舞传承着悠久的侗族文化而闻名遐迩。但是在中国近代历史舞台上，它上演的却是一场碧血千秋、气壮山河的英雄史诗。

改变芷江命运的历史节点很多，如建于1936年的芷江机场，成为抗战时期中美空军重要的军用基地，也是当时远东第二大机场；1945年8月21日，日本在这里宣告战败投降。然而，在芷江人民心中，无论是凝固了历史瞬间的芷江受降，还是划时代工程的芷江机场，都没有在他们记忆中活色生香的历史标签来得亲切，那就是抗战时期以芷江为大本营的美国空军"飞虎队"。

"飞虎队"是"美国志愿援华航空队"的别称，1941年，由美国退役飞行员教官陈纳德创立，在中国、缅甸战场抗击日本侵略者。

"飞虎队"是一支年轻的队伍。在陈纳德将军的魔鬼训练下，迅速培养出许多优秀的飞行员。他们被派往东方战场，参与保卫云南、常德、衡阳、武汉和缅甸仰光等战斗，取得许多以少胜多、重创敌人的战果，给抗战最黑暗时期的中国人民和世界反法西斯国家的人民带来了信心和希望。当时美国一家报纸评论说："在世界反法西斯战争最黑暗的时刻，飞虎队的胜利无疑给美国人民带来一线光明。"

远涉重洋的飞虎队员们也与中国人民结下了深厚的情谊——超越生死，跨越地域，消除了一切文明偏见和种族隔阂。

1988年，时任北卡罗来纳州州长詹姆斯·马丁访问中国。2007年，以时任州议员哈里斯·布莱克为团长的北卡罗来纳州友好代表团访问中国湖南，其中代表团大部分成员来自松鹤市。此时，正值安葬"飞虎英雄"罗伯特·霍伊尔·阿普切奇，他的身份刚刚被确认，英雄的故事成为这次访问的重点。

哈里斯·布莱克议员怀着恭敬的心情，按照中国人的传统习俗，与全团成员一起为罗伯特·霍伊尔·阿普切奇扫墓，随后他感动地说："中美人民有着这样的历史渊源，我们永远不会是敌人！"

**交流发展搭建友谊桥梁**

2008年1月10日，北风呼啸、雪花飞舞，一场持续近1个月的低温、雨雪冰冻天气袭击了中国南方19个省区市，冻凝三湘四水，京广铁路线电力中断，南北大动脉京珠高速陷于"瘫痪"，3万多台车辆、8万多人被迫滞留，湖南的郴州、衡阳全城断电断水！

在获悉了这场特大冰雪灾害后，哈里斯·布莱克议员在第一时间发来慰问函，同时北卡罗来纳州中国中心、《华星报》和三角区华人联谊会联合倡议当地人民为湖南捐款。北卡罗来纳州的"雪中送炭"让湖南人民看到了跨越国界的真挚友谊。

此时的芷江县，正在向世界推出以和平为主题的建设发展愿景蓝图。而被称为"北美最宜居"的松鹤市，致力于维护城市环境，积极推进以休闲为主的旅游业和新兴产业发展方向。两地有许多共同借鉴之处。因此，芷江县提出与松鹤市建立友好城市的构想。

务实的芷江非常清楚地认识到，两个城市长远交往，不应仅仅建立在互访与"串门"之间，深化民间交往才是牢固连接城市友谊的生命力所在。

2014年4月，芷江县完成了《出访韩、美两国考察报告》。报告中这样写道："民间交往是最自然、最广泛的沟通、对话和交流，如果没有民间交往，两国的关系就会像在夜间并排航行的两条船，彼此看不见。如果不拓展友好城市的交往范围，只是停留在一般性问好，官方交往、迎来送往，注重于意识形态的思想、文化交流，友好城市交流工作就失去了应有的意义，就会在世界多极化、经济全球化、世界信息化的国际形势需要面前打败仗，失去了它应有的威信、地位和作用。"

为避免让友好城市结好流于形式和表面，芷江县在与松鹤市多次互访中非常重视对民间商机的捕捉。2010年6月，"中国湖南国际友好城市合作论坛暨国际友好城市大会"召开之际，松鹤市F7国际贸易发展公司董事长詹姆士·蒙塔古表示对芷江很感兴趣。芷江县立刻通过电子邮件介绍芷江县概况，积极推介宣传芷江，促进两市的合作发展。

2010年9月7日，在中国人民对外友好协会、中国外交学会与国际和平人士的共同推动下，本着"深化了解、增进友谊、注重学习、推动合作、促进发展"的宗旨，芷江与松鹤市正式缔结友好城市。

一场特殊的"飞虎情缘"，一段难忘的历史记忆，让两座远隔重洋、风格迥异的异国小城，在经历了生死考验，战争磨难和重重困难后，终于结出了绚丽的友谊花朵，在大洋彼岸和东方土地上绽放异彩，竞相怒放。

**文化成为友好城市纽带**

"民族的才是世界的，本土特色、民族文化是旅游业加速发展的灵魂。"这句话出自芷江县《出访韩国、美国考察报告》，它精确地概括了芷江县打造和平城市品牌的目标。

在千百年的历史沉淀中，芷江县孕育了和平文化与民俗文化。从两地正式建立友好城市关系以来，芷江县更加积极着眼对本土民俗文化的挖掘和打造，更加注重加强两地普通民众的交往。

2004~2010年间，芷江县相继建成或扩建了以和平为主题的景点和景区——和平园太和塔、国际和平村、和平电站、和平湖景区、和平大桥、中国人民抗日战争胜利日本投降旧址等。芷江县还成立了和平文化研究所，形成了一支致力于中华和平文化研究的学术研究队伍。这些项目大大增强了松鹤市乃至整个北卡罗来纳州人民前往芷江县旅游、学习、考察和寻求商机的热潮。北卡人在这个小小的湖南县城里，不仅欣赏到了别开生面的东方文化，也找到了大量经济文化合作的契合点。

正如《出访韩国、美国考察报告》提出："推动我县与美、法等友好城市之间工商、传媒、学术、文教等社会各界开展丰富多彩的交流活动，进一步增进两地人民间的了解，让越来越多的民众成为发展两国关系的积极支持者。更多的非政府组织尤其是青年团体将参与进来，成为推动两国关系健康稳定发展的原动力。"

2010年9月7日，为隆重纪念抗日战争胜利暨世界反法西斯战争胜利65周年，深切缅怀为世界和平英勇献身的先烈，衷心感谢支持中国人民抵御外侮的各国友人，并向全世界传达中国人民热爱和平的强烈愿望，芷江县举办了以和平为主题的第四届"中国芷江·国际和平文化节"。在这次活动中，芷江县政府不仅举办了大量具有国际水准的文艺表演和文化沙龙活动，还邀请到了美国前总统卡特在内的8批高规格美国贵宾团参加文化节。一时间，芷江县名流云集、星光璀璨，成为国内外各大媒体争相报道的焦点。这次盛会不仅进一步扩大了"和平文化"的影响力，也大大提高了芷江县的国际知名度。

2014年3月27日，中国人民对外友好协会与美国国际姊妹城市协会共同在美国华盛顿举办中美友好城市大会，芷江县与松鹤市获得了"中美文化交流奖"。此奖不仅是对芷江县和松鹤市致力于文化交流的肯定，它还告诉人们，无论时光如何流转，岁月如何穿梭，半个多世纪前那段中美人民之间的深厚情缘，将会被永远铭记。

**永远的丰碑**

2012年4月7日，一场庄严的仪式在美国北卡罗来纳州的卡萨齐市举行。这一天，飞虎队员罗伯特·霍伊尔·阿普切奇的纪念碑建成，湖南省友好代表团出席了纪念碑揭幕仪式。

在此期间，双方共同签署了《中华人民共和国湖南省芷江侗族自治县与美利坚合众国北卡罗来纳州松鹤市友好城市交流合作备忘录》，在教育、卫生、文化、体育、旅游交流合作等方面达成广泛一致，宣告中国芷江县与美国松鹤市之间的深度合作进入崭新时期！

在这座英雄的丰碑上，刻录着一段70多年前发生在中国土地上的美国人的感人故事，这是一个关于战争与和平，情缘与友谊，责任与爱的故事。这个故事远远没有结束，它依然意味深长，并且将永远、永远讲下去……

**结好进程中的主要成果**

| | |
| --- | --- |
| 2007年4月 | 以北卡罗来纳州议员哈里斯·布莱克为团长的北卡罗来纳州友好代表团访问中国湖南省;代表团全体成员一起为"飞虎队"飞行员罗伯特·霍伊尔·阿普切奇扫墓;哈里斯·布莱克感动地说："中美人民有着这样的历史渊源,我们永远不会是敌人！" |
| 2008年11月 | 芷江县向世界推出以和平为主题的建设发展愿景蓝图,同时提出与松鹤市建立友好城市的构想 |
| 2010年6月23日 | "中国湖南国际友好城市合作论坛暨国际友好城市大会"召开之际,芷江县与松鹤市在长沙签订缔结友好城市意向书 |

续表

| | |
|---|---|
| 2010年9月7日 | 芷江县举办了以和平为主题的"第4届中国芷江·国际和平文化节"。借此,双方正式签署《中华人民共和国湖南省怀化市芷江侗族自治县与美利坚合众国北卡罗来纳州松鹤市建立友好城市关系协议书》 |
| 2012年4月7日 | 北卡罗来纳州卡萨奇市新建飞虎队员罗伯特·霍伊尔·阿普切奇纪念碑揭碑仪式。其间,双方正式签署《中华人民共和国湖南省芷江侗族自治县与美利坚合众国北卡罗来纳州松鹤市友好城市交流合作备忘录》,标志着中国湖南省芷江县与美国北卡罗来纳州松鹤市之间的合作进入了一个新时期 |
| 2012年9月26~29日 | 美国二战飞虎队驼峰空运起运70周年纪念与怀旧活动在芷江举办,飞虎队飞行员及其亲属一行27人专程到访芷江参加此活动,进一步增进了双方的友谊 |
| 2014年3月28日 | 芷江县与松鹤市获得了中国人民对外友好协会与美国国际姐妹城市协会共同评选的中美友好城市奖项中的"中美文化交流奖" |
| 2015年3月30日 | 美国驻武汉领事馆总领事周重山访问芷江 |

## 启 示

友好城市不应该仅限于官方或半官方的"串串门、握握手"的简单形式。在两国关系发展进程中,普通民众之间的交往发挥着举足轻重的作用。民间交往是最自然、最广泛、最真实的沟通。没有真正意义上的民间交往,两国关系就会像在夜间并排航行的两条船,彼此看不见。

# 案例19　没有终点的起航

## ——晋城市与卡卡杜市

**摘　　要：** 2007年，因为一项创新技术使山西省晋城市与遥远的南非卡卡杜市相识并结缘。尽管两地风俗迥异，民族面貌判然有别，但合作成果展现出国际交往中"和而不同"的文明内涵。

**关键词：** "有凤来栖"　兰花集团　赫尔默特·斯巴思　上党八音会　"友谊奖"

### 基　本　情　况

中　　　国：山西省　晋城市

南　　　非：东开普省　卡卡杜市（英文：Cacadu District，2014年9月1日更名为莎拉巴特曼市，英文：Sarah Baartman District）

结好时间：2010年9月8日

结好渊源：一项创新技术打开了两个城市的友好之窗。两个风格迥异的城市，在求同存异中，各取所长，共促发展。

结好特点："机缘"——尽管相隔遥远，气候悬殊，人文迥异，但是两个城市均为能源大市，产业结构相似，合作空间广阔。

---

　　这是一个在中原大地流传了几千年的美丽传说：在今天山西省晋城市泽州县，曾飞来一只人们从未见过的大鸟。这只鸟不仅有着斑斓的五色羽毛，而且还有人间禽类不曾拥有的高贵头冠，它的眼睛像少女的明眸一样熠熠生辉，展开的羽翼在阳光下发出金色的光芒。直到很久以后，泽州县的人们才知道，这只大鸟就是天上最尊贵的神鸟——凤凰。它飞到哪里，就会给哪里带来祥瑞和福祉。为了纪念泽州县曾经飞来凤凰的历史，人们把这个地方改名为凤台县，凤凰住过的山叫"凤凰山"，凤凰停驻休息的

地方叫"有凤来栖"。

在凤凰神话的千古流传中，晋城是一座人杰地灵、天下闻名的城市。这里是华夏文明发祥地之一，相传女娲氏、神农氏、尧、舜、禹都曾来到过这里；这里是古代的冶炼之都，产有削铁如泥的"阳阿古剑"；这里是高僧慧远、文学家刘羲叟、政治家王国光、陈廷敬的故里；这里是世界围棋的发源地；这里还有醉人心魄的"泽州古八景"……今天的晋城，依然在延续瞩目的历史——华北最大的桑蚕丝绸基地、中高档铸件基地、山川秀美的全国优秀旅游城市，独具魅力的"国际花园城市"。

凤凰已经成为这座城市的象征，它的符号出现在城市的各种建筑上。岁月迁徙，人们将"有凤来栖"的精神不断演绎传颂，那就是，每一位心存友好、远道而来的客人，都会被誉为给城市带来祥瑞的神鸟——凤凰。

### 来自南非的"凤凰"

对晋城市来说，南非卡卡杜市就是这样的一只凤凰。而将凤凰从远方呼唤来的是晋城的一家与南非合资的企业，兰花汉斯瓦斯抑爆设备有限公司（以下简称"兰花集团"）。

晋城素有"煤铁之乡"之称。20世纪初，丰富的矿产让晋城煤炭产业迎来了自己的"黄金时代"。随着世界采矿业工业化进程和机械开采的推进，晋城煤矿业开始面临开采设备老旧、技术落后的问题，而且瓦斯爆炸之类的井下事故成为严重威胁生产安全的隐患。

在这种形势下，晋城市的兰花集团斥资引进当时世界上预防瓦斯爆炸最先进的一项技术，"HS瓦斯主动抑爆系统"。这项技术并非来自西方发达国家，而是来自南非东开普敦省西部最大的一个市，卡卡杜市，开发这项技术的人是卡卡杜市著名的工程师赫尔默特·斯巴思先生。

从2008年开始，兰花集团聘请斯巴思成为企业总工程师。在以后的10多年里，斯巴思先生根据中国情况，对这项技术进行中国本土化研发，最终成为对整个晋城煤业发展影响深远的创新技术。

正因为斯巴思先生和兰花集团的这段技术合作，搭建起了晋城市与卡卡杜市的友谊桥梁。

### 从握手到拥抱

由于HS技术的常年研发，斯巴思先生成为中国的朋友。通过斯巴思先生，晋城市与卡卡杜市的交流从技术领域拓展到经济合作和产业规划领域，沟通交流的平台不断升级，逐渐由企业上升到政府和两市领导人。

2008~2009年间，两市政府代表团应邀分别到对方城市进行访问。访问中，卡卡杜人对晋城人的质朴和坦诚非常欣赏，而晋城人也格外喜欢卡卡杜人的热情奔放和不拘一格的性格。

卡卡杜市，面积5.8万平方公里，人口45万，支柱产业是农业和旅游业，而各项创新技术在南非地区名列前茅。

晋城，不仅是华夏民族闻名遐迩的文明发源地，也是经济繁荣的中原腹地。不过在当时，晋城除了2005年和2008年分别与美国的达拉斯市和纽约州的罗马市结为友好城市外，在城市外交的记录上尚显匮乏。

而此时的中国，建立友好城市的工作已在各大城市蓬勃展开。每个城市都在海外寻觅自己的朋友和合作伙伴。晋城市政府也开始对此积极关注，他们同样希望晋城市像上海、北京、南京等大城市一样，在推动城市国际化进程中，跟上时代的脚步。

晋城市与卡卡杜市，尽管地理位置相隔遥远，气候特点悬殊，民族风貌与人文气息也大不相同，但两个城市均为能源大市，产业结构趋同，合作空间广阔。它们正是一对有待发展的"好朋友"。

很快晋城和卡卡杜确立了建立友好城市的意向。2010年，时任卡卡杜市市长莫卫考率代表团应晋城市邀请，赴上海参加"2010中国国际友好城市大会"。

也就是在这场恰逢其时的盛会上，晋城市与卡卡杜市正式签署《中华人民共和国山西省晋城市和南非共和国东开普省卡卡杜市建立友好城市关系协议书》，并提出双方在扩大旅游、农业和纺织业方面加强合作的愿望。

这一天，两个远隔千山万水的城市完成了从握手到拥抱的过程。

### 知音

2013年7月，卡卡杜市代表团在市长柯卡娜女士的带领下，前往晋城市5A级景区皇城相府参观。柯卡娜刚到景区，就被景区内传来的一阵热烈旋律吸引了。原来这是晋城特有的民间吹打乐——上党八音会，也是中国国家级非物质文化遗产。

上党八音会，一个从明清时期就在晋城广为流传的音乐品种，传统乐队的人数一般有十人左右，有武场和文场之分，素有"七慢八紧九逍遥"

之说。所用吹奏乐器包括唢呐、管子、笙、笛子，打击乐器有鼓、锣、镲、小锣、叫钩、梆子等。随着时代的发展，曲牌及表演形式不断丰富，又逐渐加入了胡胡、头把、二把、板胡、二胡等拉弦乐器和三弦、阮等弹拨乐器。

多种不同的乐器，在每位身怀绝技的演奏者口中、手上一同鸣响出奔放的曲调，其旋律气质，与南非许多音乐品种有着天然的相似之处，旋律多变、音韵激昂，不仅使听者有畅快淋漓之感，而且演奏者们也通过奔放的肢体语言传递着美好的情感。

柯卡娜立刻对这种音乐着了迷。她向人们表示这是她听过的最美的声音，也将是晋城留给她最难忘的记忆。她当即表示，希望能邀请这个表演团前往卡卡杜市参加当地重要的文化艺术节。

2013年9月，在"第十届中国（厦门）国际友好城市市长论坛"召开期间，晋城市和卡卡杜市代表团就音乐表演进行商谈，确定八音会表演团在2015年6月前往卡卡杜市，让这独一无二的民间文化走进南非。

其实，在柯卡娜女士赞不绝口的同时，八音会的演奏者们也激动不已，因为他们从来没有想到，这位来自南非的陌生女士居然是一位难得的"知音"。

两个城市的文化交流就从这场特殊的演出开始。除文化交流外，两市还加大了农业、煤化工和旅游方面的合作。

2015年6月，正值南非"中国年"活动举办期间，晋城市代表团再次踏上南非这片热土，探望遥远而熟悉的"朋友"。这一次，他们的合作有了更多实质性的成果。两市达成：（1）5年内，晋城市每年为莎拉巴特曼培养10名汉语人才；（2）寒暑假期间，两市中小学生进行互访；（3）晋城市经贸团拟定于2015年11月出访南非，参加在开普敦举行的国际纺织、服装及鞋类展览会。

刘润民市长同时还带去了晋城独具特色的非物质文化遗产——上党八音会。在南非国家艺术节的舞台上，晋城上党八音会表演艺术团乐手们的一招一式，将晋城这独特的文化展现得淋漓尽致，现场掌声、欢呼声、笑声此起彼伏。南非热情的朋友们随着音乐尖叫，他们跳上舞台向乐手请教，与乐手们一同狂欢……

两个城市的交往曾因民族、信仰和地域间的巨大差异而产生过认知的差别。但最终通过对话，就像柯卡娜聆听那场演奏会一样，在截然不同的旋律中，找到了内心深处的真诚与渴望，从而达成和谐的共识。

世界上存在各种文明、各种不同社会制度和不同的发展模式，在竞争比较中取长补短，在求同存异中共同发展，这是国际交往间恒定的主题。从缔结友好城市以来，晋城市和卡卡杜市很好体现了互相尊重、取长补短和扩大共识的外交智慧。

**没有终点的起航**

2014年9月29日，中华人民共和国为庆祝建国65周年在北京人民大会堂举行中国政府"友谊奖"颁奖大会，来自兰花集团的工程师赫尔默特·斯巴思先生受邀出席并获颁中国政府"友谊奖"。中国政府"友谊奖"是特为表彰在中国现代化建设中做出突出贡献的外国专家而设立的最高荣誉奖项。

中国政府的肯定是向斯巴思先生主导开发设计并拥有国际领先水平的"HS瓦斯主动抑爆技术"的致敬。颁奖会上，一共有来自25个国家的100名外国专家获得中国政府"友谊奖"，而斯巴思先生是山西省唯一获得该荣誉奖项的外国专家。

斯巴思先生和他的创新技术搭建起了两座城市友谊的桥梁，两座城市由此开始了友好合作的旅程，也是一次没有终点的航程……

**结好进程中的主要成果**

| | |
|---|---|
| 2006年8月 | 兰花汉斯瓦斯抑爆设备有限公司聘请南非斯巴思先生为总工程师，并引进斯巴思先生主导开发的"HS瓦斯主动抑爆系统" |
| 2008年8月 | 卡卡杜市市长姆隆吉西·杰拉尔德·莫卫考率代表团对晋城市进行友好访问，参观晋城市的城市建设、工业园区、著名景点、中外合资企业等。双方签署了《晋城市与卡卡杜市建立友好城市意向书》 |
| 2010年9月 | 卡卡杜市市长姆隆吉西·杰拉尔德·莫卫考率代表团出席在上海举办的"2010中国国际友好城市大会"。大会期间，两市正式签署《中华人民共和国山西省晋城市和南非共和国东开普省卡卡杜市建立友好城市关系协议书》，并提出扩大旅游、农业、纺织等方面合作的愿望 |
| 2011年11月 | 晋城市项目考察团到卡卡杜市进行友好访问，对煤化工、农业开发等方面与卡卡杜市进行了深度考察交流 |

续表

| | |
|---|---|
| 2012年12月 | 时任晋城市市委书记张九萍率团赴卡卡杜市进行友好访问,卡卡杜市市长柯卡娜率当地政企界人士与晋城市代表团进行会晤,双方就加强两市友好往来、深化合作进行磋商,并签订了进一步加强友好城市合作的意向书 |
| 2013年7月 | 卡卡杜市市长柯卡娜率团对晋城市进行访问,先后与晋城市各级部门进行座谈交流,商谈合作,并深入企业、农村、旅游景点进行参观考察 |
| 2013年9月8~11日 | 卡卡杜市市长柯卡娜、副市长皮雷到厦门参加了"第十届中国(厦门)国际友好城市市长论坛"。论坛期间会见晋城市代表团,就加大民间文化交流活动、农业项目合作进一步交流商洽 |
| 2013年9月 | 在"第十届中国(厦门)国际友好城市市长论坛"召开期间,时任卡卡杜市市长柯卡娜邀请晋城八音会表演团于2015年6月赴卡卡杜市表演 |
| 2014年9月29日 | 赫尔默特·斯巴思先生获中国政府"友谊奖"。该奖由中国国家外国专家局于1991年正式设立,是中国政府表彰在中国现代化建设和改革开放事业中做出突出贡献的外国专家的最高奖项。1991~2014年,已向来自50多个国家的666位外国专家颁发了中国政府"友谊奖" |

## 启 示

世界上不同文明、不同社会制度和不同发展模式应彼此尊重,在竞争中取长补短,在求同存异中共同发展。晋城市与卡卡杜市友好城市结好就是相互尊重、求同存异、扩大共识的生动写照。

# 案例 20 山海之盟

## ——厦门市与杜尚别市

**摘 要：** 厦门市和杜尚别市，一个濒临东亚沿海，一个位于中亚内陆；一个是港口城市，一个是山地城市；一个代表着东亚儒家文化，一个代表着中亚伊斯兰文化，特殊的"机缘"使两座城市结为友好城市，共同寻求着广阔的合作空间。

**关键词：** 埃莫马利·拉赫蒙总统 丝绸之路经济带 优势互补

---

### 基 本 情 况

中　　　　国：福建省 厦门市
塔吉克斯坦：杜尚别市（英文：Dushanbe）
结 好 时 间：2013 年 6 月 20 日
结 好 渊 源：塔吉克斯坦总统埃莫马利·拉赫蒙先生对厦门市情有独钟，厦门市外侨办相机而动，力促厦门市与塔吉克斯坦首都杜尚别市结为友好城市。
结 好 特 点："机缘"——厦门市与杜尚别市山海相隔，但在中国"一带一路"战略的历史机遇下，两座友好城市分别为自己找到西进的"门户"与东出的"出海口"。

---

对于许多厦门人乃至大部分中国人来说，塔吉克斯坦是一个遥远而神秘的国度。

这个位于中亚内陆的国家，境内 93% 的面积为山地，且半数地区在海拔 3000 米以上，被世人称为"高山之国"。

这是一个典型的中亚伊斯兰文明的国度，却又是中亚五国中唯一一个主体民族非突厥语民族的国家，这里的人民生活安适悠闲，穿着多彩的民族服装，以馕、奶茶和牛羊肉为主食。

杜尚别，塔吉克斯坦的首都，一个位于山间盆地的内陆城市，特殊的地域与人文环境给它蒙上了一层神秘的面纱。

塔吉克斯坦与中国有着久远的历史因缘，它曾是古丝绸之路的重要交叉口。两千多年前，伟大的丝绸古道经过该国的片吉肯特、乌拉秋别、苦盏等城镇，留下了丰富的历史和文化遗迹。当年，那些摇着驼铃的波斯商人就是从这里把中国的丝绸和瓷器运到了欧洲。

1991年，苏联解体，塔吉克斯坦独立。1992年，中塔建交。从此，两国的友好交往和经贸关系迅速发展。厦门与杜尚别，两个远隔万里的城市，也借此因缘走到了一起。而这一切，都要从塔吉克斯坦总统的厦门情结说起。

**总统为两座城市牵线搭桥**

2012年6月1日下午，厦门国际机场，一架专机缓缓停了下来，一个身材魁梧、深目高鼻的客人走出舱门，看了看厦门机场的标志性建筑，他对前来接机的厦门市工作人员说："10年了，我又回到厦门了！"

这位客人就是塔吉克斯坦总统埃莫马利·拉赫蒙先生。

拉赫蒙总统这次出行是应时任中国国家主席胡锦涛邀请来华进行国事访问，同时出席在北京举办的上海合作组织成员国元首理事会。总统把访华的第一站放在了厦门市，有着特殊的意义。作为中国改革开放的前沿，厦门市长期以来一直是国宾到访的主要城市之一。2002年，拉赫蒙总统曾访问过厦门，这座城市给他留下了美好的印象。10年过去了，总统又一次踏上厦门的土地。厦门与杜尚别也正是由于这次重要的国宾接待，拉开了"千里姻缘一线牵"的序幕。

拉赫蒙总统在厦门出席了一系列重要活动：会见省市领导；出席"塔吉克斯坦投资机遇"说明会；赴闽西上杭县考察中国最大的黄金企业；到美丽的厦门大学向上千名师生发表演讲。

故地重游，厦门给拉赫蒙总统留下了深刻的印象。总统表示，10年间，厦门发生了翻天覆地的变化，城市更加美丽了。塔吉克斯坦和中国保持着良好的合作关系，双方在农业、通信、基础设施建设、采矿业等领域交流合作不断深化。塔吉克斯坦许多开发建设项目得益于中国的帮助，对此塔吉克斯坦人民深表感激。现在，塔吉克斯坦有400多个工程项目等待投资者，真诚希望中国、福建及厦门的企业到塔吉克斯坦投资兴业。拉赫蒙总统热情邀请时任厦门市市长刘可清率厦门企业家去塔吉克斯坦参观考察，刘可清市长愉快地接受了邀请。

厦门市外侨办主任、厦门市人民对外友好协会常务副会长洪成宗全程参与了总统的接待工作，职业的敏感让他发现了此中蕴含的结好机缘。就在总统即将结束访厦行程前一夜，时间指向八点半。在中国驻塔吉克斯坦大使范先荣先生的大力支持下，经请示厦门市政府领导后，洪成宗主任特别约见了随同来访的塔吉克斯坦驻华大使阿里莫夫。在会谈中，洪主任巧妙地把话题引到厦门独特的区位优势以及与塔吉克斯坦的合作机遇上，希望大使支持并协同推进厦门与塔吉克斯坦首都杜尚别建立友好城市，以此深化厦门与塔吉克斯坦在各领域的交流与合作。这场愉快而又富有意义的会谈由原定的半小时足足延续至两个小时。阿里莫夫大使当即表示支持，并承允将尽快向总统及外交部报告。

第2天，拉赫蒙总统离开厦门时，特地向厦门市领导表示，他十分喜爱厦门，对厦门市与杜尚别市结好乐见其成，并希望在厦门市代表团访问杜尚别期间，两市正式签署缔结友好城市关系的协议。这让所有在场的人都喜出望外。

**好事多磨**

虽然获得了塔吉克斯坦总统的明确表态，但是由于杜尚别系塔吉克斯坦国首都，杜尚别市市长同时也是上院议长，两市结好工作关键在于杜尚别市市长的态度。

厦门市有关部门马上开始了积极的联络工作。但数封邮件发出后犹如石沉大海，一线工作的同志们一度出现了畏难情绪。厦门市领导调整思路，分别以厦门市市长的名义和厦门市外事侨务办公室主任的名义多次正式致函，力求畅通沟通渠道。随后，又密集地使用各种有效方式表达厦门的意愿，并提出了一系列交流规划。同时积极寻求我驻塔使馆的帮助，范先荣大使专程约见了塔上院议长兼杜尚别市市长马赫马德赛义德·乌拜杜洛耶夫，就厦门与杜尚别结好一事进行沟通。

整整一年时间过去了。一天，我驻塔使馆发来传真，通知了杜尚别市同意与厦门市建立友好城市关系的消息。

2013年6月19日晚，厦门市代表团一行抵达杜尚别，正式开启了一段结好之旅。

塔吉克斯坦方面非常重视厦门代表团的访问，给予了高规格接待。塔上议院议长、杜尚别市市长乌拜杜洛耶夫和范先荣大使亲自到机场迎接，并全程陪同代表团在塔活动。欢迎晚宴设在总统专门用来招待重要宾客的总统夏宫——杜尚别郊区的法布尔别墅。塔吉克斯坦国家电视台全程跟踪报道。杜尚别市还为厦门市代表团的来访活动特制了专用笔、专用便签，让人深深感受到杜尚别人民的友好情谊和周到礼仪。

6月20日上午，刘可清市长与乌拜杜洛耶夫市长正式签署《中华人民共和国福建省厦门市和塔吉克斯坦杜尚别市缔结友好城市关系协议书》，杜尚别成为厦门第17对国际友好城市，也是厦门市在中亚地区建立的第一对国际友好城市。这个消息通过媒体迅速传遍了杜尚别市，也传到了万里之外的厦门市。"丝绸之路"上的中亚古国与滨海之城的珍贵"机缘"由此展开。

厦门市与杜尚别市正式结为友好城市，最为乐见其成的当然是拉赫蒙总统。6月20日下午，拉赫蒙总统会见了刘可清市长。他亲切回顾了自己与厦门的情谊，对厦门与杜尚别结为友好城市表示祝贺，感谢刘市长带领企业家到塔考察访问，希望两市以此为契机，掀开交流合作新篇章。拉赫蒙总统还动情地表示，塔吉克斯坦是一个内陆国家，厦门与杜尚别结好，就等于是为塔吉克斯坦找到了"出海口"。刘可清市长表示，厦门代表团感谢杜尚别市的热情接待，我们将推动更多的企业到塔考察，寻求商机，加强合作。

**方兴未艾的经贸合作**

与厦门市结好的友好城市数量众多，比如日本佐世保市、菲律宾宿务市、美国巴尔的摩市，相比之下，杜尚别市似乎并没有特别的优势。不过厦门市的领导却不这么看。

塔吉克斯坦国家工商联副主席卡拉马列夫·阿桑纳对中国记者说："元素周期表中所列的所有元素，在我们国家全都有，塔吉克斯坦现在只缺乏两样东西，一样是资金，一样是技术。"塔吉克斯坦拥有丰富的劳动力、矿产和农产品资源，有众多的工程项目在等待投资者的资金与技术。

而作为沿海开放城市的中国福建省厦门市，在经历改革开放30年后，一些产业亟待转型升级，技术资金正在寻找新的出路。

**这样的合作自然是一拍即合**

就在厦门市与杜尚别市结好的当天，两市便共同签署了经贸合作协议，对未来经贸领域的合作进行了规划。杜尚别市政府部门及企业代表与厦门市代表团、厦门市经贸团共同举行了交流会。会上，杜尚别市市长乌拜杜洛耶夫表示欢迎厦门市的 LED、食品加工等方面企业到杜尚别设厂生产、创造就业机会，杜尚别市政府将在土地、税收、国企并购等方面提供尽可能的优惠待遇。杜尚别市将专门划拨土地建设厦门商品展销中心，为厦门企业宣传自己的产品、了解当地市场提供平台。

**"丝绸之路"上的新愿景**

厦门市与杜尚别市结好得到了各方的高度赞誉。中国驻塔吉克斯坦大使馆专程致电外交部、福建省人民政府，对两市结好从国家整体外交的高度进行了高度评价。

事实证明，厦门市的这一次城市外交举动具有很强的前瞻性。

2013 年 9 月 7 日，中国国家主席习近平在出访哈萨克斯坦时，提出共同建设"丝绸之路经济带"的倡议，谋求实现欧亚大陆各国的共同繁荣和发展，这为中塔关系的发展搭建了宽阔的平台，也让厦门和杜尚别这一对友好城市占尽风气之先。

以前，很少人会想到厦门市与杜尚别市这两个风格迥异的城市能结为友好城市。但正是这样的结合，让人们发现了更为广阔的交流合作空间。正如拉赫蒙总统所说的那样，与厦门市结好，为塔吉克斯坦找到了"出海口"。而当"一带一路"成为中国的国家倡议，沐浴着滔滔海风，一直朝"西"的厦门，也在这股来自亚洲中部高原地带的劲风鼓励下，开始把目光投向中亚，杜尚别市因此成为厦门市开拓与中亚国家交流的重要门户。厦门市借助与杜尚别市的结好，开拓了与中亚塔吉克斯坦、乌兹别克斯坦、吉尔吉斯斯坦等国的友好交流渠道，正在融入"一带一路"的布局中。

2013 年 10 月，厦门市与乌兹别克斯坦文化艺术基金会、乌兹别克斯坦驻上海总领事馆共同在厦门市举办了"美丽乌兹别克斯坦·美丽厦门"摄影展，展出了 61 幅乌兹别克斯坦杰出建筑摄影作品及 40 幅厦门风光摄影作品。摄影展吸引了数万市民及游客前往参观。有一位访厦游客在留言中这样写道:"这次在我游厦门的行程里,一定要去探访摄影展中的厦门美景;而古老的乌兹别克斯坦,则更让我有背起行囊走一遭的冲动。"

2014年9月,应乌兹别克斯坦国家文化体育部邀请,厦门市在其首都塔什干市成功举办了"美丽厦门"摄影作品展。厦门市"城在海中,海在城中"的花园式城市风情和现代化城市建设成就,宛若一股清泉流淌过这座古老的大漠之城,受到了热烈欢迎。

我们有理由相信,以杜尚别市为进军中亚的前沿,厦门将在"丝绸之路经济带"上有着更精彩的表现。

### 结好进程中的主要成果

| | |
|---|---|
| 2002年5月 | 塔吉克斯坦总统埃莫马利·拉赫蒙首次访问厦门市 |
| 2007年 | 总部设在厦门的中国紫金矿业公司斥资7000万美元购买了英国阿瓦塞特矿业公司,获得塔吉克斯坦最大黄金生产企业泽拉夫尚有限公司75%权益,并以此与塔吉克斯坦政府成立"中塔泽拉夫尚黄金有限责任公司"。合资公司被塔吉克斯坦总统拉赫蒙誉为"一座连接中塔人民的金桥" |
| 2012年6月 | 塔吉克斯坦总统拉赫蒙再次访问厦门市。厦门市外侨办相机而动,力促厦门市与塔吉克斯坦首都杜尚别市结好 |
| 2013年6月20日 | 时任厦门市市长刘可清率领政府和企业家代表团访问杜尚别市,与塔吉克斯坦上议院议长兼杜尚别市市长马赫马德赛义德·乌拜杜洛耶夫签署了《中华人民共和国福建省厦门市和塔吉克斯坦杜尚别市缔结友好城市关系协议书》 |
| 2013年9月7日 | 中国国家主席习近平在出访哈萨克斯坦时,提出了共同建设"丝绸之路经济带"的倡议,谋求实现欧亚大陆各国的共同繁荣和发展,也为中塔关系的发展搭建了更宽阔的平台 |
| 2013年9月 | 塔吉克斯坦杜尚别市企业家代表团访厦,参加中国国际投资贸易洽谈会。双方企业间进一步加强交流合作 |

### 启 示

友好城市的建立是在国家总体外交战略中争取自身发展机遇的一个有效路径;而友好城市关系的深入发展,必将对构筑稳定的国家地缘政治起到不可忽视的重要作用。在服务好国家整体外交战略的同时促进城市发展,正是城市外交的价值与意义所在。

# 后 记

《城市外交——理论与实践》是中国人民对外友好协会批准立项的第一部政策导向性研究专著。由国内数位著名高校和研究机构的学者参与，历经20个月时间，联合打造的国际关系理论研究领域首部城市外交研究专著。通过对我国40多年国际友好城市工作的系统梳理与总结，结合主要国家地方政府对外交往的特点与经验，本书试图构建一个具有中国特色完整的城市外交理论与实践研究体系，旨在指导我国未来城市外交的战略发展。

《城市外交——理论与实践》是在李小林领导下，城市外交课题研究组共同完成的。课题研究组主要成员有：李新玉、苏长和、熊炜、余长征、刁大明、吴泽林、李海涛、李明月、查雯、孙超、贾继磐、许晏清。各章作者分别是：熊九玲、熊炜（第一章）；熊炜（第二章）；李新玉、许晏清（第三章）；李新玉、贾继磐（第四章）；刁大明（第五章）；苏长和、吴泽林（第六章）；李海涛（第七章）；李明月（第八章）；查雯（第九章）；孙超（第十章）；余长征（第十一章）。天津市外办（案例1）；大连市外侨办（案例2）；广东省友协（案例3）；南京市外办（案例4）；成都市友协（案例5）；河北省友协（案例6）；浙江省友协（案例7）；满洲里友协（案例8）；北京市外办（案例9）；海南省外办（案例10）；哈尔滨市外侨办（案例11）；重庆市友协（案例12）；云南省友协（案例13）；河口县外办（案例14）；钦州市外办（案例15）；陕西省友协（案例16）；山东省外办（案例17）；芷江县政府办公室（案例18）；晋城市外侨办（案例19）；厦门市外办（案例20）。20个入选案例（按结好时间先后排序）最后由课题研究组统一修改、整理、编辑、改写、润色，以形成统一行文格式与风格。

该书的研究得到全国友协各部门和各省、市、县外办/友协的鼎力支持。对此，我们表示敬意和感谢！

同时，感谢社会科学文献出版社领导邓泳红和责任编辑李闯对本书书稿进行认真的审读和校对，提出许多建设性意见，为本书增色。

中国人民对外友好协会国际友好城市交流中心<br>
课题研究组<br>
2015 年 12 月 22 日

## 图书在版编目（CIP）数据

城市外交：理论与实践/李小林主编. —北京：社会科学文献出版社，2016.1
ISBN 978 - 7 - 5097 - 8705 - 2

Ⅰ.①城… Ⅱ.①李… Ⅲ.①城市 - 外交 - 研究 - 中国 Ⅳ.①D827

中国版本图书馆 CIP 数据核字（2016）第 005968 号

## 城市外交
—— 理论与实践

| 主　　编 | / 李小林 |
| --- | --- |
| 执行主编 | / 李新玉 |
| 出 版 人 | / 谢寿光 |
| 项目统筹 | / 邓泳红　李　闰 |
| 责任编辑 | / 李　闰　陈　颖 |
| 出　　版 | / 社会科学文献出版社·皮书出版分社 （010）59367127<br>地址：北京市北三环中路甲 29 号院华龙大厦　邮编：100029<br>网址：www.ssap.com.cn |
| 发　　行 | / 市场营销中心（010）59367081　59367090<br>读者服务中心（010）59367028 |
| 印　　装 | / 三河市尚艺印装有限公司 |
| 规　　格 | / 开 本：787mm × 1092mm　1/16<br>印　张：28.75　字　数：482 千字 |
| 版　　次 | / 2016 年 1 月第 1 版　2016 年 1 月第 1 次印刷 |
| 书　　号 | / ISBN 978 - 7 - 5097 - 8705 - 2 |
| 定　　价 | / 168.00 元 |

本书如有破损、缺页、装订错误，请与本社读者服务中心联系更换

▲ 版权所有 翻印必究